研究生教学用书

经济法权研究

STUDIES ON RIGHTS OF ECONOMIC LAW

韩志红 宁立志 王兴运
王艳林 管 斌 邢会强 著

武汉大学出版社

图书在版编目(CIP)数据

经济法权研究/韩志红,宁立志等著.—武汉:武汉大学出版社,
2012.3
研究生教学用书
　ISBN 978-7-307-09602-8

　Ⅰ.经…　Ⅱ.①韩…　②宁…[等]　Ⅲ.经济法—中国—研究生—
教材　Ⅳ.D922.29

中国版本图书馆 CIP 数据核字(2012)第 037078 号

责任编辑:张　琼　　　责任校对:刘　欣　　　版式设计:马　佳

出版发行:武汉大学出版社　　(430072　武昌　珞珈山)
　　　　　　(电子邮件:cbs22@whu.edu.cn　网址:www.wdp.com.cn)
印刷:武汉中科兴业印务有限公司
开本:720×1000　1/16　　印张:23.25　　字数:465 千字　　插页:1
版次:2012 年 3 月第 1 版　　2012 年 3 月第 1 次印刷
ISBN 978-7-307-09602-8/D·1149　　　　定价:38.00 元

版权所有,不得翻印;凡购我社的图书,如有质量问题,请与当地图书销售部门联系调换。

前　言

对于经济法学硕士研究生教材，是否应该编写和应该如何编写的问题，基本上还处于争鸣摸索阶段。我们的基本认知是应该在总结经济法研究生培养经验的基础上编写研究生教材，并厘清下列问题：首先，研究生教材应区别于本科生教材。如果说本科生教材贯彻与追求的是完成一门课程的基本概念、基本原则、基本原理、基本理念和基本制度的系统说明和解释，那么硕士研究生（不包含专业学位）教材则应更多地关注学科的前沿和趋势，选择专题进行教材建设。其次，研究生教材不同于专著，虽然在很多时候，专著在事实上起着研究生教材的作用，但专著受研究者个人立场、观点、资料、偏好、组织评价等因素影响，并不总能提供全面、系统的平台性知识，而研究生教材则需要承担学科平台性知识传递与构建的任务。最后，研究生教材的作者应是所在领域的专家且处于研究对象的前沿，在已有成果深化的基础上进行教材编写。严格地讲，边教边学，逐渐积累，缺乏透彻性理解和前沿性批判的是不适合进行研究生教材编写的。

在上述认知的基础上，我们提出并坚持研究生教材的编写，应遵循的原则：一是专题贯通原则，研究生教材编写的切入点和专题的设计应能涵盖并贯通学科的主要内容，在本科教学知识结构的基础上，采用专题的形式，针对问题点，进行深入研究，搭建符合研究生教学培养要求的认知平台。二是要坚持文献综述与理论体系化相结合，其中理论体系化研究，应凸显问题意识。这里的问题，既可以是理论的，也可以是实践的，包括热点问题、焦点问题和敏感问题。三是基础与创新相结合，对基础部分，不回避分歧和矛盾；对创新部分，要清楚承继，关注批评与争鸣。四是在研究方法、写作风格和多学科知识运用上，充分尊重各位作者的选择，不追求一致。五是能够为研究生深入研究同类问题，乃至进行硕士论文写作提供基础支撑和创新评价标杆。上述看法及本书的追求，和实际的内容与效果如何，有赖于研究生教学实践的检验，诚恳地希望得到经济法学界同仁的指导与校正，更热情地期盼着年轻、睿智的硕士研究生们的讨论、评论或批评。

本书以经济法律关系内容为切入点，在法权研究的路径上，选取经济法权基本构成的消费者权、竞争权、信息资产权、政府参与权、市场规制权和宏观调控权等六个方面，进行专题研究。来自武汉大学、华中科技大学、西北政法大学、中央财经大学、天津师范大学和中国计量学院等单位从事经济法研究生教学培养工作的中青年教师经过近两年的努力联合编写了本书。作者的分工如下（按章节顺序）：

天津师范大学韩志红教授撰写：导言的第二、三、四、五、六部分和第四章；

西北政法大学王兴运教授撰写：第一章的第一、三、四、五、六节；

中国计量学院王艳林教授撰写：第二章和导言的一部分；

武汉大学宁立志教授撰写：第三章；

华中科技大学管斌副教授撰写：第一章的第二节和第五章；

中央财经大学邢会强副教授撰写：第六章。

初稿经交互审读提出修改意见后，由作者本人修改定稿。定稿过程中，没有强求体例的一致，更没有追求观点的统一，而是保留了作者个人的行文风格和主张的理论观点。因为我们相信，多元化更适宜研究生培养。

本书的出版得到了武汉大学出版社的支持并承蒙张琼老师担任本书责任编辑，她细致的工作和对学术建设的一份热情是本书顺利付梓的保证。武汉大学法学院博士研究生于连超和他的几位同学为本书注解规范的统一、部分引注的补正和最后清样的校对付出了大量辛劳。作者们在审读、交流、讨论初稿期间，聚会西安，承蒙西北政法大学经济法研究中心的精心款待，美丽的花博会和热情的陕西人，给大家留下了美好的记忆。在此一并表示谢意。

王艳林　宁立志　代拟

2012 年 3 月 12 日

目 录

导论 …………………………………………………………………………… 1

一、经济法权利与义务研究的回顾与展望 ………………………………… 2
   （一）经济法理论中的世界性难题 ……………………………………… 2
   （二）经济权利与经济义务的研究路径 ………………………………… 4
   （三）经济权限的研究路径 ……………………………………………… 6
   （四）权义结构的研究路径 ……………………………………………… 6
   （五）基本权利范畴的研究路径 ………………………………………… 7
   （六）评论与展望 ………………………………………………………… 8

二、经济法权的确立及其意义 ……………………………………………… 12
   （一）发现并归纳经济法权是学者的天然使命 ………………………… 12
   （二）经济法权结构的特色 ……………………………………………… 13
   （三）研究经济法权的意义 ……………………………………………… 15

三、关于经济法权研究的大致梳理 ………………………………………… 17
   （一）对经济法权的综合研究 …………………………………………… 17
   （二）对权利与权力的分别研究 ………………………………………… 18
   （三）对经济法权利研究的梳理 ………………………………………… 20
   （四）对经济法权力研究的梳理 ………………………………………… 22

四、经济法权利的特征——与民事权利的比较研究 ……………………… 24
   （一）经济法权利主体的特征——主体群体性 ………………………… 25
   （二）经济法权利客体的特征——客体的社会性 ……………………… 28
   （三）经济法权利内容的特征——社会经济秩序权和社会（国有）
         财产的所有权 ……………………………………………………… 28
   （四）经济法权利对比的特征——不对称性 …………………………… 29
   （五）经济法权利性质的特征——社会权 ……………………………… 29

五、经济法权力的特征——与行政权力的比较研究 ……………………… 31
   （一）经济法权力主体的特征——主体多样化 ………………………… 31
   （二）经济法权力客体的特征——客体的二元化 ……………………… 34
   （三）经济法权力内容的特征——干预权和参与权 …………………… 35

（四）经济法权力范围的特征——涉及地域广泛 ………………… 38
　六、本书选择六种经济法权进行研究 …………………………………… 40

第一章　消费者权研究 ………………………………………………… 41
第一节　消费者与消费者权 ……………………………………………… 41
　一、消费者 …………………………………………………………………… 41
　二、消费者权 ………………………………………………………………… 48
第二节　消费者权利的人权维度 ………………………………………… 62
　一、消费者权利是人权 ……………………………………………………… 62
　二、消费者权利在中国语境下的人权定位 ………………………………… 70
第三节　消费者权的保护 ………………………………………………… 76
　一、消费者权的国家保护 …………………………………………………… 76
　二、消费者权的政府保护 …………………………………………………… 79
　三、消费者权的社会组织保护 ……………………………………………… 81
　四、消费者权的经营者保护 ………………………………………………… 82
　五、消费者权的自我保护 …………………………………………………… 85
第四节　消费者权的救济 ………………………………………………… 86
　一、消费者权的行政救济 …………………………………………………… 86
　二、消费者权的司法救济 …………………………………………………… 88
第五节　消费者权的限制 ………………………………………………… 94
　一、消费者权限制的法理基础 ……………………………………………… 94
　二、消费者权限制的具体分析 ……………………………………………… 97

第二章　竞争权研究 ……………………………………………………… 100
第一节　竞争权的提出及研究现状 ……………………………………… 100
　一、竞争权的提出 …………………………………………………………… 100
　二、竞争权研究现状 ………………………………………………………… 102
　三、竞争权研究的路径 ……………………………………………………… 107
　四、竞争权在西方市场经济国家概念性缺失的意义 …………………… 108
第二节　竞争权的确立 …………………………………………………… 110
　一、竞争权在权利知识谱系中的地位 …………………………………… 110
　二、竞争权的性质 …………………………………………………………… 113
　三、竞争权权能 ……………………………………………………………… 115
　四、竞争权的主体 …………………………………………………………… 117
第三节　资产竞争权 ……………………………………………………… 119

一、古代财产法史的三个节点及启迪 119
　　二、近代民法中财产关系法律调整范式在现代的困惑及其原因 125
　　三、中国物权法的取向 129
　　四、资产的含义与资产竞争权的确立 132

第三章 信息资产权研究 139
第一节 信息资产权概述 139
　　一、信息资产与信息资产权 139
　　二、信息资产权的基本特性 143
　　三、信息资产权的客体 146
第二节 信息资产权的权利内容 155
　　一、技术性信息资产权的权利内容 156
　　二、标志性信息资产权的权利内容 162
　　三、经营性资产信息权的权利内容 171
第三节 资产信息权的限制 174
　　一、民法基本原则的限制 174
　　二、信息资产权法的限制 178
　　三、反垄断法的限制 184

第四章 政府参与权研究 191
第一节 政府参与经济活动概述 191
　　一、参与的含义 191
　　二、经济法学界关于政府参与经济活动的观点 192
　　三、政府参与经济活动比较干预经济活动的异同点 195
　　四、政府作为私权主体和公权主体参与经济活动的不同 198
　　五、确认政府参与经济法作为经济法部门法的实践与理论意义 199
第二节 政府参与权实体问题研究 203
　　一、政府参与权的内容 203
　　二、政府参与经济活动的主体 213
　　三、政府参与经济活动权利和权力的来源 221
　　四、政府参与经济活动的法律责任 221
第三节 政府行使参与权程序中的权利（权力）问题研究 225
　　一、公民的权利（权力，下同） 226
　　二、国家机关的权力 232
　　三、社会中介机构的权利和责任 242

第四节 政府参与权的理论探讨 …… 244
    一、关于国有资产的归属 …… 244
    二、关于国有资产所有权的性质 …… 247
    三、国有股权行使产生的法律关系属性 …… 248
    四、法人治理结构理论 …… 249
    五、质疑国务院代表国家统一行使对国家资产所有权 …… 249

第五章 市场规制权研究 …… 251
第一节 市场规制权的界定 …… 252
    一、市场规制权的含义和性质 …… 252
    二、市场规制权的产生及其类型化 …… 259
    三、市场规制权的法律确认和限制 …… 266
第二节 市场规制权的实证研究 …… 271
    一、市场规制权的实证研究（一）：权力的视角 …… 271
    二、市场规制权的实证研究（二）：主体的视角 …… 274
    三、市场规制权的实证研究（三）：个案的视角 …… 280
第三节 挑战与回应：市场规制权向何处去 …… 281
    一、有效运用市场规制权所面临的挑战 …… 281
    二、科学技术发展与市场规制权 …… 284
    三、经济民主与市场规制权 …… 285
    四、构建回应型的市场规制权 …… 288

第六章 宏观调控权研究 …… 314
第一节 宏观调控权的含义与主体 …… 314
    一、宏观调控、宏观调控权、宏观调控行为的含义 …… 314
    二、宏观调控权的种类 …… 318
    三、宏观调控权的主体 …… 321
第二节 宏观调控权的性质与特征 …… 323
    一、宏观调控行为是一种决策行为 …… 323
    二、宏观调控行为是一种新型的国家行为 …… 328
    三、宏观调控权与行政权的区别 …… 331
    四、宏观调控行为的实证辨析 …… 332
第三节 宏观调控权的程序保障 …… 335
    一、宏观调控程序的分类 …… 335
    二、行政程序不适用于宏观调控权的运作 …… 336

三、我国宏观调控程序的现状、缺失及立法弥补……………………… 337
四、宏观调控程序的整合——宏观调控程序综合立法………………… 349
第四节 宏观调控权的监督机制………………………………………………… 352
一、宏观调控权的可诉性问题……………………………………………… 352
二、宏观调控行为的责任…………………………………………………… 358
三、对宏观调控权的监督…………………………………………………… 361

导　　论

　　经济法作为一种法律现象首先生成于 20 世纪初的德国，作为战时统制经济的产物几乎同时在大陆法系的主要参战国德、日、俄等国获得发展。对于传统六法之外生成的经济法现象，德国学者进行了开创性的研究，提出并初步构建了经济法学的概念及框架性体系，后经日本经济法学者的推广、发扬和前苏联东欧社会主义国家经济法学者的宣传、创新，经济法学在肯定与否定共存、赞誉与诋毁交织的冲撞中发展成为新兴的法律学科，并形成以德日为代表的市场经济法学流派和以苏东为代表的计划经济法学流派。后者以苏联的解体为标志，随着计划经济体制向市场经济体制的转型，计划经济法学流派在向市场经济法学流派的靠拢和转变的过程中，归于流变，成为市场经济法学的一部分。

　　中国作为大陆法系的继受国，恰在经济法生成时才透过清末变法承接传统六法。传统六法进入中国，具有"皇帝嫁女"的味道。清政府面对西方列强掠夺时的软弱和国内共和革命诉求时的恐惧，以立宪为名变法为体进行的法律革命，除给中华法系致命一击，使其在法形式上归于体散外，其他任何目的都未达致。诸法合体、刑民不分、以礼领法的中华法系虽然消解了，但中华法系作为中国固有的法精神——以德礼统法、以党政领法和司法非独立地从属于或隶属于他者——却长期地存续下来。在固有法的抵制和欺凌中，以六法为核心的近现代法在战争不断、政府迭兴、经济飘零、民不聊生和人治统领社会的环境中孱弱而又顽强地根植于中华大地。中国法制近百年的实践表明：法治尚未根植于中国。中国法学近百年的轨迹亦表明：海峡两岸的学者对于传统六法的贡献远远小于继受。而对于新兴法学部门如经济法、科技法、环境资源法，中国的贡献则有可能大大超过对域外法的继受。就经济法而言，最高立法机关对经济法独立性的确认是与经济法学人不懈的努力和面对困境的坚忍分不开的。中国社会主义市场经济的法律体系已经形成，并在传统六法之外发展出经济法作为第七个部门。这是法制历史发展进程中的跃升，是中国现代法的贡献。

　　经济法学中以纵横经济法论、国家协调经济法论、国家干预经济法论、国家调节经济法论和学科经济法论、综合经济法论为代表的经济法学群体，发展和繁荣了中国经济法学的研究，并成为继德、日、苏之后世界范围内经济法学研究的中心。本书对经济法权的研究就是在此基础上，吸纳法理学、法哲学及相关学科已有学术成果，采用价值分析、规范分析和实证分析相结合以价值分析为主导的研究方法，通过专题性研究完成的集体性著作，意在为经济法研究生培养提供适格的教材，并推动经济法学研究向纵深处发展。

一、经济法权利与义务研究的回顾与展望

经济法中的权利与义务问题，是经济法理论中的一个世界性难题。尽管经济法学人已经进行了艰苦的耕耘，但目前仍收获甚少。可以说这是在解决并回答经济法调整对象及其独立性质之后，亟待经济法学人关注并回答的又一重大课题。如果说经济法对象及性质的研究解决并奠定了经济法的"生存性问题"，那么经济法权利与义务的研究则关系着经济法学科的"成熟性问题"。

（一）经济法理论中的世界性难题

权利与义务问题，是法学的基本问题。权利与义务概念源自私法，并成为私法的典型分析范式。"民法作为权利法的价值在于，它是自由的法律形式并以自由的形式构建了一个利益分配与社会正义实现的制度体系。"① 中国民事立法中的物权法、合同法和侵权法，也是以权利类型和权利保护为基础进行的。民法学家更是以权利为基础与要素，构建了民法哲学的权利体系，包括权利概念，权利的客体，权利的基本逻辑体系，权利的形式——权能，权利之支配性，权利之表征性，权利之选择性，权利自谐性，权利之互谐性，权利之一元性，权利之时间性和权利的逆向表述——民事义务等。②

经济法对此除了学习、吸纳、共用法学的已有成就和范式外，是否还存有新兴学科的新兴问题及自己特有的分析范式，仍是一个需要评估和思考的问题。在德国，费肯杰教授两卷本经济法教科书中没有专门讨论经济法中的权利与义务问题。③ 在日本，经济法总论中也是不讨论权利与义务问题的，如丹宗昭信先生以竞争法为例讨论了经济法对法律行为理论和行政行为理论的修正，但却看不到权利义务的分析。④ 再如金泽良雄先生在其名著《经济法概论》中也没有集中讨论经济法中的权利与义务问题。⑤ 在韩国，权五乘教授的著名教科书中，也没有提到经济法权利与义务问题。⑥ 在前苏联，拉普捷夫创新性地提出了"经济权限"的概念，

---

① 王利民：《民法的精神构造》，法律出版社2010年版，第128页。
② 李锡鹤：《民法哲学论稿》（第2版），复旦大学出版社2009年版，第259—407页。
③ ［德］沃尔夫冈·费肯杰：《经济法》（第1、2卷），张世明等译，中国民主法制出版社2010年版。
④ ［日］丹宗昭信、伊从宽：《经济法总论》，吉田庆子译，中国法制出版社2010年版，第156—161页。
⑤ 参见［日］金泽良雄：《经济法概论》，满达人译，甘肃人民出版社1986年版。
⑥ 参见［韩］权五乘：《韩国经济法》，崔吉子译，北京大学出版社2009年版。

用以指称"经济法主体享有权利和承担义务的总和",并将经济权限分为完全经济权限、企业内部经济权限和混合经济权限。对此,拉普捷夫着重指出:"经济权限是反映新的社会主义经济现象的法律概念。对于这种新的概念不能用旧的观点来理解,不能用法律范畴的老眼光来看待它。"① 我们比较赞赏和接受拉普捷夫的研究方法,因为新兴法律部门是在传统法律失灵的地方发展起来的,创设新的范畴,引入新的视角和采用新的方法,都是传统法学所未曾面临的。

在中国,对于经济法中的权利与义务问题的研究,一是对此持回避态度,如北京大学杨紫烜教授主编的《经济法》,仅仅讨论了"市场主体的权利义务配置",而没有讨论权利义务本身。② 中国人民大学史际春教授主编的《经济法》,对此也持回避态度。③ 还有其他的一些经济法教材,也持这种立场。二是将其纳入研究视野。对此20世纪80年代,"关于经济法律关系的构成,一般的研究论著都是持三要素说,从三要素的概念、分类、内容阐述等方面看,与民法原理中并无区别,只是冠上了'经济'两字而已。"④ 这种状况,进入到20世纪90年代,尤其是1992年邓小平同志南方讲话提出资本主义有计划,社会主义有市场,要建立"社会主义市场经济"的著名论断后,经济法理论队伍"经过80年代中后期的分化,随着早期部分经济法学者注意力和研究方向的转移,如北京大学杨紫烜教授、中国人民大学刘文华教授、西南政法大学李昌麒教授和武汉大学漆多俊教授,作为经济法诸理论观点的创始人与倡导者的学科领袖地位,先后得到确立与承认。"⑤ 经济法理论从体系上开始走向成熟,对权利与义务问题的研究,也从不同的路径上得到深化和发展。以经济法权利研究为主旨的连续出版物《经济法权利研究》也在这一时期出版发行。⑥ 对于这一阶段经济法权利与义务问题的研究,程信和教授评论道:至今中国立法上已有一些分散的、具体的权利规定,但还没有出现类似民法、行政法那样统一的、基本的权利范畴。学术界常见的表述方式,一是采用"政府经济管理职权"的提法,这在纵的方面难以与行政法划分边界;二是采用"经济权利和经济义务"的提法,这在横的方面也难以与民法分清视野。⑦ 看来,经济法权利理论的哲学化、体系化和成熟化,还有一段漫长的路要走。

---

① [苏]B.B.拉普捷夫主编:《经济法理论问题》,中国人民大学出版社1981年版,第46—47页。
② 杨紫烜主编:《经济法》(第4版),北京大学出版社、高等教育出版社2010年版,第109—110页。
③ 参见史际春主编:《经济法》(第2版),中国人民法学出版社2010年版。
④ 王明权主编:《中国经济法情报概览》,武汉出版社1989年版,第72页。
⑤ 王艳林:《中国经济法理论问题》,中国政法大学出版社2001年版,第40页。
⑥ 参见陈乃新主编:《经济法权利研究》第1卷,检察院出版社2007年版。
⑦ 程信和:《经济法基本权利范畴论纲》,载《甘肃社会科学》2006年第1期。

(二) 经济权利与经济义务的研究路径

这是经济法学人研究权利与义务的初始路径。"权利和义务是法学的两个基本范畴,任何法律都以规定主体的权利义务作为主要内容……是无数法学家们几百年来探讨、解释、思索和采纳的最基本的法学范畴,可以说是整个法学基石。我们正应通过经济权利和经济义务来分析经济法律关系的真正内涵,从而将经济法学建立在牢固而科学的理论基础上。"① 这已成为经济法学人研究经济权利和经济义务的共识。法学教材编辑部组编的第一本高等学校法学试用教材《经济法学》历经四版修订,构建了经济权利体系,包括:(1) 经济管理权,实质上是法律赋予国家经济领导机关的经济职权,含决策权、命令权、禁止权、许可权、批准权、撤销权、免除权、审核权、确认权、协调权、监督权;(2) 财产权,是具有直接经济内容并为经济利益所决定的权益,含所有权、经营权、承包权、债权等。② 但对于经济权利和经济义务的理论问题,则没有进行深入的研究和说明。由北京大学杨紫烜教授和中国政法大学徐杰教授主编的高等教育自学考试教材《经济法学》(新编本)则有效地弥补了这一点,指出不同的经济法主体享有的经济权利并不是相同的。经济权利的主要内容包括经济职权、财产所有权、经营管理权和请求权四个方面,其中的经济职权,具有的特征是经济职权的产生基于国家授权或法律的直接规定;经济职权具有命令与服从的性质;经济职权不可随意转让、放弃和抛弃。③

在经济权利与经济义务的路径上行走的还有中国人民大学潘静成先生和刘文华教授主编的《中国经济法教程》(修订本),其贡献是从理论上将经济权利区分为原生权利和取得权利,用以解释和说明经济权利内含的权力与权利的协调问题。(1) 原生权利。是指经济权利主体依照法律、法规、命令等直接取得的,不必仰赖特定义务主体的行为即可行使和实现的权利。前苏联经济法学者所说的"法律关系之外可以存在的权利",就是指的这种权利。这类权利通常表现为权力、职权。(2) 取得权利。与原生权利不同,取得是指经济权利主体必须参加经济法律关系,通过特定义务主体为一定行为(作为或不作为),才能获得的权利。只有在这个意义上

---

① 刘隆亨:《经济法概论》(第4版),北京大学出版社1997年版,第79—80页。
② 陶和谦、杨紫烜主编:《经济法学》(第4版),群众出版社1989年版,第65—68页。其第五版刊行于1995年,只是在经济管理权中增加了一项检查权列在协调权之后,详见《经济法学》(第5版),第81—85页。
③ 杨紫烜、徐杰主编:《经济法学》(新编本),北京大学出版社1994年版,第58—60页。2000年的修改本《经济法概论》,在经济权利中删除请求权,保留了其他三项经济权利。详见《经济法概论》,第37—39页。

说，权利才是一种可能性。① 清华大学的王保树教授从另一个角度叠加使用"经济权利（力）"，指出经济权利的实质是经济利益，经济权力的实质是经济管理职权。② 叠加使用"经济法权利（力）"的做法，也获得了厦门大学朱崇实教授的认同。③ 武汉大学的漆多俊教授则从限定的角度提出"经济法权利"的概念，并指出国家经济调节中的权利可简称为经济法权利，但不宜称为"经济权利"，国家经济调节中的义务，可简称为经济法义务，但不能称之为"经济义务"。这样做的一个主要理由是"中国经济法学界许多人在把因经济调整而形成的法律关系称为经济法律关系的同时，把这种法律关系的内容笼统地称之为经济权利和经济义务，这没有体现出经济法的权利义务的性质和特征，而把民商法规定具有经济内容的民事权利和民事义务与之混淆了。"④

王全兴主张分别以特定主体为中心，从具体场景和多种维度分析经济法中的权利（力）和义务，着重研究在特定范围内的权利（力）义务的结构性配置。这改变了其早期运用法律关系理论试图归纳出一套普适于经济法领域内各种主体、行为和关系又可区别于相关部门法的基本范畴的研究思路。⑤ 例如，基于"消费者是弱者"与"消费者主权"的理念，消费者权利的配置及其制度设计，至少应当从在市场交易中对经营者的权利、在企业经营管理中对企业的权利，以及在政府与市场互动中对政府的权利三个维度进行。⑥ 又如，就市场主体与市场主体间权利义务的配置而言，主要有法律对同质市场主体间的权利义务配置、法律对异质市场主体间的权利义务配置，以及法律对当事人与相关人间的权利义务配置这三种情形。其中，第一种情形为传统民商法所充分关注；后两种情形在传统民商法中未能得到应有的重视，此缺陷应为经济法等相关法律所弥补。⑦

后来，杨紫烜教授在其代表作《国家协调论》中，秉持其从经济主体研究经济权利的一贯思路，提出了"经济法主体的权利（职权）和义务（职责）"的命题，并从国家协调主体的职权和职责，国家协调受体的权利和义务等方面，结合实

---

① 潘静成、刘文华主编：《中国经济法教程》（修订本），中国人民大学出版社 1995 年版，第 80—81 页。

② 王保树主编：《经济法原理》，社会科学文献出版社 1999 年版，第 107 页。这里需要特别指出的是，原著中"经济权利（力）的实质是经济利益"，此处的（力），疑为校对错误，现改正为"经济权利"，和分句"经济权力"对应。

③ 朱崇实主编：《经济法》（第 4 版），厦门大学出版社 2009 年版，第 22 页。

④ 漆多俊：《经济法基础理论》（第 3 版），武汉大学出版社 2000 年版，第 222—223 页。

⑤ 参见王全兴：《论经济法律关系的构成》，载《法学评论》1988 年第 4 期。

⑥ 参见王全兴、管斌：《经济法视野下的消费者定位》，载《律师世界》2002 年第 9 期。

⑦ 参见王全兴：《经济法基础理论专题研究》，中国检察出版社 2002 年版，第 414—416 页。

定法的规定建立了经济法的权利与义务体系。①

（三）经济权限的研究路径

如前所述，"经济权限"是由前苏联著名经济法学家拉普捷夫提出并用来说明和研究经济权利与经济义务的专用词，并已为我国的经济法学家所接受与采用。西南政法大学的李昌麒教授认为，经济法律关系的内容指经济法律规范所确认的经济法主体的"经济权限"，它是法律赋予经济法主体的经济职权和经济职责、经济权利和经济义务的总和。使用"经济权限"能够表明它与行政法律关系、民事法律关系内容的区别。"因为在行政权限中并不包括经济权利的含义，而民法权利中又不包括经济权力的含义，而经济权限恰恰可以表明职、责、权、义的有机统一。"② 在此基础上，作者确立了经济法主体的经济职权、国有资产管理权、经营管理权、自主经营权、承包经营权和经济请求权"六位一体"的具有内在联系的权利结构体系。③

北京大学刘瑞复教授在研究权力与权利复合关系的基础上，也赞成使用"经济权限"这一术语，并认为"经济权限"概念适用于经济法学理论，指"国民经济总体运行中权力活动和经济活动中权利、义务范围的总和。其含义的特点是：(1) 概念的基础建立在复合关系上而非建立在'纵向横向关系上'；(2) 它不单纯强调权利，而是强调经济权力与经济权利的有机结合；(3) 注意把握不同主体的经济权限具有不同的规定性；(4) 肯定经济权限不能存在于法律关系之外；(5) 作为民法制度的权利包括其中"。这里，基本经济权限包括经济职权、国家所有权、经营管理权、经济债权、工业产权。④

（四）权义结构的研究路径

"权义结构"是北京大学张守文教授提出的分析和研究经济法权利与义务问题的新范式。该范式由"权责结构"和"利义结构"两部分组成。"权义结构"作为上位概念既可以涵盖"权责结构"和"利义结构"，同时恰好又是两种称谓的综合。⑤ 首先，经济法主体的"权义结构，同作者提出的经济法主体及其行为的"二元结构直接相关。所谓经济法主体的"二元结构"，即可以分为调制主体与调制

---

① 杨紫烜：《国家协调论》，北京大学出版社2009年版，第328—336页。

② 李昌麒：《经济法——国家干预经济的基本法律形式》，四川人民出版社1999年版，第466—467页。

③ 李昌麒：《经济法——国家干预经济的基本法律形式》，四川人民出版社1999年版，第467—478页。

④ 刘瑞复：《经济法——国民经济运行法》，中国政法大学出版社1994年版，第270—271页。

⑤ 张守文：《经济法理论的重构》，北京大学出版社2004年版，第400页。

受体，并可以进一步分为调控主体与受控主体，以及规制主体与受制主体；① 所谓行为的二元结构，包括调制主体的调制行为和调制受体的对策行为两类，及"主客二元结构"和"层次二元结构"。② 经济法主体的"权义结构"中，调制主体既有职权，也有职责；而调制受体则既有权利，也有义务。"上述结构，有助于在两类主体的权益保护方面形成一定的均衡，有助于形成一种有效的秩序。"其次，"权责结构"中，从调制主体的职权分类看，调制主体的职权可简称为调制权，包括宏观调控权和市场规制权两类。宏观调控权和市场规制权都必须具体地规定在经济法的体制法中，这既是"职权法定"的体现，也是经济法同其他部门法的区别。调制主体在享有职权的同时，也必须履行相关的职责，包括调制法定原则，依法调制，不滥用或超越调制权，不得弃权等。③ 最后，"利义结构"中，调制受体享有"经济自由权"。包括企业的经营自由权和居民的消费者权利两类。调制受体在享有经济自由权的同时，还必须承担接受调制的义务和依法竞争的义务。④

（五）基本权利范畴的研究路径

中山大学程信和教授基于经济法必须建立起具有自身特色的范畴和原理的认知，指出"必须为经济管理主体、市场活动主体确立基本的权利。这是将经济法向前推进的内在要求，是经济法学中的'山重水复疑无路'处境的一个突破口。它关系到经济法能否真正站稳脚跟，能否充分发挥价值，因而能否获得世人的普遍认同。"⑤ 作者提出，"经济发展权、经济分配权、经济安全权，可以成为经济法的基本权利范畴"。并且认为从宏观角度讲，"将国民经济领域的发展权、分配权、安全权作为一个整体安排，则为经济法所特有"。⑥

湘潭大学的陈乃新教授接受基本权利范畴的研究路径，在经济安全权外另行提出剩余权⑦和劳动力权也应是经济法的基本权利范畴。⑧ 陈乃新教授还旗帜鲜明地指出：研究经济法权利，现在尚需突破三大障碍。第一，要自我突破传统私法（主要是民法）的私权利（主要是财产权）理论束缚的障碍；第二，要突破传统公法（主要是行政法）的公权力（主要是行政权）理论束缚的障碍；第三，要

---

① 张守文：《经济法理论的重构》，北京大学出版社2004年版，第357页。
② 张守文：《经济法理论的重构》，北京大学出版社2004年版，第368—377页。
③ 张守文：《经济法理论的重构》，北京大学出版社2004年版，第398—401页。
④ 张守文：《经济法理论的重构》，北京大学出版社2004年版，第406—410页。
⑤ 程信和：《经济法基本权利范畴论纲》，载《甘肃社会科学》2006年第1期。
⑥ 程信和：《经济法基本权利范畴论纲》，载《甘肃社会科学》2006年第1期。
⑦ 陈乃新：《经济法的重要范畴：剩余权与经济安全权》，载《法商研究》1999年第6期。
⑧ 陈乃新：《论劳动力权是经济法的基本权利范畴》，载《上海财经大学学报》2008年第4期。

突破古罗马法学者 D. 乌尔比安的私法公法的空间法域论或法律空间论的束缚障碍。①

（六）评论与展望

对于经济法律关系内容的研究，以目前的情况看，大体有两种情形：一是在传统的权利与义务的路径上前行，但力图证明经济权利与经济义务具有和经济法独立部门相适应的特性；二是坚持理论范式的创新，如经济权限论、权义结构论，都力求在新的路径上建立经济法律关系内容的新体系。对于前述两类学术努力，由于争鸣不足和深入的研究不够，所以不同路径之间还缺乏有效的交流和相互间的借鉴。对于如何认识和评论前述两种理论选择，有一种观点认为引入经济职权、经济权限、经济职责和经济责任等概念来分析和研究经济法律关系的内容，似乎难以成立。所谓"职权"，指职务范围内的权力，可以理解为主体的权利能力的范围，这并不是一个法律上的概念；所谓"权限"，一般指权利和义务的总和，"职责"，则是职权和责任，这两个概念都是复合的概念，责任以义务的存在为前提，并以义务人违反义务为发生责任的条件，无义务即无责任，虽有义务，而义务人能依法履行义务，也不发生责任，法律责任，在本质上是国家为保障法律关系实现而对违反义务人实行制裁的手段。由此可见，"经济职权"、"经济权限"、"经济责任"、"经济职责"等概念，很难正确分析经济法律关系的内容和实质，甚至还可能引起概念上的不清晰和观念上的误导。②

笔者在此更愿意指出的是：使用权利与义务来说明和解读经济法律关系的内容，存在着先天性的缺陷。因为在政治学领域，权力与权利之间的关系，是二元的存有张力的复合关系，而不是一元的融合性的统一关系。如在日本，20 世纪初围绕着权力与权利的关系发生过激烈的学术争鸣，并形成了法域分属说、差异主体说、关系排斥说和意志优劣说③。所以，经济法学界清醒地认识到，经济法律关系的内容涉及经济权力和经济权利两方面的内容。因此，单独使用经济权利来讨论和研究经济法律关系的内容是不严谨的，因而也是不适宜的。由此而言，引入和使用经济职权、经济职责、经济权限等概念，创设"经济权限"的分析范式和"权义结构"的分析范式，有效地解决了经济权力与经济权利的复合问题，是应该得到肯定与支持的。

---

① 陈乃新：《论劳动力权是经济法的基本权利范畴》，载《上海财经大学学报》2008 年第 4 期。
② 刘隆亨：《经济法概论》（第 4 版），北京大学出版社 1997 年版，第 80 页。
③ 关于这场争论及其理论细节，参见鹈饲信成：《行政法讲座》第 1 卷，有斐阁 1956 年版。转引自刘瑞复：《经济法——国民经济运行法》，中国政法大学出版社 1994 年版，第 259—262 页。

但我们也同时看到，由于"权限"源自行政法学，引入"经济权限"在和民事权利与民事义务相区别的同时，是否又埋下了和行政法的纠缠呢？这是其一。其二，"权义结构"的简称，总是给人"权利与义务结构"简称的印象，而不是作者所强调的"权责结构"和"利义结构"的再抽象。事实上，在作者本人的法理学分析那里，"权义结构"也正是在权利义务结构的层面上使用的。

为了克服"经济权限论"和"权义结构论"的上述缺陷，中国人民大学的徐孟洲教授提出了"经济权"的概念，将其视为"经济权力与经济权利的耦合"，并据此建立了包括生产经营权、消费权和经营管理权在内的经济权体系。① 本书吸纳"经济权"的合理内核，选择在经济法"法权"的路径上，分析、说明和研究经济法律关系②的内容，并将经济法律关系的内容界定为经济法权，包括经济权力及职责和经济权利及义务两个序列方面的问题。尽管"法权"术语在中国，其所代表的意义多数情况下都不太正面，如首先是"治外法权"的形式出现，在其成为历史之后仍然是具有贬损和批判之意。其次是以误译经典的形式出现。中央编译局在20世纪六七十年代革命导师经典文献翻译时，面对德语Recht和俄语право的复合含义——客观指法和主观指权利时，选择了"法权"的译法，后因被指是误译而被舍弃。但至20世纪末期，以童之伟教授为代表的法学同仁提出赋予"法权"统合权力和权利的新功能，并在新的语境中获得法学分析范式的地位和价值。对此，经济法学界给予了积极的回应。到目前为止，尽管我们还不太清楚是谁最先引入"法权"范式分析经济法的权利与义务问题，但我们乐于指出的是陈乃新教授是极力倡导和主张"法权"分析的，并力图建立经济法公权和经济法私权的结构。③ 在此问题上代表性的文献还有彭飞荣博士④、冯果教授⑤和蒋悟真教授⑥等的论文。现在可以说，"经济法法权"正在成为经济法学人趋向一致接受和使用的基本概念了。对此，王方玉博士认为，"经济法权"这样的用语则有点脱离现实之感。⑦ 笔者认为经济法权作为具体和实在的经济权力和经济权利的抽象，在成为经济法的一个基础范畴时，缺乏鲜活和现实感，应是其内在品质的外化，不应成为其

---

① 徐孟洲：《耦合经济法论》，中国人民大学出版社2010年版，第131—142页。
② 童之伟：《法权与宪法》，山东人民出版社2001年版。最近的文献是《法权中心主义之要点及其法学运用》，载《东方法学》2011年第1期。
③ 陈乃新：《经济法理性论纲——以剩余价值权法权化为中心》，中国检察出版社2004年版，第212—215页。
④ 彭飞荣、卢克建、陈乃新：《论经济法权的生成》，载《南华大学学报》（社会科学版）2003年第3期。
⑤ 冯果：《宪法秩序下的经济法法权结构探究》，载《甘肃社会科学》2008年第4期。
⑥ 蒋悟真：《现代经济法的法权结构论纲》，载《法学杂志》2008年第6期。
⑦ 王方玉：《经济权利的多维透视》，知识产权出版社2009年版，第67页。

受苛责之处。

目前，经济法权研究面临的紧迫任务主要有五项：

一是经济法权范式的证成和研究方法。经济法学界除在法理学法哲学成就的基础上，进行经济法理论问题的研究外，还应当通过经济法问题的研究，对法理学法哲学有所贡献。"法理学不应是一小部分专长于它的法律学者所独有的领地。"①漆多俊教授的"论权力"②，就是一个对法理学贡献的例证。在经济法权范式的证成上，经济法学人亦应如此。首先，从法权的辞源上讲，拉丁文中的"ius"有法、正义、权利和资格四种意思。罗马人在语言的表达上明确地向我们传递的信息是"法与权利客观上是不可分的"③。法权恰好实现了这一点，并和意大利语"direito"、德语"recht"、法语"droit"、西班牙语"derecho"、葡萄牙语"direito"和俄语"право"等内含法和权利相一致。这也暗含了"罗马人对法与权利之间关系的统一性观念。"④ 其次，从法权的本源上讲，"ius"可以解释为知识与科学。公元3世纪罗马著名法学家乌尔比安说："ius"是一种科学。⑤ 这就为法权作为一种范式奠定了历史的基础。再次，在现代市场经济条件下，经济权力和经济权利是"复合"（刘瑞复语）或是"耦合"（徐孟洲语）关系，拟还是"经济权利统合经济权力"（漆多俊观点）或者"经济权力主导经济权利"（邱本观点），都需要哲学、政治学和经济学、法学等学科的共同考察，实现历史与逻辑的统一。最后，法权是善的、正义的事物，反对恶的和非正义的事物。经济法权由此获得国家的善治和政府的经济正义，并对越权、滥权和怠权设定边界和责任，对市场活动中，滥用市场优势、串通合谋等垄断行为，混淆、假冒、诋毁等不正当竞争行为，和欺诈消费者的行为，予以识别和惩戒。由此，经济法权在建构和分析的基础上，获得了评价的新功能。

二是确立基本权利范畴。对此，程信和教授和陈乃新教授分别从国家和个体的角度提出并研究了经济发展权、经济分配权、经济安全权和劳动力权，已有了良好的开端。但由于现有权利的界定和经济法主体类型密切关联度低，并且对现有经济法权利类型的统帅作用不强，所以经济法基本权利范畴的确立仍需广泛深入地进行分析、比较和论证。

三是大力开展经济权力的研究。对经济权力的研究属于经济法学的薄弱环节，

---

① ［美］波斯纳：《法理学问题》，苏力译，中国政法大学出版社1994年版，"序言"第4页，转引自漆多俊：《论权力》，载《法学研究》2001年第1期。
② 漆多俊：《论权力》，载《法学研究》2001年第1期。
③ 费安玲主编：《罗马私法学》，中国政法大学出版社2009年版，第2页。
④ 费安玲主编：《罗马私法学》，中国政法大学出版社2009年版，第2页。
⑤ 费安玲主编：《罗马私法学》，中国政法大学出版社2009年版，第4页。

已有的研究成果如刘瑞复教授关于经济权利与经济权力的界定及复合关系研究①，漆多俊教授关于权力向权利回归，用权利约束权力的研究②，单飞跃教授关于社会自治权力属于新兴经济法权利的研究③，杨忠孝教授关于经济权利与经济权力之争的研究④，都是对点的问题的深入。而对经济权力由点到线再形成面的研究，目前仅见邱本教授的著述。邱本教授独创性提出用经济权力吸纳经济权利的"经济法权力（利）"概念，认为"经济法中的权力因素，简称经济法权力，是经济法规范体系的核心"。⑤ 其次，邱本教授对将司法权中的制裁权，行政权中的审批权、登记权、许可权，民法中的财产权，商法中的企业公司的权利等纳入经济法权力的现象进行了讨论和批评，对经济法权力体系进行瘦身。在此基础上，最后提出经济权力包括市场竞争权和宏观调控权的结构，并深入探讨了这两种经济权力的性质和内容。⑥ 对经济权力的全面、深入、系统的研究还有赖于经济法学人的努力。

四是深入研究经济义务。在民法学家看来，民事义务是作为民事权利的逆的形式存在的。而在经济法权利理论中，经济义务并不是完全建立在经济法权的逆的表达上。对于二者之间的内在机理，目前还缺乏深入的研究。就已有成果看，董玉明教授的观点颇为精到。他认为，经济法主体义务包括：（1）遵守国家经济政策与法律的义务；（2）保护公有与私有财产的义务；（3）与交纳税费相关的义务；（4）与履行管理职责相关的义务；（5）维护经济秩序与公共利益和安全的义务。其中履行管理职责相关的义务中，国家和管理机关及国家和被管理者之间形成的单务关系，与管理机关和管理者之间形成的双务关系的解读，是其特色。⑦ 可惜的是目前有洞见的著述，实在是少而又少。

五是积极探索经济法权的结构与体系。法权研究的原点是用权利吸纳权力，将法律关系内容的二元性型塑为一元，但无法逾越的问题是经济权利与经济权力的二元性，作为客观的存在是无法约简为权利一极的。由此出发，如何构建经济法权二元的、多层级的、和谐一致的体系，仍需经济法学人的再努力。

---

① 刘瑞复：《经济法——国民经济运行法》，中国政法大学出版社 1994 年版，第 259—278 页。
② 漆多俊：《论权力》，载《法学研究》2001 年第 1 期。
③ 单飞跃：《经济法学》，中南工业大学出版社 1999 年版，第 29 页。
④ 杨忠孝：《经济法上的权利与权力之争》，载《法学》2009 年第 8 期。
⑤ 转引自王卫国、李东方编：《经济法学》，中国政法大学出版社 2008 年版，第 111 页。
⑥ 转引自王卫国、李东方编：《经济法学》，中国政法大学出版社 2008 年版，第 113—123 页。
⑦ 董玉明：《中国经济法学导论》，光明日报出版社 2011 年版，第 227—230 页。

二、经济法权的确立及其意义

（一）发现并归纳经济法权是学者的天然使命

权利是法律关系的主体享有的利益范围或者为某种行为的可能性，一般是指个人和社会组织具有自己为或不为一定行为和要求他人为或不为一定行为的资格。权力是指法律关系的主体以自己的意志影响他人行为的能力。德国学者韦伯认为，权力是一个人或一些人在某一社会行动中，甚至是在不顾其他参与者反对的情况下，实现自己意志的能力。① 根据政治哲学和社会学晚近的研究成果，权力更强调一种"控制权"，而权利则意指一种"行动的自由"。② 鲁篱认为权力的重要特征有二：一是强制性。强制性是权力的主要本质，即拥有权力者一方可以抵御或侵略另一方意志的可能。二是惩罚性，即如果权力的指向对象拒绝权力的导引，那么其便可能面临受处罚的危险。③ 笔者认为，权利也有强制性，只不过是间接的，当一个人的合法权利受到侵犯时，权利人可以提起诉讼，要求法院保护自己的权利，在这个意义上说，权利有间接的强制性；权力有直接的强制性。

经济法有没有自己特殊的权利和权力？经济法权利与权力的体系是怎样的？法学界众说纷纭、莫衷一是。分歧的根源可能是我国的经济立法和经济司法并没有给出足够多的正面的"实证资料"。我国台湾著名民法学家王泽鉴教授指出："权利是一个具有发展性的概念，某种利益具有加以保护的必要时，得经由立法或判例学说赋予法之力，使之成为权利。"④ 他强调权利形成的两个因素，一是利益保护的需要；二是有立法或者判例。而研究经济法权恰恰缺乏后者，现存的可供查找的大多是零散的或否认性信息。例如，大家公认的属于经济法的立法《消费者权益保护法》，是少有的以正面规定权利为表现形式的经济立法。经济立法大多是"义务本位"法，基本是规定经营者的禁止性义务，如《反垄断法》、《反不正当竞争法》等。还有公益诉讼在中国的屡诉屡败、屡败屡诉的尴尬，最高人民法院在2004年断然否决了检察机关代表公民对侵犯国有资产提起民事诉讼的权利。⑤

---

① ［德］马克斯·韦伯：《社会和经济组织理论》，纽约，1947年版，第152页，参见苏国勋：《理性化及其限制——韦伯思想引论》，上海人民出版社1988年版，第189页。
② ［美］丹尼斯·朗：《权力论》，陆震纶等译，中国社会科学出版社2001年版，第10页。
③ 鲁篱：《行业协会经济自治权研究》，西南政法大学博士论文2002年。
④ 王泽鉴：《民法总则》，中国政法大学出版社2001年版，第86页。
⑤ 最高人民法院2004年6月17日关于恩施市人民检察院诉张苏文返还国有资产一案的复函中提出：检察机关以保护国有资产和公共利益为由，以原告身份代表国家提起民事诉讼，没有法律依据，此案件不应受理，如已受理，应当驳回起诉。

其实，经济立法采取"义务本位"，并不意味着经济法没有自己的权利。"权利与义务是密不可分的。如果某人产生了法律义务，也就意味着另外一个人（或一些人）产生了主观权利，两者共同构成了法律关系内容的两个不可分割的方面，共同说明一个法律关系的性质和类别"。① 笔者理解，经济立法采取"义务本位"，是因为"经济法是为了弥补民法和行政法调整之不足而产生的"，② 而民法采取的是"权利本位"，社会成员的基本民事权利已经在民法中得到了确认。经济法只要能够弥补民法对社会成员基本权利规定之不足，确认社会成员的法定权利，以加强对社会公共利益的保护就完成了自己的使命。"义务本位"的立法模式，不仅可以最大限度地保证立法"效率"，而且因为"法无禁止均自由"，还可以最大限度地保护私权主体的经济自由。而经济自由权是市场主体参与市场活动必须具备的基本权利，进一步说：自由是法律的精神内核和最高的价值追求。

在经济立法中一般都会规定行政机关对违法行为的规制与制裁，这不仅掩盖了"权利"的客观存在，而且容易混淆经济法权力与行政权力的区别。其实，人民主权理论适用在经济法中，关于权利与权力的关系仍然是：经济法权利先于权力而存在，经济法权利产生权力，权力是用来保护经济法权利的。因此，行政机关在经济法中的身份是权利主体的代表，其职责是保护经济法权利主体的合法权益。经济法权力与一般的行政权力有明显的区别，因此，虽然我国的经济立法和经济司法并没有对经济法权的研究提供足够多的"实证资料"，但放眼世界，发现并归纳出经济法权是经济法学者的天然使命。

（二）经济法权结构的特色

张守文提出：权利与义务，向来是法律制度结构中的核心，同时也是部门法研究的中心问题。"权义结构"是各类法律研究中都不能回避的核心问题。③ 虽然说民法是权利本位法，刑法是义务本位法，但是都不能否认民法在规定民事主体一方权利的同时，内含着另一方民事主体的义务；刑法在规定禁止性义务的同时，蕴含着社会成员各个方面的权利。经济法在保留"权义结构"的基础上加上了"权力"，呈现出经济法权结构的特色。

蒋悟真提出："现代经济法"最基本的特征是权利与权力之间的"互动"。④ 所谓"互动"，一是指多元化的权力（国家权力与社会权力）对社会个体权利和团体权利的尊重与信任；二是指有组织的、自治的社会个体权利和团体权利对公共权

---

① 王勇飞、张启富主编：《中国法理纵论》，中国政法大学出版社 1996 年版，第 381 页。
② 李昌麒主编：《经济法学》，中国政法大学出版社 2002 年版，第 43 页。
③ 张守文：《权义结构之经济法分析》，http://www.civillaw.com.cn/article/default.asp?id=30311，2011 年 6 月 18 日访问。
④ 蒋悟真：《现代经济法的法权结构论纲》，载《法学杂志》2008 年第 6 期。

力（国家权力与社会权力）的监督与信从（一种建立在信任和信念基础之上的配合与服从）。①

陈婉玲提出：经济法权结构的特色是权利和权力的互动和交融。② 当社会整体利益因私权利滥用而受损时，国家以社会整体利益维护者的身份，通过经济立法尽一切可能维护社会整体利益代表人——消费者以及其他经济弱者的利益，如运用市场规制权对越出正常范围和幅度的私权进行纠正和惩戒；当社会整体利益因公权力滥用而受损时，由于公权力滥用者为国家或其委托人，必须借助法律这一凌驾于公权力之上的权威，对其进行限制和惩戒，并赋予作为社会整体利益代表人私权利和社会权利，以对抗公权力的滥用并实现对社会整体利益的救济。③

童之伟将由权利与权力组成的统一体简称为"法权"，他说：法权可以说是一个在法学上标示由权利与权力组成的统一体的名称。④ 王相坤、刘剑文是较早将法权分析方法引入税权研究中的学者。二位学者指出：法权从实在法的归属上来看，按照国家和国民、公法和私法的二元分析方法，可以类型化为国家的法权和国民的法权两类。在税法领域，国家权力的表现形式是国家征税权，国家权利的表现形式是国家的税收债权；而公民权利的表现形式是国民财产权，这是国民的税收权利；公民个体权利的整体表现形式是国民同意权，这是国民的税收权力。这两对权力与权利的矛盾斗争、利益博弈构成了税权关系的基本内容。他们认为，国家的法权和国民的法权都是法定权力与权利的复合，在此并不应该把国家的法权只是理解为法定权力，把国民的法权理解为法定权利。把税权分化为国家的税权和国民的税权，因为这正好体现了法权作为权利与权力统一体的复合特征。⑤

不仅从微观上看，即经济法的具体部门法中，经济法权是权利与权力的统一，而且从宏观上看也是如此的。冯果教授提出：经济法的核心内容和主要任务就是防止国家调制权的滥用和私人经济权利的过度膨胀所导致的危害，尽可能地建立更为充分、有效的竞争，保障市场主体的经济自由权，因此，经济自由权和国家经济调制权互为连接、相互制约和抗衡，紧密地组成了一组基本的权利（力）范畴，构成了经济法的基本法权模式结构。⑥

笔者认为经济法权利主要是社会经济秩序权和社会（国有）财产的所有权；经济法权力主要是政府干预权和参与权。社会成员享有社会经济秩序权与政府干预

---

① 蒋悟真：《现代经济法的法权结构论纲》，载《法学杂志》2008 年第 6 期。
② 陈婉玲：《经济法责任的归责原则》，载《政法论坛》2010 年第 6 期。
③ 陈婉玲：《经济法责任的归责原则》，载《政法论坛》2010 年第 6 期。
④ 童之伟：《法权中心主义之要点及其法学应用》，载《东方法学》2011 年第 1 期。
⑤ 王相坤、刘剑文：《论税权的理论根据——以法权为视角》，载《山东警察学院学报》2007 年第 2 期。
⑥ 冯果：《宪法秩序下的经济法法权结构探究》，载《甘肃社会科学》2008 年第 4 期。

权相辅相成，相得益彰，前者需要后者的强有力保障；社会成员的社会财产所有权与政府的参与权紧密联系，后者的权力需要前者的制约。这正好体现了经济法权作为权利与权力统一体的复合特征。

例如，社会成员社会经济秩序权中的消费者权利，需要政府的市场规制权予以保护；经济安全权需要政府的宏观经济调控权保障；社会成员的社会财产所有权需要政府通过参与经济活动的权利行使；政府参与经济活动的权利与权力，需要通过国民的监督权、参与权权力的制约。经济法权作为权利与权力统一体的复合特征很明显。

法权观念的实践意义，正如童之伟所说：有助于人们在权利与权力之外寻找个人与国家结合的新基点，平衡处理两者关系；它有助于人们深入理解几种基本的法现象之间的关系并处理好这些关系。至于理论意义，他说：它基于权利与权力但又在权利与权力之外形成了一个新的分析单元，开拓了更为广阔的讨论空间。另外，单纯从学术上看，它有助于提升法学解释现象世界的深刻度。

笔者认同这种分析，将权利与权力统一研究的最大特点，是突破了以往法学研究中大陆法系国家传统的部门法划分理论，它按照研究的对象，综合运用各个部门法理论分析问题，而不是只是从一个部门法角度研究问题，单一部门的研究，视野有一定的局限性，得出的结论往往是片面的。例如，一些人为什么不以偷税为耻？岑科的解释是：政府单方面制定的税收，不可能具有权威性和正当性。对此，人们往往采取消极抵抗的方式，尽可能偷税漏税，或者行贿。既然纳税人被强制征税，他们也就普遍不以偷税为耻，也不以行贿为耻。① 偷税固然是违反法定义务，但是因为忽略了纳税人的国民同意权，出现问题就不足为怪了。如果我们将权利与权力统一研究，如何解决的对策就豁然开朗了。

（三）研究经济法权的意义

杨忠孝认为：与诸多部门法学重视权利与权力问题研究相比较，经济法学虽然认识到该问题的重要性，但研究并不发达，这不仅制约了经济法的科学性与经济法学科的发展，而且影响了经济法立法与司法实践。② 近几年，经济法权问题的研究逐渐成为学术界研究的重点和争论的焦点。吴志攀、肖江平在总结 2006 年度经济法学研究成果时讲：权利范畴化、特性化，是部门法和部门法学成熟的标志之一。③ 经济法权问题研究的重要性，可以通过二位学者的观点反映出来。肖江平指出："经济法权利问题是连接经济法调整对象、经济法体系、经济法地位、经济法

---

① 岑科：《为什么民众不以偷税为耻？》，载《南方人物周刊》2009 年 3 月 20 日。
② 杨忠孝：《经济法上的权利与权力之争》，载《法学》2009 年第 8 期。
③ 吴志攀、肖江平：《和谐社会建设与经济法创新》，载《中国法学》2007 年第 1 期。

价值等抽象领域和经济法责任、经济法实现等实践性相对强的领域的中枢环节"。①程信和说：经济法权利"是经济法学冲出'山重水复疑无路'处境的一个突破口。它关系到经济法能否真正站稳脚跟，能否充分发挥价值，因而能否获得世人的普遍认同"。②

1. 对保护经济法权利有重要意义

经济法的权利是经济法制度中的核心问题，因而也是经济法规范论中的重要问题。只有建立科学的经济法权利理论，经济法主体、经济法责任、经济法责任的追究程序理论才会清晰起来，经济法才会得到很好的实施，经济法保护社会公共利益的价值才能彰显出来。例如，明确经济法权利是社会经济秩序权、国有资产所有权，那么经济法主体具有群体性的特点就凸显出来；违反经济法的责任不仅要行政处罚，更重要的是赔偿众多受害人和国家的经济损失；经济法责任的追究程序除私益诉讼外，还应当有公益诉讼，特别应当允许行政机关或者检察机关提起公益诉讼，维护受害人和国有资产权益。经济法权利不明确，不可能建立起经济法权利的救济制度，经济法所致力维护的社会公共利益就无法得到有效保障。

2. 对经济法权力的正确行使有指导意义

经济法的实施离不开行政机关动用行政权力执法。经济法的权力有什么特点，关系到经济法权力的正确行使和经济法宗旨的有效实现。只有建立科学的经济法权力理论，政府经济执法主体的体制，经济执法机构与立法机构的关系，经济执法机构与司法机构的关系，经济执法机构与相对人、相关人的关系，经济执法的级别管辖、职能管辖等诸理论问题才会清晰起来，经济执法才能够真正做到执法为民，得到人民群众的拥护与支持。例如，明确经济法权力的特点应当是"双边主义"，在政府干预经济法中，政府是社会公共利益和弱势群体的代表，行使国家干预权；在政府参与经济法中，政府以及国库代表是全体社会成员的代表，行使国有资产的所有权。所以，经济法权力应当是"公私混合性"的权力，经济法权力的行使既有政府的意思，又有其所代表的社会公众的意思；既有国家利益，又有其所代表的特定群体的利益。那么经济执法机构与相关人关系就紧密起来，政府对违反经济法的行为不仅要进行行政处罚，更重要的是让违法者赔偿众多受害人的损失；为有效追究违法者对受害群体的损失，执法机构应当有权力到法院起诉违法者，以维护受害人权益。经济法权力不明确，行政权力就不能得到正确的应用，如中国法律规定：对没收违法所得和罚款要全部上缴国库，这种致受害人损失于不顾的规定和做法，不仅恶化了政府与人民群众的关系，而且经济法所致力维护的社会公共利益也无法得到保障。

---

① 肖江平：《中国经济法学史研究》，人民法院出版社 2002 年版，第 242 页。
② 程信和：《经济法基本权利范畴论纲》，载《甘肃社会科学》2006 年第 1 期。

三、关于经济法权研究的大致梳理

（一）对经济法权的综合研究

1. 学界的观点

关于经济法权利的研究，从综合性的相关文献资料看，可以向前追溯到法律出版社 2000 年出版的、许明月主编的《经济法学论点要览》一书，该书第八部分的题目是经济法律关系。在经济权利的概念及其分类部分，作者列举了 13 位学者关于经济法权利的观点。这些观点虽然不尽相同，但是如果从权利主体看却基本一致，都是包括经济管理主体、市场活动主体的基本权利。也就是说，最初的研究，学者们是将经济法权利（权力）一起做研究的，并没有严格的区分。

苏惠祥、邱本使用的概念是：政府机关的经济法权利和经济主体的经济法权利；① 吕忠梅、刘大洪称之为调控主体的权利和受控主体的权利；② 杨紫烜具体提出经济职权、财产所有权、经营管理权、请求权；潘静成、刘文华提出所有权、经营管理权、经济职权、经济债权、工业产权。③ 漆多俊基于其国家调节关系说，提出经济法权利就是由经济法所规定的国家经济调节关系中有关各方主体的权利，包括国家经济管理主体的权利（如国家经济决策权、组织实施权、经济纠纷与违法犯罪调处权）、企业等基本被管理主体的权利（如建议权、监督权、自由决定权、举报权、控诉权等）。④ 程信和提出经济发展权、经济分配权、经济安全权是经济法的基本权利范畴，构建出区别于其他部门法体系的独特权利范畴。⑤ 程信和提出的经济法的基本权利，主体也是多元的，有国家、组织和个人，分为经济管理主体、市场活动主体。

2. 学界对综合研究经济法权利的评价

李友根对程信和观点的评价是：此种权利范畴是否真正符合法律制度的规范要求、是否真正符合法学理论的内在规律，尚需要进一步研究。以经济发展权为例，依照程信和教授的观点，其主体包括国家、组织和个人，其内容分别为国家有权制定适当的国家发展政策等六项内容，企业的营利、个人享受适当生活水准权及劳动就业权等五项内容，其客体是实现发展所需要的资源以及通过发展所获得的利益。

---

① 苏惠祥、邱本主编：《经济法原理》，吉林大学出版社 1997 年版，第 151—169 页。
② 吕忠梅、刘大洪著：《经济法的法学与法经济学分析》，中国检察出版社 1998 年版，第 99 页。转引自许明月：《经济法学论点要览》，法律出版社 2000 年版，第 529 页。
③ 许明月：《经济法学论点要览》，法律出版社 2000 年版，第 528、529 页。
④ 参见漆多俊著：《经济法基础理论》，武汉大学出版社 2000 年版，第 222—229 页。
⑤ 程信和：《经济法基本权利范畴论纲》，载《甘肃社会科学》2006 年第 1 期。

经济法权研究

然而，这样的权利及其内容是否具有法律制度中的权利所应有的规范性呢？它们既没有明确的义务主体，更没有适当的救济措施，是一种宏大叙事层面上的政策性宣示，特别是它们更多地基于《发展权利宣言》等国际文件而提出，与基于一国主权范围内的国内法律制度有着明显的区别。事实上，就个人的发展权而言，这实际上是个人（及组织）的投资自由、劳动权、社员权等内容的整合而已，已经分别由宪法、民商法、劳动法等予以确认与调整。这种意义上的发展权，又如何能够支撑起经济法的权利体系与理论大厦呢？①

岳彩申的评价是，目前有关经济权利的定义普遍存在两个明显的缺陷：一是将经济管理权与经济职权纳入经济权利的范畴，混淆了权利与权力两个范畴的区别。从法理上分析，权利与权力是两个不同的概念，二者不存在种属关系和交叉关系。② 二是将财产所有权纳入经济权利的范畴，③ 混淆了经济权利与民事权利的区别，虽然经济活动与经济权利离不开财产基础，但经济权利自身并不是以财产所有权为核心的权利。相反，财产所有权是民法物权中最主要的范畴。④ 笔者认同岳彩申讲到的第一个缺陷，对第二个缺陷有一定的保留，一般财产所有权虽然不是经济法权利，但是社会（国有）财产所有权是经济法权利，社会（国有）财产是公共财产，对社会（国有）财产的所有权是经济法权利。

笔者认为，经济法有自己的法权范畴体系，只是我们还没有清晰地整理出来。经济法权利的范畴化和特性化需要一个过程。我们现在需要做的工作，是将经济法益性权利确定为清楚明确的经济法权。

（二）对权利与权力的分别研究

郭富青提出：既然政治国家与市民社会中均存在社会公共经济利益，因此，在经济法中应通过"国家经济权力"、"社会公共经济权利"两种法权形态加以体现。⑤ 邱本总结的市场竞争权与宏观调控权理论、张守文提出的调制主体的调制权和调制受体的经济自由权（具体包括企业的经营自由权与居民的消费者权利等）理论，都是分别研究经济法权利与经济法权力的。

笔者认为：经济法规定的权利，是社会成员享有的权利，在政府干预法中是社

---

① 李友根：《论经济法权利的生成——以知情权为例》，载《法制与社会发展》2008年第6期。

② 许明月：《经济法学论点要览》，法律出版社2002年版，第525—530页。

③ 许明月：《经济法学论点要览》，法律出版社2000年版，第525—530页。

④ 岳彩申：《经济法的范畴体系研究》，载李昌麒主编：《中国经济法治的反思与前瞻》，法律出版社2001年版，第220页。

⑤ 郭富青：《关于社会公共经济利益法权表现形态的思考》，载《甘肃政法学院学报》2008年第1期。

会经济秩序权；在政府参与法中是社会（国有）财产所有权。经济法规定的权力，在政府干预法中是政府干预权；在政府参与法中是政府参与权。干预权又分成市场规制权和经济调节权（或称之为宏观调控权）；参与权又分成私权主体参与权和公权主体参与权。政府作为公权主体享有征税权、转移支付权力等；政府作为私权主体享有投资权、举债权、政府采购权、政府公开市场操作权利等。

笔者对经济法权利与经济法权力的划分是建立在经济法分为政府干预法和政府参与法的基础之上的。在《法学杂志》2010年第2期发表的：《经济法权利论纲》一文中，我提出了以经济法分为政府干预法和政府参与法为基础研究经济法的权利体系。经济法权利与经济法体系问题相连，不正确分解经济立法，就很难发现经济法特殊的权利体系。

由于已认定经济法的精神为国家干预主义，是国家对市场经济活动的规范和调整。在经济法所调整的经济关系中，国家或政府总是或者常常是一方主体，[1] 但政府[2]管理经济时的地位、身份有很大的不同。如在经营者与消费者的关系中，政府只是对保护消费者利益、监管经营者负有管理责任，因此政府在这种关系中并不是当事人，笔者暂称其为"关系人"[3]。而在政府采购、投资关系、税收关系中，政府直接与另一方当事人发生权利义务关系，成为法律关系的当事人。据此，笔者认为依据政府在社会经济关系中是否为直接享有权利承担义务的当事人一方，先将经济法分为政府干预法和政府参与法。在政府干预法调整的经济关系中，当事人的地位有所不同（即是否有强弱的区别），因此将其分成市场规制法和经济调节法；在政府参与法中，政府的身份不同（即有公权主体和私权主体的区别），因此将其分为政府作为私权主体的参与法和政府作为公权主体的参与法。上述对经

---

[1] 肖江平著：《中国经济法学史研究》，人民法院出版社2002年版，第178页。

[2] 政府和国家是两个既有区别又有联系的概念。英文表示政府的词汇是：Government、Administrative organ 等。表达国家的有：如地理含义的国家"Country"、民族含义的国家"Nation"和政治含义的国家"State"，"国家作为财产的主体就是国库（Fiscus）"。按照凯尔森的观点，国家亦不过是国内法律秩序的人格化，所谓国家的权利义务不过是作为国家机关的个人，也即执行法律秩序所确定的特定职能的人的权利义务，国家问题就是一个归属问题。既然如此，笔者认为，在经济法学中，使用"政府"的概念比使用"国家"一词可能更为符合实际。需要强调的是，国家（也可以理解为是国库）最终要为政府干预、参与的行为负经济责任。

[3] 本人这里使用的"当事人"范畴基本相同于法理学中的法律关系主体，即权利和义务的享有者和承担者。"关系人"是经济法法律关系的重要主体，但对于"当事人"来说，他仅仅是一个不可缺少的"局外人"而已，不享有和承担当事人的权利和义务，而是为维护"当事人"的权利或督促"当事人"履行义务而享有和承担的一定的经济管理权力和职责的"第三者"。例如，国家有关部门并不享受消费者权益保护法中规定的消费者权利，但国家有义务监督经营者履行该法规定的义务，以保护消费者的权利。

济法权利与权力的概括是建立在经济法分为政府干预法和政府参与法的基础之上的。

（三）对经济法权利研究的梳理

1. 学者谈权利生成的规律

张开泽讲：一项权利的自然的完整的生命历程可用公式概括为：一般利益—法益—法益性权利—现实权利。权利生成趋势，历经由一般利益上升为法益，再由法益上升为法益性权利，最后是现实权利。①

李友根谈独立权利生成的一般规律对我们认识经济法权利的生成有一定的帮助。他的观点是：一种独立的利益是否能成为一种独立的权利，不仅取决于法律的规定，更根本地取决于社会经济生活条件和人们的社会观念。尽管存在着一种独立的利益，但是当这种利益在当时的社会经济技术发展条件的制约下并未表现出其对人们社会生活的重要性，或者即使存在着这种重要性但当社会的普遍观念并未予以高度重视时，这种利益往往并未被法律确认为一种独立的权利，而只是在其他权利中加以体现与保护。但是当社会观念发生变化后，当人们对这种独立利益重要性的认识加深后，基于此种利益的特殊性及其与原有权利之间的不协调，将此种利益确认为一种独立权利将是法律发展的一个必然规律。②

作为经济法主体的权利，应当是在民法权利的基础上，为克服民法权利的局限性而确立的。李友根认为，经济法作为新兴的部门法，必然是适应社会经济技术的发展变迁需要、弥补传统法律部门的缺陷而产生与发展的。相应地，其权利体系也必然是现实经济生活突破传统权利体系而生成的，即所谓"经济法就是从超越民法界限的地方开始的"。③ 发现、总结与研究经济法权利（力），也应当从经济生活实践出发，从分析传统法律部门（特别是民商法和行政法）权利（力）体系的缺陷入手。④

李友根以消费者知情权为例，分析了经济法权利的生成过程。消费者知情权从知情利益转化为法定权利，应从下列几个方面加以论证。第一，存在一种表现为法益的独立利益。第二，此种利益极易受到严重的损害。第三，既有法律体系中的利益保护制度不足以保护此种利益。第四，确认为权利后与既有权利体系相协调。只有其以消费者身份与作为强势主体的经营者从事交易时，方享有知情权。而此种知

---

① 张开泽：《法益性权利：权利认识新视域》，载《法制与社会发展》2005年第6期。

② 李友根：《论经济法权利的生成——以知情权为例》，载《法制与社会发展》2008年第6期。

③ ［日］丹宗昭信、厚谷襄儿编：《现代经济法入门》，群众出版社1985年版，第59页。

④ 李友根：《论经济法权利的生成——以知情权为例》，载《法制与社会发展》2008年第6期。

情权,已经脱离民法的领域,进入经济法的调整领域,成为一种经济法上的权利。于是在消费者运动的推动下,立法确立了消费者知情权,将一种法益转化为法定权利。此种法定权利,既与民事权利体系不相容,也不符合民法的权利标准(依客体而非依主体),因此已经超越了民法的领域,而转入经济法领域,成为经济法上的权利。①

笔者认为,李友根的分析颇具说服力,虽然消费者知情权是一个很微观的权利,但是管中窥豹,从中我们还是可以发现经济法权的一般生成规律。首先是社会中存在一种新的特别的需要,而现存法律制度不足以满足此种需要;于是,学者们著书立说,最终以新的立法或者判例予以规定或者阐述。产生的新法权,已经脱离了原有部门法的领域,进入新的部门法调整领域,新法权由此产生。经济法权也是如此。

2. 经济法权利的种类

虽然经济法是调整因国家对经济活动的管理所产生的社会经济关系的,但其逻辑起点应当是经济权利。杨忠孝提出:经济法在关注国家干预经济权力时就不能抛弃对经济权利的研究。说到底,经济法的研究方法还是回到主体的权利义务这一一般方法上来,以此作为经济法研究与经济法规范设计的基础方法。② 这样做的根本原因是权力与权利的关系。陈醇讲:国家的义务是满足公民权利的需要。权利、国家义务、国家权力三者的关系是:"权利的需要"决定国家义务并进一步决定国家权力;国家权力服务于国家义务并进一步服务于公民的权利。③ 正因为如此,岳彩申教授提出经济权利是经济法的初始范畴。④

虽然经济法是权利本位的法,但是经济立法却大多表现出是"义务责任"的结构。例如,反垄断法的立法模式就是"义务—责任模式",社会的权利在这里成为了"潜台词",只是在立法宗旨中明确了:保护市场公平竞争,提高经济运行效率,维护消费者利益和社会公共利益,促进社会主义市场经济健康发展。尽管"权利"是"潜台词",但是基于法律关系是权利与义务的对立统一关系,因此

---

① 李友根:《论经济法权利的生成——以知情权为例》,载《法制与社会发展》2008年第6期。
② 杨忠孝:《经济法上的权利与权力之争》,载《法学》2009年第8期。
③ 陈醇:《论国家的义务》,载《法学》2002年第8期。
④ 岳彩申提出的经济法范畴体系包括:初始范畴、基本范畴、普通范畴和具体范畴。关于经济权利,他的观点是法律主体通过参与社会经济活动尤其是市场经济活动获得经济利益的资格。它既不同于民事权利,也不同于行政权力,更不是二者的简单混合。经济权利表现为:一是市场准入的权利;二是参与市场活动的权利;三是公平竞争的权利;四是自由经营的权利;五是公平获得市场利益的权利。

"权利"的存在是不言而喻的。

本书所讲的经济法权利是经营者、消费者等主体的权利,是社会成员享有的不同于民事权利的一种权利。

在1998年时,陈乃新教授就提出:剩余权与经济安全权是经济法的重要范畴。① 他在2007年出版了以经济法权利为研究对象的学术专著,提出经济法的基本权利范畴是劳动力权。② 王艳林教授的博士学位论文是《竞争权及程序保障》,提出竞争权,并分为自由竞争权、公平竞争权、资产竞争权。③ 鲁篱教授提出"经济平等权"。④ 李友根教授的研究另辟蹊径,如论文《论经济法权利的生成:以知情权为例》。⑤ 杨忠孝提出消费者权、营业自由权、正当竞争权等。⑥

关于经济法权利在经济法学中的地位,熊伟教授提出"权利与自由:是经济法学的逻辑起点"的观点,⑦ 笔者深有同感。尽管经济立法却大多表现出是"义务责任"的结构,经济法权利成为一个"潜台词",但是经济法权利是"经济法学的逻辑起点"。岳彩申教授提出经济权利是经济法的初始范畴。初始范畴之后是基本范畴。他提出,经济法的基本范畴有三类:一是由经济权利直接分类而产生的经济平等权与经济自由权两个概念;二是由经济权利引导出来并作为经济权利从属性概念的国家干预权;三是由经济权利引导出来的经济法律主体等基本范畴。⑧ 笔者认为,相对权力,权利确实是经济法学的逻辑起点,经济法学既要研究权力,也要研究权利,但基础性的研究应当是权利。

(四)对经济法权力研究的梳理

本书所讲的经济法权力是指国家机关、社会团体的经济法权力。

奥尔森在《权力与繁荣》一书中认为,经济繁荣取决于一种特定的政府,这种政府有足够大的权力来保护产权,保障契约的实施,但它又受到特定的限制,这种特定的限制使它无法以自身的行动剥夺个人产权。奥尔森称之为市场促进型政府

---

① 陈乃新:《经济法的重要范畴:剩余权与经济安全权》,载《法商研究》1998年第6期,第14—16页。
② 陈乃新:《经济法权利研究》(第1卷),检察出版社2007年版。
③ 2008年第五届"中国青年经济法博士论坛"文集,第5页。
④ 2008年第五届"中国青年经济法博士论坛"文集,第129页。
⑤ 2008年第五届"中国青年经济法博士论坛"文集,第116页。
⑥ 杨忠孝:《经济法上的权利与权力之争》,载《法学》2009年第8期。
⑦ 2008年第五届"中国青年经济法博士论坛"文集,第106页。
⑧ 岳彩申:《经济法的范畴体系研究》,载李昌麒主编:《中国经济法治的反思与前瞻》,法律出版社2001年版,第222—223页。

（Market-augmenting Government，即强化市场型政府）。① 政府权力是一种被广泛接受的有影响力、有价值的生命力量，与政治合法性观念紧密相关。它意味着，政府拥有其他经济组织所不具备的强制力。

权力是一种客观存在，是政府能力的前提和实质，是形成或被赋予的一种权威。而政府能力则指政府实现其权力的实际能力，它主要取决于政府实际可以支配的、用于实现公共政策意图的种种手段和资源，尤其依赖于交通、通信等技术因素。② "凡力均是物质运动的一种特性和表现，需以一定的物质为依托和基础，权力也不例外。"③ 换言之，权力与资源存在着内在的关联，权力是指对资源经常转换的能力。"权力并非自由或解放的障碍，而恰恰是实现它们的手段。"④ 权力本身并无善恶之分，其道德层面的考量，在于拥权者本身的道德素质和行权的目的性。政府正确运用权力，不仅会游刃有余地处理一切，而且还能体验到利用权力去实现有价值的目的，这是最合道德的生活。政府不应受那些似是而非的假道学的影响而刻意回避权力，也不要因渴望权力而追腥逐臭，在参与本来正常的权力游戏时，偷偷摸摸地采用欺诈的手段从而造成他人的不安。⑤ 在经济法权结构中，政府权力尤其值得认真对待！

盛学军、陈开琦提出：适应现代市场经济的要求，政府的经济职权应重构为宏

---

① 参见［美］奥尔森：《权力与繁荣》，苏长和等译，上海人民出版社2005年版。相应研究，参见姚震宇：《理性、权力与经济繁荣》，上海人民出版社2008年版；张宇燕：《强化市场型政府》，《读书》2005年第3期；易宪容：《权力运作与经济繁荣》，《国际经济评论》2001年第3—4期。饶有意味的是，美国加州大学伯克莱校区社会政策专家内尔·吉尔伯特（Neil Gilbert）教授在20世纪80年代后期针对西方发达国家的福利国家危机，提出了能促型国家（the enabling state），强调在提供公共服务和增加公共福利方面，政府由原来的事必躬亲转向将更多地依靠非营利的民间组织（甚至营利企业），政府的职责在于激励、支持、保护和规范与监督公共服务的提供者。参见顾昕：《能促型国家的角色》，载《河北学刊》2005年第1期。

② 国家权力与国家能力的区别，参见李强：《国家能力与国家权力的悖论》，载张静主编：《国家与社会》，浙江人民出版社1998年版，第17—23页。

③ 参见漆多俊：《论权力》，载《法学研究》2001年第1期。

④ 参见［英］吉登斯：《社会的构成》，李康等译，三联书店1998年版，第377、77页。吉登斯认为，权力是解释国家乃至人类社会的最重要因素，而权力必须以资源的生产和储存能力为前提。资源是权力实施的媒介，可分成配置性和权威性两类：前一类资源表现为各种物质产品，体现人与物的向度；后一类资源表现为各种社会关系（如血缘关系、宗教传统），体现为人与人的向度。（参见郭忠华：《资源、权力与国家》，《中山大学学报》2008年第4期）。"权力就是把成本强加给他人的能力。"参见［美］巴泽尔：《国家理论》，钱勇等译，上海财经大学出版社2006年版，第6页。

⑤ 参见［美］詹姆斯·菲舍尔：《权力没有过错：用权力实现有价值的目的》，张云峰等译，京华出版社2006年版，导言。

观调控权、市场规制权和公共投资管理权。市场规制权是市场经济条件下重塑政府经济职能的产物,与宏观调控权和公共投资管理权一起,共同构成现代社会中法律赋予政府弥补市场机制的不足、适当干预经济生活的三大基本经济职权。①

杨忠孝提出:宏观经济法权利(力)包括税收调控权、金融调控权、产业调控权、财政预算调控权等;微观经济法权利(力)包括反垄断权、市场规制权等。② 陈云良教授专门对"国家经济调节权"进行了深入的研究。③ 岳彩申教授提出国家干预权。他认为这一权力是由经济权利引导出来并作为经济权利从属性的基本范畴。另外,他认为宏观调控权是国家干预权之下的范畴。基本范畴下,是宏观调控权、微观调控权、国家参与经济活动权、经济权利主体对国家的请求权等普通范畴,由普通范畴又派生出市场准入调控权、市场竞争调控权、市场利益分配调控权等具体范畴。这些范畴都是经济法范畴体系的重要组成部分。④ 笔者赞同从权利引申出权力,但应当将政府参与经济活动的权力(权利)与政府干预权并列,因为二者的含义在经济学上可能是包含关系,但是法律关系却不同,"干预"一词在汉语中是指"过问别人的事"⑤,参与则是做自己的事情。也就是说,国家在参与经济活动中,是当事人,在干预经济活动中则是"关系人"。至于经济权利主体对国家的请求权似乎不应当与宏观调控权、微观调控权等并列,因为权利的性质不同。

程信和说过:至今中国立法上已有一些分散的、具体的权利规定,但还没有出现类似民法、行政法那样统一的、基本的权利范畴。学术界常见的表述方式,一是采用"政府经济管理职权"的提法,这在纵的方面难以与行政法划分边界;二是采用"经济权利和经济义务"的提法,这在横的方面也难以与民法分清视野。⑥ 笔者认同程信和的观点,我们应当试图解决这个问题,讲清楚经济法权利与民事权利的不同点以及经济法权力与行政权的关系。

四、经济法权利的特征——与民事权利的比较研究

为了清楚地描述出经济法权利的特征,笔者试图采用比较民事权利的方法进行。主要按照法律关系三要素进行比较。

---

① 盛学军、陈开琦:《论市场规制权》,载《现代法学》2007年第4期。
② 杨忠孝:《经济法上的权利与权力之争》,载《法学》2009年第8期。
③ 2008年第五届"中国青年经济法博士论坛"文集,第152页。
④ 岳彩申:《经济法的范畴体系研究》,载李昌麒主编《中国经济法治的反思与前瞻》,法律出版社2001年版,第224—226页。
⑤ 《现代汉语词典》,商务印书馆1985年版,第354页。
⑥ 程信和:《经济法基本权利范畴论纲》,载《甘肃社会科学》2006年第1期。

（一）经济法权利主体的特征——主体群体性

1. 民法不以主体为标准设立权利类型，经济法权利类型依主体为标准而设立

日本学者在区分私法与经济法律主体差别时指出：现代私法的体系是抽象的"人"的权利和义务关系，经济法律的主体已明显不是现代私法中抽象的"人"，而是具体的社会存在的人（事业者、事业者团体、中小企业、消费者等）。① 赵红梅的观点是：私法中的"人"是"市民"，市民是个体之人、高度抽象之人、理性智慧之人、自私利己之人；社会法②中的"人"是"人民"，人民是集体之人、适度具体之人、既有理性智慧之人也有感性愚蠢之人、克私利公之人。③ 李友根讲："基于主体无差别而建立的民法不可能以主体为标准设立权利类型，但是一切基于主体差别而建立的法律部门如行政法、诉讼法、劳动法，其权利类型均依主体为标准而设立，经济法自然也不例外。"④ 例如，《反不正当竞争法》保护经营者的权利；《消费者权益保护法》保护消费者的权利；《中华人民共和国政府采购法》规定公民享有的国有资产监督权。

那么，民法的权利体系是如何分类的呢？"民法是以客体作为权利类型的分类标准"⑤。私权基于权利客体之分类，可分为绝对权，例如物权、无体财产权、人格权；相对权，例如债权。⑥

李友根提出从主体层面界定经济法的权利类型。他说：经济法是否可基于超越传统法律部门局限的定位，分别发现与总结政府、经营者、消费者、社会团体的相关独特权利，从而形成经济法的权利体系？⑦ 邱本教授总结的市场竞争权与宏观调控权理论、张守文教授的调制主体的调制权和调制受体的经济自由权（具体包括企业的经营自由权与居民的消费者权利等）理论均是从主体的角度界定经济法权利类型的。

2. 民事权利基本上是个体性权利，而经济权利是群体性社会权利

笔者认同岳彩申的下述观点：民事权利基本上是个体性权利，而经济法权利是

---

① ［日］丹宗昭信、厚谷襄儿：《现代经济法入门》，群众出版社1985年版，第49—51页。
② 因为赵红梅是从第三法域的视角研究社会法的，而经济法也属于第三法域，因此可以相互借鉴。
③ 赵红梅：《第三法域社会法理论之再勃兴》，载《中外法学》2009年第3期。
④ 李友根：《论经济法权利的生成——以知情权为例》，载《法制与社会发展》2008年第6期。
⑤ 李友根：《论经济法权利的生成——以知情权为例》，载《法制与社会发展》2008年第6期。
⑥ 吴学义：《法学纲要》，中华书局1935年版，第97—99页。
⑦ 李友根：《论经济法权利的生成——以知情权为例》，载《法制与社会发展》2008年第6期。

群体性社会权利。① 民事权利主体主要是传统意义上的自然人和法人,虽然民事权利主体分为自然人和法人,但是民法权利体系不以它们为标准设立权利类型,二者都是特定的主体;而经济权利的主体往往是社会组织或个人构成的社会集团或群体,主体具有群体性或者不特定性。②

经济法的权利究竟是个体经济权利还是群体性权利?吴越充分认识到个体经济权利在整个经济法中的基础性地位,指出经济法必须以个体经济权利作为出发点和归宿,他的观点是:当前经济法学在其价值定位和研究路径上存在着严重的缺陷:忽视宪法对个体经济自由的确认,忽视个体的经济权利在经济法学研究中的应有价值,并将整个经济法学简化为"国家干预法学",其价值取向基本上是向国家干预靠拢并且为国家干预服务的"社会本位"论,而非基于个人本位与权利本位的"社会本位"论。经济法学倘若要实现符合经济现实和历史逻辑的超越和突破,就必须回归法律自身的方法论,并正视对经济宪法的研究,尤其应关注如何保障个人的基本经济自由的实现。③

刘水林的观点则正好相反,他认为经济法应当研究社会整体的权利。他指出:现代经济法产生于19世纪末社会分工高度发达的基础之上,而因分工产生的相互依赖性又使社会犹如一个有机整体,这决定了经济法的社会观念和方法论是整体主义的,即社会是由具有一定价值共识的、又有不同能力和功能的个体互动构成的有机体。④

程信和提出:"经济法反映了社会本位与权利本位的结合。制定和实施经济法,理应将增进、实现、维护全体社会成员的根本利益作为立足的基础和奋斗的目标。"⑤

笔者认为:如果说民法保护的是民事主体的个人法益;经济法保护的则是社会成员的社会法益。陈兴良认为:社会法益一般是社会不特定多数人所共有的超越个人利益的法益。社会法益可分为社会安宁及安全的法益、公众信用的法益、公众健康的法益、社会善良风俗的法益、国家资源保护及环境保护的法益等。社会法益不同于国家法益,后者是:以在法律上被人格化的社会整体作为权利主体所拥有的

---

① 岳彩申:《经济法的范畴体系研究》,载李昌麒主编:《中国经济法治的反思与前瞻》,法律出版社2001年版,第224—226页。

② 关于权利的主体,存在不同的理解。自由主义者一般认为权利是个人的正当要求,而不是集体的属性,权利的主体只能是个体。社群主义者或合作主义者在承认个人权利的同时也强调集体权利的存在。

③ 吴越:《经济宪法学导论》,法律出版社2007年版,前言,第3页。

④ 刘水林:《经济法基本范畴的整体主义解释》,厦门大学出版社2006年版,第61—63页。

⑤ 程信和:《经济法基本权利范畴论纲》,《甘肃社会科学》2006年第1期。

法益。①

  笔者认同经济法的权利是群体性权利的观点。但是群体性权利并不否定个体成员的利益。因为社会整体是无数个人组成的集合体，社会和个体之间有密切联系。从哲学的角度看，社会、个人是整体和部分的关系。部分和整体是互相联结的，整体是由部分组成的，没有部分，也就没有整体。同样，整体是部分合成的整体，部分是整体分成的部分，整体和部分逻辑上是互相蕴含的。

  经济法权利与经济法主体问题相连，不找出经济法上的特殊主体，就很难找出经济法特殊的权利，也难以成就经济法的权利体系。

  因为法学是以法律为研究对象的科学，因此，研究法律关系的主体首先应当遵循实证主义法学派以法律为研究对象的方法，即找出经济立法中规定了哪些主体的权利（权力）义务，然后进行一定的归纳、抽象研究。其次，应当遵循矛盾的方法。即从立法中寻找出一个法律关系主体后，然后应当再找出与这一法律关系主体对应的相关主体。因为法律关系是人际相互关系，凡是法律关系都是人（组织）与人（组织）的关系，即复数主体之间的联系，并表现为相互性，即表现为相关的、对称的、可逆的、双向作用的联系。

  例如，《消费者权益保护法》中的法律关系主体有消费者、经营者、社会中介组织、行业协会、消费者组织和政府等；《银行法》中的法律关系主体有：银行业金融企业、储户、贷款人、银行业监督管理机构；《政府采购法》中的法律关系主体有：采购人、供应商、采购代理机构和财政部门等；《税收征管法》中的法律关系主体有：征税主体、纳税主体与任何单位和个人。对上述经济立法中规定的主体进行一定的归纳、抽象后，笔者得出的初步结论是，经济法的主体有：社会（即社会成员，下同）；个体；政府与非政府组织四类。经济法的权利应当主要研究"社会"的权利。"个体"在经济法律关系中主要是承担义务；政府拥有权力来自于义务（前面已做阐释）；非政府组织在经济法中对"社会"也主要是承担义务。因此笔者认为，经济法权利的特点应当是"社会"的权利。②

  日本学者丹宗昭信、厚谷襄儿指出，在某个意义上，"也可以说经济法就是从超越民法界限的地方开始的"。③ 笔者理解这种超越首先是在主体方面。生产的社会化，使得"本质上只是确认单个人之间的现存的、在一定情况下是正常的经济

---

① 高铭暄等主编：《中国法学大词典》（刑法卷），中国检察出版社1996年版，第516页。

② 关于"社会"应被视为法律关系主体的观点，请详见笔者的论文：《论"社会"应被视为法律关系的新型主体》，载《天津师范大学学报》2007年第1期，人大复印资料《法理学、法史学》2007年第5期全文转载。

③ ［日］丹宗昭信、厚谷襄儿编，谢次昌译：《现代经济法入门》，群众出版社1985年版，第59页。

关系的"① 私法无能为力,因此出现了调整个体与"社会"之间经济关系的第三法域——经济法,因此,作为拟制主体的"社会"成为了法律关系的新型主体。

(二) 经济法权利客体的特征——客体的社会性

岳彩申认为民事权利大多表现为对物、行为或智力成果的权利;经济权利往往不表现为对物和对智力成果的权利,而表现为对行为的权利。② 笔者认为二者的区别不在于客体的种类,而在于客体的性质,即是否为社会化的财产和行为;民事权利的客体是个体性的财产和行为;经济法权利的客体是社会化的财产和行为。

社会财产是与私人财产相对应的一种财产。私人财产的主要特点是所有者为特定的个体;社会财产的所有者则是特定或者不特定的多数人。因为社会财产的所有者人数众多,由此需要由一定的社会组织(可以是国家机关、授权组织等)代表行使所有权。中国的国有财产属于社会财产。社会财产也可称为公共财产。

社会行为是与私人行为相对应的一种行为。私人行为的主要特点是个体与个体之间权利义务指向的对象;社会行为的主要特点是个体与社会群体之间权利义务指向的对象。如在现代化生产条件下经营者生产、销售产品的行为;经营者对产品的宣传行为;上市公司发布年报、中报的行为等。这些行为不是针对特定人的行为,而是面向"社会"的行为。

(三) 经济法权利内容的特征——社会经济秩序权和社会(国有)财产的所有权

民事权利主要是所有权、股权、债权、知识产权、人身权等。经济法权利最重要的应当是社会成员在政府干预法中的社会经济秩序权,在政府参与法中的社会(国有)财产的所有权,其权利的性质属于不同于民事权利和行政权力的社会权。

1. 社会成员的社会经济秩序权。市场规制法保护的是社会成员的生存权、平等权、自由权、财产权;经济调节法保护的则是"全社会"的社会经济安全权。这些权利可以归为社会经济秩序权。社会经济秩序权是政府干预经济法所保护的基本权利。

2. 社会成员对社会(国有)财产的所有权。社会成员的权利可以有两种:一是通过选出的代表行使的权利。二是社会成员自己拥有的权利。如对国有财产收入、使用、效益情况等事项的知情权、质询权;使用国有财产重大事项的建议权、通过权和否决权;对国有财产的收入、使用、效益情况等事项有监督权,包括事前、事中、事后的监督权;对侵占、浪费、损坏等危害国有财产的行为有代表政府提起公益诉讼的权利。

---

① 恩格斯:《路德维希·费尔巴哈和德国古典哲学的终结》,《马克思恩格斯选集》第4卷,人民出版社 1972 年版,第 248 页。

② 岳彩申:《经济法的范畴体系研究》,载李昌麒主编:《中国经济法治的反思与前瞻》,法律出版社 2001 年版,第 224—226 页。

尹田曾经提出国家的财产所有权不是民事权利,不应由民法来调整,因为民事主体是平等的,所有权三分法实际上认可了国家所有权的特殊地位,模糊了民法的调整对象。① 笔者基本同意尹田的观点,民法是以客体作为权利类型的分类标准的,基于主体无差别而建立的民法不可能以主体为标准设立权利类型。国家财产所有权不是民事权利而是属于经济法权利。

(四) 经济法权利对比的特征——不对称性

吴志攀、肖江平在总结2006年度经济法学研究成果时讲:经济法权利的不对称性,是经济法权利的特点之一。② 例如,消费者权益保护法中的消费者——"弱势群体",在与经营者的法律关系中只有权利没有义务;而与之相对的经营者则只有义务没有权利。民事合同中的双方当事人的权利是对称性的权利,即当事人互为权利义务,一方的权利是另一方的义务,反之亦然。

经济法权利的不对称性还体现在,经济法的权利不仅仅是对另一方当事人的权利,而且还是对政府的权利。如在消费者权益保护法中,对消费者——"弱势群体"负有义务的不仅有经营者,还有政府。政府有义务和责任保护消费者权利。温家宝2010年2月27日与网民在线交流,在回答有关"毒奶粉"再现的提问时,温家宝说,我们普查了受到奶粉影响的儿童达到3000万,国家花了20亿元。③ 政府为假冒伪劣产品造成的损失"埋单",说明消费者与政府之间存在着法律关系。政府有义务和责任保护消费者权利,虽然由经营者直接对自己违反经济法的行为负责,政府并不承担直接的法律责任,但是如果经营者不能承担应承担的法律责任,政府应当承担因疏于管理的替代责任。

(五) 经济法权利性质的特征——社会权

经济法规定的社会经济秩序权和社会财产所有权,其权利性质应当是社会权。社会权是人类社会进入20世纪发展起来的一种权利,是相对自由权的一个概念。自由权是"对政府的自由"(freedom from state),意味着排除来自政府权力的不当或违法干预的权利。社会权是通过政府(freedom through state)或由政府(freedom by state)保障的权利,是通过公权力的积极介入干预来保障的权利。例如,生存权、受教育权、劳动权等,都是这里所说的社会权。④ 民事权利属于自由权;经济法规定的权利属于社会权。

---

① 尹田:《民法调整对象的研究——从民法通则到物权法》,2010年10月12日在天津师范大学学术报告。
② 吴志攀、肖江平:《和谐社会建设与经济法创新》,载《中国法学》2007年第1期。
③ 《温家宝披露毒奶粉影响3000万儿童,国家花费20亿》,http://news.qq.com/a/20100227/001516.htm,2010年2月28日访问。
④ 杨建顺:《宪政与法治行政的课题》,载《人大法律评论》2001年卷第1辑。

社会权是同民事权利截然不同的一种权利。它是全体社会成员每一个人在社会生活领域都享有的一种无差别的积极权利。它的主要特征至少有以下四个方面：第一，社会权是一种群体性的权利。这种权利的主体是每一个社会成员，即"人人"。但群体性权利与个体性权利是不可分离的。因为从哲学的角度看，社会群体与个人是整体和部分的关系。民事权利是"个体性"的权利，是民事主体享有的权利。第二，每一个人享有的社会权在量上是无差别的。即主体享有的社会权是平等的，没有差异，而不同民事主体享有的民事权利会有很大的差别，其享有的权利是以承担的对等义务为条件的。第三，社会权是一种积极权利。"西方政治哲学认为，个人权利可以分为积极权利和消极权利两大类。所谓消极的权利（negative rights）就是个人由于国家的无所作为而获得的权利，对于个人的这些权利国家无论如何也不得加以侵犯，只能消极地不作为。消极权利通常包括各种自由权，如个人的居住、迁徙、言论、出版、信仰、通讯、结社等自由。对于个人的这些消极权利，国家不但不得侵犯，反而有保护它们不受他人侵犯的义务。所谓积极权利（positive rights）就是个人要求国家采取积极行为的权利，这类权利主要是指各种社会福利权利或各种受益权利，如公民的工作权、受教育权、社会救济权、保健权、休假权等。对这些权利，国家不得消极地不作为，而必须积极地作为，且有不可推卸的实施义务。①民事权利属于消极权利，国家不得侵犯公民依法享有的民事权利，但有义务保护其不受侵犯；社会权显然是一种积极权利。岳彩申指出过：由于民商法以个体本位主义为原则，民事权利多是消极权利，其实现表现为对另一方当事人作为或不作为的要求；经济法坚持社会本位主义原则，因此经济权利多是积极权利，其实现方式表现为直接对国家积极行为的要求。②第四，社会权是全体社会成员的权利，同时也是全体社会成员的义务。虽然社会权对每一个主体来说是非对等权利，但在全社会范围内是对等权利。如全体社会成员获得社会保障的权利多少，决定于全社会平时缴纳和积累的社会保险费及缴纳的相关税收总量。社会成员既是权利主体又是义务主体。民事权利的对等性则体现在特定当事人之间。

确定经济法规定的权利是"社会"的社会经济秩序权和社会（国有）财产所有权，并属于社会权后，经济法的义务就应当确定为是"个体"和"政府"对社会的义务。"政府"对社会的义务产生出政府的权力——市场规制权、经济调节权、税收征收权、投资权等。"个体"对社会的义务产生经济法的特殊责任——"个体"对社会的法律责任，以及通过公益诉讼追究违反经济法责任的特殊制度。

---

① 俞可平：《当代西方社群主义及其公益政治学评析》，载《中国社会科学》1998年第3期，第108页。

② 岳彩申：《经济法的范畴体系研究》，载李昌麒主编：《中国经济法治的反思与前瞻》，法律出版社2001年版，第224—226页。

关于经济法权利特征的概括,赵红梅在对私法与社会法关系的基本理论范式的框架性对比分析中有很好的归纳。她的观点是:私法权利义务的本质是市民个体权利义务,社会法义务权利的本质是人民集体义务权利;私法权利义务的重心是权利,社会法义务权利的重心是义务(并通过拟制集体权利代表实现从义务到义务权利平衡);私法权利义务的形成是自然、约定和裁判,社会法义务权利的形成是设定和拟制;私法权利义务的融合(即一项法律关系的内容既是权利同时也是义务)属个别现象(仅存在于婚姻家庭法中);社会法义务权利的融合属普遍现象;私法权利义务的实施机制为自我依靠(自我抉择、自力更生、自我负责)和个体利私行动,社会法义务权利的实施机制为强制义务履行和集体利公行动。[1]

五、经济法权力的特征——与行政权力的比较研究

为了清楚地描述出经济法权力的特征,笔者试图采用比较行政权力的方法进行。具体比较的内容参照胡平仁教授的观点,他指出:任何一项权力均有四个构成要素:(1)权力主体,即权力的具体归属,也就是由谁来行使权力。(2)权力客体,即权力控制和支配的对象。(3)权力内容,实际上也可以说是权力的具体表现形式,如命令权、处罚权、裁判权等。(4)权力范围,也就是权限,它既包括地域上的范围和限度,也包括时间上的范围和限度;既包括横向权限,也包括纵向权限。[2]

(一)经济法权力主体的特征——主体多样化

权力主体,即权力的具体归属,也就是由谁来行使权力。姜明安的观点是:行政权的权力主体主要是行政机关和法律法规授权的组织,以及法律法规未授权行使公权力情况下的社会公权力组织,[3] 经济法的权力主体不仅包括国家行政机关,还包括国家权力机关以及"独立机构"和非政府组织。例如,美国的联邦贸易委员会、日本的公正交易委员会即属于一种较为典型的"独立机构"。

1. 权力机关是经济法权力主体

在中国,各级人民代表大会及其常委会是权力机关,其权力是宪法直接规定的。各级人民代表大会及其常委会享有国家经济活动的重大事项决策权(如决定国家投资三峡工程项目)、预决算权、监督权等,是经济法不可忽略的主体。

---

[1] 赵红梅:《第三法域社会法理论之再勃兴》,载《中外法学》2009年第3期。
[2] 胡平仁:《法理学视野中的权力》,http://www.doc88.com/p-559059792.html,2011年4月21日访问。
[3] 姜明安主编:《行政法与行政诉讼法》,北京大学出版社、高等教育出版社2005年版,第143—145页。

2. "独立机构"是经济法权力主体

毛寿龙对出现"独立机构"的解释是：在行政事务越来越社会化、科学化、专业化的时代里，传统的三权分立的体制在实施上出现了如下的问题：第一，负责民意表达的代议机关已经不可能及时、全面、准确地表达民意，也已经不可能对行政事务了如指掌，为行政机关作出决策了。其结果就是，行政机关开始代行民意表达的作用，同时也开始代行代议机关履行决策功能了。第二，行政机关也开始分化，通过政治途径（如选举等）任命并承担政治责任的行政官员（一般指行政首脑、内阁成员以及各部部长）、各部常务次长等，因为具有越来越多的决策权而越来越在实际上"政治化"了，在行政机关内部也出现了政治与行政的分野。第三，负责民意执行的行政机关开始依赖专业知识，依赖职业道德的约束，而不再完全依靠忠实于代议机关的意志来为民众服务了，行政机关也需要越来越多的自主权，以保证政策执行的质量。解决上述问题的有效的办法就是进行制度创新，设置拥有集多种权力为一身的特殊机构。① 美国政治学家查尔斯·比尔德系统总结了美国独立的执行机构出现的时代背景：经济日益增长的复杂性和集中、国会的立法效率降低和行政权力的崛起。② 独立执法机关的特点包括：

（1）"独立性"。设立独立机构的目的就在于执行某一项专门工作任务。"独立机构"的成员都是专家，可以集中精力于它的工作，适于解决各个"独立机构"所管辖的专门技术性问题。委员会的讨论和决议是集体决议，避免了首长负责制的缺点。这种"独立机构"具有相对独立性，不隶属于政府（即使有些属于政府，但是具有很大的独立性，不同于一般的政府机关），可以减少政府权力的干预。"独立机构"与普通的行政机关有着重要的差别。普通行政机关的原则是行政科层等级属性的"首长负责制"，也即下级必须服从上级机关；"独立机构"则不属于政府机关，无从谈及服从。

（2）专业性。所有的"独立机构"都是分行业分领域设立的，各领域门类庞杂，行业众多，各专业活动都具有各自的特色。为了能够顺利、有效地实行国家的职能，就需要对各个行业和各个领域进行分业管理。所以，"独立机构"必然和必须具有专业性特征。

（3）多样性。多样性是由专业性决定的。因为"独立机构"都是分行业分领域设立的，因此独立机构的数量很多。

（4）集"三权"于一身。这是"独立机构"的本质特点。"独立机构"突破了传统行政机关仅有的行政权，而是具有了准立法权和准司法权。如美国联邦贸易

---

① 毛寿龙等：《西方政治的治道变革》，中国人民大学出版社1998年版，第205页。
② ［美］查尔斯·比尔德：《美国政府与政治》（上），商务印书馆1987年版，第239—244页。

委员会，除具有对不正当竞争及欺诈行为发布禁令的权力、对经营者的相关资料进行收集和调查的权力、对违反反托拉斯法的调查权等权力——行政权外，还可以制定具有法律效力的贸易管制规则，通过这些规则使反托拉斯法具体化和明确化——准立法权；以及对具体违法案件进行审理、做出裁决的权力——准司法权。再如我国的中国证券监督管理委员会不但拥有审批权或核准权、监督管理权、执法权等权力——行政权外，而且证监会有权制定和发布监督管理证券市场的规章和规则，包括制定证券从业人员的资格标准和行为准则——准立法权；此外，证监会依据调查结果，可以对证券违法行为做出处罚决定，该处罚决定应当公开——准司法权。①

"独立机构"是权力再集中的产物，各个委员会拥有更大的独立性，以摆脱政府的干预；而且它解决了西方传统的三权分立所带来的问题，更加适应社会现实，满足了当代社会对政府高效运转的要求；它拥有的权力可以使其对其范围内的违法事件独立、及时处理，可以更好地满足法治的要求。②

3. 行政机关是经济法权力主体

行政机关和法律法规授权的组织既是行政权主体，也是经济法权力的主体，但是，二者的身份有所区别。经济法权力是国家对社会经济的结构和运行进行干预和参与的一种"经济性的国家权力"，它是一种公权力，但又兼具私权力的性质。即政府既是公权主体，又是私权主体的代表。例如，国家通过国家投资经营的方式行使国家参与权时，是以一种特殊民事主体的身份，参与到社会各经济主体之中进行经济活动的。国家对弱势群体的保护是作为弱势群体的代表身份出现的，来干预经济活动的。行政权相对于经济法权力是一种"政治性的国家权力"。它是一种典型的公权力，其本质是一种执行权。

4. 非政府组织是经济法权力主体

除国家机关外，经济法权力主体还应当有非政府组织，它们拥有社会权力。非政府组织，英文缩写为 NGO（Non-Government Organization），也称为非营利组织、第三部门、社会中间层主体等，指的是并非由政府主办、组织的非营利性的民间性机构。它是和公共部门、私人部门相对而言的另一部门，即各种非营利的民间组织。非政府组织在理论界被称为政府与企业之外的第三部门，它介于政府与企业两者之间，在经济活动与社会管理中发挥着日益突出的重要作用。经济法主体中的非政府组织主要是指弱势团体、行业协会和社会中介组织。姜明安所说的"法律法规未授权行使公权力情况下的社会公权力组织"主要是指行业协会。

---

① 王薇：《论我国"独立机构"的经济法主体地位》，载《咸阳师范学院学报》2007年第1期。

② 王薇：《论我国"独立机构"的经济法主体地位》，载《咸阳师范学院学报》2007年第1期。

弱势团体是相对强势主体存在的社会共同体，它的组成人员——弱势群体依靠自身的力量或能力无法维护基本权利，于是自己组织起来进行自救。如工会、消费者组织、环境保护组织、妇女权益保护组织、老年人协会、残疾人联合会等都属于弱势团体。弱势团体的形成是基于孤立的个人无力对抗强势主体侵害的考虑，因而组织成一定的团体以此作为保护自己利益的屏障。

行业协会是由单一行业的竞争者所构成的非营利性组织，其目的在于在促进提高该行业中的产品销售和雇佣方面提供多边性援助服务。① 行业协会作为行政权力主体主要是为本组织共同利益而对内管理会员的权力；作为经济法权力主体行使权力的目的主要是监管内部成员，保护消费者权益。二者的权力行使目的有所不同。

社会中介组织，主要包括资产评估机构、产品质量检验机构、职业技能鉴定机构、会计师事务所等，它们是依法成立并由专业人员组成的，经特许利用专业知识和专业技能为受托人提供服务，实行有偿服务并承担法律责任的机构或组织。

（二）经济法权力客体的特征——客体的二元化

1. 行政权力的客体主要是社会性的行为

权力客体，即权力控制和支配的对象。行政权力的客体主要是社会性的行为。前面说过，社会行为是与私人行为相对应的一种行为，是会影响到众多不特定人利益的行为。例如，驾驶汽车需要驾照，但是骑自行车就不需要。因为驾驶汽车如果是未经训练、无照开车有可能因为驾车技术和交通规则的缺乏导致对公众安全造成危害，因此，需要国家制定相应的规则，行政机关负责执行，行政权力由此介入。

2. 经济法权力的客体有社会性的经济行为和社会性财产

（1）社会性财产是经济法权力的特殊客体

社会性财产是与私人财产相对应的财产。私人财产的主要特点是所有者为特定人，归属于特定人支配；社会性财产的所有者是不特定的多数人，归属于一定的社会组织（包括政府）进行支配。国有资产（政府所有），是全体社会成员或特定地区社会成员②共同所有的财产，但需要由社会成员的代表——政府所有；国有资产是经济法权力的对象。

社会性财产不应当是行政权的客体。因为行政权力是政治权力的一种，它主要依靠特定的强制手段进行，社会性财产的法律关系是平等主体之间的关系，这种关系的调整需要遵循协商一致、平等自愿、诚实信用的原则。如，国有土地的出让、

---

① Joseph, F. Bradley, "The Rule of Trade Association and Professional Business Society in America" 1965, p.4. 转引自鲁篱著：《行业协会经济自治权研究》，法律出版社2003年版，第4页。

② 因为笔者主张社会公共财产应当分级所有，故认为社会公共财产应当是全社会成员或特定地区社会成员共同所有的财产。

政府采购等。

(2) 社会性的经济行为是经济法权力的客体

或许有人说社会性的经济行为是社会性行为的一种，但是经济行为是具有专业性的行为，如产品质量，垄断行为，上市公司发布的年报、中报，申报税收等。这些行为合法与否的认定需要"专门性的国家机构"进行。因此，经济法权力的运行是一种"专门性的国家权力"。而行政权运行的作用主要是执行国家权力机关制定的法律和有关决定，向社会公众提供安全、秩序等"公共产品"。它是一种"一般性的国家权力"。[1]

(三) 经济法权力内容的特征——干预权和参与权

1. 经济法权力主要是干预权和参与权

经济法权力主要是政府的干预权和参与权。干预权是政府作为关系人享有的权力；参与权是政府作为当事人享有的权力（权利）。二者的不同点有四个方面：

(1) 政府的主体地位和身份的不同

政府干预权，是政府作为公权主体干预社会经济生活，在干预活动中，政府不是法律关系的直接当事人，而是关系人；当事人一方是个体，另一方为社会群体。干预权的特点是：政府是当事人权利义务的制定者和监督实施者，但并不享有当事人的权利或义务。虽然适用法的机关有权通过强制手段保证这一法律关系中权利义务的实现，但它并没有代替法律关系的主体享受权利或履行义务，它至多是强制一方主体履行义务。

政府参与权，政府是法律关系的一方当事人，与另一方当事人形成经济法律关系；"社会"作为不特定的人成为关系人。政府参与权的特点在于：政府是法律关系的一方当事人，政府在其中享有权利或负有义务。

(2) 客体的不同

政府参与权形成的法律关系，主体权利义务主要指向的对象是国有资产，即社会性的财产。政府参与经济活动，利用的资源是国有资产，政府需要动用国有资产参与经济活动。政府干预权所形成的法律关系，主体权利义务指向的对象主要是社会性的经济行为。政府干预经济活动，利用的资源是国家权力，权力来自国民对国家的委托授权。

(3) 权力的种类不同

政府参与权是政府直接地介入经济生活的一种方式，是对国民经济的直接管理。政府作为公权主体享有的权力包括征税权、调整存款准备金的权力、补贴权力、转移支付权力；政府作为私权主体享有的权力（权利）包括投资权、举债权、

---

[1] 张辉：《论经济法的核心范畴：国家经济调节权》，载《财经理论与实践》2007年第4期。

提供担保权、发行彩票的权利、政府采购的权利、政府公开市场操作权利等。

政府干预权是政府间接地介入经济生活的一种方式，是对国民经济的间接管理，干预权主要包括市场规制权和经济调节权。市场规制权是市场规制法中的权力，市场规制法的立法目的是保护在经济活动中的弱势群体的利益，政府用有形之手保护经济安全，维护良好的经济秩序。国家机关享有规制、监督强势主体的权力，这是一种经济方面的具有强制性的管理权。市场规制权包括调查权、检查权、决定（命令、禁止）权、许可权、行政处罚权、行政强制权等。在经济调节法中，政府享有经济调节的权力，国家调节经济的权力主要是一种经济方面的决策权，是一种经济方面的具有指导性的管理权。经济调节权包括计划权、产业政策制定权、货币发行权、平抑市场物价的权力、基准利率的确定权、汇率的调整权等。

(4) 责任的不同

政府行使参与权，政府是一方当事人，与另一方当事人形成经济法律关系，因此政府直接对自己的行为负责，承担直接法律责任，政府的法律责任主要是赔偿责任。政府行使干预权，政府是关系人，不是当事人，因此由经营者直接对自己违反市场规制和经济调节的行为负责。政府并不承担直接的法律责任，如果经营者不能承担应承担的法律责任，政府应当承担因疏于管理的替代责任。

关于行政主体的权力，莫于川认为：中国行政机关外部行政职权的具体内容包括如下16类：制定行政规范权；行政调查权；行政检查权；行政决定（命令、禁止）权；行政许可权；行政确认权；行政奖励权；行政处罚权；行政强制权；行政委托权；行政合同权；行政经营权；行政物质帮助权；行政裁决权；行政复议权；行政申诉处理权。[①] 以上诸多的权力包括了立法权、执行权和裁判权。政府的干预权和参与权中内含了行政主体的上述权力，但是，很显然，行政主体的权力远远涵盖不了政府的干预权和参与权的内容。

2. 经济法权力的双边主义

行政权力的特点是"单边主义"，行政主体的单方意思决定一切，处于行政权相对方的相对人只能被动承受行政指令。经济法权力的特点应当是"双边主义"。在政府干预经济法中，政府是社会公共利益和弱势群体的代表，行使国家干预权；在政府参与经济法中，政府以及国库代表是全体社会成员的代表，行使国有资产的所有权。所以，经济法权力应当是"公私混合性"的权力，经济法权力的行使既有政府的意思，又有其所代表的社会公众的意思；既有国家利益，又有其所代表的特定群体的利益。

经济法权力的双边主义与经济法调整的社会关系是由三方主体参与的关系，是一种三元互动的关系，相互间有直接的联系。政府干预经济法的调整对象，是政府

---

① 莫于川：《行政职权的行政法解析与建构》，载《重庆社会科学》2004年第1期。

作为关系人介入个体与社会之间的社会经济关系；政府参与经济活动法的调整对象，是"社会"作为关系人，介入政府（国库代表，下同）作为当事人与其他个人和组织之间的社会经济关系；经济法的制度设计是以三者关系、三者的契约为出发点的，在原来二者关系、二者契约的基础上加进了公共人格和普遍意志的契机，这种公共人格和普遍意志的加入是经济法所维护的社会公共利益的真实体现，也是实现社会公共利益的需要。

如：为保护消费者权益发生的关系就有政府、经营者、消费者三方主体参加。由三方主体参加的社会关系，在图形上表现出来是一种三角形关系或三维关系，政府处于顶角位置，作为个体的经营者和作为社会群体的消费者是双方当事人，在两边底角。政府加入其中，是为了有效监管经营者，以保护消费者的利益。因为经济法调整的社会经济关系是由三方主体参与的关系，是一种三元互动的关系。因此，经济法权力的行使应当是"双边主义"的。

或许人们说，行政执法也是执法为民的，但是经济执法的执法为民应当是具体的而不是抽象的。经济法权力实行"双边主义"的例证：中国在许多法律法规中规定行政主体责令违法者对受害人承担民事责任的内容。行政主体责令违法者对受害人承担民事责任[①]是行政主体根据法律授权，对民事主体之间发生的权益争议，按照一定程序进行裁决的行政行为。据胡建淼、吴恩玉粗略统计，我国仅仅是规定"责令赔偿损失"的"法律"有12件，"行政法规"有2件，部门规章有43件，全国各地的"地方性法规和地方规章"总计高达850件。而每个规范性法律文件中，大都不止一个条文规定了"责令赔偿损失"。[②] 行政主体责令承担民事责任，虽然是行政行为，但胡建淼、吴恩玉二位学者认为应当属于民事责任范畴，不宜定性为行政法律责任。笔者认为，行政主体责令违法者对受害人承担赔偿责任，对于经济法的实施有重要的作用。经济法连同劳动法、社会保障法、环境保护法统称为社会法，属于第三法域。这些法律的实施与私法最大的不同是，不仅需要法院司法，还需要政府执法。政府的执法可以最大限度地提高执法效率，降低法律实施的成本。没有政府的执法，经济法的实施不仅缺乏效率，而且有些几乎是不可能的。

当然，真正实行双边主义应当做必要的调整，改为：当违反经济法的行为造成

---

① 责令违法者对受害人承担的民事责任包括："停止侵害"的形式（"责令停止侵权"、"责令退回本矿区范围内开采"）、"修理重作更换"的形式（"责令修理"、"责令更换"、"责令退货"）、"返还财产"的形式（"责令返还违法收取的费用"）、"赔偿损失"的形式（"责令支付赔偿金"、"责令赔偿损失"）。

② 参见胡建淼、吴恩玉：《行政主体责令承担民事责任的法律属性》，载《中国法学》2009年第1期。

受害群体人身和财产损害的情况下，经受害人申请，行政主体可以代表受害人进行索赔。行政主体可以和违法者在法院的监督下达成和解，违法者不同意和解方案，行政主体可以代表受害人向法院提起诉讼，由法院作出判决，以保护公民基本人身权和财产权。这样做，一方面可以妥善处理行政权与民事主体意思自治之间的关系，有利于保障处理结果的公平和公正；另一方面凸显了政府执法为民的理念，有利于保护弱势群体的合法权益，制裁经济违法行为，促进实现社会正义。

经济法权力的行使沿袭行政法的思维，实行"单边主义"和抽象性的例证：没收违法所得是我国经济法的法律责任之一。我国《行政处罚法》规定没收的违法所得必须全部上缴国库。但仔细分析违反经济法的违法所得的来源，会发现它们有的来源于双方合意进行的违法行为；有的则是一方对另一方合法权利的侵犯所得。因为违法所得的来源不同，故违法所得的处置也应当有所不同。前者可以收归国库；后者应当返还受害人。法律应当授权受害人对没收违法所得程序的参与权；没收的违法所得应当平等地返还众多的受害人。

我国《刑法》根据犯罪分子财物的来源不同，分别规定了不同的处理办法。其第64条规定："犯罪分子违法所得的一切财物，应当予以追缴或者责令退赔；对被害人的合法财产，应当及时返还；违禁品和供犯罪所用的本人财物，应当予以没收。没收的财物和罚金，一律上缴国库，不得挪用和自行处理。"笔者认为，这样的规定合情合理，因为立法者根据违法所得来源的不同作出了不同处置，而《行政处罚法》却是"一刀切"式的规定。因为违反经济法的行为，按照《行政处罚法》进行执法，其结果是必须全部上缴国库。

（四）经济法权力范围的特征——涉及地域广泛

胡平仁认为权力范围，也就是权限，它既包括地域上的范围和限度，也包括时间上的范围和限度；既包括横向权限，也包括纵向权限。① 限于篇幅的局限，这里主要谈纵向执法权限问题。

1. 行政执法权力大多由地方政府行使

行政权力包括中央政府和地方政府的权力，以行政执法为例，前面说过的行政主体立法权、执行权和裁判权，在中国，除立法权外，大多是地方政府及其职能部门的权力。

中国实行一级多层次的立法体制，立法权高度集中于中央，而执法体制则是以地方政府为主。2004年国务院发布的《全面推进依法行政实施纲要》第19条规定："要减少行政执法层次，适当下移执法重心；对与人民群众日常生活、生产直接相关的行政执法活动，主要由市、县两级行政执法机关实施。"也就是说，我国

---

① 胡平仁：《法理学视野中的权力》，http://www.doc88.com/p-559059792.html，2011年4月21日访问。

的执法管辖的基本原则是属地管辖原则。《行政处罚法》第20条规定:"行政处罚由违法行为发生地的县级以上地方人民政府具有行政处罚权的行政机关管辖。法律、行政法规另有规定的除外。"也就是说,一般而言,中央政府的主管部门仅负责指导、监督、协调执法工作,地方政府实际执法并承担法律责任,即实行属地原则的执法体制。

2. 经济法权力大多应当属于中央政府

笔者认为,经济法权力的行使主体应当主要是中央政府。无论是国家干预权中的市场规制权和经济调节权,还是政府参与权中的调整存款准备金权力、发行彩票和公开市场操作权力,应当主要属于中央政府的事权,也就是说,大部分经济法权力,应当由集中统一的中央国家机关行使,而不能推给地方政府。

"宏观经济管理被普遍认为是中央政府的职能。"① 一般来说,国家宏观调控行为的主体主要是一个国家的中央经济管理机关,具有高层次性、专业性。我国从事宏观经济管理的机关主要包括中国人民银行、财政部、国家发展计划委员会、国家经济贸易委员会和对外贸易部等。正如《中共中央关于建立社会主义市场经济体制若干问题的决定》指出:"宏观经济调控权,包括货币的发行、基准利率的确定、汇率的调节和重要税种税率的调整等,必须集中在中央。这是保证经济总量平衡、经济结构优化和全国市场统一的需要。"

反垄断执法是一项专业性很强的工作,为便于严格统一执法,"考虑到建立全国统一、竞争有序的市场体系的要求和反垄断执法的特点,草案将反垄断执法作为中央事权,明确规定由国务院规定的承担反垄断执法职责的机构负责反垄断执法工作"。② 我国《反垄断法》第10条规定:"国务院规定的承担反垄断执法职责的机构依照本法规定,负责反垄断执法工作。"目前我国商务部、国家工商管理总局及国家发展和改革委员会分别有反垄断的执法权。

经济法权力大多属于中央政府的依据是:经济法是调整涉及社会公共经济关系的法律部门,经济法管理的基本属于全国性和跨省的事务和基本人权,也就是说,经济法的调整对象涉及的范围非常广泛。以"三聚氰胺"事件为例,生产、制造、销售有毒、有害食品会流入全国乃至世界市场,由此,经济立法和执法需要更高级别的政府直接管辖。

经济立法、执法属于中央政府事权,涉及的是政府层级间公共服务事权的配置。国家具体划分经济立法、执法的中央政府与地方政府职权时,需要考虑的因素

---

① 世界银行:《1997年世界发展报告》,蔡秋生等译,中国财政经济出版社1997年版,第124页。

② 国务院法制办公室主任曹康泰:《关于中华人民共和国反垄断法草案的说明》,载《中华人民共和国全国人民代表大会常务委员会公报》2007年第6期。

大致有以下几个：一是领导或管理事务涉及的地域范围。凡事务的领导或管理、实施涉及全国或数省、自治区、直辖市者，应由中央负责；凡事务的管理或实施仅涉及某一行政区域的，则应归该行政区域内的地方人民政府负责，如食品药品安全、国家经济安全管理等，应归属中央负责。为便于管理，中央有关部门可以设立派驻地方的机构负责上述事务。二是领导或管理事务涉及的事务的重要性。凡事务的领导或管理、实施涉及公民的基本人权的，应由中央负责，如公民的自由权、社会保障权利等，应归属中央负责。三是事务本身的普遍性。凡事务具有普遍性，而不是特殊性的问题，应当归属中央管理，其余划归地方，如煤矿安全管理应当归属中央管理。

目前公认的政府层级间公共服务事权配置的原则有：第一，受益范围原则，即以公共服务项目受益对象不同、受益范围大小作为区分各级政府公共服务职能的依据。第二，能力原则，也就是支付能力原则，要求各级政府事权范围的界定应当依据各级政府的财政能力来确定。笔者理解"能力"在中国可能应当做扩大性的解释，既包括财政上的能力，也有不同级政府享有的权力资源能力以及公务员的公共服务能力。第三，效率原则，即公共服务的事务或项目由投资成本最低、工作效率最高的那一级政府负责。① 经济法权力大多属于中央政府，显然符合上述原则。

六、本书选择六种经济法权进行研究

根据作者的研究偏好和篇幅的限制，本书选择了以下六种经济法权进行研究，即消费者权、竞争权、信息资产权、市场规制权、宏观调控权、政府参与权。前三种基本属于权利；第四、第五种基本属于权力；第六种既有权利又有权力。前三种的权利主体分别是消费者、经营者和信息资产的占有者。后三种权力的主体主要是政府。市场规制权是政府对微观经济的管制权力；宏观调控权是政府对宏观经济调节的权力；市场规制权和宏观调控权是从功能方面对政府权力的一种分类；政府参与权则是从法律关系的角度对政府权力的一种分类。

我们选择了六种经济法权进行研究，但这并不意味经济法权仅仅是这六种，例如，税权属于重要的经济法权，也有学者做过很好的研究。②

---

① 孙晓莉：《公共服务的事权配置》，载《学习时报》2007年11月19日。
② 见王相坤、刘剑文：《论税权的理论根据——以法权为视角》，载《山东警察学院学报》2007年第2期。

第一章 消费者权研究

第一节 消费者与消费者权

一、消费者

消费者,与生产者和销售者相对应,是消费活动的参加者,是消费法律关系的缔结者,也是消费者权的享有者。弄清消费者的含义与特征、内涵与外延,对于消费者权的保护和消费者权益保护法的完善具有十分重要的理论价值和社会意义。

(一)既有规定

关于消费者,国际组织、国家立法和法学词典中均对其有直接而明确的权威界定、法律规定和学理解释。

1. 在国际组织方面。国际标准化组织的界定是:消费者是"为了个人目的购买或使用商品和服务的个体社会成员"。欧盟的界定是:消费者"是指基于行业或职业之外的目的而购买商品或接受服务的私人"。(欧盟1980年《关于合同义务的法律适用公约》)"消费者是出于非职业目的的缔结合同的自然人。"(欧盟1993年《不公平消费合同条款指令》)"消费者是基于非行业或职业目的而购买商品或接受服务的人。"(欧盟1968年《关于管辖的布鲁塞尔公约》)"消费者是指为了行业、业务或职业以外的目的购买商品或接受服务的任何自然人。"(欧盟2000年《电子商务指令》)

2. 在国家立法方面。有的国家立法规定"本法所称'消费者'仅指个人(从事经营或为经营而成为合同当事人的场合除外)"(日本2004年《消费契约法》)。有的国家立法规定,"消费者是指非因自己经营业务而接受由供货商在日常营业中向他和要求为他提供商品或劳务的个人。"(英国1974年《消费者信用法》)"消费者是指一方当事人在与另一方从事交易时,不是专门从事商业,也不能使人认为其是专门从事商业的人。"(英国1977年《货物买卖法》)"消费者通常是出于私人使用或消费目的而购买商品或服务的人。"(英国1987年《消费者保护法》) 有的国家立法规定:"所谓消费者是指从卖主或从生产经营者那里购买商品和接受服务的个人。"(泰国1979年《消费者保护法》)

3. 在学理解释方面。美国《布莱克法律词典》的定义是："所谓消费者,是指从事消费之人,亦即购买、使用、持有以及处理物品或服务之人。"《牛津法律辞典》的定义是：消费者是指"那些购买、获得、使用各种商品和服务（包括住房）的人"。

我国 1993 年颁布的《中华人民共和国消费者权益保护法》对消费者未进行专门的界定,只是规定"消费者为生活消费需要购买、使用商品或者接受服务,其权益受本法保护;本法未作规定的,受其他有关法律、法规保护。"但是,我国很多地方立法中都对消费者作出了直接而明确的法律规定,如福建省《保护消费者合法权益条例》规定消费者是"有偿获得商品和接受服务用于生活需要的社会成员"。江苏省《保护消费者权益条例》规定,消费者是"有偿获得商品和服务用于生活需要的单位和个人"。《上海市保护消费者合法权益条例》规定："本条例所称的消费者,是指为物质、文化生活需要购买、使用商品或者接受服务的单位和个人,其权益受国家法律、法规和本条例的保护。"《湖南省消费者权益保护条例》规定："本条例所称消费者,只指为生活消费需要购买、使用商品或者接受服务的单位和个人。"《江西省实施〈中华人民共和国消费者权益保护法〉办法》规定："本办法所称的消费者,是指为生活消费需要购买、使用商品或者接受服务的个人和单位。"《黑龙江省消费者权益保护条例》规定："本条例所称的消费者,是指为生活消费需要而购买、使用商品或者接受服务的个人和单位。"《贵州省消费者权益保护条例》规定："本条例所称消费者是指有偿获得商品和接受服务直接用于物质、文化生活需要的单位和个人。"《河南省消费者权益保护条例》规定："本条例所称的消费者,是指为生活消费需要购买、使用商品或者接受服务的个人和单位。"

由此看来,尽管国际组织、国家（地方）立法和学理解释对消费者的定义不尽相同,但是,在消费者权益保护法律（规）中以专条（款）直接而明确地定义消费者却已经成为各国（地区、地方）立法者的一个立法共识。

（二）学术争鸣

由于我国 1993 年的《消费者权益保护法》未对消费者做出直接而明确的规定,进而导致学术界对消费者含义的大讨论。有的研究者认为,消费者的含义包括以下方面内容：第一,消费者是购买、使用商品或者接受服务的自然人；第二,消费者购买、使用的商品或接受的服务是由经营者提供的；第三,消费者是为满足生活需要而进行生活消费活动的人。① 有的研究者认为,"消费者是指非以盈利为目的的购买商品或者接受服务的人。"② 有的研究者认为,"消费者是指为满足个人

---

① 李昌麒：《经济法学》,中国政法大学出版社 2007 年版,第 310—311 页。
② 王利明：《消费者的概念及消费者权益保护法的调整范围》,载《政治与法律》2002 年第 2 期。

或家庭的生活需要而购买、使用商品或接受服务的自然人。"① 有的研究者认为，"消费者即法学意义上的消费者则专指从事生活消费活动的人，即为满足生活消费需要购买、使用商品或者接受服务的个体社会成员。"② 有的研究者认为，仅关注行为人购买商品或者接受服务是否用于生活消费还不全面，还必须考虑行为人购买商品或者接受服务是否支付了对价，只有行为人购买商品或者接受服务不仅用于生活消费，还必须是因购买商品或者接受服务而支付了对价（有偿），其才属于消费者，即，消费者须是支付了对价的生活消费者。③ 关于消费者的含义，学术界观点众多，限于篇幅，本书不一一赘述。

从上述学界的定义可以看出，研究者定义消费者的基点、模式、倾向是不同的。

（三）本书观点

笔者认为，定义消费者应当考虑以下几个方面的因素：

1. 主体形态

消费者的主体形态即消费者的主体范围。关于消费者的主体形态，国际社会普遍认为仅指非单位主体，或称个人，或称私人，或称个体社会成员，或称个人及家庭，或称自然人。

我国一些学者认为，消费者的主体形态除非单位主体之外，还应当包括单位主体。如徐小飞就认为："所谓消费者，是指为生活消费需要购买、使用商品或者接受服务的个人和单位。"④ 此种观点，无论是在《消费者权益保护法》的制定过程中，还是在该法的适用过程中，均有少数学者坚持。与此同时，我国多数消费者权益保护地方立法也持此种观点。如《上海市保护消费者合法权益条例》第2条第1款规定："本条例所称的消费者，是指为物质、文化生活需要购买、使用商品或者接受服务的单位和个人，其权益受国家法律、法规和本条例的保护。"《湖南省消费者权益保护条例》第2条规定："本条例所称消费者，只指为生活消费需要购买、使用商品或者接受服务的单位和个人。"《江西省实施〈中华人民共和国消费者权益保护法〉办法》第2条第1款规定："本办法所称的消费者，是指为生活消费需要购买、使用商品或者接受服务的个人和单位。"《黑龙江省消费者权益保护条例》第2条第1款规定："本条例所称的消费者，是指为生活消费需要而购买、使用商品或者接受服务的个人和单位。"《贵州省消费者权益保护条例》第2条第1款规定："本条例所称消费者是指有偿获得商品和接受服务直接用于物质、文化生活需要的

---

① 张严方：《消费者保护法研究》，法律出版社2003年版，第119页。
② 符启林：《消费者权益保护法概论》，南海出版公司2002年版，第2页。
③ 李凌燕：《消费信用法律研究》，法律出版社2000年版，第5—7页。
④ 徐小飞：《消费者权益救济法律问题研究》，载中国民商法律网：http：//www.civillaw.com.cn/，2008年12月4日访问。

单位和个人。"《河南省消费者权益保护条例》第2条第1款规定:"本条例所称的消费者,是指为生活消费需要购买、使用商品或者接受服务的个人和单位。"《深圳经济特区实施〈中华人民共和国消费者权益保护法〉办法》第2条第1款规定:"本办法所称消费者,是指为生活消费购买、使用商品或者接受服务的个人和单位。"《海南省实施〈中华人民共和国消费者权益保护法〉办法》第2条规定:"本办法所称消费者,是指为物质、文化生活需要而购买、使用商品或者接受服务的单位和个人。"

笔者认为,从主体形态上来讲消费者只能为自然人。理由有二:(1)消费者(权益)保护法属弱势法的范畴,保护的是弱势者的权益。在购买、使用商品或者接受服务过程中,生产商、销售商是强势群体,与其对应的弱势群体只有自然人,他们在任何时间、任何地点、任何条件下都处于弱势地位;相反,单位主体与生产商、销售商相比并不一定处于弱势地位,有时甚至还可能处于强势地位。如果将单位主体纳入消费者权益保护法的保护范围,既削弱了消费者权益保护法的弱势保护性,也会冲淡对真正弱势群体——自然人的法律保护。(2)单位主体无法将消费活动进行到底。消费活动是一个由购买与使用组成的、连续的活动。一般情况下,单位主体可能购买商品或者服务,但是,却无法直接使用商品或者服务,只有将购买的商品或者服务直接或者间接地交给自然人,这种消费活动才能进行到底。如果将单位主体纳入消费者权益保护法的主体范围,既割裂了消费活动的整体性,也增加了消费者权益保护法适用的判断难度。

有鉴于此,笔者认为:第一,消费者的主体范围只能是自然人,而且其主体资格不受民法自然人权利能力、行为能力和责任能力的限制;第二,单位主体购买商品或服务的行为应当受合同法的调整;第三,单位购买,交付自然人使用的仍受消费者权益保护法的调整。

2. 活动范围

活动范围即消费活动发生的领域。关于消费活动的发生领域,国际社会普遍认为消费活动发生在商品(购买、使用)和服务(接受)两大领域。这样的划分使消费活动的发生领域明晰化和具体化,因而是有益的。但是,笔者认为,如用"生活资料"和"生活服务"分别替换"商品"和"服务"更有利于消费者权益的保护。

第一,关于用"生活资料"替换"商品"的问题。生活资料,亦称"消费资料"或"消费品",是指用来满足人们物质和文化生活需要的社会产品。按满足人们需要层次的不同,生活资料可以分为生存资料(如衣、食、住、用方面的基本消费)、发展资料(如用于发展体力、智力的体育、文化用品等)、享受资料(如高级营养品、华丽服饰、艺术珍藏品等)。

我们主张用"生活资料"替换"商品",其理由有三:(1)生活资料与生产资料相对,更能够体现消费活动的非生产性,更有利于消费活动的质的界定,进而使消费活动的外延固定化;(2)生活资料的外延大于商品的外延,既包括商品性生活资料,也包括非商品性生活资料,用生活资料替换商品之后有利于扩大消费者权益保护法的保护圈,能够在更大范围内保护消费者的合法权益;(3)有利于与我国《消费者权益保护法》第54条的规定前后呼应,保持一致。我国《消费者权益保护法》第54条规定:"农民购买、使用直接用于农业生产的生产资料,参照本法执行。"用"生活资料"和"生活服务"替换"商品"和"服务"后,就可使法律用语保持前后一致。

用"生活资料"替换"商品"后,应当强调和注意的是:(1)应当严格、科学、合理地划分生产资料和生活资料,否则,会不恰当地扩大消费者权益保护法的适用范围;(2)应当谨防将生活资料等同于生活必需品的现象,否则,会不恰当地缩小消费者权益保护法的适用范围;(3)清楚"农民购买、使用直接用于农业生产的生产资料,参照本法执行"的真正原因。

第二,关于用"生活服务"替换"服务"的问题。用"生活服务"替换"服务",一是为了与生产服务相区别,进而明确消费者权益保护法保护的服务的外延,二是为了使服务的内涵具体化、明晰化。

服务是个人或社会组织直接或凭借某种工具、设备、设施、媒体等所做的工作或进行的一种经济活动。生活服务属于服务的范畴,与生产服务一起构成服务的两大支柱。

当今社会之消费已经逐步从商品消费向服务消费转变,服务的多样性,尤其是生活服务的多样性彰显着现代社会的时代特征,进而也越来越受到人们的注意和关注。自我国1993年《消费者权益保护法》颁布以来,学术界对生活服务领域的消费者权益保护问题进行了比较广泛的探讨和深入的研究,并取得了许多有益的研究成果。

关于生活服务的范围,学术界还有不同的认识。笔者认为,《国民经济行业分类》中F类到T类的内容均应列入生活服务的范围。《国民经济行业分类》(GB/T 4754-2002)中自F类到T类的内容共计16大类,具体包括:(1)交通运输、仓储和邮政业;(2)信息传输、计算机服务和软件业;(3)批发和零售业;(4)批发业、零售业;(5)住宿和餐饮;(6)金融业;(7)房地产业;(8)租赁和商务服务业;(9)科学研究、技术服务和地质勘查业;(10)水利、环境和公共设施管理业;(11)居民服务和其他服务业;(12)教育;(13)卫生、社会保障和社会福利业;(14)文化、体育和娱乐业;(15)公共管理和社会组织;(16)国际组织。

尽管学术界对于生活服务的范围还有不同的认识,但是,具体的研究却一刻也没有停止。目前,学术界已经对医疗服务、金融服务、房地产与物业服务、教育服务、培训服务、网络服务等众多生活服务领域中的消费问题以及消费者权的法律保护问题进行了专门的探讨和研究。这些研究,对于完善特定领域消费中的消费者权的保护发挥了积极的作用,社会效果显著。

3. 活动方式

活动方式即消费活动发生的具体形式。在定义消费者时应否介入活动方式因素,立法和理论研究都给予了肯定的回答,只是在消费活动发生的具体形式上,学术界还有不同的认识。一些研究者认为,消费法律关系必须建立在有偿的基础上,"购买商品或者接受服务而支付了对价的自然人才属于消费者",① 其权益才能够受到消费者权益保护法的保护,"不支付任何代价而接受经营者赠与的商品或者提供的服务则不属于消费者的范围……不应适用《消费者权益保护法》,而应当按照其他法律规定得到救济。"②

笔者认为,有偿论失之偏颇:(1)它人为地割裂了有偿和无偿的联系。追求利益最大化是资本的实质,经营者任何时候都不会做赔本的生意。无偿的赠品、奖品、试用品都因有偿购买而生,都与有偿共消长,绝对无偿的、永远无偿的、针对所有人无偿的情况是不存在的。笔者认为,无偿中的有偿比有偿中的无偿更能说明资本的实质和经营者的用心,因此,决不能将无偿人为地排除在消费者权益保护法保护之外。(2)它不符合最大限度保护消费者权益的基本原则。最大限度地保护消费者权益是消费者权益保护法的基本原则之一。将无偿取得商品、使用商品或者接受服务的情况排除在消费者权益保护法的保护之外,会在一定程度上缩小消费者权益保护法的保护范围,也就无法贯彻最大限度保护消费者权益的基本原则。因此,笔者认为,决不能将无偿人为地排除在消费者权益保护法保护之外。

考虑到有偿和无偿的不可分割性,考虑到更好地贯彻消费者权益保护法最大限度保护消费者权益的基本原则,我们主张,消费活动发生的具体形式应当用"取得"取代"购买"。

4. 活动目的

活动目的即购买、使用生活资料或者接受生活服务的目的。在定义消费者时,不少研究者认为应当考虑主观动机和目的③,认为,"消费者是指非以盈利为目的而购买商品或者接受服务的人。"④ "消费者是指以非生产消费需要而购买、使用商品或接受服务的自然人。这就排除了生产消费的目的,把除此之外其他个人目的的消费者全部纳入《消费者权益保护法》的保护范围。"⑤ 依此观点,如果行为者

---

① 李凌燕:《消费信用法律研究》,法律出版社 2000 年版,第 5—7 页。
② 李昌麒:《经济法学》,中国政法大学出版社 2007 年版,第 311 页。
③ 这一主张,在学术界也被称为"主观论"或"主观学说"。
④ 王利明:《消费者的概念及消费者权益保护法的调整范围》,载《政治与法律》2002 年第 2 期。
⑤ 唐春江:《论中国消费者权益保护法的完善》,载中国民商法律网:http://www.civillaw.com.cn/,2003 年 2 月 6 日访问。

购买商品或者接受服务的动机是为了生活消费,而不是其他,其就是消费者,否则不是。王海等"职业打假者"之所以不应被视为消费者,道理就在于此。我们赞成这种观点,同时认为,判断是否"为生活需要"应当采用不同的标准。具体判断标准为:(1)在生活资料的购买、使用中,应当以购买、使用的生活资料的数量为判断标准。当购买、使用的生活资料的数量明显超出个人或者家庭的实际需要时即可认定为非"为生活需要"。(2)在生活服务的接受中,其判断标准应当为"合法的生存与发展所必需"。凡接受合法的服务均应认定为"为生活需要"。

与"主观论"或"主观学说"相反,不少研究者认为,在定义消费者时不应当考虑其主观动机和目的,① 认为"消费者定义应采用商品推定原则,即不以购买者的动机和目的来界定消费者的身份,而是以购买的商品或服务具有生活消费的属性。"②"无论从《消费者权益保护法》的立法宗旨,还是从比较法的角度看,认定消费者应以'限定生活消费'的客观标准为准,而不能理解为以'为生活消费需要'的主观消费目的或动机。……'为生活消费需要'是为了把生活消费同生产消费、消费者同经营者区别开来,把《消费者权益保护法》调整的范围限定于生活消费,而不是为判断其主观动机。"③

有利于市场的净化和职业打假者(人)的培养是客观论最有利的理论支撑。笔者认为,这一理论支撑的应用性较差,无法经受实践的考验。

第一,消费诉讼是个案诉讼,被诉主体和被诉商品都处于点的位置而非面的位置,点问题的解决并不等于面问题的解决;同时,由于消费诉讼的周期性,必然造成诉讼尚未结束,假货却已销售完毕的情况,所以,通过买假然后诉讼的"诉讼打假模式"根本达不到打假,进而净化市场的目的。

第二,职业打假者(人)的提法很值得商榷。笔者认为,职业打假者(人)的提法很值得商榷:(1)倡导职业打假,愿望很好,但是,很容易淡化政府部门,尤其是工商行政管理部门的打假职责,甚至会干扰政府部门打假的整体计划、部署和安排,影响政府效能的发挥。(2)既然是职业打假,那么,其基点应当呈现公益性和志愿性。但是,时下的一些打假者却毫无公心,目的就是为了获得双倍的经济赔偿。如此发展下去,职业打假必然会大大走样,甚至会发展成一股难以控制和矫正的诉讼势力。(3)既然是职业打假,那么,就应当是有组织的行动,有技术支撑的行动。但是,时下的打假者既无组织,也无技术支撑,尤其是法律技术的支撑,随意性很强。无数事实表明,任何无组织、无技术支撑行动的社会效益都是较

---

① 这一主张,在学术界也被称为"客观论"或"客观学说"。
② 李龙钢:《消费者定义应采取商品推定原则》,载《中国工商管理研究》,2009年第3期。
③ 李昌麒:《经济法学》,中国政法大学出版社2007年版,第311页。

差的,甚至是有害的。

有鉴于此,笔者认为,在消费者的定义中必须强调生活资料购买人、使用人和服务接受人的主观动机和目的。

通过上述探讨和研究,笔者认为:消费者是为生活需要合法取得、使用生活资料或者接受服务的自然人。

二、消费者权

消费者权,又称消费者权利,是指消费者依据消费者权益保护法的规定实现和保护自己利益的专属权,是人权的重要组成部分。

(一) 消费者权的含义

消费者权,又称消费者权利,是从权利主体——消费者的角度提出的权利概念。

关于消费者权利的含义,在我国学术界主要有两种定义模式,一种为"能力或资格模式",如有研究者认为,"消费者权利,是消费者为进行生活消费应该安全,公平地获得基本的食物,衣物,住宅,医疗和教育等的权利,实质是以生存权为主的基本人权。"① 一种为"概括或总结模式",如有研究者认为,"消费者的权利,是指消费者在消费活动中,即在购买、使用商品和接受服务过程中,依照法律规定所享有的各项权利。"② "能力或资格模式"基于"法律上的权利,是设定或隐含在法律规范之中,主体依法为或不为一定行为以实现其利益的能力或资格"③,注重消费者权利的质;"概括或总结模式"基于对现行消费者权益保护法对消费者权利的立法的规定,注重消费者权利的量。

任何事物都是质与量的统一体,消费者权也不例外。有鉴于此,笔者认为,消费者权应为消费者依据消费者权益保护法的规定实现和保护自身人身和财产权能力或资格的集合。这一集合包含三方面的含义:(1) 消费者在消费者权益保护法规定的范围内,可以根据自己的主观自愿,自由地进行各种消费活动;(2) 消费者为保证实现自己的权益,可以依据消费者权益保护法的规定,要求负有消费者权利保护义务的主体相应地作为或者不作为;(3) 当自身权益受到经营者的侵害时,可以请求国家机关、政府部门和社会组织的保护,有权要求经营者承担相应的法律责任。

准确把握消费者权概念的同时,笔者认为,还需要把它同"消费者利益"、"消费者权益"区别开来。

消费者利益是指消费者在社会分配、交换、消费中可以获得的物质收入和有助

---

① 漆多俊:《经济法学》,武汉大学出版社1999年版,第189页。
② 李昌麒:《经济法学》,中国政法大学出版社2007年版,第314页。
③ 张文显:《法理学》,高等教育出版社1999年版,第86页。

于自身物质、文化消费的条件。这种利益,有的受法律保障,有的可能不受法律保障。消费者保护法的重要功能和目的之一,就是明确消费者在一定的社会经济发展阶段究竟应该享有何种利益以及在何种程度上享有利益,进而通过规定权利,赋予消费者为或不为一定行为的能力和资格,来实现对消费者的保护。

消费者权益是我国消费者保护中的特有概念。"权益"是权利和利益的合称。虽然有学者提出,"把法律上的权利与利益并提,不仅逻辑上不通,而且就消费者利益的保护来说也是不够全面的。"① 但不管怎么说,这一概念已得到了广泛的认同,并最终被《消费者权益保护法》所确认。

(二) 消费者权的形成

消费者权利经历了一个由提出到逐步得到认同并不断发展的过程。早在工业革命之前,由于商品生产和交换还不发达,交易过程较为简单,因此,当时消费者权利问题并不突出。18世纪末,工业革命的浪潮席卷全球,生产高度发展,技术日益进步,产销过程日益复杂化,这时,消费者问题便突出出来了,并发展成为现代资本主义国家严重的社会问题之一。

最早提出消费者权利说的,是一些资本主义经济学家,他们从经济学角度提出了"消费者主权论",强调消费者在社会生产中的支配地位,这一主张为消费者权利的提出奠定了理论基础。

"消费者权利"的明确概括,是在20世纪60年代美国消费者运动再度兴起的背景下,美国总统肯尼迪于1962年3月15日向国会提出的《消费者权利咨文》中首次出现的。肯尼迪在该咨文中强调"每一个人都是消费者",并提出消费者的四项基本权利:安全权、知悉权、选择权、被尊重权。1969年,尼克松总统又补充了"方便救济的权利"。1975年,福特总统又添加"接受消费者教育的权利"。② 以此为先河,世界各国也纷纷将消费者权利的内容通过立法明确加以规定。

1968年,日本率先制定了《保护消费者基本法》,规定了对消费者各种权利进行保护的措施,从而使消费者权利成为受法律保护的不得为其他任何人随意剥夺的法定权利。

有鉴于消费者权益保护的国际化趋势,1985年4月9日,联合国大会通过了《保护消费者准则》。其中提出了"消费者的八项权利:得到必须的物资和服务借以生存的权利、享有公平的价格待遇和选择的权利、安全保障权、获得足够资料的权利、寻求咨询的权利、获得公平赔偿和法律帮助的权利、获得消费者教育的权利、享有健康环境的权利"。这些权利被称为"消费者的人权。"③

---

① 谢次昌:《消费者保护法通论》,中国法制出版社1994年版,第118—119页。
② 参见孙颖:《消费者保护法律体系研究》,中国政法大学出版社2007年版,第15页。
③ 沈晓倩:《消费者权利刍议》,载《山西经济管理干部学院学报》2000年第3期。

综上所述，我们可以看出，从消费者权利提出以后，消费者权利的内容不断得到充实和完善，从一般的保障安全，交易公平等领域逐步扩大到消费者的教育，消费者组织的设立，消费环境改善及政府决策参与等各个方面。此外，消费者权利的保障亦越来越严密，保护消费者利益已被视为国家和有关社会组织的基本职责。

（三）消费者权的特点

同其他权利相比较，消费者权具有以下三个明显的特点：

1. 消费者权是一项弱势性权利。弱势群体是泛指由不同原因形成的、靠法律之特别规定而不是靠自身实力或市场竞争来获取权益、维护权益的社会群体，是相对于强势群体，又区别于劣势群体的一个特殊社会群体。① 在消费法律关系中，生产商、销售商始终处于强势地位，而消费者则始终处于弱势地位，地位极其不平等。一般而言，消费者的弱势主要表现在经济和信息两个方面：

第一，经济方面。在现代商品经济社会，就消费领域而言，绝大多数消费者与生产者和经营者相比，在经济实力上明显处于弱势地位，而且是绝对的、始终地处于弱势地位。这种弱势地位几乎是无法改变的，甚至可能会越拉越大。这一点无需理论证明和推导，事实足以说明一切。消费者经济上的弱势主要表现在经济发展方面的弱势、购买（支付）力方面的弱势、经济承受力方面的弱势、抗通胀方面的弱势以及经济救济能力方面的弱势等。

第二，信息方面。及时、全面、充分地获取商品或者服务信息是消费者进行消费的前提。一般而言，信息获取量的多少和质的高低直接关系到消费者权利的实现。但是，由于消费领域信息不对称现象的客观存在，所以，消费者始终是信息获取上的弱势者。信息不对称的存在不仅使消费者在与生产者、经营者交易的过程中处于弱势地位，而且还会出现著名经济学家阿克洛夫所阐述的"逆向选择"，出现劣货驱逐良货的现象，消费者因此享受不到质优价廉的商品。

消费者信息获取上的弱势地位主要表现在获取手段上的弱势性和获取内容上的弱势性。获取手段上的弱势性是指消费者由于知识和技能的限制而无法获取消费所需的相关信息；获取内容上的弱势性是指由于生产商和销售商不提供或不及时提供充分、全面、有效的信息而导致消费者无法获取消费所需的信息。

消费者经济方面和信息方面的弱势性使得消费者权也呈现出弱势性的特征。消费者权的弱势性主要表现在：（1）极易受到侵害。消费者权是与国家、政府、社会组织和经营者的义务相对应的一项权利，是依赖这些义务主体的作为行为来实现的一项权利。因此，任何义务主体的义务不履行、不及时履行、不适当履行都会妨碍消费者权的实现，甚至会给消费者权造成不应有的损害。（2）救济困难。权利救济问题是消费者权益保护中的一道难题。从救济能力来讲，弱势自救很难，其权

---

① 王兴运：《弱势群体权益保护法论纲》，中国检察出版社2006年版，第10页。

利的救济只能由强势群体进行,尤其是需要经营者的救济。消费者权利受到损害后,不管是与经营者协商,向消费者协会投诉或者是向工商行政部门申诉,还是向法院提起诉讼,困难都很多,救济都很难,要么遭到拒绝,要么要漫长等待。所有这些都使消费权的救济变得异常艰难,甚至根本得不到救济。

2. 消费者权是一项无差别性权利。消费者在享有、行使消费者权时,不受民法自然人行为能力的限制,同时不受性别、年龄、民族、职业、职务(称)、文化程度、居住状况、经济状况、婚姻状况、宗教信仰等的限制,只考虑其自然人的属性,此乃消费者权的无差别性。

依民法基本理论,自然人的行为能力分为完全行为能力人、限制行为能力人和无行为能力人三类。根据我国《民法通则》第12条第2款的规定,年龄不满10周岁的未成年人和精神绝对不健全的成年人为无行为能力人,其民事活动只能由他的法定代理人代为进行,否则无效。依此规定,年龄不满10周岁的未成年人打酱油、买蔬菜、订蛋糕的行为都应当认为是无效的民事行为;依此推理,生活中的众多消费年龄不满10周岁的未成年人都不能亲自而为,只能由其法定代理人代为进行。这显然是荒唐的和不现实的。笔者认为,上述年龄不满10周岁的未成年人实际上都是消费者,其行为其实都是消费者的消费行为。这样一来,假之以消费者权益保护法理论,运用消费者权的无差别理论就很容易解释上述行为的必要性、合理性、合法性和有效性。

承认消费者权的无差别性可以将消费者权益保护法的主体保护范围扩展到所有的自然人,有利于贯彻最大限度保护消费者权益的基本原则,同时也有利于解释众多无行为能力人消费行为的合理性、合法性和有效性,不仅具有一定的理论价值,而且具有一定的社会意义。

3. 消费者权是一项非义务性权利。权利义务相一致,享有权利就应当承担义务,承担义务就应当享有权利,此乃马克思主义权利义务观的基本精神和内容。但是,在消费者与经营者(生产商和销售商)建立的消费者法律关系中,我们发现,权利和义务呈现出分离的状态,即消费者始终(相对于经营者)是权利主体,无对应的义务。据此,笔者认为,消费者权是一项非义务性权利。

笔者认为消费者权是一项非义务性权利,只是说相对于经营者,消费者不承担义务,并不是说消费者不承担任何义务。其实,消费者在享有消费者权的同时还应当承担两项法律义务,一项是不得滥用权利的义务;一项是承担社会责任的义务。

第一,不得滥用权利的义务。权利不得滥用原则通常作为民法的基本原则出自民法总则的规定当中。我国《民法通则》第7条规定"民事活动应当尊重社会公德,不得损害社会公共利益,破坏国家经济计划,扰乱社会经济秩序。"这一条没有使用"权利不得滥用"的字眼,但学者通常认为这一条是有关权利不得滥用原则的规定。"禁止权利滥用原则要求权利人在不损害他人利益和社会利益的前提下，追求自己的利益，从而在当事人之间的利益关系和当事人与社会之间的利益关系中实现平衡。"①

第二，承担社会责任的义务。在保护消费者权利的运动中，消费者逐渐认识到了保护权利的同时，也应尽到自己的一份责任。于是消费者运动的国际协调机构"国际消费者联盟"于1979年提出消费者拥有八项权利的同时，还提出了五项消费者的"责任"。这五项消费者的责任是：(1) 批评性意识，指对商品、服务的用途、价格、质量产生敏感意识，持有怀疑态度的意识；(2) 自我主张与行动，指消费者自作主张、进行公平交易的责任；(3) 社会责任，指消费者要时刻意识到自己的消费行为对他人的影响，特别是对弱者的影响；(4) 环境意识，指消费者要认识到自己的消费行为对环境的影响；(5) 团结合作，指为拥护、促进消费者的利益，作为消费者要团结一心、互相合作。

这五项责任伴随着权利提出后，得到了广大消费者的积极响应，英国发起了"绿色消费者"活动，一些国家还通过立法加以提倡。例如，日本从1983年开始，在其消费者保护基本法的历次修订中，都明确规定了消费者的责任。日本的"消费者责任"是指消费者对靠自己的自由判断所采取的行动、所进行的选择必须负责。1990年以后，日本消费者要求环保型生活，消费者的责任意识进一步得到了加强。2004年修订该法，名称改为消费者基本法，在第7条规定了消费者的两项任务："(1) 消费者应当努力主动地学习与其消费生活有关的必要知识及收集必要的信息等，自主且合理地行动；(2) 消费者应当努力考虑合理保护与消费生活相关的环境安全及知识产权等"，以唤醒消费者的责任意识。

(四) 消费者权的性质

消费者权的性质，即消费者权的属性。正确认识消费者权的性质，对于准确定位《消费者权益保护法》具有十分重大的理论价值和社会意义。关于消费者权的性质，我国学术界主要有两种不同的观点：一种观点可概称为"民事权利观"，该观点认为消费者权属民事权利的范畴；一种观点可概称为"人权观"，该观点认为消费者权属人权的范畴。

1. "民事权利观"述评。在民法学和经济法学界，很多研究者都认为，消费者权从性质上来讲属于一项民事权利。如张严方女士就认为，"事实上，消费者权利为民事权利即私权之一种：消费者权利的主体是消费者，其义务主体是经营者，两者皆为私法（民法）上的主体，即此种权利是发生在私法上主体间的权利，故其当然具有私法性质。"② 其基本理论依据是：消费者权利是消费者和经营者之间的权利关系，其地位的平等性和适用法律的民事性决定了消费者权利是一项民事

---

① 陈华彬：《物权法原理》，国家行政学院出版社1998年版，第222页。
② 张严方：《消费者保护法研究》，法律出版社2003年版，第564页。

权利。

持这一观点的研究者，强调消费者权的民事性，但同时更强调消费者权是一项特殊民事权利。他们认为，消费者权同一般民事权利相比有很大的不同。如李昌麒教授、许明月教授就从理论上总结了消费者权利区别与传统民事权利的特征：（1）消费者的权利是消费者所享有的权利，即消费者身份是享有消费者权利的前提；（2）消费者的权利通常是法定权利，即由法律的直接规定而产生；（3）消费者的权利是法律基于消费者的弱者地位而特别赋予的权利，体现了法律对消费者特殊保护的立场。①

我们以为，认为消费者权利实质上属于民事权利的观点有失偏颇，值得商榷。

第一，消费法律关系是一种新型的法律关系，泛指消费者与相关主体之间的关系。在消费法律关系中，消费者对应的不仅仅是经营者（包括生产商和销售商）。除了消费者与经营者的对应关系之外，还存在消费者与国家机关之间的对应关系，消费者与政府部门之间的对应关系，消费者与社会团体之间的对应关系，甚至还存在消费者与检法两院等司法机关之间的对应关系。所有这些对应关系的客观存在是因为消费者权益保护义务主体众多的缘故。既然消费者的对应主体众多，那么，仅从消费者与经营者的对应关系中总结、概括和抽象消费者权性质的做法显然是犯了以偏概全的错误。

第二，民法是调整平等主体之间人身关系和财产关系的基本法，民事权利也产生于这种平等关系之中。在消费过程中，表面上看生产者与消费者之间是一种平等主体之间的合同关系。但是，由于交易双方力量悬殊，因此，二者的平等只是一种形式意义上的平等，是被平等掩盖着的一种强者对弱者的不平等关系。消费者权正是以这种强者对弱者的不平等关系为基础，其目的在于对消费者的弱者地位予以补救。因此，我们认为，简单地以消费者与经营者处于平等地位就认为消费者权是一项民事权利的观点也是值得商榷的。

第三，消费者权是一项集合性权利，是同一性质权利的集合。但是，在现行消费者权益保护法所规定的权利中，有些权利，如依法结社权、依法监督权等，明显不具有民事权利的特征。所以，笼统地、不加区别地认为所有消费者权都是民事性权利，都具有民事权利特征的观点在理论上也难以自圆其说。

自此，笔者认为，消费者权是一项民事权利的观点难以自圆其说，消费者权是一项特殊民事权利的观点就更加值得商榷了。

2．"人权观"述评。人权是指人，仅因其为人而应享有的权利。

1948年12月10日第三届联合国大会通过了《世界人权宣言》。该宣言是国际社会第一次就人权作出的世界性宣言，对于指导和促进全人类的人权事业发挥了极

---

① 李昌麒、许明月著：《消费者保护法》，法律出版社1997年版，第76—77页。

其重要的作用。

《世界人权宣言》提出:"人人生而自由,在尊严和权利上一律平等;人人都有资格享受本《宣言》所载的一切权利和自由,不论其种族、肤色、性别、语言、财产、宗教、政治或其他见解、国籍或其他出身、身份。这些权利和自由可分为公民权利和政治权利以及经济、社会和文化权利两大类。"其中,公民权利和政治权利包括:生命权、人身权、不受奴役和酷刑权、人格权、法律面前人人平等权、无罪推定权、财产权、婚姻家庭权、思想、良心和宗教自由权、参政权和选举权等;经济、社会和文化权利包括:工作权、同工同酬权、休息和定期带薪休假权、组织和参加工会权、受教育权、社会保障和享受适当生活水准权、参加文化生活权等。应当强调的是,上述人权的基本内容仅仅是一种最低限的保障,在现代文明社会中,这显然是远远不够的。因此,近些年来,又出现了很多对人权的扩充,其中最主要的扩充是将发展权①纳入人权范畴。

经济法学界多数研究者赞同消费者权是人权(生存权与发展权)的观点,其基本理由是:(1)"消费者权利符合人权的实质性要求";(2)"消费者权利主要体现为人权中的经济、社会和文化权利";(3)"消费者权利在一些国家上升为宪法性权利"。② 我们基本赞同消费者权是人权的观点,并提出以生活权涵括生存权和发展权的建议:

第一,人的最低生活保障(护)是人权的基本精神,而消费者权益保护法也以生活消费为立法基点和确权基点,二者都强调人的生活性,只是在层级上有所不同。

第二,以生活权涵括生存权和发展权既便于与"生活需要"、"生活资料"、"生活服务"等保持一致,也便于"生活"一词的词意在消费者权益保护法中保持一致。

第三,以生活权涵括生存权和发展权便于从静态和动态两个方面对消费者权的研究,可以适应瞬息万变的经济和社会的发展需要,有利于提升消费者权的适应性。

(五)消费者权的构成

消费者权的构成问题既是消费者权益保护法立法的重要内容,也是消费者权学

---

① "发展权"最早是1970年联合国人权委员会委员卡巴·穆巴耶在一篇题为《作为一项人权的发展权》的演讲中提出的,并立即受到了广大发展中国家的强烈支持。1979年,第三十四届联合国大会在第34/46号决议中确认,发展权是一项人权,平等发展的机会是各个国家的天赋权利,也是个人的天赋权利。1986年,联合国大会第41/128号决议通过了《发展权利宣言》,对发展权的主体、内涵、地位、保护方式和实现途径等基本内容作了全面的阐释。1993年的《维也纳宣言和行动纲领》再次重申发展权是一项不可剥夺的人权,从而使发展权的概念更加全面、系统。

② 钟瑞华:《论消费者权利的性质》,载《法大评论》2005年6月第4卷。

术研究的重要内容。我们之所以十分注意和重视消费者权构成的研究，是因为它是各国消费者权益保护法相互区别的重要之点。

1. 立法规定。根据我国《消费者权益保护法》的规定，消费者享有安全保障权、知悉真情权、自主选择权、公平交易权、依法获赔权、依法结社权、求教获知权、人格尊严及风俗习惯受尊重权和依法监督权等九项基本权利。

第一，安全保障权。安全保障权又称保障安全权，是消费者最重要、最基本和最关心的权利，具体是指消费者在购买、使用商品和接受服务时所享有保障其人身、财产安全不受损害的权利。

第二，知悉真情权。知悉真情权或称了解权、知情权，即消费者享有知悉其购买、使用的商品或者接受服务的真实情况的权利。赋予消费者以知悉真情权，是市场经济公开性的当然要求，也是合同公开性的当然要求。

第三，自主选择权。自主选择是指消费者享有自愿和自由选择商品或者服务的权利。自主选择权由主观自愿权和客观自由权构成。选择的自愿性可理解为一切消费事宜均由消费者自己决定，不受任何外力的影响、制约和左右。选择的自由性是指消费者的消费行为（具体指选择行为）仅受自己主观意志的支配，经营者不得进行禁止、剥夺、限制或者干涉。自由性是自愿性的必然反映和当然要求。

第四，公平交易权。公平交易权是指消费者在购买商品或者接受服务时所享有的获得质量保障、价格合理、计量正确及公平交易条件的权利。为了保障消费者公平交易权的实现，必须依反不正当竞争法对劣质、价格不公、计量失度及不公平交易行为加以禁止。

第五，依法求偿权。依法求偿权是指消费者在因购买、使用商品或者接受服务受到人身、财产损害时，依法享有要求获得赔偿的权利。依法求偿权是弥补消费者所受损害的必不可少的救济性权利。

第六，依法结社权。根据《消费者权益保护法》第12条的规定，消费者享有依法成立维护自身合法权益的社会团体的权利，这种权利简称为结社权。

第七，求教获知权。求教获知权，或称受教育权、获取知识权，是从知悉真情权中引申出来的一种消费者权利。它是指消费者所享有的获得有关消费和消费者权益保护方面的知识的权利。赋予这一权利的目的是使消费者更好地掌握所需产品或者服务的知识和使用技能，以使其正确使用商品，提高自我保护意识。

第八，维护尊严权。维护人格尊严权是指消费者在购买、使用商品和接受服务时所享有的其人格尊严、民族风俗习惯得到尊重的权利。尊重消费者人格尊严和民族风俗习惯，是社会文明进步的表现，也是尊重和保障人权的重要内容。

第九，监督批评权。依据我国《消费者权益保护法》的规定，消费者享有对商品和服务以及保护消费者权益工作进行监督的权利。此外，消费者有权检举、控告侵害消费者权益的行为和国家机关及其工作人员在保护消费者权益的工作中的违法失职行为，有权对保护消费者权益工作提出批评、建议。

2. 学术探讨。1993年我国《消费者权益保护法》颁布以后，很多学者都十分重视消费者权的构成研究，都从不同的视角、运用不同的方法对消费者权进行了探讨和研究。有的研究者从比较法的角度，通过比较中外消费者权的构成，提出了完善我国消费者权体系建设的合理性建议；有的研究者从权利扩张的角度，立足于我国社会主义市场经济初级阶段的实际，面向网络经济和信息时代，通过借鉴国外先进的立法经验，提出了应当对我国消费者权进行扩张的建议，如不少研究者都提出在我国消费者权体系中应当增加反悔权、个人信息保护权、消费者信用权的内容；有的研究者则从法律实践的角度，通过对具体消费者权的研究，结合实际，针对现行消费者权益保护法的立法规定，提出了诸多完善该消费者权的建议和意见。

上述研究十分必要，理论价值和社会意义十分明显。但是，我们也认为，在消费者权构成的研究中仅有这些研究是不够的，还应当予以拓展。拓展是多方面，消费者权内在逻辑结构研究便是其中的一项重要内容。笔者认为，消费者权在内容安排上应当按照消费者消费的自然心理顺序和行为顺序进行安排，从而避免拼盘式安排和反逻辑安排的错误。依此，笔者认为，消费者权的体系构成和内容安排可依序分成四组：

第一组：安全保障权、人格尊严和民族风俗习惯受尊重权、隐私保护权、信用保护权。消费者在消费时，首先希望能够获得安全可靠的商品或者服务，同时，希望人格、尊严、风俗、信用等权利不受侵犯。这是他们的追求，也是他们的愿望。

第二组：知悉真情权、自主选择权、公平交易权、反悔权、求教获知权、依法监督权。消费者在消费时，希望商品或者服务的真实情况是公开的，是可以事先了解和指导消费的；在此基础上，消费者希望：（1）能够自愿、自由地选择商品或者服务；选择商品或者服务的提供者；选择买与不买、买多与买少；甚至应当允许反悔。（2）商品或者服务货真价实。（3）售后服务完善。（4）允许提出批评和建议。

第三组：依法获赔权。假如商品或者服务给消费者造成损害，或者影响其使用，或者给消费者造成人身、财产损害，消费者希望经营者能够依法承担责任，对自己进行救济。同时希望，救济应当视损失情况和程度之不同而定，或者进行"三包"，或者进行"侵权赔偿"，或者进行"惩罚性赔偿"。

第四组：依法结社权。消费者属弱势群体，其力量，尤其是单个消费者的力量是十分有限的。因此，消费者希望能够有一个专门替消费者说话、为消费者撑腰、给消费者办事、切实维护消费者合法权益的社会组织。

（六）消费者权扩张之理论基础

消费者权扩张运动深受弱势消费者群体特别保护理论、权利倾斜性配置理论、消费者增权理论的影响。

1. 弱势消费者群体权益特别保护理论的影响。所谓社会弱势群体，也叫社会脆弱群体、社会弱者群体，它主要是一个用来分析现代社会经济利益和社会权力分配不公平、社会结构不协调、不合理的概念，它是社会学、政治学、社会政策域中的一个核心概念。

同情弱者，扶助贫者，是人类的天性，也是人类文明和社会进步的标志。但是，我们决不要片面地认识弱势群体权益的保护问题。保护弱势群体权益，不仅仅是为了弱势群体自己。强势群体强势的持续，国民经济的持续发展和繁荣，人类社会不断进步都要求我们必须对弱势群体的权益进行特别的保护。我们必须从战略的高度，以长远的眼光来看待弱势群体权益的保护问题，否则，必将陷入难以自拔的发展泥潭。

在商品的生产或者服务的提供中，弱势消费者起着决定性的作用。没有消费者消费的发展就没有生产和销售的发展；没有消费者消费的持续就没有生产和销售的持续。消费决定生产，这是市场经济的铁律。因此，在市场经济条件下，我们一定要重视弱势消费者权益的保护问题。

2. 权利倾斜性配置理论的影响。消费者法对消费者和经营者双方之间的利益关系的调整，采取了不同于民商法对一般买卖关系调整时所采用的对双方当事人利益均等保护的做法，而是以保护消费者的利益为立法宗旨，赋予消费者以更多的权利，赋予经营者以更严格的义务，在消费者与经营者之间的利益关系调整上明显向消费者倾斜。

消费者法之所以具有这种利益倾斜性的特点，主要是因为消费关系存在事实上的不平等和利益不均衡，需要通过这种特别的法律对这种事实上的不平等和利益不平衡加以矫正。消费者和经营者之间，本应是一种平等主体之间的民事关系，双方当事人应通过自愿平等协商进行交易，从而实现双方利益均衡，维护各自的利益。但是，由于在现实的社会经济生活中，消费者与经营者存在信息不对称，经济实力强弱的差别，消费者总是处于弱者地位，而经营者处于强势地位，使本应平等的消费关系成为一种事实上的不平等关系，消费者往往不得不屈从于经营者的意愿和条件，因而造成消费交易中消费者与经营者的利益不平衡。"对于这种不平衡，民法这种价值中立，对等保护的做法毫无助益，需要采用利益倾斜的特别法来完成。消费者保护法正是为了解决消费者与经营者之间事实上的不平等和利益不均衡而制定的法，因而具有明显的利益倾斜的特点。"① 正是在消费者权益保护法的影响下，人们才逐渐接受了弱者倾斜保护的理念与实践。而1994年的《劳动法》、2002年的《中小企业促进法》、2007年的《劳动合同法》等一系列充分体现着弱者保护和倾斜保护的法律，与《消费者权益保护法》一道，共同推进了这一理念的全面

---

① 金福海：《消费者法论》，北京大学出版社2005年版，第10页。

确立。

3. 消费者增权理论的影响。近年来，国外学术界提出的消费者增权理论，是西方社会科学中增权这一关键概念在消费者权益保护研究领域的扩展。一般而言，"所谓增权是指增进或者提升个体或者群体的权力或权能的过程，随着个体或群体权利、权能的增强，就会提高个体或群体独立应对和处置自身事务的能力。"① 增权理论认为，增权涉及主体和受体两方面，增权主体一般是掌握着权力资源的组织或机构，如国家或社会机构；增权受体是因各种原因而处于无权或权力减弱状态下的个人或群体，这些个人和群体主要是社会边缘群体和弱势群体。例如，相对于经营者来说，消费者是弱势群体，也属于需要增权的群体。消费者增权是指通过某些法律或政策措施来提高消费者的经济支配力和政治权力，以及增强消费者的独立自主消费能力和维权能力的过程。当前，国外学者有关消费者增权的研究主要集中在"消费者教育"领域，即如何提高消费者获取商品信息等的能力。这种观点认为，"使消费者获得充分信息，并充分利用市场竞争机制就能使他们变得更有知识、更加自信和敢于表达自己的主张，从而更能独立处理日常生活中的各种消费事务。"②

按照消费者增权理论，消费者增权中面临着三个主要问题需要解决，即消费者增权主体、增权内容和增权方式。在西方消费者增权理论中，增权主体应当是国家或消费者组织等非盈利组织。增权内容，即所增强或提升的消费者权能，通常是消费者本身所拥有的判断、选择消费品的能力以及规避消费风险的能力等技能。而增权方式主要是通过消费者教育，以及信息供给等来弥补经营者与消费者的信息不对称，从而提升消费者判断和选择的能力。

在我国，消费者自我保护权能的提升主要依靠国家和消费者组织来推进，消费者增权的模式也主要有信息供给型和制度供给型两种。在消费者增权初期，信息供给型增权可以发挥更大作用，即国家和消费者组织通过消费者教育等方式提升消费者掌握消费信息的能力。但是，随着市场化进程步伐加快，仅仅通过提升消费者信息能力的增权模式显现出了其所固有的局限性，以制度供给为主要内容的消费者增权模式能够更加有效地维护消费者的权益，这种制度供给模式的消费者增权的核心是通过法律制度来保护消费者的权益。

于是，从20世纪80年代的地方立法开始，我国的消费者保护立法模式不断完善，形成了中央与地方的双重多角度全方位的保护模式。随着市场经济趋于稳定和规范，消费领域也出现了大量的新问题，这些问题需要适时地修改和完善现行的相关法律法规，以更好地维护消费者权利。

---

① 陈树强：《增权：社会工作理论与实践新视角》，载《社会学研究》2005年第3期。
② 李玉虎：《消费者增权理论与我国消费者权益保护法的完善》，载《财贸研究》2008年第4期。

（七）消费者权扩张的基本内容

消费者权扩张的基本内容，也称消费者权的外延扩张、权利量的扩张。我国消费者权益保护法所规定的、消费者享有的九项权利已经远远不能满足消费的需要，应当进一步扩充。笔者认为，在目前的消费现状下，应当尽快以立法方式确立消费者反悔权和消费者隐私保护权。

1. 消费者反悔权。所谓消费者反悔权，就是消费者享有根据法律规定的消费方式，在合理期限内无条件退货的权利。消费者反悔权是消费者知情权、选择权的延伸，是对交易中处于明显不利地位的消费者提供的一种特别保护方法，它的设立进一步深化了《消费者权益保护法》倾斜保护的立法理念，具有十分重要的理论价值和社会意义。目前，我国一些信誉良好的商场已有一定程度的实践，并收到了良好的社会效应和经济效应。

反悔权有如下特点：其一，其赋予消费者单方面撤销合同的权利，经营者不享有此权利；其二，消费者撤销合同是无条件的，不承担任何违约责任；其三，消费者行使反悔权受限制，即必须是在订立消费合同后一定期限内行使；其四，消费者取消合同是直接针对经营者的，无需申请法院或仲裁机构进行；其五，制度设计的目标在于保护消费者的利益。

目前，不少国家的消费者权益保护法和相关法律都明确规定消费者享有反悔权。如美国《消费信用保护法》就规定：在交易成立之日，债权者即要明确告知消费者拥有可以取消交易的权利，期限是从交付记载着这一事项的书面文件之日开始，到第三个交易日的午夜为止；消费者行使解除权时，没有交付费用的义务，债权者在受领解除通知书后10日内必须返还从债务者处接受的头金，债务者则要全部返还接受的商品。① 在我国，《消费者权益保护法》未明确规定反悔权，但是，一些地方法规和行政条例已经明确规定消费者享有反悔权，如2003年1月1日实施的《上海市消费者权益保护条例》就确认了消费者商品交易反悔权；2005年12月1日的《直销管理条例》也明确规定了"无因退货"的内容。尽管实施范围只限于直销企业，但不能不说这是个巨大的立法进步。

笔者认为，依法确立消费者的反悔权是十分必要的。其一，消费者和商家在销售活动中始终处于信息不对称的地位，消费者拥有的知情权并不能充分实现（尤其是在远程销售的情况下），反悔权的设立可以作为保障知情权的救济措施；其二，商品经济发展的目的是促进商品的流通，反悔权的设置必然大大减少消费者购物的后顾之忧，从而促进商业的繁荣。但是，反悔权是否可行，则要视整个社会的诚信程度而定：一个社会的整体诚信程度较高，"恶意退货"现象仅属个别现象时，则反悔权可行；反之，则不可行。

---

① 张川：《浅析消费者反悔权》，载《法制与社会》2008年第1期，第17页。

就我国的实际情况而言，笔者认为，消费者反悔权的设立应当兼顾其必要性和可行性，同时考虑：第一，制度先行的方式，即废除"不合格退货制度"和"不满意退货制度"，确立"无因退货制度"。第二，渐进设立的方式，即从邮购、网上销售、电视购物等领域试行，然后再普遍推开。因为在这些远程购物领域，消费者购买商品的时候无法清楚地认识和了解到商品的真实性能、品质，从而无法真正实现选择权。而赋予消费者反悔权可以很好地弥补这种远程销售方式造成的缺陷，使消费者的知情权和选择权得到真正的实现。第三，排除设立的方式，即排除消费者对购买的易耗品、食品和贵重商品享有反悔权。第四，限制设立的方式，即规定消费者行使反悔权的法定期限不宜过长，建议以不超过7天为宜。

2. 消费者隐私保护权。隐私是一种与公共利益、群体利益无关，当事人不愿他人知道或他人不便知道的个人信息，当事人不愿他人干涉或他人不便干涉的个人私事，以及当事人不愿他人侵入或他人不便侵入的个人领域，其主体为自然人，客体是自然人的个人事务、个人信息和个人领域。大致而言，以下内容均属隐私的内容：(1) 未经公民许可，公开其姓名、年龄、肖像、住址、电话号码、邮箱、QQ号、病情等；(2) 非法侵入、搜查他人住宅，或以其他方式破坏他人居住安宁；(3) 非法跟踪他人，监视他人住所，安装窃听设备，私拍他人私生活镜头，窥探他人室内情况；(4) 非法刺探他人财产状况或未经本人允许公布其财产状况；(5) 私拆他人信件，偷看他人日记，刺探他人私人文件内容，以及将它们公开；(6) 调查、刺探他人社会关系并非法公之于众；(7) 干扰他人夫妻性生活或对其进行调查、公布；(8) 将他人婚外性生活向社会公布；(9) 泄露公民的个人材料或公之于众或扩大公开范围；(10) 收集公民不愿向社会公开的纯属个人的情况。

隐私一词在我国法律中的出现始自20世纪90年代《民法通则》颁布以后。如1988年发布、1990年修改的最高人民法院《关于贯彻执行〈民法通则〉若干问题的意见》(修改稿) 第160条就规定："以书面、口头等形式宣扬他人的隐私，或者捏造事实公然丑化他人人格，以及用侮辱、诽谤等方式损害他人名誉，造成一定影响的，应当认定为侵害公民名誉权的行为。以书面、口头等形式诋毁、诽谤法人名誉，给法人造成损害的，应当认定为侵害法人名誉权的行为。"1993年最高人民法院《关于审理名誉权案件若干问题的解答》第7条第5款解释又重申："对未经他人同意，擅自公布他人的隐私材料或者以书面、口头形式宣扬他人隐私，致他人名誉受到损害的，按照侵害他人名誉权处理。"

隐私权是指个人对其生活安宁、私生活秘密等享有的一项人格权利。许多学者认为，现代社会的特点就是对政府的行为越来越要求公开透明，而对个人的隐私越来越要求受到法律的保护。我国《侵权行为法》第2条规定："侵害民事权益，应当依照本法承担侵权责任。本法所称民事权益，包括生命权、健康权、姓名权、名誉权、荣誉权、肖像权、隐私权、婚姻自主权、监护权、所有权、用益物权、担保物权、著作权、专利权、商标专用权、发现权、股权、继承权等人身、财产权益。"这是我国法律首次承认隐私权的条款。该条款对隐私权保护的理论研究和司法实践具有十分重要的理论价值和实践意义。在发达的资本主义国家,更强调隐私权的法律保护,不少国家都对隐私权的法律保护进行了专门立法。如美国1974年制定了《联邦隐私权法》,1986年通过了《联邦电子通讯隐私法案》,2000年又出台了第一部关于网上隐私的联邦法律《儿童网上隐私保护法》,除此之外还有《公民网络隐私权保护暂行条例》、《个人隐私权与国家信息基础设施》等法律法规;欧盟1997年通过了《电信事业个人数据处理及隐私保护指令》之后,又先后制定了《互联网上个人隐私权保护的一般原则》、《信息公路上个人数据收集、处理过程中个人权利保护指南》等相关法律、法规。这些法律相辅相成,已经形成完备的隐私权保护法律体系。

消费者隐私权是隐私权的重要组成部分。随着消费领域的扩大,消费方式的增加,经营者获得消费者个人信息(比如身份证号码、电话号码、个人住址、个人资产等)的情况越来越多。例如在医患关系中,个人的身心健康状况是个人隐私的组成部分,本人一般不愿意对外公开,一旦公开,有可能影响与他人的交往,甚至会遭受他人歧视;还有许多消费者的手机号码被经营者泄露给别的商家,于是经常有广告性质的短信和电话骚扰,这也是对消费者隐私权的侵犯。因此,绝大多数研究者都呼吁应当以立法方式尽快在消费者权益保护法中增设消费者隐私权的规定,明确规定经营者应当对通过销售商品或者服务而获得的消费者个人信息承担保密义务,以防止消费者个人信息被恶意泄露或者利用。

新修订的《消费者权益保护法》(建议稿)第14条规定,在保护消费者的人格尊严、民族风俗习惯得到尊重的权利的同时,新增了对消费者个人信息,包括消费者的姓名、性别、年龄、职业、联系方式、健康状况、家庭状况、财产状况、消费记录等与消费者个人及其家庭密切相关信息的保护。这也是消费者隐私权被首次提出。其实,在《消费者权益保护法》修订以前,很多地方性消费者权利保护条例都提出了消费者隐私权的法律保护问题。如2006年11月24日颁布的《贵州省消费者权益保护条例》第20条规定:"经营者应当为消费者提供安全的消费环境,其经营场地、服务设施、店堂装潢、商品陈列等应当符合保障人身、财产安全的要求,对可能危及人身、财产安全的,应当设置警示标志,并采取相应的防范措施。经营者在经营场所采用的安全监控措施,不得侵害消费者的隐私权。"2007年5月31日《广西壮族自治区消费者权益保护条例》第16条规定:"经营者提供商品或者服务时,不得要求消费者提供与消费无关的个人信息;未经消费者本人同意,不得将消费者的个人信息向第三人披露。法律、法规另有规定的除外。"2008年8月1日颁布的《山东省消费者权益保护条例》第7条规定:"消费者在购买、使用商品和接受服务时,其生命权、健康权、身体权、姓名权、肖像权、名誉权、荣誉权、隐私权、人格尊严权、人身自由权等人身权或者财产权受到损害的,有权要求经营者依法赔偿或者承担其他民事责任。"这些地方法规的颁布和实施,使我们有理由相信新《消费者权益保护法》对消费者隐私权的确立和保护只是一个时间问题。

第二节 消费者权利的人权维度

一、消费者权利是人权

(一)"消费者权利是人权"的理论基础

何为人权?针对这个聚讼纷纭的问题,学者们总结出人权的本质特征,并据此考察人权的一些指导性方针:(1)人权应与整个人类社会或者所有的人相关,是为人权的普遍性;(2)人权是人作为人的权利,其首要关怀是个人,强调个人的尊严、荣誉和发展,是为人权的至关重要性;(3)人权是个人据以对抗强大政府的权利。① 笔者认为,消费者权利符合人权的这些实质性特征,据此可定位为人权。

1. 消费者权利与人权主体(个人)有普遍关联

在人类发展历史中,人人都是天生的消费者,消费过程从摇篮直至坟墓。消费不仅是人的经济活动的属性,还是人的存在的基本属性之一。"消费是集政治、文化、经济于一身的综合行为。消费权是集人的生存发展、政治精神文化要求、人的义务责任于一身的综合人权。消费权不是哪个救世主赐给我们的权利,是我们与生俱来的要求,并且每个人都在通过消费影响、促进、设计并决定社会发展。研究消费及消费权的意义在于,使人们认识到他自己是社会的主人。"②

法定的消费者权利是市场经济发展到特定阶段的产物,因应市场经济发展所造成的社会弊病的措施而产生。为进行生活消费,消费者应安全和公平地获得基本的食物、衣服、住宅、医疗和教育的权利等,实质上就是以生存权为主的基本人权。消费者权利是人类在生活消费过程中应享有的权利,法律必须予以保障,以使消

---

① See Sinai Deutch, Are Consumer Rights Human Rights? Osgoode Hall Law Journal, Vol. 302 No. 2, 1994. 另可参见[以色列]西奈·多伊奇:《消费者权利是人权吗?》,钟瑞华译,载浙江大学公法与比较法研究所编:《公法研究》第 3 卷,商务印书馆 2005 年版。

② 参见施晓渝:《消费与人权的关系》,载 http://www.dajun.com.cn/xiaoflun.htm, 2008年3月22日访问。施晓渝认为,当代经济社会决定性的因素是消费,生产和市场的作用已不重要,因此要好好研究消费。而搞好消费就必须关注分配和人权,没有均衡的社会发展便没有大众消费。

者的基本人权从应然的权利转化为法定的权利。① 国家如不通过专门立法对交易中处于弱者地位的消费者给予特别保护,人权保障就徒具虚名。② 20 世纪以来,消费者权益保护法律制度在各国的陆续建立,体现出国家对这种基本人权的确认和伸张。这样,"保护消费者及其他人免于遭受对其生活质量的种种威胁,被认为是政府在混合型经济中的既合法又合理的角色。所有这些都可以视为保护现代社会中新'社会权利'——对于健康和身体安全的权利——的运动的一部分。"③ 从这个角度讲,消费者权利只是新型人权在特定场景中的具体体现。④

在现代社会,财富的社会生产关系系统地伴随着风险的社会生产。相应地,与短缺社会的分配相关的问题和冲突,同科技发展所产生的风险的生产、界定的分配所引起的问题和冲突相重叠⑤,在人类消费行为这一特定活动领域中,个人难以控制的各种危险性因素逐渐产生并迅速增加,甚至无可避免地威胁到人类自身的生存。消费者权利作为消费者从事消费活动时所享有的权利,其产生恰好反映了人类在这一特定场景下维护自身生存的努力。进而言之,尽管人们习惯将消费者权利称为"弱势群体"的权利,但"人人都是消费者"则意味着消费者并非独立的社会群体和阶层,工人、农民、知识分子、商人、公务员、腰缠万贯的富豪、食不果腹的乞丐、精通法律的法学家等都可以消费者的角色出现,消费者权利属于一种"人人"在"特定情形下"皆可享有的权利。

2. 消费者权利符合人权的核心标准

社会权和自由权乃人权中的两大类型,其中社会权又称为经济、社会和文化权利。社会权的"特质在于为了实现社会经济生活中的实质自由、平等,可要求国家积极介入保障的权利"。⑥ 它赋予公民要求维持基本生存及生活的权利,并要求国家必须架构各种保障制度,预防新的弱势群体的产生。笔者认为,消费者权利的基本性质是生存权、发展权和其他基本人权,是包含财产权、人身权等多种民事经济权利在内的综合权利⑦,强调国家对作为弱者的消费者提供积极的扶助和帮助。

---

① 参见杨紫烜、徐杰主编:《经济法学》,北京大学出版社 2001 年版,第 176 页。

② 参见漆多俊主编:《经济法学》,武汉大学出版社 1998 年版,第 222—223 页。

③ See Iain Ramsay, Consumer Protection: Text and Materials, London, 1989, pp. 8-9.

④ 关于资本主义经济的发展、消费者权利、以生存权为基础的社会权之新型人权谱系,这三者之间的关系,可参阅李鸿禧:《保护消费者权利之理论体系——经济的人权宪章之新谱系》,载李鸿禧:《宪法与人权》,台北:元照出版公司 1985 年版,第 495—504 页。

⑤ 参见[德]乌尔里希·贝克:《风险社会》,何博闻译,译林出版社 2004 年版,第 15 页。

⑥ 参见许庆雄:《宪法入门 I 人权保障篇》,台北:元照出版公司 1998 年版,第 139 页。

⑦ 参见吴宏伟主编:《经济法》,中国人民大学出版社 2003 年版,第 209 页。

在市场经济条件下,财产不平等、收入不平等与消费不平等处于三个不同的层次。从不平等程度来说,只要是市场经济国家,都有一个共同的趋向,那就是"财产不平等>收入不平等>消费不平等"。但从对于人的重要程度来衡量,却是相反的序列:"消费>收入>财产"。就消费、收入、财产对于人的重要性而言,消费的平等性要求远大于收入和财产的平等性要求。换言之,消费是生产的目的,是社会再产生过程的出发点和归宿,但市场推动的社会再生产过程不会自动实现这一点,经济权利的不平等总是在消解它。当代国家,尤其是像中国这样的发展中国家的社会生产力所能容纳的"平等",只能是基本消费平等,消费、收入和财产的全面平等还难以达成。基本消费包括保障基本营养、基本住房、基本教育和基本保健。这"四个基本"是改善和保障民生的基本内容,是所有社会成员都应当平等享有的。改善民生,保障民生,就要借助于政府与社会的力量来构建一种新的制度安排,要求国家的积极介入,强调国家在保护和帮助消费者方面的职责和义务,以使民生问题——基本消费的平等化,能被"锁定"在社会主义再生产过程之中,以避免重蹈历史的覆辙。① 这样,国家介入的方式和强度决定了消费者权利不再是民事权利,而成了完全符合社会权特征和要求的新型人权;消费者权利正是社会权在消费活动领域中的体现。

具体而言,消费者权利作为经济、社会上的弱者的权利,是消费者在"生活消费"这一与人的生存息息相关的活动中所体现出的经济、身体乃至精神利益,其核心目的是确保消费者的生命健康和安全,维护消费者的基本生存人权。各项具体的消费者权利都是围绕这一目的设计的。例如,知情权保障消费者获得有关商品和服务的各种信息,最终目的是确保消费者安全。"阜阳劣质奶粉事件"等实践也一再证明了,"现代消费者可谓不论愿意与否均已被卷入交易社会,且在该社会里其生命及健康,或作为生活基础之财产等,总而言之,即作为人类而生存之权利,已陷于危机。……若果如斯,则宪法上所保障之生存权,在身为消费者的这一方面而言,可谓已正受侵犯。因此,在此背景下,'消费者之权利'乃屡被主张,而此权利之主张,无非是生存权之必然的结果,而'所谓生存权,乃人民为维持其生存,得向国家要求予以扶助之权利。"② 这一事件,与其说是"消费者保护案件",不如说它是一次重大的"人权事故";生命权、健康权、知情权等权利,与其被笼统地称为"消费者权利",不如说"消费基本权"或"人的消费权",更能反映消费者权利的本质和重要性。另一方面,当人的生存需要得到满足后,高层次的需求也产生了,它体现为人的求知、审美的满足。消费者权利的实现即是对每个人的发

---

① 参见刘尚希:《民生问题的要义——实现基本消费平等化》,载 http://finance.sina.com.cn/economist/xuezhesuibi/20070420/13403523136.shtml,2008 年 3 月 26 日访问。
② 参见赖源河:《公平交易法与消费者保护之研究》,载《中兴法学》第 14 期。

展的肯定。消费者权利也是人的发展权。就其功能而言,消费者权利还是社会安定剂。① 此外,在消费社会中,关注消费者的个人权利,保护消费者的身体健康和生命安全,保护个人消费者免受势力强大的企业的肆意侵害,是维护人的尊严的发展的必然要求;不赋予个人公平交易权、公正合同权和司法救济权,乃是忽视人的尊严和发展。因此,在消费导向的社会中,个体消费者的保护必然是维护人的尊严——特别是对抗巨型商业组织、垄断、卡特尔和跨国公司——的一部分。②

3. 消费者权利直接针对"公司帝国"③

虽然消费者权利并非直接针对来自国家和政府的侵害,但必须承认的是,现代社会中的公司不像在同等条件下进行讨价还价的个人,而更像控制个人消费者的政府,消费者和公司间的关系类似于个人和政府的关系。N. Jacoby 于 1973 年发表的 Corporate Power and Social Responsibility 一文中,列举了公司的影响:美国被最大的 200 家公司所控制,是大公司控制了市场而不是市场控制了大公司,大公司是在为经理人的利益服务而非为股东的利益服务,是公司在控制政府而不是公司受制于政府等等。④ 英属哥伦比亚大学法学教授乔尔·巴肯(Joel Bakan)进一步佐证,公司统治着我们的生活。它决定我们吃什么、看什么、穿什么,在哪工作,做什么。我们被公司的文化、符号、意识形态所环绕,无处可逃。公司就像当年的教会或者君主一样,摆出一副一贯正确的、全能上帝的姿态,用辉煌的建筑和精致的陈设来制造自己的光辉形象。公司具有人的权利却没有人的道德感,是吞噬文明的恶魔,唯利是图、贪婪、剥削成性、不可遏止。我们都是潜在的受害者,因此我们必须弄清公司是如何使其危害变得无法控制的。如果它的破坏性行为不受到限制,将危及整个地球生态,人类健康,甚至社会形态,并将导致它自身的崩溃。⑤ 基于此,布

---

① 参见史际春主编:《经济法教学参考书》,中国人民大学出版社 2002 年版,第 205 页。

② See Sinai Deutch, Are Consumer Rights Human Rights? Osgoode Hall Law Journal, Vol. 302, No. 3, 1994.

③ 参见[美]查尔斯·德伯:《公司帝国:公司对政府和个人权利的威胁》,闫正茂译,中信出版社 2004 年版。美国波士顿学院社会学教授查尔斯·德伯的这种判断始终贯穿于他的其他著作,如[美]查尔斯·德伯:《人高于利润》,钟和等译,中信出版社 2004 年版;[美]查尔斯·德伯:《疯狂的美国:贪婪、暴力、新的美国梦》,何江胜等译,社会科学文献出版社 2005 年版;等等。

④ See Robert W. Hamilton, Cases and Materials on Corporations, Weast Publishing Co., 1986, p. 523. 美国学者威廉·多姆霍夫也指出,统治美国的,是那些创造了巨额财富的机构的所有者和高管。由公司法律顾问、军事承包商、农业工商业主以及大公司领导者所组成的企业共同体支配了联邦政府。参见[美]威廉·多姆霍夫:《谁统治美国:权力、政治和社会变迁》(第 5 版),译林出版社 2009 年版。

⑤ 参见[加拿大]乔尔·巴肯:《公司:对利润与权力的病态追求》,朱近野译,上海人民出版社 2008 年版,第 7 页以下。

莱克斯通将股份公司说成是"小共和国"(Little Republic),高维尔坦言:"除公司不是主权国家而唯一有点资格限制以外,公司与国家无其他差别。"巨型公司对包括美国在内的世界各国的政府、社会和经济的控制,已达到可称之为"公司国家"(Corporate State) 的地步,公司已使所有的社会机构——政府、工会、消费者甚至教育制度——成为达到其目的的工具,它已达到对某一社会目的之准独占,实际上掌握着不受拘束的政治与经济权力。①

可以肯定的是,现代公司巨型化发展造成了严重的恶果。首先,公司掌握着巨大的权力,而这些权力又是毫无制约的。"我们看到现阶段的悄然夺权:越来越多企业挺身对抗政府当局,积极推动政府应对事项,取代政治人物的失败政策。……企业现在已取代政府,对于会产生赢家和输家的体制提供援助,似乎变成了唯一想去解决任何失衡问题的组织。"② 消费者保护激进主义者甚至主张,大型公司就是政府:公司收入富可敌国,公司能够收税(通过其控制价格的能力),公司能够决定人的生死(通过忽视产品安全问题),公司对生活质量和环境也发挥着极大的影响。另外,虽然公司的权力不啻于政府的权力,但公司却不受公共控制并且不承担问责性。因此,公司就变得越发肆无忌惮,一意孤行并腐败透顶。"公司在经济产品和环境方面的犯罪,是疯狂的公司激进主义的一部分。这种激进主义,引起技术方面的暴行,损害政府的正直,违反法律,阻碍必要的改革,并且摈弃了让消费者真正具有主权的优质竞争制度。"③ 其次,就公司的法律性质而言,公司制度使相关个人不必亲自为自己的行为承担责任。公司的巨大规模和地理跨度及官僚机构在做出决定的公司成员和直接承担批评压力的人之间形成了巨大的防护屏。在不负责任的面纱后面,所有的个人责任感都蒸发得无影无踪,人性中最坏的部分则如脱缰的野马,公司领导和管理人员违法乱纪,欺骗消费者,随意高抬价格,并糟蹋环境——尽管他们在私人生活中可能是本社区的柱石。鉴于公司等大型商业组织在现代社会中对个人生活及整个社会所发挥的作用和影响,"公司帝国"、"美国的公司化"④、"美国黑帮"⑤ 的说法甚嚣尘上,Robert N. Mayer 甚至创制了"公司政治"

---

① 转引自梅慎实:《现代公司机关权力构造论》,中国政法大学出版社 2000 年版,第 309 和第 55 页。

② 参见[英]诺瑞娜·赫兹(Noreena Hertz):《当企业购并国家:全球资本主义与民主之死》,许玉雯译,台北经新潮社 2003 年版,第 240 页。

③ 参见[美]弗雷德里克·西格尔:《多难的旅程——四十年代至八十年代初美国政治生活史》,刘绪贻等译,商务印书馆 1990 年版,第 224 页。

④ 参见[美]艾伦·特拉登堡:《美国的公司化——镀金时代的文化与社会》,邵重等译,中国对外翻译公司 1990 年版。

⑤ 参见[美]泰德·纳杰:《美国黑帮:公司强权的扩张和民主制度的衰落》,汪德华等译,中信出版社 2006 年版。

（Corpocracy）概念，以形象地揭示现代公司高度发展所造成的诸多后果：一方面，它意味着公司的统治，从而暗示出公司权力的无限膨胀性及其与政府权力的相似性；另一方面，它还凸显出现代公司的运作与官僚政治一样，是冷淡而迟钝的。①因此，"民众和公司的斗争将是21世纪的决定性斗争，如果公司获胜，自由民主制度就将走到尽头。保护弱者免受强者欺凌的伟大的社会民主制度，如公平的法律、代议制政府、民主负责制以及议会的主权等，都将被颠覆。"② 是故，日本学者今村成和强调："所谓消费者权利，就其积极意义言，虽可作为人民要求社会提供丰富的价廉物美商品的理论依据；但此种为消费而生产之实践，则可依政府之经济政策而获得实践。吾人则毋宁认为消费者权利之本质，乃在于其消极意义，亦即在其防御工商企业侵犯之侧面上；因此，所谓消费者权利之真谛，乃是对妨害人民实现其生存权利之状态，有请求予以排除之权利。"稽其含义，意指保障消费者权利乃是恢复人类合理之经济生活，及矫正经济上不公平不正义现象，所不可或缺的权利。在维护消费者之"经济人权"及经济社会之"经济民主"上，更有极其深远之意义。③

（二）"消费者权利是人权"的实证基础④

1. "消费者权利是人权"的宪法承认

消费者权利的人权地位得以确立的有利证据是，一些国家在宪法中对其进行了规定。这些条款反映了对国家在消费者保护中的基本责任和"消费者权利是基本权利"的理解：保护消费者不仅仅为了经济效益，也是寻求"社会正义和人权"的必然要求。如，西班牙《宪法》（1978年）第51条专门规定了"消费者的保护"："政府当局通过有效的措施，保障对消费者和使用者的保护并维护他们的安全、健康和合法的经济利益。政府当局根据法律规定，通过有效措施告知和教育消费者和使用者，加强他们的组织，在所有影响其成员利益的问题上，听取这些组织的意见。在上述各条款的规定的范围内，法律调整国内商业和商品许可制度。"⑤《宪法》还要求政府改善消费者信息和消费者教育，并承认消费者组织的地位。又

---

① See Robert N. Mayer, The Consumer Movement: Guardians of the Marketplace, Boston, 1989, pp. 70-73.

② See George Monbiot, Captive State: The Corporate Takeover of Britain, Basingstoke: Macmillan, 2000, p. 17.

③ 转引自李鸿禧：《保护消费者权利之理论体系——经济的人权宪章之新谱系》，载李鸿禧：《宪法与人权》，台北元照出版公司1985年版，第503页。

④ See Sinai Deutch, Are Consumer Rights Human Rights? Osgoode Hall Law Journal, Vol. 302, No. 3, 1994.

⑤ 参见《西班牙宪法典》，潘灯、单艳芳译，[厄瓜多尔]美娜审定，中国政法大学出版社2006年版，第19页。

如,葡萄牙《宪法》(1982 年)第 60 条规定:"消费者有权获得高质量的商品和服务,有权接受培训并获取信息,有权得到健康、安全和经济利益方面的保护,并有权获得损害赔偿。广告应该受到法律管制;所有隐瞒、间接和欺诈的广告均应被禁止。消费者协会和消费者合作组织有权根据法律的规定得到国家的支持并有权要求国家听取其就消费者保护问题发表的意见。"再如,巴西《消费者保护综合法典》(1990 年)声明其依据是《宪法》第 5XXXII 以及第 170V 条。宪法第 5 XXXII 条规定:"国家应该采取法律所可能提供的手段促进消费者保护。"《宪法》第 170 V 条规定:"经济秩序的目的是……保证每一个人能根据社会正义的要求有尊严地生存。必须遵守如下原则:……V. 保护消费者。"《宪法》第 5 条是标题 II——"基本权利及其保障"以及第 I 章——"个人和集体的权利及义务"的一部分。《宪法》第 170 条规定了经济活动的一般性原则。在每一个条款中,消费者权利构成生命权、自由权、平等权、安全权和财产权等基本人权的内容。还如,1981 年 6 月 14 日,经过宪法修改所需的公民复决后,瑞士《宪法》增加了第 31 条。《宪法》第 31 条宣布:"在保护瑞士经济的普遍利益以及商业和贸易自由的同时,联邦采取各种措施保护消费者。在针对不公平竞争的联邦立法范围内,消费者组织享有与行业协会和工业联合会相同的权利。为解决消费者和供货商之间关于合同的争议,且争议的数额达到了联邦议会决定的价值,各州(the cantons)应该作出规定,以提供仲裁,或提供迅速、简捷的解决程序。"对于上述国家来说,关于消费者保护的这些宪法条款具有不同的价值和重要性。瑞士将消费者保护条款规定在《宪法》中并不必然表示其重要性和地位,但西班牙、葡萄牙和巴西将消费者保护吸收到《宪法》之中则标志着向承认消费者权利为人权迈进了主要的一步。这些国家在《宪法》中规定消费者保护的事实,或许可以被视为消费者保护之重要性,以及人们乐意承认消费者权利是人权的明证。

2. "消费者权利是人权"的国际协议承认

以国际协议作为消费者保护手段是晚近趋势,而 1985 年 4 月 9 日一致决议和全票通过的《联合国保护消费者准则》(以下简称 UNGCP)正是其表现之一。UNGCP 经常被引用,是全世界唯一最重要的一套消费者保护规则,被人们誉为国际消费者权利法案。UNGCP 列举了七个目标:(a) 协助各国为其消费者人民取得及保持适当之保护。(b) 促使生产及分配能合乎消费者之需要及希望。(c) 提升从事商品生产及服务之生产者与分配者之道德水准。(d) 协助各国政府,抑制不合国家及国际标准之企业者从事对消费者有恶劣影响并应受指责之商业行为。(e) 促进独立消费者团体之发展。(f) 加强国际合作,以扩大消费者保护范围。(g) 拓展提供消费者以低价格取得较多选择之市场条件之发展。在该部分的序言中,决议强调"消费者应有使用无危险商品之权利之理念;为促进公正、公平、合理之经济及社会发展。"UNGCP 提供了一般原则并号召成员国政府根据这些原则发展自己的消费者保护政策。每一个政府都必须根据本国经济和社会状况以及人民的需要确立消费者保护的优先顺序。消费者保护受制于各国具体情况的事实表明,消费者保护不是工业化国家的奢侈品,而是同样也适用于发展中国家,并适当照顾其能力和需求。

UNGCP 列举了消费者的六项主要需求:(a)保护消费者免于健康及安全之危害;(b)促进及维护消费者之经济利益;(c)使消费者获得足够之资讯……;(d)消费者教育;(e)确立有效之消费者求偿途径;(f)消费者……之结社自由,并号召各国政府执行这些政策。UNGCP 的七章内容详细论述了这些原则。第一章规定人身安全;第二章关注消费者经济利益之促进及保障;第三章要求形成消费商品与服务之安全及品质标准;第四章要求建立必要商品与服务之销售渠道;第五章规定了消费者取得补偿之措施;第六章科以政府确立教育与资讯之计划;第七章规定了适用于食品、水以及药剂等特别领域的措施。对 UNGCP 的细致分析表明,它是对 ICESCR 和《世界人权宣言》的重要补充。《世界人权宣言》第 25 条及 ICESCR 第 11 条均规定了"适当生活水准",且最具相关性。对"适当生活水平"的要求可以通过充分的消费者保护体系及其他措施得到实现。UNGCP 规定的第一个权利即人身安全权是 ICESCR 第 12 条所述健康权的扩张。第二章关于促进消费者经济利益的规定也是 ICESCR 所规定的基本权利的实现。UNGCP 第 13 节宣称,政府政策应使消费者能依其经济来源得到最大利益,而且 UNGCP 第 1 节强调政府在促进"公正、公平、合理之经济及社会发展"中的作用。这一规定是对 ICESCR "适当生活水准"以及"合理报酬"的扩张。《联合国宪章》第 55 条声明,联合国应该促进"较高之生活程度……经济状况……进步与进展。"由于 UNGCP 旨在实现这些目标,因此构成人权的基本根基。

UNGCP 标志着国际社会承认,消费者保护不仅仅是事关各成员国自己利益的事情。这一承认早就导致了消费者保护立法的激增——有时甚至是以宪法文件的形式。实践中,消费者保护已是《马斯特里赫条约》的内容(《欧洲共同体条约》第 3 条第 19 款第 129a 条),并将其提高到经济宪法的高度。① 2000 年 12 月 7 日欧洲理事会尼斯会议通过的《欧洲联盟基本权利宪章》第 38 条就规定了"消费者的保护":"联盟政策应确保向消费者提供高水平的保护。"② 《欧洲宪法条约草案》(2003 年 6 月)第三章第 6 节消费者保护第Ⅲ—132 条对此进行了明确规定,"1. 为增进消费者的利益,确保高水平之消费者保护,联盟应致力于保护消费者的健康、安全和经济利益,以及增进消费者获得信息、教育及为保障自身利益而自我组

---

① 参见[德]罗尔夫·斯特博:《德国经济行政法》,苏颖霞、陈少康译,中国政法大学出版社 1999 年版,第 65 页。

② 参见朱晓青:《欧洲人权法律保护机制研究》,法律出版社 2003 年版,第 363 页。

织的权利。2. 联盟应致力于通过下列措施实现第 1 款所提及之目标：（a）为完全建成内部市场而根据第Ⅲ—65 条所采取之措施；（b）支持、补充和监督成员国执行之政策的措施。3. 第 2（b）款提及的措施，应由欧洲法律或框架性法律予以确定。这些法律应在咨商经济与社会委员会后制定。4. 根据第 3 款所采取的活动不应妨碍成员国维持或引入更为严厉的保护性规定。这样的规定必须合乎本宪法。它们应知会欧洲委员会。"①

二、消费者权利在中国语境下的人权定位

（一）消费者权利在中国语境下的人权定性

1. 2004 年"人权入宪"对消费者权利定性的限定

考诸各国宪法，宪法所保障的人权包括两类：一类是已予宪法确认的人权，即转化为人们的宪法权利；一类是尚未宪法化或法定化的法外人权。按照"法不禁止即自由"原则，人民还享有宪法和法律未确认也未禁止的权利，这可称为"剩余权利"、"潜在权利"、"漏列权利"或"未列举权利"以及日后随着经济和政治、文化的发展而"新生的权利"。美国《宪法》修正案第 9 条就指出："不得因本宪法列举某种权利，而认为人民所保留之其他权利可以被取消或抹煞。"而这些"保留的权利"就包括人权和其他习惯权利、新生权利。遗憾的是，我国《宪法》没有确认公民有宪法上尚未确认的剩余权利；相反，倒明示赋予国家权力机关和国务院有"剩余的权力"，这种偏爱恐怕还是基于权力本位的理念，把《宪法》视为国家和政府"治国安邦的总章程"，而不是人民以权利制衡国家权力的约法。令人欣喜的是，1991 年 11 月 1 日中国正式公布了《中国人权状况》，高度评价人权是一个"伟大的名词"、"崇高的目标"，是"长期以来人类追求的理想"。2004 年，第十届全国人大第二次会议通过的《宪法》修正案，强调"国家尊重和保障人权"，具有重大的宪政进步意义②：（1）政府有责任对人权，特别是弱势群体的人权和福利，给以更多、更负责的保障和增进。而在立法、行政执法和司法上要更多注重公平、公正，统筹兼顾。（2）这一概括性条款，要求保障所有法定的和非法定的人权。

就消费者权利而言，"人权入宪"为其定性为"人权"提供了宪政基础。《消费者权益保护法》中明文规定的是"消费者权益"，而不是"消费者权利"。什么是权益？它是"权利"（right）与"利益"（interest）的合称，包括受法律保护的权利和法律不否定、不禁止的利益，而不仅仅是第二章所规定的"消费者的权利"。

---

① 参见曹卫东编：《欧洲为何需要一部宪法　附译〈欧洲宪法条约草案〉》，中国人民大学出版社 2004 年版，第 228—229 页。

② 参见郭道晖：《人权观念与人权入宪》，载《法学》2004 年第 4 期。

"法律上还尚未实现,只要是合理的、应该的和可能实现的利益,要求保证其实现,也仍然是消费者的权利"。① 事实上,消费者保护不仅要在法律的范围内,而且要在社会和道义的层面上进行,比如消费者运动和消费者团体所为大量的社会性维权活动。② 消费者权利的概念是随着消费者运动的发展而产生并逐步得到认同的。从外延上看,消费者权利包括消费者在购买、使用商品和接受服务过程中所应享有的一切权利,既包括消费者依据宪法和法律所享有的一切权利,又包括消费者依据人权原则应该享有而法律未规定的权利。实际生活中消费者权利的内容(种类),其多少都是相对的,不可能固定不变,也不可能是一个模式。归根到底,它是由各国的社会、经济发展水平、文化水平和法制水平决定的。马克思曾说过:"权利决不能超出社会的经济结构以及由经济结构制约的社会的文化发展。"③ 关于消费者应享有哪些权利,各国因经济、文化发展水平的差异而有不同的法律规定,但主要方面又大体一致。随着社会经济的发展,越来越多的利益被确认为权利。更何况,我们更不能希望立法者有预知未来的能力,具有完全理性,从一开始就能将消费者的权利系列一劳永逸地铺陈开来——那只会是一种"致命的自负"!依此,"消费者权益"提法显示:"法律决定于消费者的客观需要,并保护这种需要,如果法律不能胜任这种需要,甚至有害于消费者的权益,那么就必须修改法律,使之适应客观规律的要求。"④

"依宪法制定"的内涵主要有二层:一是通常所说的宪法是母法或者根本法;二是把法律看做一个自足的体系,在整个法律体系内,宪法规范是其他法律规范的根据。宪法的母法地位和法律的体系性决定了宪法规范与法律规范之间存在逻辑上的联系,这种联系包括形式上的联系和实质上的联系。形式联系是指法律文本中需要明确宣示宪法依据;实质联系是指宪法规定和法律规定内容上的联系。⑤ 包括《消费者权益保护法》在内的经济法虽说是"按照宪法制定",宪法亦被诸多教材视为本部门法最重要的法律渊源,均异口同声地说要遵循宪法的基本原则和基本精神,然而,这种理念在部门法研究中却被"弃之如敝屣",鲜有宪法视角,学科人为分割严重,宪法对政治、经济、社会难以发挥出应有的规范效果,成为一个离日

---

① 参见徐洪烈等:《保护消费者权益理论与实践》,北京出版社1990年版,第11页。
② 参见潘静成、刘文华主编:《经济法》,中国人民大学出版社1999年版,第227—228页;宁立志、宁立成:《消费者权利及其价值基础》,载漆多俊主编:《经济法论丛》第10卷,中国方正出版社2005年版,第275—276页;史际春主编:《经济法》,中国人民大学出版社2005年版,第646页,等等。
③ 参见《马克思恩格斯选集》第3卷,人民出版社1995年版,第305页。
④ 参见谢次昌主编:《消费者保护法通论》,中国法制出版社1994年版,第119页。
⑤ 参见甘德怀:《宪法与法律关联的逻辑解读:追问"按照宪法制定"的意蕴》,载http://dzl.legaltheory.com.cn/view.asp? infoid=4989&classid=99,2006年1月22日访问。

常生活越来越遥远的"闲法"。我们为什么不能将消费者权利定性为人权,再在《消费者权益保护法》第1条中增补"依据宪法规定",建构一个逻辑自洽的法律体系呢?研究表明,这样提及并承认消费者权利为人权,有些优点是不言而喻的:(1) 在消费者立法不完备的地方制定专门的消费者保护法;(2) 改善已有法律和规章的贯彻实施;(3) 平衡消费者权利与合同自由或职业自由等其他人权之间的冲突;(4) 促进政府和司法机关在既定法律规则和规范的框架内进行干预;(5) 解释当前的法律规则以避免与其他人权相冲突。① 我们注意到,"社会经济权利的入宪已使传统的基本权利功能发生了转变,已由单纯的'抵抗权'向'保护请求权'转化,这也是近代宪法向现代宪法转变的一个标志。"② 事实上,《越南社会主义共和国消费者权益保护法》(1999 年)在序言部分提及"根据1992年越南社会主义共和国《宪法》……制定本法令。"③

2. 中国社会经济结构对消费者权利定性的限定

近代意义上的人权观念,是近代欧洲17—18世纪启蒙运动的产物。出于对封建专制政府的深深恐惧,资产阶级革命胜利后制定的宪法,将其重点立于规定公民各项自由权利,以限制国家权力的滥用。20世纪以后,尤其是在经济全球化的时代,人类面临社会贫富差距日益扩大等问题,人民已不满足于国家权力的消极不作为,呼吁国家权力应积极作为,提供福利。公民社会权应运而生,并通过各国宪法和一系列国际文件上升为宪法权利,列入基本人权,也正是在这个意义上,马歇尔将人权的发展历程分为三个阶段。他认为,"民事权利"(civil rights)是18世纪的伟大成就,为"全体社会成员在法律面前人人平等"的提法奠定了基础;"政治权利"(political rights)是19世纪的原则性成就,它允许对于主权行使的日益广泛的参与;而"社会权利"(social rights)则是20世纪的贡献,它使全体社会成员享受满意的生活条件成为可能。④ 无独有偶,卡雷尔·瓦萨克(Karel Vasak)根据近代史上的三次革命运动,提出了"三代人权论":第一代人权是1789年法国大革命之后,以自由权利为核心的公民权利和政治权利;第二代人权是俄国十月革命之后,以平等权利为核心的经济、社会和文化权利;第三代人权是发展中国家反抗殖

---

① See Sinai Deutch, Are Consumer Rights Human Rights? Osgoode Hall Law Journal, Vol. 302 No. 3, 1994, 注 11。

② 参见张翔:《基本权利在私法上效力的展开:以当代中国为背景》,载《中外法学》2003 年第 5 期。

③ 参见《越南社会主义共和国消费者权益保护法》,载米良译:《越南社会主义共和国经济贸易法律选编》,中国法制出版社 2006 年版,第 535 页。

④ 参见 [英] T. H. 马歇尔(Thomas Humphrey Marshall):《公民身份与社会阶级》,郭忠华等译,载郭忠华、刘训练编:《公民身份与社会阶级》,江苏人民出版社 2007 年版,第 3—43 页。

民剥削和压迫的民族解放运动之后,以社会连带权利为核心的发展权。① 瓦萨克教授从国家和个人之间的关系角度出发提出的三代人权说概括了人权的发展历程,反映了人权的价值追求从自由到平等再到博爱的发展过程。

笔者认为,消费者权利是人权在新的历史时期的新发展,应属于以平等权利为核心的经济、社会和文化权利:(1)从出现时间看,消费者权利是在1962年被提出的,恰恰处于第二代人权被提出并逐渐完善的阶段;(2)从出现目的看,其是为了纠正消费者与经营者之间交易过程中事实上的不平等,体现了对平等的追求,符合第二代人权的平等权的本质特征。作为第二代人权的一个具体制度化的体现,消费者权利要求国家从自由权时代的消极不作为转向平等权时代的积极作为,采取必要的措施保护消费者。问题在于,《消费者权益保护法》诞生时,中国不是自然生成的传统古典社会,而是正在从传统向现代转变的社会。具体地说,这里的中国,是指作为我们这一代人生活境遇的中国,是与发达国家处于同一时空之下并与之竞争和合作而实力又相对较为不强的中国,是当下时空正处于现代化进程中的中国,是社会主义市场经济正在逐步形成的中国。这个中国已经不是一个可以从传统视角清晰认知的中国,也不是一个从现代社会的规范视角可以把握的图景,而是"新旧杂陈"的社会。

"在欧洲和北美,现代化进程已持续了几个世纪,在一个时期内只解决一个问题或应付一项危机。"② "经济和社会系统就像生物物种那样演化着。为了保证它们的生存和发展,它们必须解决随着系统演化而产生的一系列问题。每一个问题都产生了对某种适应性特征的需要,那就是社会制度。……正是那些曾经存在的演化问题引致了我们现在看到的制度。每一个演化的解决问题都需要一个社会制度去解决它。"③ 也就是说,在欧洲和北美,在显性和潜在的多重危机因素并存的状态下,与各种危机因素对应的法律可以在不同危机因素之间起着"隔离带"作用。如果缺少这种"隔离带",势必导致在某一危机出现时,会带来多重危机并发,整个社会就可能处于崩溃边缘。然而,作为非西方国家的后发国家,中国跳跃式前进形成了压缩发展阶段的"速成班"状态④,不同社会、国家和历史时期的各种事物、现象和思想共时性存在且相互间缺乏有机联系,诸多社会问题同时呈现,不存在时序性。

---

① 参见〔法〕卡雷尔·瓦萨克(Karel Vasak):《人权的不同类型》,张丽萍等译,载郑永流主编:《法哲学与法社会学论丛》第4辑,中国政法大学出版社2001年版,第467—468页。
② 参见〔美〕塞缪尔·亨廷顿:《变革社会中的政治秩序》,李盛平等译,华夏出版社1988年版,第47页。
③ 参见安德鲁·肖特:《社会制度的经济理论》,陆铭等译,上海财经大学出版社2003年版,第3页。
④ 参见王全兴:《立基本土资源建造中国经济法学大厦》,载《中外法学》1998年第3期。

《消费者权益保护法》诞生伊始,就被"抛入"这样的社会中,即法律制度中的传统性、现代性与后现代性的共时性融合。这种共时性融合处境,恰如季卫东先生所说:"一般而言,先有'现代',然后才有'后现代'。在阶段区分的意义上,后现代法学与发展中国家的法制现代化并不矛盾。但是,问题是后现代法学的许多主张与中国传统的法律文化现象之间具有不同程度的类似性,而中国现实的法律制度也存在某种'超现代'的成分,这就使我们改革法制变得有些扑朔迷离。"① 因此,《消费者权益保护法》产生至今,消费者权利就存在着法律制度中的传统性、现代性与后现代性的共时性融合这种纷乱组合,是民事权利、政治权利和社会权利"三位一体"!

（二）人权维度下消费者权利的再设计

对消费者权利的理解,有赖于对消费者的地位进行准确把握;而消费者的地位,必须从微观市场交易与宏观经济发展两个层次进行把握。基于"消费者是弱者"与"消费者主权"的理念,我们至少应当从以下三个维度重新就消费者权利进行制度设计②:

1. 在市场交易中对经营者的权利

消费者在市场交易中是一种具有弱者地位的交易主体,一方面享有作为一般交易主体的权利,如买卖合同中购买者的权利,这是民商法基于平等主体的假设所赋予的权利,在保护这种权利的民事诉讼中适用"谁主张谁举证"原则;另一方面还享有作为弱者的权利,如《消费者权益保护法》所规定的消费者的权利,这是经济法基于不平等主体间的关系,按照消费者权利本位、经营者义务本位的格局所规定的权利,在保护这种权利的民事诉讼中可适用《消费者权益保护法》所特别规定的"举证责任倒置"规则。这种对消费者的偏重保护,在消费信用交易这类比较复杂的市场交易中,表现也很突出。如消费者不仅享有交易关系中作为消费品购买者对经营者的权利,而且还享有信用关系中作为受贷人对放贷人的诸多权利,如对消费信贷成本的知情权、"冷却期"内对消费信贷合同的撤回权。值得指出的是,日本为保护消费者权益还制定了专门的《消费者合同法》③。所谓消费者合同,是指公用事业部门提供消费品时,向消费者承诺实现法定的消费者权利和公用事业部门义务的合同。这实质上是法律强加给当事人双方在订立合同时伴生的消费者保护合同,即公用事业部门与消费者缔结交易关系亦同时建立消费者保护关系。公用事业部门在与消费者订立和履行交易合同时,必须履行保护消费者的承诺;否

---

① 参见季卫东:《法治秩序的建构》,中国政法大学出版社1999年版,第397页。
② 参见王全兴、管斌:《经济法视野下的消费者定位》,载《律师世界》2002年第9期。
③ 参见于敏:《日本消费者合同法综述》,载易继明主编:《私法》第4辑第1卷（总第7卷）,北京大学出版社2004年版,第356—381页。

则，消费者有权取消或中止交易合同。交易合同中凡与消费者保护契约相抵触的条款，应当认定为无效。欧盟亦有相关立法①。这种立法例值得我国借鉴！

2. 在企业经营管理中对企业的权利

如果将企业理解为一种契约，消费者在一定条件下既可以作为企业的当事主体，也可以作为企业的利益相关主体：（1）在消费合作社企业中，消费者作为企业的合作成员（即当事主体），有权按照合作原则，参与企业决策、监督企业经营、享受消费优惠并分享企业利润。（2）在现代企业制度中，企业不仅是投资者的企业，而且还是包括消费者在内的各种利益相关者的企业。企业经营管理不仅受到投资者的控制，而且还应受到包括消费者在内的各种利益相关者的控制。为保护消费者利益，应当赋予消费者以与企业的社会责任相对应的权利，积极构建消费者参与企业经营管理的制度。在实践中，已出现了消费者代表参与企业决策的尝试，如实行消费者董事制度，赋予消费者代表全方位的知情权，与股东董事、职工董事一起就涉及消费者切身利益的重大问题参与决策。据报道，1997年3月上海市虹口区商委及所属第七百货商店召开了顾客代表大会，并成立"顾客理事会"，有8名顾客代表担任"顾客理事会"常任理事，将消费者请进商店决策层。② 消费者对企业的上述权利，可以分别利用社员共益诉讼、董事诉讼、经济公益诉讼等相关诉讼机制来实现。

3. 在政府与市场互动中对政府的权利

政府与市场的互动，实际上就是政府与包括消费者在内的各种市场主体的互动。在消费者与政府的互动过程中，消费者通常以交易关系中的弱者身份和税收关系中的纳税人（或税负人）的身份，对政府享有权利：（1）政府对消费者与经营者之间利益关系的协调，应当以偏重保护消费者为政策目标。为确保这一目标的实现，有必要赋予消费者参与政府干预的权利，如通过消费者协会参与有关行政部门对商品和服务的监督、检查；通过消费者协会或选派代表参与法规、政策、计划的制订；选派代表参与政府定价和政府指导价的制定或调整的听证。它属于消费者政策法③的内容。（2）消费者既是消费税的纳税人，也是增值税等间接税的税负人。依据现代税法理论，纳税人与税负人都有权对作为征税主体和用税主体的政府享有知情权、监督权等相关权利。消费者可以利用这种身份和权利，对政府制定消费政策和法规发挥参与、影响、监督等作用。与前两个维度权利的私权性质不同，这一

---

① 参见《欧盟1999年〈消费者合同中不公平条件条例〉》，宋连斌等译，载梁慧星主编：《民商法论丛》第29卷，法律出版社2004年版，第669—681页。

② 参见刘俊海：《公司的社会责任》，法律出版社1999年版，第283—284页。

③ 参见金福海：《消费者法论》，北京大学出版社2005年版，第26—92页；张严方：《消费者保护法研究》，法律出版社2002年版，第161—240页。

维度的消费者权利公权的意味较强。这也决定了，消费者对政府的上述权利，还可以利用公益诉讼机制（如美国通行的纳税人诉讼）来实现。

第三节 消费者权的保护

一、消费者权的国家保护

国家对消费者权的保护主要体现在基本法立法上，因此，消费者权的国家保护也可称为立法保护。

（一）立法规定

为保护消费者的合法权益，维护社会经济秩序，促进社会主义市场经济健康发展，1993年10月31日第八届全国人民代表大会常务委员会第四次会议通过并颁布了《中华人民共和国消费者权益保护法》。自此，我国消费者权益保护步入了有法可依的时代。

（二）理论探讨

1993年我国颁布了《消费者权益保护法》，该法是消费者权益保护基本法。在消费者权益保护基本法的制（修）订中，针对消费者权的立法保护，笔者认为，应当加强三个方面的建设：

1. 权利体系建设。权利体系建设即消费者权利体系建设。消费者权是消费者权益保护法的立法基点、保护重点，也是消费者权益保护法法律存在和社会存在的基本价值和意义所在，因此，自应成为消费者权益保护法立法首先解决的问题。

权利体系建设，可以从三个方面进行：

第一，权利体系量的建设，主要解决有无、宽窄问题。消费者权数量的多少往往决定消费者权益的保护广度，相对而言，数量越多，保护的范围就越广。我国消费者权益保护法确立了消费者的九项权利，这些权利已经远远不能满足消费者权益保护的实际需要，因此，必须进行量的扩张。消费者权量的扩张，可以采取增加扩张的方式进行，如增加消费者反悔权和消费者隐私权；也可以采取解释扩张的方式进行，如将家属列入医疗消费知情权的主体。

第二，权利体系质的建设，主要解决权利设定的科学性和严谨性。消费者权质的高低往往决定消费者权益的保护水平，相对而言，质量越多，保护的水平就越高。目前，我国消费者权益保护法设定了九项消费者权利，如果再加上消费者反悔权和消费者隐私权，从数量上来讲基本上能够满足消费者权益保护的实际需要。但是，从权利本身的规定上来看，笼统、抽象、表述不规范甚至违反法律表述语言和逻辑等不科学、不严谨的情况随处可见。所有这些都影响到消费者权利本身的品质和消费者权保护的实际效果,因此,必须从点滴做起,千方百计地提高消费者权的品质,提高消费者权的立法水平。

第三,权利体系逻辑结构的建设。在消费者权利体系建设中,除了质与量的建设外,权利体系逻辑结构的建设也十分重要。权利体系的内在结构如何也是衡量一国消费者权益保护法立法水平高低的重要方面,我们反对将消费者权利体系简单拼盘化的做法和倾向。关于我国消费者权利体系的内在结构与安排参见本章第一节"消费者权利的构成"中的相关内容。

2. 保护原则建设。消费者权益保护法的基本原则主要体现为消费者权的保护原则。近年来,我国学术界对消费者权益保护法的基本原则进行了专门的探讨和研究,较具共识性的原则主要有:(1)自愿、平等、公平、诚实信用原则;(2)对消费者特别保护原则;(3)国家(行政)监督与社会监督相结合的原则;(4)消费者保护与国家经济文化建设协调发展的原则。这些原则的提出与确立,对于完善消费者权益保护立法,强化消费者权益保护执法,切实保护消费者合法权益具有十分重要的理论价值和社会意义。

笔者认为,上述原则成为消费者权益保护法基本原则的同时,最大限度保护消费者权益原则也应当作为消费者权益保护法的基本原则。这主要是因为消费损害具有很强的关联性。这种关联性既存在家庭成员之间的关联,也存在生活资料与生活服务的关联,还存在经济损害与精神损害的关联,相互影响,一损俱损,故只有通过最大限度保护原则才能使消费者的权益得到切实保障,否则,只能使保护停留于点之上。

最大限度保护原则应当按权利扩张思路,贯彻到消费者权益保护的方方面面。

第一,最大限度保护原则在保护主体方面的扩张。如在医疗消费法律关系中,权益保护就应当扩张到患者家属成员,即患者家属也应当享有知情权、自主选择权、公平交易权、依法获赔权等多项消费者权利。这样就可以最大限度地保护患者家属的合法权益。

第二,最大限度保护原则在保护客体方面的扩张。如消费者权益保护法将生活资料确定为保护对象的同时,也将农民购买的用于农业生产活动的生产资料确定为保护对象,实现了生活资料向生产资料的扩张,最大限度地保护了生活资料购买人的合法权益。

第三,最大限度保护原则在保护内容方面的扩张。如目前多数研究者都主张教育、医疗、金融、网络领域的消费者权益问题,并提出教育消费权、医疗消费权、金融消费权、网络消费权的概念,这实际上是将生活服务从一般领域、传统领域拓展到特殊领域、现代领域。这一拓展有利于消费权在服务领域的全覆盖,有利于对特殊消费者权的法律保护。

第四,最大限度保护原则在权利救济方面的扩张。在消费者权的救济上,除

"三包"责任、侵权责任之外,《消费者权益保护法》第49条还创立了惩罚性赔偿制度,使经营者法律责任的形式更加完备。这种责任形式的扩张和拓展加重了经营者的责任,能够更好地保护消费者的合法权益。

3. 基本制度建设。制度是法律的核心与生命,法律建设重在制度建设。我国现行消费者权益保护法十分重视在法律制度建设方面,不少制度都具有创新性,如"三包"制度、惩罚性赔偿制度等。这些制度在保护消费者合法权益中发挥了重要的作用。但是,现行消费者权益保护法毕竟颁布于市场经济确立初期,一些制度的过时和落伍自不待言,同时,也非常需要一些新的制度进行自身体系的完善。有鉴于此,笔者认为,目前消费者权益保护法法律制度建设应当从两方面入手进行建设:

第一,已有制度的完善。如"三包"制度中的"退货制度",现行法律制度规定,不合格方能退货。这一制度明显落后于市场经济的发展和消费者的期望,也阻碍着消费者反悔权的建立。因此,"退货制度"应当作出从"不合格退货"向"无因退货"的转变。再如在惩罚性赔偿制度中,根据现行《消费者权益保护法》第49条的规定,应"退一赔一"①,即经营者提供商品或者服务有欺诈行为的,应当按照消费者的要求增加赔偿其受到的损失,增加赔偿的金额为消费者购买商品的价款或者接受服务的费用的一倍。这一惩罚性赔偿制度确立的初衷是为了加重对经营者的惩罚,杀一儆百,更好地保护消费者的合法权益。但是,其一倍的赔偿显然不足以制止和打击经营者的欺诈行为。2009年2月28日《食品安全法》的颁布,使消费者权益保护法惩罚性赔偿制度的不足进一步凸显。《食品安全法》第96条规定:"违反本法规定,造成人身、财产或者其他损害的,依法承担赔偿责任。生产不符合食品安全标准的食品或者销售明知是不符合食品安全标准的食品,消费者除要求赔偿损失外,还可以向生产者或者销售者要求支付价款十倍的赔偿金。"该条规定,使我国惩罚性赔偿制度的惩罚幅度进一步加大,更加加重了经营者的责任,能够更好地保护消费者的合法权益。因此,我们建议,包括消费者权益保护法在内的所有现行的和将来制定的惩罚性赔偿制度在惩罚幅度上都应采用《食品安全法》十倍的惩罚幅度,以保障法律制度之间的统一性。

第二,新制度的设立。在完善现行制度的同时,笔者认为还应当加快制定一些新的消费者权益保护制度,如缺陷产品召回制度、小额消费诉讼制度、消费者权益保护组织代理诉讼制度、举报奖励制度等。

---

① 对第49条的理解,有些研究者称之为"双倍赔偿",有些学者称之为"假一赔二",笔者认为,称之为"退一赔一"更贴切。

二、消费者权的政府保护

政府对消费者权的保护主要体现在行政权的行使上,因此,消费者权的政府保护也可称为行政保护。

(一)立法规定

关于消费者权的行政保护,我国《消费者权益保护法》规定,各级人民政府应当加强领导,组织、协调、督促有关行政部门做好保护消费者合法权益的工作;应当加强监督,预防危害消费者人身、财产安全行为的发生,及时制止危害消费者人身、财产安全的行为。各级人民政府工商行政管理部门和其他有关行政部门应当依照法律、法规的规定,在各自的职责范围内,采取措施,保护消费者的合法权益。有关行政部门应当听取消费者及其社会团体对经营者交易行为、商品和服务质量问题的意见,及时调查处理。有关国家机关应当依照法律、法规的规定,惩处经营者在提供商品和服务中侵害消费者合法权益的违法犯罪行为。

(二)理论探讨

根据消费者权益保护法规定,结合目前的市场实际和消费实际,行政部门,尤其是工商管理部门在消费者权的保护上应当进一步加强以下几个方面的工作:

1. 进一步加强产品标准的制定工作。产品标准是对产品结构、规格、质量和检验方法所作的技术规定,是一定时期和一定范围内具有约束力的产品技术准则,是产品生产、质量检验、选购验收、使用维护和洽谈贸易的技术依据。产品标准按其适用范围,分别由国家、行业组织和企业制定。

政府是国家标准的制定和实施主体。我国国家标准无论是强制标准还是推荐标准,无论是合格标准还是安全标准都相对落后和滞后。这种状况客观上限制和制约了我国产品质量的提高和企业出口能力的增强,也影响了企业的经济效益和消费者权益的保护,必须花大力气尽快予以改变。具体来讲,首先是要大力推行国际标准,加快标准国际化的步伐;其次是要适应经济发展的需要,尤其是科技进步的需要,适时制定一些新的技术和产品标准;再次是及时废除那些过时的,阻碍经济发展、科技进步和产品更新换代的标准;最后是要对标准的执行,尤其是强制性标准的执行加强监督,严厉打击违反标准化法的行为。

2. 进一步加强入市资格的审查工作。合法的入市资格是保障销售商品的质量,维护消费者合法权益的前提。入市资格,既包括市场主体的入市资格,也包括市场客体(商品和服务)的入市资格。目前,学术界多侧重于市场主体入市资格(或称市场主体准入制度)的研究,忽视市场客体入市资格的研究。笔者认为,市场主体的入市资格和市场客体的入市资格同样重要,不可或缺,不可厚此薄彼。

第一,进一步加强市场主体入市资格的审查工作。市场主体入市资格的审查就其范围而言非常广泛,既包括经营者名称、注册资本、经营方式的审查,也包括法

经济法权研究

定代表（负责）人的审查，经营地址、经营范围、经营期限的审查。就目前的市场情况来看，笔者认为，应当加强经营地址的审查，以防止"人去楼空"现象对消费者权益的侵害。

所谓"人去楼空"现象即经营者为逃避债务等原因恶意从经营场所出逃的现象。经营者恶意出逃，对房屋所有权人、供货商、消费者以及其他债权人的合法权益都会造成损害，必须予以预防、控制和打击。如何预防、控制和打击经营者恶意出逃行为，笔者认为：（1）应区别经营场所所有权情况颁发营业执照（或经营许可证）。具体做法是按照颜色区别理论，对拥有经营场所所有权的经营者颁发绿色营业执照（或经营许可证）；对拥有经营场所使用权的经营者颁发黄色营业执照（或经营许可证）。（2）要求营业执照外挂，即在经营场所外墙显著位置悬挂营业执照（或经营许可证）。这样做能够最大限度地保护供货商、消费者以及其他债权人的知情权，提醒他们在与拥有经营场所使用权的经营者进行交易过程中保持高度谨慎，最大限度地避免权益受到侵害。

第二，进一步加强市场客体入市资格的审查工作。市场客体入市资格的审查主要是产品（包括服务，下同）合格证①的审查。学术界对产品合格证的含义、构成、形式、取得和取消程序、违反法律规定颁发和使用产品合格证的法律责任等诸多理论和实践问题都进行了广泛的探讨和深入的研究，并取得了很多有益的研究成果，有力地促进了合格证制度的建立、健全和完善。但是，一个很重要的问题——合格证的法律意义——却被学术界忽视，至少是不重视。理论界和实践界的许多同仁都将合格证作为经营者免除或者减轻自身法律责任的依据，进而使很多消费者的救济权利得不到保护。笔者认为，合格证是商品进入市场的通行证，这是它们唯一的法律意义，发生于国家管理机关和经营者之间，是科学管理、现代管理的手段标志；相对于消费者和经营者的关系，经营者必须对自己生产或者销售的产品质量负责，并依照法律的规定承担一定的产品质量责任，决不能用合格证进行民事抗辩，以达到减轻或者免除民事责任的目的。

3. 进一步加强市场监督和检查工作。市场监督检查是政府相关部门，尤其是工商行政管理部门的日常性工作，之于市场的净化、商品和服务质量的提高以及消费者权益的保护具有十分重要的意义。笔者认为，市场的监督检查工作应当全面进行，既要对产品（服务）本身质量进行监督检查，也要对经营产品（服务）的环境（软环境和硬环境）进行监督检查；既要对进货渠道进行监督检查，也要对经营方式、手段、价格进行监督检查；既要对经营单位进行监督检查，也要对经营单

---

① 产品合格证，也称产品质量合格证，是证明产品或者服务符合产品或者服务国家标准、行业标准、企业标准的证明性文件。为表述方便，此处合格证泛指产品合格证、检验检疫证、认证标志等。

位工作人员进行监督检查,在食品经营监督检查中尤其要如此;既要对单个经营者进行监督检查,也要对行业经营者进行监督检查,同时又要对整个市场进行监督检查。总之,政府部门,尤其是工商行政管理部门一定要进一步重视和加强日常市场监督管理工作,切实保护消费者合法权益。

4. 进一步加强与广大消费者的沟通工作。立足于消费者才能更好地保护消费者。为此,政府部门必须进一步加强与广大消费者的沟通工作。一方面,政府部门要深入到消费者之中,倾听他们对消费者权益保护的意见和建议;另一方面,政府部门要及时全面地向消费者宣传政府保护消费者权益的方针、政策、制度与措施,通报产品和服务的质量、风险状况,引导消费者理性消费。只有这样,消费者权益保护工作才能真正做好。

三、消费者权的社会组织保护

保护消费者权益的社会组织包括消费者协会和其他消费者组织,它们是依法成立的对商品和服务进行社会监督的保护消费者合法权益的社会团体。

（一）历史发展

美国是世界上消费者权益保护思想萌发最早、消费者权益保护措施及实践最为完备的国家。1891年成立的美国纽约消费者协会,是世界上第一个以保护消费者权益为宗旨的组织;1899年诞生的美国消费者联盟,是世界上第一个全国性的消费者组织。美国民间消费者权益保护机构历史悠久且发展成熟,最具特色的三大消费者民间机构是美国消费者利益委员会（ACBC）、美国消费者联合会（ACA）及美国消费者联盟（ACL）。

中国消费者协会是国务院于1985年1月12日批准成立的全国性组织,经费由财政部门拨付,成立时间相对较晚。

（二）立法规定

根据《消费者权益保护法》第32条的规定,消费者协会履行下列职能:（1）向消费者提供消费信息和咨询服务;（2）参与有关行政部门对商品和服务的监督、检查;（3）就有关消费者合法权益的问题,向有关行政部门反映、查询,提出建议;（4）受理消费者的投诉,并对投诉事项进行调查、调解;（5）投诉事项涉及商品和服务质量问题的,可以提请鉴定部门鉴定,鉴定部门应当告知鉴定结论;（6）就损害消费者合法权益的行为,支持受损害的消费者提起诉讼;（7）对损害消费者合法权益的行为,通过大众传播媒介予以揭露、批评。

（三）理论探讨

实践证明,消费者协会在保护消费者合法权益方面有着十分积极的意义和作用。近些年,学术界对消费者协会的地位、职能、作用等问题进行了广泛的探讨和深入的研究。就其研究思路来看,主要是扩权。这种扩权思路主要表现在以下三个方面：

1. 行政权方面的扩张。不少研究者认为，消费者协会职能之所以只能通过"反映、查询、建议"的方式与行政部门沟通，以"调查、调解"的姿态介入消费者投诉事项，而不能跨越界限；之所以方式总是民间的，效力总是不具强制力的，其根本原因就是消费者协会没有行政权。因此，主张赋予消费者协会一定的行政权，比如处罚权等。

2. 诉讼主体方面的扩张。不少研究者在主张赋予消费者协会行政权的同时，还主张赋予消费者协会诉讼主体地位，允许消费者协会代理消费者进行诉讼。这些研究者的基本理由是，消费者协会是政府建立的以保护消费者权益为唯一宗旨的社会组织，作为法律主体代理广大消费者进行诉讼具有天然优势，能够弥补消费者在信息、资源、知识上的弱势，维持经营者与消费者之间的力量平衡；能够降低消费者救济成本，维护社会稳定；有利于增强消费者协会在消费者中的地位，并通过消费者协会作为中间桥梁，加强政府与消费者之间的联系。

3. 司法权方面的扩张。不少研究者在主张赋予消费者协会行政权，主张赋予消费者协会诉讼主体地位的同时，还主张赋予消费者协会一定的司法权，如裁决权等，希望将消费者协会设立为或改造成"准司法"机构。

笔者认为，上述主张的出发点是不错，愿望也是非常好的，但其主张却不可行。因为：（1）消费者协会的非政府组织的本质，注定其天生不可能拥有行政职权，一旦消费者协会拥有行政权，那么，消费者协会就会改变其原来面目，演变成为另一个"执法大队"了。（2）可以赋予消费者协会以独立的诉讼地位，但是，只能限定在团体诉讼和公益诉讼的范围内。我们反对消费者协会代理个体消费者进行个体诉讼，因为这样会大大降低消费者协会的公益性，甚至会使消费者协会沦为一些个体利益的代言人。（3）司法权同行政权一样是专属权，具有不可分割性。如赋予消费者协会司法权，将会破坏司法权的统一性和不可分割性。

四、消费者权的经营者保护

消费者权的义务保障就是通过经营者义务履行的方式保障消费权行使和实现的法律制度。

（一）立法规定

我国《消费者权益保护法》第三章专门规定了经营者的义务。这些义务主要有：（1）经营者向消费者提供商品或者服务，应当依照《中华人民共和国产品质量法》和其他有关法律、法规的规定履行义务。经营者和消费者有约定的，应当按照约定履行义务，但双方的约定不得违背法律、法规的规定。（2）经营者应当听取消费者对其提供的商品或者服务的意见，接受消费者的监督。（3）经营者应当保证其提供的商品或者服务符合保障人身、财产安全的要求。对可能危及人身、财产安全的商品和服务,应当向消费者作出真实的说明和明确的警示,并说明和标明正确使用商品或者接受服务的方法以及防止危害发生的方法。经营者发现其提供的商品或者服务存在严重缺陷,即使正确使用商品或者接受服务仍然可能对人身、财产安全造成危害的,应当立即向有关行政部门报告和告知消费者,并采取防止危害发生的措施。(4)经营者应当向消费者提供有关商品或者服务的真实信息,不得作引人误解的虚假宣传。经营者对消费者就其提供的商品或者服务的质量和使用方法等问题提出的询问,应当作出真实、明确的答复。商店提供商品应当明码标价。(5)经营者应当标明其真实名称和标记。租赁他人柜台或者场地的经营者,应当标明其真实名称和标记。(6)经营者提供商品或者服务,应当按照国家有关规定或者商业惯例向消费者出具购货凭证或者服务单据;消费者索要购货凭证或者服务单据的,经营者必须出具。(7)经营者应当保证在正常使用商品或者接受服务的情况下其提供的商品或者服务应当具有的质量、性能、用途和有效期限;但消费者在购买该商品或者接受该服务前已经知道其存在瑕疵的除外。经营者以广告、产品说明、实物样品或者其他方式标明商品或者服务的质量状况的,应当保证其提供的商品或者服务的实际质量与标明的质量状况相符。(8)经营者提供商品或者服务,按照国家规定或者与消费者的约定,承担包修、包换、包退或者其他责任的,应当按照国家规定或者约定履行,不得故意拖延或者无理拒绝。(9)经营者不得以格式合同、通知、声明、店堂告示等方式作出对消费者不公平、不合理的规定,或者减轻、免除其损害消费者合法权益应当承担的民事责任。格式合同、通知、声明、店堂告示等含有前款所列内容的,其内容无效。(10)经营者不得对消费者进行侮辱、诽谤,不得搜查消费者的身体及其携带的物品,不得侵犯消费者的人身自由。

(二)理论探讨

对于上述经营者的义务,学术界进行了广泛而深入地探讨。笔者认为,在目前的市场环境和消费环境下,应当加强上述第(6)项和第(9)项义务的研究、宣传和执法,切实保护消费者的合法权益。

1. 关于第(6)项义务的探讨。为方便叙述,我们将经营者的该项义务简称为依法出具发票及其他购货凭证的义务。

在商品的销售和服务的提供中,发票以及其他购货凭证(以下简称发票)之于消费的意义重大。它是消费法律关系是否存在和建立的重要凭证,是"三包"的重要依据,同时也是杜绝和减少国家税收流失的重要措施。

为了最大限度地保护消费者权,维护消费者的合法权益,笔者认为:(1)在发票的表现形式上应当进行扩张,即税务发票、收款收据、白条、其他标志等只要能够证明消费法律关系客观存在的凭证均可视为消费者权益保护法上的发票。(2)在经营者出具发票的义务上,应要求经营者足额、及时、无条件地出具发票。凡不

经济法权研究

出具、不及时出具、不足额出具、附条件出具发票的均应承担相应的法律责任，包括承担消费者不支付、少支付商品或者服务费用的责任。（3）采取有奖等措施，鼓励消费者在购买商品或者接受服务过程中及时、足额地索要发票。

2. 关于第（9）项义务的探讨。为方便叙述，我们将经营者的该项义务简称为不得为"霸王条款"的义务。

"霸王条款"是消费者对经营者单方作出的格式合同、通知、声明、店堂告示等方式的通俗称谓。究其原因，就是因为这些格式合同、通知、声明、店堂告示对消费者作出了不公平、不合理的规定，或者减轻、免除了其损害消费者权益应当承担的民事责任。上述这些行为，暗藏杀机，设下陷阱，只赚不赔，严重侵害了消费者的合法权益，使消费者的自主选择权、依法求偿权和知悉真情权受到了侵害。

在市场活动中"货既售出，概不负责"、"凡贵重物品自己保管，如丢失，本店概不负责"、"处理品概不退换"、"最低消费××元"、"投币5角，不找零"等均属这一类行为。

"霸王条款"，我们应当从以下两个方面加以认识：

第一，"霸王条款"的表现方式及其含义。（1）格式合同。格式合同又称定型化合同或者标准化合同。在消费领域中，格式合同是指经营者为与消费者订立合同而单方拟定的合同条款。这种条款不论其是否独立于合同之外或成为合同的一部分，也不论其范围或合同的形式如何，均属于格式合同的范畴。由此可见，格式合同具有以下几个特征：其一，制定格式合同的主体是经营者，其决定并预先拟定合同的内容，占有优势地位；其二，格式合同另一方是消费者，只有接受合同与否的自由，而无参与决定合同内容的机会，处于劣势地位；其三，格式合同是经营者出于同消费者达到交易的目的而制定的，合同指向不特定多数消费者，并非单个的消费者，在适用对象上具有普遍性；其四，格式合同一经制定，可以在相当长的期限内使用，具有固定性和连续性。（2）通知、声明、店堂告示等其他方式。这类方式是指经营者采用明示的手段，向消费者告知其有关经营情况。其中，店堂告示是商店采用的特有手段。通知、声明、店堂告示是实践中表现出来的几种常见方式。除此之外，还有说明、告示、顾客须知、注意事项等方式。一般说来，通知、声明、店堂告示的内容基本上分为两类：一是涉及交易内容即合同条款的，如商品售出概不退货等；二是涉及其他经营事项的，如本店盘存暂不营业等。本条所称的通知、声明、店堂告示等其他方式，是指前一类情形。它又可分为两种情况：A. 如果经营者制定有格式合同，又以通知、声明、店堂告示等方式为其格式做出强调式补充，则该通知、声明、店堂告示等方式为其格式合同的组成部分；B. 如果经营者制定格式合同，又以声明、通知、店堂告示等方式规定交易协议的内容，则该通知声明、店堂告示等方式视为独立的格式合同。在实践中，前一种情况是最主要的表现。

第二,"霸王条款"的禁止。为了保护消费者的合法权益,本条对格式合同等方式作了如下限定:(1)不得作出对消费者不公平、不合理的规定。在消费者法律关系中,经营者与消费者的法律地位平等。双方订立合同应当出于自愿、公平,并且意思表示真实、合法,不得把自己的意志强加给对方,甚至坑害对方。如果格式合同的内容与消费者的意志相违背,即视为不公平、不合理。也就是说,衡量不公平、不合理的标准,主要是本法确立的自愿、平等、公平、诚实信用的原则,凡符合此标准的,即为合理、公平。(2)不得减轻、免除其损害消费者的合法权益应当承担的民事责任。消费者的合法权益不受侵害,这是本法确立的基本原则之一。凡损害消费者合法权益的,应受到法律的制裁。对于消费者而言,其合法权益得到补救赔偿的最有效的方式,是使经营者承担相应的民事责任。这种民事责任,除法律规定外,不得任意减轻或免除。如果经营者通过格式合同等方式减轻或免除损害消费者合法权益应当承担的民事责任,则是对本法的直接违反。

由上述可以看出,格式合同等方式的内容不得与消费者的权利对抗,也就是说,不得排除或限制消费者的权利。凡与消费者的权利相对抗的,即属禁止之列,消费者可以理直气壮、大胆地说"不"。

五、消费者权的自我保护

消费者权的自我保护是消费权法律保护的重要方面,也是不可或缺的方面。

(一)立法规定

很多国家均规定消费者有自我保护之义务。如我国《消费者权益保护法》第 13 条第 2 款就规定:"消费者应当努力掌握所需商品或者服务的知识和使用技能,正确使用商品,提高自我保护意识。"这一条款出现在"消费者权利"一章中,但实际上是一项义务性规定,只是这项义务对应的不是经营者,而是整个社会,是一项非责任性义务。

(二)理论探讨

结合我国消费实际,笔者认为,消费者权的自我保护应当在从知识、意识、能力等三个方面予以加强。

1. 知识方面的加强。所谓知识方面的加强主要是通过学习,增强法律方面的知识和商品方面的知识。法律法规方面的知识包括我国消费者权益保护的方针、政策、法律、法规方面的知识;商品方面的知识包括商品性能、使用方法、使用用途、搬运、储藏、维修保养等方面的知识。

2. 意识方面的加强。所谓意识方面的加强,就是要树立正确的消费观。具体来讲就是要理性消费、合理消费、正当消费、绿色消费、低碳消费,不要攀比消费、奢侈消费、恶意消费,认真履行消费者的社会责任,坚决与侵犯消费者合法权益的行为作斗争，做一个净化消费市场，维护良好市场秩序的消费者。

3. 能力方面的加强。所谓能力方面的加强主要是通过消费实践，加强经营者资格识别、商品鉴别、价格谈判、发票索取、纠纷解决途径选择等方面的能力。经营者资格识别主要是学会辨别合法和非法的经营者，合格与不合格的从业人员；商品鉴别主要是学会辨别各种商品的入市标志，如 CCC 认证标志、QS 认证标志、检验检疫标志等，清楚哪些商品可以购买，哪些商品不能购买；价格谈判主要是学会运用价格法知识获得物美价廉的商品；发票索取主要是明白发票的作用与意义，足额地索要发票，以备纠纷解决之需；纠纷解决途径选择主要是学会选择便捷、省事、省时、省钱的纠纷解决途径，以达到权益保护最大化的目的。

第四节 消费者权的救济

一、消费者权的行政救济

行政救济又称政府救济，在消费者权的救济中扮演着重要的角色，发挥着重要的作用。

（一）行政救济的法律性质

行政救济是以政府承担责任的方式进行的。政府责任是一种法律责任，不同于企业责任，更不能简单地理解为赔偿责任。首先，政府责任不同于企业责任。二者承担责任的前提、条件、方式都有很大的不同，政府不能屈于社会稳定的压力而越俎代庖、统包统揽，相反应该由企业承担的责任则必须由企业自行承担，这也是现代社会对法治政府的根本性要求。政府替代企业承担责任，实际上是对企业违法行为的一种放纵，从长远来看，不仅于消费者权益保护无益，而且还会造成企业对政府的救济依赖，甚至会导致更多企业违法行为的出现。其次，政府责任不能简单地理解为赔偿责任。消费者权益保护法属弱势法的范畴，在义务与责任的规定上，经营者不履行或者不完全履行法定义务应当依法承担法律责任，赔偿就是其中的法律责任之一。相反，国家、政府、社会团体不履行或者不完全履行法定义务，消费者权益保护法却未为之规定相应的法律责任。这是弱势立法的特点之一。从消费者权益保护法立法来看，政府根本就不是赔偿责任的主体，如若让政府在消费者权益的救济中承担赔偿责任显然于法无据。总之，笔者认为，在消费者权益的法律保护中，政府应当承担一定的法律责任，但是，绝不是企业式的赔偿责任。

（二）行政救济的适用范围

企业救济，其救济对象往往是具体的、可数的，而行政救济则时常需要针对不特定多数的消费者，甚至是整个社会公众，因此，笔者认为，行政救济的适用范围应当以安全事故，如食品安全事故为界，着眼于大局、大事，以区别于企业救济。

以食品安全事故①为例,消费者权利行政救济适用以下范围:

1. 特别重大食品安全事故(Ⅰ级)。符合下列情形之一的为特别重大食品安全事故:(1)事故危害范围跨越省级行政辖区,并有进一步扩大趋势的;(2)超出省级处置范围的;(3)需要报请国务院或国务院授权部门负责处置的。

2. 重大食品安全事故(Ⅱ级)。符合下列情形之一的为重大食品安全事故:(1)事故危害严重,影响范围涉及省内两个以上市级行政区域的;(2)造成伤害人数100人以上,并出现死亡病例的;(3)造成10例以上死亡病例的;(4)学校发生食物中毒事故,造成伤害人数50人以上的;(5)在全国性或地区性重大活动、重要会议中造成伤害人数50人以上的;(6)省级政府认定的其他重大食品安全事故。

3. 较大食品安全事故(Ⅲ级)。符合下列情形之一的为较大食品安全事故:(1)事故影响范围涉及市级行政区域内2个以上县级行政区域,给人民群众饮食安全带来严重危害的;(2)造成伤害人数100人以上,或出现死亡病例的;(3)市级政府认定的其他较大食品安全事故。

4. 一般食品安全事故(Ⅳ级)。符合下列情形之一的为一般食品安全事故:(1)事故影响范围涉及县级行政区域内2个以上乡镇,给大众饮食安全带来严重危害的;(2)造成伤害人数30人以上,100人以下,未出现死亡病例的;(3)县级政府认定的其他一般食品安全事故。

(三)行政救济的基本方式

政府救济与企业救济相比间接性十分明显,主要通过行政权的行使促使、督促、命令甚至是强制企业履行企业义务,进而达到救济消费者的目的。

1. 组织、协调事故处理。产品安全事故,尤其是食品安全事故,牵涉众多消费者个人、家庭、企业和行业,涉及面广、影响巨大、处理难度大,在这种情况下,惟有政府出面统一组织、协调和处理才能在尽可能短的时间内平息事件,最大限度地保护消费者的合法权益。

我国《食品安全法》设专章(第7章)对食品安全事故处置进行了法律规范。根据该章规定,政府组织、协调事故处理的基本程式为:

第一,应急方案制定。该法第70条规定,县级以上地方人民政府应当根据有关法律、法规的规定和上级人民政府的食品安全事故应急预案以及本地区的实际情况,制定本行政区域的食品安全事故应急预案,并报上一级人民政府备案。

第二,报告与通报。该法第71条规定,发生食品安全事故的单位应当立即予

---

① 食品安全事故是指食物中毒、食源性疾病、食品污染等源于食品,对人体健康有危害或者可能有危害的事故。我国《国家重大食品安全事故应急预案》将食品安全事故的等级划分为四级,但对四级的具体内容未进行规定和明确,本节所列内容为部分省市规定的概括。

以处置，防止事故扩大。事故发生单位和接收病人进行治疗的单位应当及时向事故发生地县级卫生行政部门报告。农业行政、质量监督、工商行政管理、食品药品监督管理部门在日常监督管理中发现食品安全事故，或者接到有关食品安全事故的举报，应当立即向卫生行政部门通报。发生重大食品安全事故的，接到报告的县级卫生行政部门应当按照规定向本级人民政府和上级人民政府卫生行政部门报告。县级人民政府和上级人民政府卫生行政部门应当按照规定上报。

第三，采取措施调查处理。该法第72条规定，县级以上卫生行政部门接到食品安全事故的报告后，应当立即会同有关农业行政、质量监督、工商行政管理、食品药品监督管理部门进行调查处理，并采取下列措施，防止或者减轻社会危害：(1) 开展应急救援工作，对因食品安全事故导致人身伤害的人员，卫生行政部门应当立即组织救治。(2) 封存可能导致食品安全事故的食品及其原料，并立即进行检验；对确认属于被污染的食品及其原料，责令食品生产经营者依照本法第53条的规定予以召回、停止经营并销毁。(3) 封存被污染的食品用工具及用具，并责令进行清洗消毒。(4) 做好信息发布工作，依法对食品安全事故及其处理情况进行发布，并对可能产生的危害加以解释、说明。

2. 强制缺陷产品召回。召回，就其方式而言，既有生产商的主动召回，也有政府部门的强制召回，二者异曲同工。如《食品安全法》第53条第4款规定："食品生产经营者未依照本条规定召回或者停止经营不符合食品安全标准的食品的，县级以上质量监督、工商行政管理、食品药品监督管理部门可以责令其召回或者停止经营。"缺陷产品召回后经过重做或者修复再返回消费者，可以最大限度地保护消费者的合法权益。

政府在实施缺陷产品强制召回的过程中，应负责监督企业的召回工作。首先，应当要求企业制定并上报具体的召回计划，包括召回原因、召回范围、召回时间、召回措施等；其次，应当监督企业具体实施召回计划，监督企业按时、按质向消费者返回修复或者重做的产品；再次，进行召回总结，要求召回企业作出整改意见和措施，防止缺陷产品的再发生。

二、消费者权的司法救济

司法救济是最终的救济。我国《消费者权益保护法》在第六章"争议的解决"中对消费者权的司法救济从主体、方式、责任、途经等方面进行了规定，有效地保护了消费者的合法权益。但是，十多年的实践表明，这些规定还失之以抽象、简单和粗犷，操作性不强的不足，加之缺少一些必要制度的设计，因此，笔者认为，消费者权的司法救济应当从诉讼程序制度和诉讼责任制度两个方面建立、健全和完善如下几项法律制度。

（一）建立消费者小额诉讼法庭制度

由于多数消费争议往往具有涉案金额小，案情简单的特点，为方便受害消费者通过诉讼途径及时解决纠纷，目前世界上许多国家和地区都专设小额法院或者法庭，专门处理金额小，案情简单的消费争议案件。小额法（院）庭作为解决小额债权债务争议的一种简便的程序，早在19世纪即为英国和加拿大等国采用，此后美国、澳大利亚、新加坡、中国香港地区和台湾地区都设立了类似的小额法庭。

我国《消费者权益保护法》第30条规定："人民法院应当采取措施，方便消费者诉讼。"此条虽然没有明确规定设置小额法庭，但是，从立法精神上看，在法院内设立专门处理消费争议的法庭是完全可行的，一些地方法院也已开始设立专门处理消费争议的小额法庭。实践中，"江苏省南京市秦淮区人民法院在1993年率先成立了保护消费者权益法庭，此后云南省昆明市中级人民法院、湖南省常德市临澧县法院等纷纷效仿。这对于我国建立消费者小额权益纠纷的小额诉讼制度提供了有益的经验。"① 但是，从全国情况看，专门处理消费争议的小额诉讼法庭并没有得到普遍的设立，绝大多数地方仍然将消费争议作为普通民事争议案件进行处理。由于小额轻微案件争议权利十分微小且与公众日常生活密切相关，因此笔者认为，在我国构建独立的小额诉讼制度非常必要。

（二）建立消费者公益诉讼制度

"所谓公益诉讼制度是指国家机关及相应的组织和个人，可根据法律法规的授权，对违反法律，侵犯国家利益、社会公共利益的行为，有权向法院起诉，由法院依法追究违法者法律责任的活动。表现在消费者权益保护上，是为了追究侵害不特定消费者群体的利益、明显具有社会危害性的不法经营者的经济违法责任，而设置的一种旨在弥补行政执法过程当中的某些不足，主动进行司法追诉的制度。"② 需要指出的是，公益诉讼并非一种独立的诉讼类型和程序，而只是一种与原告资格认定相关的诉讼方式和手段。这就意味着，在消费者保护领域，原告资格享有者范围的扩大，应当成为消费者权保护诉讼内容的一个重要部分。

我国现行的消费诉讼制度，只限于受到损害的消费者个人对经营者提起诉讼，即只有实际受到损害的消费者，才有资格对经营者的违法行为提起诉讼。这种私人之诉，对于受到损害的消费者固然重要，但是，当经营者的违法行为侵害不特定消费者的共同利益时，现行的消费诉讼制度则没有办法维护消费者的公共利益。在此情形下，建立消费公益诉讼制度，赋予一些代表或维护消费者公共利益的组织以诉

---

① 汤维建、张曙光：《论我国消费者权益诉讼机制的建立》，载《政法论丛》2008年第6期。

② 彭文皓：《从美国立法看我国消费争议解决途径拓展》，载《工商行政管理》2003年第12期。

讼资格，对经营者的违法行为提起诉讼显得特别重要。通过建立公益诉讼制度，可以扩大启动司法救济程序的主体范围，维护消费者合法权益，维护国家利益和社会公共利益。

（三）建立消费者法律援助制度

中国法律援助制度是一项扶助贫弱、保障社会弱势群体合法权益的社会公益事业，是现代社会文明进步的标志。法律援助制度是通过向那些缺乏能力、经济困难的人提供法律帮助，使他们能公平地同其他公民一样享有平等的法律保护的一项法律制度。2003年7月21日，国务院公布的《中华人民共和国法律援助条例》构筑了中国特色法律援助制度的基本框架，标志着中国法律援助制度的正式确立，是我国政治文明和法制文明的重要体现。消费者法律援助制度实施后，保护消费者权益的行政机构可以向法院起诉，也可以支持消费者起诉，法庭也可以对特殊消费者实行诉讼费用救济制度。

完善消费者法律援助制度，要加强对消费者的宣传活动，要争取政府经费，吸纳社会资金，要扩充法律援助者队伍，提高队伍素质，制定专门的法律援助法，完善立法体系。

（四）建立消费者团体诉讼制度

发源于德国的团体诉讼并非是其民事诉讼法中的一项正式制度，而是指在特别的经济立法中赋予有关的行业自治组织（比如和解保护团体，消费者保护团体）以诉权，准许其在涉及公共利益的诉讼中作为原告提起诉讼。"团体诉讼制度最早起源于1908年的《反不正当竞争法》，但引起诉讼法学上最大关注的是1965年修改《反不正当竞争法》时，赋予了行业外部的消费者团体提起诉讼请求、发布禁止令的权利。"① 在这之后德国的很多救济法规都明确了有关公益团体可以提起团体诉讼的规定。

团体诉讼的特征有：其一，具有行使权利保护的预防功能，即受法律信托之团体一般只能就他人违反特定禁止或无效的行为，向法院提起命令他人不作为的民事诉讼；其二，团体诉讼由一定的团体基于该团体法人自己的实体权利提起，团体的成员并不具有提起这类诉讼的资格；其三，团体诉讼原告的胜诉判决，团体各会员可以引用据以主张判决对其有约束力。②

我国《消费者权益保护法》第31条规定，消费者协会和其他消费者组织是依法成立的对商品和服务进行社会监督、保护消费者合法权益的社会团体。根据这一规定，我国成立了全国性的消费者组织——中国消费者协会以及各地的消费者协

---

① 颜运秋：《公益诉讼理念研究》，中国检察出版社2002年版，第119页。
② 肖建华：《群体诉讼与中国代表人诉讼的比较研究》，载《比较法研究》1999年第2期。

会。根据我国《消费者权益保护法》的规定，消费者协会的职能之一是就损害消费者合法权益的行为支持受损害的消费者提起诉讼。实践表明，在不少情况下，消费者希望消费者协会代表其参加诉讼或者受众多消费者委托代表众多消费者利益提起诉讼。法律对此应该作出明确规定，不仅要允许消费者协会支持消费者提起诉讼，而且在特定情况下，能代表消费者提起团体诉讼，成为一个诉权主体。因此，我国应当借鉴德国的做法，改良支持起诉制度，建立团体诉讼制度。

（五）建立缺陷产品召回制度

缺陷产品召回制度是指产品的生产商在得知其生产的产品存在缺陷时，依法向职能部门报告，及时通知消费者，设法从市场上和消费者手中收回缺陷产品，并进行免费修理、更换，或者主管部门发现并认定某种产品存在缺陷，经过一定的程序，向生产商发布命令，要求其及时通知消费者，设法从市场上和消费者手中收回缺陷产品，并进行免费修理、更换的制度。这一制度体现了经营者自律与政府部门强制的有机结合。缺陷产品召回制度可以及时预防实际损害的发生，并与"三包"制度、损害赔偿制度一起在实体法上构成了完善的消费者权益保护体系。①

缺陷产品召回制度，最早出现在美国。美国于1966年制定的《国家交通与机动车安全法》，明确规定了汽车制造商召回缺陷汽车的义务，开创了全球缺陷产品召回制度的先河。此后，美国又出台了《联邦肉产品检验法》、《禽产品检验法》、《消费者食品安全法》，2000年又通过《召回增加责任与文件》(TREAD)，基本上建立了一套比较完善的缺陷产品召回制度。目前实行召回制度的国家还有日本、韩国、加拿大、英国和澳大利亚等国。

我国目前已经开始建设中国式的缺陷产品召回制度，而且渐成体系。

第一，基本法中已经明确确立了缺陷产品召回制度。2009年新颁布的《食品安全法》第53条明确规定了食品召回制度。该条规定："国家建立食品召回制度。食品生产者发现其生产的食品不符合食品安全标准，应当立即停止生产，召回已经上市销售的食品，通知相关生产经营者和消费者，并记录召回和通知情况。食品经营者发现其经营的食品不符合食品安全标准，应当立即停止经营，通知相关生产经营者和消费者，并记录停止经营和通知情况。食品生产者认为应当召回的，应当立即召回。食品生产者应当对召回的食品采取补救、无害化处理、销毁等措施，并将食品召回和处理情况向县级以上质量监督部门报告。食品生产经营者未依照本条规定召回或者停止经营不符合食品安全标准的食品的，县级以上质量监督、工商行政管理、食品药品监督管理部门可以责令其召回或者停止经营。"

第二，国务院制定的缺陷产品召回法规已经送审。2009年4月7日，国务院法制办发出通知就《缺陷产品召回管理条例（送审稿）》向公众公开征求修改意

---

① 戎素云：《消费者权益保护运动的制度分析》，社会科学出版社2008年版，第205页。

见。该条例中除了已经纳入缺陷产品召回制度的汽车、玩具、食品和药品外,其他所有可能造成严重人身健康伤害的产品都可能纳入召回范围,比如家用电器、公共服务设施等。《缺陷产品召回管理条例》一旦公布实施,它将成为我国第一部关于缺陷产品召回的专门性法规。该条例的制定对提升缺陷产品召回管理的法律层级,扩大产品召回管理范围,加强政府监管力度都有着重要而积极的意义。

第三,多项调控缺陷产品召回的行政规章已经发布。国家质量监督检验检疫总局、国家发展和改革委员会、商务部、海关总署于 2004 年联合制定并颁布了《缺陷汽车产品召回管理规定》及后来的国家质量监督检验检疫总局公布的《缺陷汽车召回专家库建立与管理办法》、《缺陷汽车产品调查和认定实施办法》和《缺陷产品检测与实验监督管理办法》等四部配套实施细则,这是我国第一次在具体的行业制定完整的缺陷产品召回制度,其宗旨是加强对缺陷汽车产品召回事项的管理,消除缺陷汽车产品对使用者及公众人身、财产安全造成的危险,维护公共安全、公众利益和社会经济秩序。有学者认为此举是我国缺陷产品召回制度立法史上的一个重要里程碑,填补了我国产品召回制度立法的空白,标志着中国汽车消费市场进一步迈向规范和成熟。

随后 2007 年国家质量监督检验检疫总局及国家食品药品监督管理局先后制定并颁布了《食品召回管理规定》、《儿童玩具召回管理规定》、《药品召回管理办法》;2010 年 7 月 2 日,国务院法制办又公布《家用电器产品召回管理规定(征求意见稿)》。所有这些行政规章都是我国缺陷产品召回法的重要组成部分。

我们有理由相信,完善的、具有中国特色的缺陷产品召回制度的建立已经指日可待。

(六)完善惩罚性赔偿制度

惩罚性的赔偿是指由法庭作出的赔偿数额超出了实际的损害数额的赔偿。它具有补偿受害人遭受的损失,惩罚和遏制不法行为等多重功能。① 设置惩罚性损害赔偿制度是英美法系国家的共同取向,而传统的大陆法系国家则向来不承认该项制度的合理性。但随着垄断经济时期的到来,经营者和消费者之间的力量悬殊差别日益加大,大陆法系国家也逐渐认识到了惩罚性赔偿损害制度在保护弱势群体方面的优越性。基于类似考虑,我国《消费者权益保护法》第 49 条规定:"经营者提供商品或服务有欺诈行为的,应当按消费者的要求增加赔偿其受到的损失,增加赔偿金额为消费者购买商品的价款或者接受服务的费用的 1 倍。"该条规定标志着惩罚性赔偿制度在我国的正式确立。

《消费者权益保护法》第 49 条确立了惩罚性赔偿制度之后,《食品安全法》又进一步发展和完善了该制度。《食品安全法》第 96 条规定:"违反本法规定,造成

---

① 王利明:《违约责任论》,中国政法大学出版社 2000 年版,第 516 页。

人身、财产或者其他损害的，依法承担赔偿责任。生产不符合食品安全标准的食品或者销售明知是不符合食品安全标准的食品，消费者除要求赔偿损失外，还可以向生产者或者销售者要求支付价款十倍的赔偿金。"

1993年《消费者权益保护法》颁布以后，学术界对惩罚性赔偿制度的许多问题进行了深入的探讨和研究。就其探讨和研究的整体思路而言是扩张式的。这种扩张研究表现在以下方面：

1. 适用主体的扩张。即探讨谁能够适用第49条要求经营者进行双倍赔偿的问题。不少学者认为，第49条的适用主体应当予以放宽，王海等"知假买假"者也可以要求双倍赔偿。笔者认为，扩张是必要的，但是，这样的扩张却是不行的。因为第49条是消费者专用的权利救济条款，而王海等人根本就不是消费者。因此，不能够适用该条款，其权益只能由合同法予以调整和保护。

2. 适用客体的扩张。即探讨什么能够适用第49条的问题。多数学者认为，我国《消费者权益保护法》第49条的客体适用范围偏窄，不利于保护消费者的合法权益，故建议除商品或者服务之外，商品房、汽车、珠宝、字画等高档耐用品和消费品（有的研究者称奢侈品）以及精神损害等均应允许购买人适用第49条，要求经营者进行双倍赔偿。持这种观点的研究者常以2003年3月24日由最高人民法院审判委员会第1267次会议通过的《最高人民法院关于审理商品房买卖合同纠纷案件适用法律若干问题的解释》的第8条和第9条规定①为依据进行阐释、说明和论证。

笔者认为，这种主张符合消费者权益保护法的立法精神和最大限度保护消费者合法权益的基本原则，应当予以肯定。但是，精神损害的赔偿应当除外。

3. 惩罚幅度的扩张。即惩罚多少（或称几倍）的问题。《消费者权益保护法》第49条规定的惩罚倍数为购买商品或者接受服务的费用的一倍。自《消费者权益保护法》颁布实施以来，几乎所有的研究者都认为该条规定的惩罚幅度过低，既达不到惩罚实施欺诈行为的经营者的目的，也达不到切实保护消费者合法权益的目的，因此，呼吁提高惩罚的幅度。2009年颁布的《食品安全法》接受了学者们的

---

① 第8条规定："具有下列情形之一的，导致商品房买卖合同目的不能实现的，无法取得房屋的买受人可以请求解除合同、返还已付购房款及利息、赔偿损失，并可以请求出卖人承担不超过已付购房款一倍的赔偿责任：（一）商品房买卖合同订立后，出卖人未告知买受人又将该房屋抵押给第三人；（二）商品房买卖合同订立后，出卖人又将该房屋出卖给第三人。"第9条规定："出卖人订立商品房买卖合同时，具有下列情形之一，导致合同无效或者被撤销、解除的，买受人可以请求返还已付购房款及利息、赔偿损失，并可以请求出卖人承担不超过已付购房款一倍的赔偿责任：（一）故意隐瞒没有取得商品房预售许可证明的事实或者提供虚假商品房预售许可证明；（二）故意隐瞒所售房屋已经抵押的事实；（三）故意隐瞒所售房屋已经出卖给第三人或者为拆迁补偿安置房屋的事实。"

意见，将惩罚幅度从一倍提高到十倍。这样的立法完善符合我国的市场实际和消费实际，应当予以肯定。

第五节 消费者权的限制

一、消费者权限制的法理基础

权利不得滥用原则、经营者经营自由权对消费者权的限制、消费责任对消费者权的限制、间接购买者规则对消费者权的限制是消费者权限制的主要法律和法理基础。

（一）权利不得滥用原则对消费者权的限制

权利不得滥用原则是指在行使权利的时候，外观上徒具权利行使的形式，而就具体而言，实质上违反权利之社会性，不能承认其为权利行使的行为。"禁止权利滥用原则要求权利人在不损害他人利益和社会利益的前提下，追求自己的利益，从而在当事人之间的利益关系和当事人与社会之间的利益关系中实现平衡。"① 禁止权利滥用原则作为现代社会中调整权利分配的一项重要原则，在社会生活中占据了重要的地位，贯穿于人们生活的方方面面，日益成为人们关注的焦点。

按照权利的相对性和平等性，一项权利没有理由高于另一项权利，更不可能要求牺牲另一项权利，权利限制的理由出于权利本身，限制权利的目的不在于取消权利，而在于实现权利；不在于削减和缩小权利，而在于扩大权利。对于权利的限制不是目的，而是为了实现权利，扩大权利和达到其价值目标的一种必要手段。同样，为了规制市场经济的正常运行，为了更好地保护消费者权利的实现，遵循权利不得滥用原则是很有必要的，这样会更好地实现消费者的权利，也能更好地扩大消费者的权利。

我国现行《宪法》第51条规定："中华人民共和国公民在行使自由和权利的时候，不得损害国家的、社会的、集体的利益和其他公民合法的自由与权利。"我国学界一般认为这是对权利不得滥用原则的宪法根据。"权利不得滥用原则就意味着出于对国家和社会利益的保护而对私人利益和权利的限制。"② 此外，我国其他部门法也对这一原则有相应的规定。如我国《民法通则》第7条规定："民事活动应当尊重社会公德，不得损害社会公共利益，破坏国家经济计划，扰乱社会经济秩序。"这一条没有使用"权利不得滥用"的字眼，但学者通常认为这一条是有关权利不得滥用原则的规定。

---

① 陈华彬：《物权法原理》，国家行政学院出版社1998年版，第222页。
② 田学芹：《试论民法中的权利不得滥用原则》，中国政法大学硕士论文2007年。

关于权利不得滥用原则的地位和性质,学术界进行了长期而热烈的讨论。我们比较赞同以下主张:

第一,禁止权利滥用是法律化的道德准则。权利不得滥用的宗旨在于,行使自己的权利不得有害于他人。这就要求权利人在行使权利时要充分运用道德这一尺度去衡量自己该不该行使、如何行使以及行使时应止于何种程度等,即要时时处处为他人着想,为社会着想,不做损人利己、损人不利己的行为。禁止权利滥用原则虽然是以社会伦理观念为基础,但它并非单纯的道德准则,而是法律化的道德准则,即将此道德准则赋予了法律效力,因而该原则具有法律调节和道德调节双重功能。

第二,禁止权利滥用是弹性的法律规定。权利滥用现象是随着社会的发展、观念的更新与道德的变化而经常发生变动的。禁止权利滥用本身是个内涵不确定、外延又十分广泛的概念,具有高度的抽象性,法律不可能将权利滥用的表现形式全部穷尽地列举出来,只能由法官在审判具体案件时,运用自由裁量权加以确定。因而禁止权利滥用原则是"白纸型"的法律规定。换言之,是给法官的空白委任状。所以,禁止权利滥用原则的实质在于授予法官以自由裁量权。①

与此同时,学术界还对权利不得滥用原则的形成、基本内容以及该原则与诚实信用原则的关系等问题进行了广泛的探讨和深入的研究。这些研究和探讨都是十分必要和重要的,需要进一步加强和开展。除此之外,笔者认为,在对权利不得滥用原则的研究中还应当突出和加强对该原则行使限制问题的研究。

权利的行使应当受到限制,防止权利滥用原则的行使也应当受到限制,不然同样会侵犯权利人的权利。换句话说,笔者认为,在权利不得滥用原则的研究中,限制问题与限制的限制问题同等重要,二者从正反两个方面共同保证着权利的实现和不被侵犯。

(二)经营者经营自由权对消费者权的限制

经营者的经营自由权是指经营者在法律、行政法规规定的范围内有权自行决定其经营事务的权利。我国分别通过的《个人独资企业法》、《合伙企业法》、《公司法》等法律法规对企业的权利作了具体明确的规定。消费者在行使权利的同时不得损害企业的经营自由权,即使在个人活动领域,消费者也不能为所欲为,必须要考虑自己行为的后果。因此,经营者的经营自由权是对消费者权利的内在限制。

权利的行使必须以相应的责任为限制,当权利与责任不能并存的时候,法律总是通过限制权利来促使人们承担相应的社会责任。权利法定,其本身就是一种非常明确的行为规则,每个人只有正当地行使自己的权利,才有行为自由,行为的边界即是他人的权利。所谓自由止于权利,就是指每个人只有在权利范围内才享有自由,而不享有侵害他人权利的自由。在丰富多彩的社会物质生活中,消费权利是多

---

① 徐家宁:《试论禁止权利滥用原则》,载《吉林广播电视大学学报》2007年第5期。

元的,其本身具有广泛性。当消费权利与稳定、秩序和正义等社会价值发生冲突时,不受约束的消费权利可能会扰乱秩序、危害安全、违背正义,从而使社会整体利益或重大利益受到损害,对消费权利的限制是消除冲突必要的手段,消费者在享有消费权利时,必须受到相应的责任限制。

(三)消费责任对消费者权利的限制

消费者运动的国际协调机构"国际消费者联会"于1979年提出包括发展中国家在内的世界上所有的消费者拥有八项权利的同时,还提出五项消费责任。"这五项消费者的责任是:批评性意识、自我主张与行动、社会责任、环境意识、团结合作。"① 消费者的责任,并非指与具体责任形式相联系的法律上的义务,而是消费者应有的一种自我保护意识、社会意识和社会责任。因为消费者保护既是社会的责任、政府的责任、法律的责任,也是消费者自己的责任。消费者必须对自己的决定和行为承担责任,这是理所当然的。但是,消费者承担责任是有条件的。只有当消费者真正了解事实真相以后所做的判断和决定,消费者才能承担责任。消费者的责任还意味着消费者在经济系统中发挥选择的作用。也就是说,在市场经济中,如果消费者真正通过自由判断进行选择,那么消费者真正需要的商品和服务就会被留在市场上,消费者不需要的消费和服务就会从市场上消失。"因此,消费者有进行正确的自由判断和选择的责任。当现实生活中的责任消费者越来越多时,不仅将更有利于消费者自身权益的保护,而且能够通过责任消费者的市场购买行为推动企业履行社会责任。"②

我们可以从《消费者权益保护法》第13条中找到关于消费者责任的相应的规定:消费者应当努力掌握所需商品或者服务的知识和使用技能,正确使用商品,提高自我保护意识。穿插在消费者权利中的这一规定显然不属于消费者权利而是义务或责任。当然,《消费者权益保护法》对于消费者责任未设专章详细规定属于事实,这也是当前社会各界关于该法应该得到修订的依据之一。长期以来,我们把维护消费者权利的责任推给政府、经营者或是社会团体,不要求消费者承担维护消费权益的社会责任,已经与全球企业社会责任运动的蓬勃发展极不对称,已经与可持续发展原则下的绿色消费浪潮产生背离,已经与我国提升维权工作层次和水平、改善消费环境和促进经济又快又好发展、加速构建社会主义和谐社会不相适应。从这个意义上讲,笔者认为,修订《消费者权益保护法》及有关法律、法规和规章,完善具体法律条款,突出消费者在新的形势下作为保护消费者权益的主体承担应尽

---

① [日]铃木深雪:《消费生活论》(修订版),张倩等译,中国社会科学出版社2004年版,第21页。

② 贺烁辉、何昀:《"消费与责任"——对既往及未来维权年主题的解读》,载《消费经济》2008年4月,第24卷第2期。

的消费责任势在必行。

（四）间接购买者规则对消费者权的限制

赋予消费者反垄断民事诉讼当事人资格在反垄断法的私人实施中具有十分重要的地位，发端于美国并被部分国家所借鉴的间接购买者规则却否定了作为终端使用者——消费者的当事人资格。"美国早在1890年的《谢尔曼法》中就确立了反垄断民事诉讼制度，赋予了任何因反托拉斯法所禁止的事项而遭受财产或营业损害的人，可在被告居住地、被发现或有代理机构的区向美国区法院提起诉讼，不论损害大小，一律给予其损害额的三倍赔偿及诉讼费和合理的律师费。"① 美国这一不经意的制度设计使其拥有了极为有效的反垄断法私人实施机制。肇始于美国反托拉斯法的间接购买者规则已经在事实上引领了世界上主要国家关于消费者在反垄断民事诉讼中地位问题的立法走向。

在发达国家，建立竞争法体系的根本目的之一是通过保护市场机制的正常运作来达到社会资源的最优配置，这是一个基本的共识。因而，虽然竞争法也有其他重要因素需要考虑，比如政治民主和社会公平等，但保证资源的有效使用和全社会福利（即消费者剩余和生产者剩余之和）的最大化是现代竞争政策的最核心目的之一。

我国《反垄断法》第50条的规定虽然没有明确消费者在反垄断民事诉讼中的地位，但是只要我们在现有的制度体系中进行甄别与借鉴，完全可以寻求到符合我国国情的反垄断民事诉讼立法模式。

二、消费者权限制的具体分析

消费者权的限制与消费者权的扩张相对应，其具体表现取决于该消费者权的具体形态。限于篇幅，我们以自主选择权的行使限制为例谈谈消费者权的限制问题。

（一）自主选择权的含义与构成

自主选择是指消费者享有自愿和自由选择商品或者服务的权利。自主选择权由主观自愿权和客观自由权构成。同其他消费权相比较，自主选择权具有以下两个明显的特点：

1. 选择的自愿性。选择的自愿性可理解为一切消费事宜均由消费者自己决定，不受任何外力的影响、制约和左右。消费者购买商品或者服务的动机是各不相同的。有的是为了满足自己的生活需要，有的是为了满足自己的发展需要，有的则是为了满足家庭或者他人的需要。需要产生意识。需要不需要，需要什么，需要多少，什么时候需要，只有消费者自己最清楚、最明白。同时，这种需要只有由自己来决定时，需要才能实际地、真正地得到满足，任何外力介入——影响、制约或者

---

① 陈承堂：《反垄断中的间接购买者规则研究》，载《政治与法律》2008年第3期。

左右——都会导致"需要"的变形,都不会使消费者的需要真正得到实现和满足。所以,保证消费者在选择商品或者服务时的自愿性便成了保护消费者自主选择权的第一要义。

2. 选择的自由性。选择的自由性是指消费者的消费行为(具体指选择行为)仅受自己主观意志的支配,经营者不得进行禁止、剥夺、限制或者干涉。自由性是自愿性的必然反映和当然要求。它要求有关消费(选择)行为的实施与否以及消费(选择)行为实施的场地、时间、方式、代价、过程等问题均应由消费者自己来决定。具体来讲就是,消费者在什么时间购买,在买与不买、接受与不接受、使用还是拒绝使用、买多还是买少、以什么样的价格购买等问题上均是自由的,经营者的禁止剥夺、限制和干涉的行为均是无效的。

(二)自主选择权的基本内容

任何权利都是具体的,自主选择权也不例外。根据《消费者权益保护法》的规定,自主选择权包括以下内容:(1)自主选择提供商品或者服务的经营者的权利;(2)自主选择商品品种或者服务方式的权利;(3)自主决定购买或者不购买任何一种商品,接受或者不接受任何一种服务的权利;(4)在自主选择商品或者服务时所享有的进行比较、鉴别和挑选的权利。

(三)自主选择权的行使限制

依据消费者权行使限制的基本法律和法理依据,笔者认为,消费者在以下情况下不得行使自主选择权。

1. 经营者有明确规定或告知的。经营者在提供商品或者服务的过程中,出于保守商业秘密、保证消费者安全等原因的考虑,可以以明示的方式对消费者的自主选择权作出某种限制,甚至是取消,如"禁止入内"、"谢绝参观"、"不得拍摄"、"严禁逗留"等。这些告知内容非常明确、清楚,只要不违背法律之规定,不悖于公认的商业惯例或商业道德,消费者就必须遵守。但是,如果这些告知本身是违背法律、商业惯例或商业道德的,则是对消费者自主选择权的一种侵犯,经营者应依法承担法律责任。

2. 商业惯例和商业习惯有要求的。市场经济是规则经济。在这诸多的交易规则中,有相当一部分属于大家公认并自觉遵守的商业惯例(习惯)。这些商业惯例(习惯),不管是成文的,还是不成文的,都深深地根植于市场经济的现实,潜移默化于经营者和消费者的心中,保障着交易的顺利进行。购买者多时的"排队购买"规则,公交服务中的"坐、站票同价"规则,牲畜交易中的"卖牲(口)不卖(缰)绳"规则等都是大家非常熟悉的商业惯例(习惯)。对于这些商业惯例(习惯),消费者不得以行使自主选择权为由要求经营者更改,更不得无理取闹。只有这样,才能保障交易的顺利进行,维护正常的交易秩序。

3. 超越经营对象、范围、时间、条件和风险的。在现代市场经济条件下,经营者的经营往往是格式化的。这一格式化充分地反映在经营对象、经营范围、经营时间、经营条件和经营风险上。消费者不得以行使自主选择权为由强求经营者超越这一格式提供商品或服务。消费者强求经营者提供经营范围以外的商品或者服务，强求在非营业时间提供商品或服务，强求向非经营对象提供商品或服务，强求经营者在不具备提供条件时提供商品或服务，强求经营者超越经营风险提供商品或者服务等行为均是对自主选择权的滥用。在上述情况下，针对消费者滥用自主选择权的行为，经营者有"拒绝权"。

第二章 竞争权研究*

竞争法和以竞争法为研究对象的竞争法学，深深地根植于市场经济和竞争文化中。对中国而言，它们都是外来的引进的制度和文化。竞争法制度中国化的嵌入面临着固有法制及其支撑体制、政策、思想和文化排斥的抗体问题。如何消除抗体首先是法学家的任务。以欧美竞争法理论与实践的翻译、评论及中国普适化为工具的竞争法学是无法完成这一任务的。只有立足中国社会转型才能摸准问题症结，只有在固有法的变革大势中契合竞争法制才有可能找到消除抗体的良方，推动竞争法从中国化走向中国性，进入健康繁荣发展的轨道。

在权利意识淡薄、平等观念缺乏、民主淹没于强权的中国传统社会，向市场经济转型近30年的基本趋势是权利勃兴、平等风行、民主启程。于此社会环境中入主中国的竞争法，在其先天性的崇尚自由，以平等竞争为基础，以经济民主为目标的条件下，如何以经济权利为工具消解西方竞争法的行为—责任模式（因为这暗合了中国传统的义务本位），就成了中国竞争法必须思考和回应的重大问题。竞争权的提出与研究，其主旨即在于此。

我们主张，竞争权是经济权利的新类型，在市场经济条件下，它专属于商人。作为商人不可分离的初始权利，竞争权是一项自然权利。现在，竞争权正处于从应然权利向实然权利的转换过程中。学界目前对竞争权的研究才刚刚起步，开展和加强竞争权理论的研究，对于推动竞争权从应然权利成为实然权利，为市场竞争者提供有效的权利保障机制是大有裨益的。

第一节 竞争权的提出及研究现状

一、竞争权的提出

在中国，"竞争权"一词最早是由王艳林在1991年提出的，指出竞争是商品

---

* 本章内容是由作者的两篇论文修改合成的，一是《竞争权研究》，载《国家检察官学院学报》2005年第2期；二是《论资产竞争权的确立》，载2008年《第五届中国青年经济法博士论坛文集》。这两篇文章都是在作者博士论文的基础上完成的，特此说明，并对赵钢教授表示感谢。

经济条件下以盈利为目的的企业或其他经济实体的一项权利,即竞争权。竞争权的基本内容与要求是:第一,竞争自由,即参与与退出竞争是自由的。不仅如此,竞争赖以存在的经济环境——市场、资本、资源和劳动力,也必须是自由流通的,竞争的基本方法——价格竞争与非价格竞争也是自由行使的。当然,竞争自由无论是在资本主义国家还是在社会主义国家,都是在法律允许的范围内进行的。第二,竞争权要求竞争机会的均等。机会均等是以竞争者地位平等、条件相同为前提的。至于谁能在竞争中取胜,则取决于市场机遇和竞争者对市场的认识与把握。第三,风险与利益同在。竞争意味着风险,不能在竞争过程中获取利益、增强实力,就必然为竞争所淘汰。优胜劣汰是竞争风险与利益同在的表现。① 1993年《中华人民共和国反不正当竞争法》颁布施行后,著者又进一步指出:竞争权和经营权一样,是经济人赖以存在和发展的基础,是受法律保护并能采取司法救济对抗侵权人的新型经济权。竞争法在确立并保护竞争权的同时,对竞争权的滥用——不正当竞争行为和限制竞争的垄断行为,明确宣布为禁止之列。②

　　对竞争权的上述理解与界定,邵建东博士表示了不同意见,指出竞争权"与其说它是一项权利,不如说它是法律赋予经营者的一种资格或地位,其性质相当于民法中权利主体的民事权利能力。经营者参与市场竞争,开展经营活动,取得竞争利益,是以其享有竞争资格为前提的。不具有竞争资格的市场主体一般是不能作为经营者参与市场经营活动的。但是,竞争资格仅仅是一种资格而已,不能将竞争资格等同于经营者在市场竞争中已经取得或可能取得的竞争权益。这样看来,所谓竞争权实际上指的是参与市场竞争的资格或地位,它是由法律法规直接赋予的,因此除了通过法律法规再予以剥夺或限制外,从事不正当竞争行为的经营者是无法侵害其他经营者的'竞争权'的。"因而主张使用"公平竞争权"或"正当竞争权",认定"此项权利,是由《反不正当竞争法》新创设的一项权利,具有类似于绝对权的效力。任何经营者在从事经营活动时,都享有公平竞争的权利,同时也负有尊重和不侵害其他经营者公平竞争权的义务。"③ 约与邵建东博士同时,另有一些学者从宪政的角度提出并讨论了竞争自由权,即自由竞争权问题。张千帆博士认为,竞争自由权是宪法所保护的经济自由权的重要内容。对于经济自由权,有的学者归

---

① 王艳林、张伟民:《竞争法导论》,中国地质大学出版社1992年版,第1—2页。
② 文海兴、王艳林:《市场秩序的守护神——公平竞争法研究》,贵州人民出版社1995年版,第6页。
③ 邵建东:《竞争法教程》,知识产权出版社2003年版,第47页。

纳为"创设自由,竞争自由,消费自由,合同自由和结社自由"①;有的学者认为是"合同自由,竞争自由,职业自由,人员流动自由"。② 事实上,"对于许多发展中国家而言,竞争自由主要面对的是政府垄断的挑战"。③ 截至2004年12月30日,中国关于"竞争权"仅发表了两篇文章。一是胡小红的《论正当竞争权》,认为竞争法正是从对不正当竞争行为的谴责与非难中界定了正当竞争权,也就是正当竞争的行为自由。经营者的正当竞争权从积极方面讲,就是经营者能够通过降低价格(在法律规定范围内)、改进技术、提高产品质量、完善售后服务以及广告宣传、企业形象设计、适当的营销策略来从事正当竞争的权利,从消极方面讲就是制止他人不正当竞争行为的权利。正当竞争权包括知识产权和非属于知识产权的正当竞争权两类。后者作为一类新型的权利,具有设权方式的消极性、权利界定的政策性,权利客体为一种综合性的正当经营利益和受害人往往具有社会性、广泛性,甚至难以特定化,因此在权利救济措施上除民事制裁外更加注重行政制裁甚至刑事制裁等特征。④ 二是周少华与高鸿的《行政诉讼中的公平竞争权及相关问题研究》,文章从对2003年3月最高人民法院发布的《关于执行〈中华人民共和国行政诉讼法〉若干问题的解释》第13条规定"公民、法人或者其他组织认为具体行政行为涉及相邻权利或者公平竞争权的,可以依法提起行政诉讼"的解读入手,提出公平竞争权是市场主体的一项基本民事权利,但对于什么是公平竞争权和如何理解公平竞争权,没有展开研究,文章的重点是探讨行政诉讼视野下因公平竞争权受到侵害而提起诉讼的原告的资格确立和行政行为的合法性审查问题。⑤

二、竞争权研究现状

2005年以后,对竞争权的研究逐渐兴起,截至2010年年底,在竞争法学著作中讨论竞争权的书,主要有5本(详见表2-1),在知识产权法学著作中讨论竞争权的主要有2本(详见表2-1)。

---

① [美]路易斯·亨金、阿尔伯特·J.罗森塔尔:《宪政与权利》,郑戈、赵晓力、强世功译,三联书店1996年版。
② [美]孙斯坦:《自由市场与社会正义》,金朝武、胡爱平、乔聪启译,中国政法大学出版社2001年版,第291—295页。
③ 张千帆:《宪政、法治与经济发展》,北京大学出版社2004年版,第275页。
④ 胡小红:《论正当竞争权》,载《当代法学》2000年第1期。
⑤ 周少华、高鸿:《行政诉讼中的公平竞争权及相关问题研究》,载《法学评论》2004年第6期。

表 2-1

作者	书名	出版社	时间
王艳林等	竞争法导论	中国地质大学出版社	1992 年
文海兴等	市场秩序的守护神——公平竞争法研究	贵州人民出版社	1995 年
王全兴	竞争法通论	中国检察出版社	1997 年
邵建东	竞争法教程	知识产权出版社	2003 年
邱本	经济法总论	法律出版社	2007 年
吴汉东	知识产权法	中国政法大学出版社	2002 年
李明德	知识产权法	法律出版社	2007 年

以竞争权为主题的博士论文有两篇（详见表 2-2），其中王显勇博士的论文结构是导论+八章+结语，共22万字，中心思想集中在前三章，分别为公平竞争权命题真假论、公平竞争权生成论和公平竞争权基础理论。该论文后来以同名专著的形式在人民法院出版社公开出版①（本书的引用和讨论，一律以出版社出版的同名专著为准）。

表 2-2

作者	题目	学校	时间
王显勇	公平竞争权论	南京大学	2005 年
王艳林	论竞争权及程序保障	武汉大学	2006 年

以竞争权为题的硕士论文 5 篇（详见表 2-3），从硕士论文的指导教师郑鹏程教授、李平教授、陈乃新教授和张照东教授等的研究方向、授权学校和学位点情况看，竞争权研究已进入竞争法学研究的主流，但并不核心。

表 2-3

作者	题目	学校	时间
王瑾	市场主体公平竞争权的法律保护	黑龙江大学	2004 年
徐正春	论竞争权	湖南大学	2006 年
黄晖	经营者的公平竞争权法律问题	四川大学	2007 年
胡宇清	市场竞争权研究	湘潭大学	2007 年
杨鑫	论经营者公平竞争权	华侨大学	2008 年

---

① 王显勇：《公平竞争权论》，人民法院出版社 2007 年版。

公开发表的论文中，以竞争权为主题或讨论竞争权的，共有 20 篇（详见表 2-4），另有案例分析若干篇。现将上述文献中的主要观点综述如下：

表 2-4

作者	题目	报刊杂志	时间
胡小红	论正当竞争权	当代法学	2000 年第 1 期
周少华 高 鸿	行政诉讼中的公平竞争权及相关问题研究	法学评论	2004 年第 6 期
王艳林	竞争权研究	国家检察官学院学报	2005 年第 2 期
朱一飞	论经营者的公平竞争权	政法论丛	2005 年第 2 期
唐兆凡 曹前有	公平竞争权与科斯定律的潜在前提——论公平竞争权的应然性及其本质属性	现代法学	2005 年第 2 期
李小峰	困境与拯救——竞争权制度论纲	西南政法大学学报	2005 年第 2 期
胡宇清 陈乃新	论我国《反不正当竞争法》立法本位的转换——以赋予公平竞争权为研究进路	兰州学刊	2005 年第 5 期
胡小红	论反垄断法所创设的自由竞争权	学术界	2005 年第 5 期
方竹兰	论民众经济权利的回归——探究中国经济体制转轨的实质	中国人民大学学报	2006 年第 3 期
万政伟	论我国民营企业的核心权利及其确立的现实意义	嘉兴学院学报	2006 年第 5 期
万政伟	论竞争权的界定及其确立对反垄断法的意义	贵州社会科学	2007 年第 1 期
徐正春	论竞争权	凯里学院学报	2007 年第 1 期
方竹兰	中国体制转轨阶段的权利经济学探析	理论视野	2007 年第 6 期
殷继国	从自由竞争权到公平竞争权——市场主体竞争权的现代性话语	新疆财经大学学报	2008 年第 1 期
郑友德 胡承浩 万志前	论反不正当竞争法的保护对象——兼评"公平竞争权"	知识产权	2008 年第 5 期
刘大洪 殷继国	论公平竞争权——竞争法基石范畴研究	西北大学学报	2008 年第 6 期

续表

作者	题目	报刊杂志	时间
李友根	经营者公平竞争权初论——基于判例的整理与研究	南京大学学报	2009年第4期
杨孝忠	经济法上的权利与权力之争	法学	2009年第8期
韩志红	经济法权利论纲——以社会成员权利的维度	法学杂志	2010年第2期
赵红梅	论直接保护发散性正当竞争利益的集体维权机制——反不正当竞争法的社会法解读	政治与法律	2010年第10期

一是在权利的概括和称谓方面，首先，以王艳林教授为代表的竞争权概念已获经济法学相当范围之认可，李友根教授称其为一种学说，韩志红教授视其为经济法权利微观研究的深入，赵红梅教授也将其视为一种权利表述，刘大洪教授指出，竞争权是一个上位概念，统括自由竞争权和公平竞争权。李小峰、万政伟和徐正春的论文都拓展和深化了竞争权概念的理论；方竹兰教授的论文表明经济学界已注意并开始使用竞争权概念，讨论中国经济体制转轨的实质。其次，以邵建东教授为代表的公平竞争权说，获得了较广泛的认可与使用，王显勇博士、胡小红博士的论文，李友根教授、陈乃新教授等名家的论著，和朱一飞、杨鑫、黄晖等硕士论文（或硕士期间的论文），表明公平竞争权理论不断发展壮大，渐成气候。最后，其他概括和称谓如反不正当竞争权、反垄断权等尚未形成影响。

二是在权利的结构上，竞争权理论的基本指向是自由竞争权、公平竞争权和资产竞争权。对此，首先在竞争权作为上位概念统括自由竞争权和公平竞争权方面，取得了一致的认识。其次，对于资产竞争权，除李友根教授指其"并非同一层面上的权利内容"外，研究者多对其持回避态度。最后，在对公平竞争权的研究中，呈现出一定的复杂性，给人纠结感。殷继国等认为，公平竞争权是在吸纳自由竞争权的基础上发展起来的，坚持公平竞争权对自由竞争权的等量吸纳，不认同权利发展的叠加效应；再如王显勇等认为，公平竞争权是统领自由竞争权和正当竞争权的上位概念，将正当与不正当、公平与非公平、自由与不自由等几组不同位阶、不同价值考量的标准，在竞争机制中，错配了；胡小红等则将公平竞争权、自由竞争权和正当竞争权同值并摆，没有进一步揭示三者之间的内在联系。

三是在权利的来源和性质上，呈现出自然权利与法定权利的分野。王艳林教授等认为竞争权来源自然权利，正处于应然权利向实然权利转换的过程中，属于经济权利的范畴。王显勇博士等认为公平竞争权来源于实定法，具有宪法基础和社会性、市场规制性、反面确定性的法律特点,属于经济法范畴。徐正春则明确地指出:竞争权是法定权利中的一种,经济意义上的竞争权规定于竞争法律法规之中,可事实却是在现今的中外竞争法中,并无竞争权之规定。为了避免这种硬伤,朱一飞等则采取了隐喻说,即将法律直接规定和保护的"公平竞争法益"等同于"公平竞争权"。对此,李友根教授中肯地指出,提出竞争权利概念时,未区分法律所保护利益的两种形态即法益与权利,从而对竞争利益法定化为权利的论证过于武断:或者是直接将竞争利益等同于竞争权利,或者以利益受法律保护倒推出权利的存在。

四是在权利类型上,有复权或单权的选择。王艳林等主张竞争权为复权,在被制定法确认后,竞争权既是一项宪法性权利,也是一项法律权利;既是财产权,也是身份权,既可以是个人权利,也可以是集体权利;既可以是积极权利,也可以是消极权利;李小峰等认为竞争权是以生存权为本质,以身份权为表象的人权类型,为个人所专属,主张竞争权不可能为企业享有;王显勇等认为,竞争权为社会性经济权利,一是主体超越私法抽象的人具有社会性,二是内容具有社会性,"公平竞争权可直接表现为社会公益性,对公平竞争权所负担的义务,不仅仅是对权利人本身,同时也是对国家、对社会的义务。"①

五是在权利实现上,也呈现出判解实证研究和理论体系化研究的分野。实证研究方面,近年来李友根教授的成果引人注目,他基于判例的整理,研究公平竞争权,发现法益保护模式的缺陷,主张有必要将法益上升为法定权利即公平竞争权;周茸萌法官对张某诉市政府免交交通规费案的点评,展现了民告官维护公平竞争权的一面②。姬凤岐则从工商机关认定"著名商标"的实践出发,分析"候镇宏源"和"盟宏源"两商标权人的争执,提出了竞争权人作为原告应具备一定的条件。③理论体系化研究方面,王显勇系统地讨论了竞争公益诉讼,陈乃新初步构建了公平竞争权的诉讼保护机制——反不正当竞争诉讼程序,王瑾则探讨了市场主体公平竞争权保护的制度建设问题,黄晖在硕士论文中比较全面地分析和讨论了公平竞争权的救济制度问题。

在中国,竞争权概念的提出至今虽然已逾 20 年,综观已有成果,可以确信:在前 10 年竞争权之称谓是否科学、能否确立仍有争议,公平竞争权为什么不能取代竞争权尚需进行理论的论证;竞争权的研究关注者少,力量小,成果缺乏系统和有分量的代表性论文或论著,属非热点问题;研究材料来源单一,仅限于法的规范分析,忽视经济史、企业管理学、营销案例和竞争经济学的考察;研究路径缺乏权

---

① 王显勇:《公平竞争权论》,人民法院出版社 2007 年版,第 40 页。
② 《新华日报》,2006 年 1 月 17 日 B04 版。
③ 《新华日报》,2006 年 1 月 17 日 B04 版。

利源的哲学考察和权利谱系的法哲学分析，能够蕴涵东西方文化的竞争权思考更是尚未出现。

在后 10 年的研究中，上述问题基本得到解决，但也呈现出一些新的问题：

一是对自由竞争权的忽视或漠视。在西方市场经济国家，自由如空气浸润在社会之中成为社会政治经济文化生活的内在基础的情况下，忽视或漠视自由竞争也许是可以理解的。但在转型的中国，自由亦在生成，自由竞争尚在培养之中的情形下，自由竞争权也就成了经营者不可或缺的首要权利。

二是对竞争权性质的界定上，认定竞争权为生存权专属于个人所有，排除企业等经济组织的竞争权，显然在丰富多彩的社会实践面前映射出理论的局限性和单薄性；认定竞争权可直接表现为社会公益性，有对竞争权为商人暨经营者私权本性冲击的危险。因为竞争法为经济宪法强调的是竞争法对自由市场经济体制的基本确立和保护，其本意既不是强调国家对竞争的规制，也不是追求社会公共利益。竞争法的任务决定了它不是公法，不会生成公权，从而也不会表现为社会公共利益。

三是批评不正当竞争权尤其是公平竞争权的理论已经提出，如韦之教授认为，反不正当竞争权的提法忽视了制止不正当竞争所固有的丰富内涵，使人误认为反不正当竞争权是一种积极的、绝对的权利，其实它"既无特定的客体，又无积极的权利内容"。① 郑友德教授认为，设立公平竞争权会使受保护主体单一化，会窒息公平竞争，会导致知识产权的扩张。但批评者的看法尚未得到认真的讨论和回应。

四是对资产竞争权的系统研究，尚未有成果出现。

三、竞争权研究的路径

对竞争权的观察、分析可选取不同的角度与方位，走不同的学术进路。本文选取的进路是：（1）界定竞争权为商人的应然权利，在未被制定法确认前，竞争权为自然权利，是自然权利中基于自由权和财产权而派生出来的第二性的自然权利。（2）研究应然权利向实然权利转变的条件与途径，探求目前竞争权从自然权利向法定权利的转换问题，建议竞争权直接成为竞争法的权利表达；（3）研究权利的实现形式，包括自然权利的实现和法定权利的实现，重点探讨现代社会竞争权实现的行政运作和诉讼程序。根据上述竞争权从自然权利向法定权利演变的分析进路，结合竞争权演变的内在逻辑，本书认为，下述问题应优先得到研究：（1）自然法是自然权利的基础；（2）自然权利的性质、价值和作用；（3）竞争权初始形态为什么是自然权利和是什么样的自然权利；（4）竞争权利在商业道德和习惯法中的潜在；（5）竞争权在制定法中以消极权利的形式存在的理论与实践；（6）竞争权

---

① 韦之：《论反不正当竞争法与知识产权法的关系》，载《北京大学学报》1999 年第 6 期。

在司法判决中被推定存在的实践与理论分析;(7)竞争权的要素;(8)竞争权的种类;(9)自由竞争权;(10)公平竞争权;(11)资产竞争权;(12)竞争权实施的程序规则。

为满足上述研究进路和研究内容的要求,应该被重点阅读和使用的材料包括:(1)西方先哲们富含自然法思想的著作及其研究文献;(2)经济史尤其是商业史、商人史的材料和著作,在西方重点是选取欧洲中世纪经济史,在中国则主要是宋、元、明、清经济史;(3)竞争法的制定法规范,包括美、德、法、日、加拿大、南非和处于转型社会的俄罗斯及东南亚的印度尼西亚、新加坡等国家的竞争立法成果;(4)竞争法的成案与判例,包括美国的反托拉斯判例和中国的成案。目前,应主要研究中国最高人民法院推荐、点评的自1994年以来的成功案例与经典案例,它们被登载于《人民法院案例选》和改写后刊载于《最高人民法院公报》各卷中。

研究方法的确立,尽管研究者的偏爱往往会起主导作用,但有时研究课题、进路与材料,亦会对方法提出要求。在竞争权为应然权利阶段,自然法的进路要求采用先验的方法。在竞争权从应然转化为实然,进入制定法的进路时,现象学的分析方法可能更加有助于观察转化的场景,保有理性的评判。而在竞争权实现与保护问题上,目前社会学分析可能更具实践性和实践的推动性。

四、竞争权在西方市场经济国家概念性缺失的意义

这里,应该提出讨论并深入思考的问题是:在西方竞争法发达的市场经济国家,为什么没有竞争权的概念?这种原生性缺陷究竟代表或意味着什么?

首先,我们认为,西方市场经济发达的国家,竞争权在多数时候可能处在不言自明的状态,如美国,尽管以《谢尔曼法》为代表的反托拉斯法的成就是有目共睹的,但美国宪法对竞争自由并无反映,"压倒性的假定是最大限度的竞争只要是可能的,就是好的。"① 或者是被包含在传统的民事权利体系内,如德国,竞争权消弭在民法的请求权、形成权和抗辩权的框架内,"无疑,法律保护营业活动免受故意的、有悖善良风俗的侵害行为(《德国民法典》第826条——引注),保护其免受某些违法的侵害行为如不正当竞争行为的损害。但是在此之外,人们还将已经设立和经营的营业视作第823条第1款(《德国民法典》——引注)意义上的'其他权利'"② 即绝对权利给予保护。或者是立法者有限理性所致,如日本民法制定者就因不了解形成权的概念,在该法第420条第2款,《土地租用法》第10条、第

---

① [美] 路易斯·亨金、阿尔伯特·J.罗森塔尔:《宪政与权利》,郑戈、赵晓力、强世功译,三联书店1996年版,第171—172页。
② [德] 迪特尔·梅迪库斯:《德国民法总论》,邵建东译,法律出版社2000年版,第63页。

12条第1款和《房屋租用法》第5条、第7条第1款,在表示形成权时,曾使用"请求"一词。①

其次,竞争法立法技术对竞争权确立的影响。我们知道,竞争法立法体例二元化曾经在20世纪80年代之前长期居于主导地位②,二元化立法例对竞争法的分割,影响了竞争权的统一和确立。此种情况下,反不正当竞争法或者是民法侵权行为法的分支或者是知识产权法的补充,扮演的不是确认权利而是权利保护工具的角色;反垄断法在行为禁止的调整模式下,主要是通过界定消极权利的途径规范竞争行为,维护竞争秩序,确立竞争过程不受超市场力量的阻碍、破坏和限制。尽管我们从法律发展史中可以很明显地观察到,法律进化的历史实际就是法律从行为禁止模式走向权利责任模式化的历史,但在竞争法领域,直到今天,反垄断立法也未从行为禁止模式发展到权利责任模式。所以,从立法技术的要求讲,对竞争权的确立和保护,也一直未能获得立法技术的支撑。

再次,西方市场经济发达国家虽然没有竞争权的概念,构成市民社会权利的原生性缺陷,但由于救济机制的有效运作,和应然权利观念在社会理念中的根深蒂固,以及法定权利之外的剩余权利基于社会契约属于人民,所以,竞争权的实际保护,并未受到实质性的不利影响。而这些在中国,恰恰和竞争权的缺失一起成了社会的诸多缺失中的缺失。所以,绝不能因竞争权在西方发达国家没有确立而得出中国亦不须建立的结论。

最后,中国竞争法的使命不同于西方市场经济国家的竞争立法。西方市场经济国家是在市场经济确立、有效运作乃至发达的基础上进行竞争立法,关注的焦点与中心是市场运行中竞争过程、竞争秩序和竞争效率的不受侵害。为此,任何可能窒息竞争的合谋、协议、联合、协调行为都是受到禁止的;任何损害自由竞争,独占市场,滥用支配地位的搭售、限售、拒售和附条件交易都是无效的;任何破坏公平竞争,扰乱竞争秩序的假冒、诋毁、贿赂和侵害商业秘密的行为,都是非法的。而在中国,竞争法是在市场体制没有确立的情况下启动的(如国务院1980年的"竞争十条"),是在市场经济体制建设过程中预设的(如1993年的《反不正当竞争法》),是在转型社会的艰难时期——公权力和市场力紧密结合的情况下——知难而上的(如逾10年的《反垄断法》起草),历史客观上要求中国竞争法承担了排除行政垄断,培育统一市场,限定国家管制,造就自由竞争,克服因侥幸、冒险、违法和避法造成的市场无序。根据市场与政治国家博弈的一般理论,赋予经营者竞

---

① [日]四宫和夫:《日本民法总论》,唐晖、钱孟珊译,台北五南图书出版公司1985年版,第32—33页。

② 王艳林:《再论竞争法立法例之选择》,载王艳林主编:《竞争法评论》第1卷,中国政法大学出版社2005年版,第29—43页。

争权，发挥市场对政府的限定作用，是竞争法完成培育市场、维系自由竞争和公平竞争任务的重要工具和支柱。

第二节 竞争权的确立

一、竞争权在权利知识谱系中的地位

竞争权在权利知识谱系中居于何种地位和具有什么性质，是研究和探讨竞争权理论必须首先回答的问题。

权利的基本结构是由法定权利类型和权利理论分类两部分构成的。其中，法定权利类型，作为现行权利谱系认知的依据，各个国家的做法不尽相同。为求得标准的一致，笔者建议选择的是具有普遍性的联合国《公民权利和政治权利国际公约》及《经济、社会和文化权利国际公约》，而不是任何一国的国内法。因为这两个公约确立的权利要素，是国内法权利保护的基准。在批准或加入《公民权利和政治权利国际公约》的147个缔约国中，只有5个国家没有批准《经济、社会和文化权利国际公约》。① 中国政府于1997年和1998年先后签署了这两份公约。

理论上，依据不同的标准权利可以有不同的分类。我们所作的选择是根据权利的来源→确认→主体→实现的递进与位阶关系，分别将其确认为第一层次的权利（来源）→第二层次的权利（确认）→第三层次的权利（主体）→第四层次的权利（实现）。不同层次之间的权利，存有内在的派生性、依赖性或指导性、说明性。现分析如下：②

第一，根据权利来源的不同，可以将权利分为自然权利与法定权利。自然权利是指先于或独立于任何法规或规章而存在的权利，是人根据自然法或人类最高理性而享有的权利。法定权利是指由国家机关明确规定并通过某种规范性文件形式公之于众的权利。

第二，根据权利确认的根据不同，可以将权利分为宪法权利与法律权利。宪法权利从形式上看，是指由宪法规定的国家不可侵犯或有义务保护的权利，就实质而言，宪法权利规定了公民基本生存必不可少的活动能力和资格。法律权利则是由国家立法机关制定的法律所确认的权利，该类权利可以随着社会情况的变化而发生变化。

---

① ［挪］艾德：《作为人权的经济、社会和文化权利》，载［挪］艾德：《经济、社会和文化的权利》，荣列译，中国社会科学出版社2003年版，第10页。
② 参见张千帆：《宪政、法治与经济发展》，北京大学出版社2004年版，第267—269页。尽管在一些关键点的表述上，本书和张著存有差异。

第三,根据权利享有主体的不同,可以将权利分为个人权利与集体权利。个人权利是指以个人名义享有的各种权利,集体权利是指社会集合体,包括国家、阶级、民族、政党、社会团体等所享有的权利。

第四,根据权利实现方式的不同,可以将权利划分为消极权利与积极权利。消极权利是指个人不受国家或其他组织侵犯的自由。积极权利是指政府采取积极措施确认或创造条件促进实现的权利。

那么,竞争权在上述权利结构中的角色与定位如何呢?首先,从法定权利的角度讲,竞争权目前尚处于从应然权利向实然权利的转化过程中。在中国,制定法中对竞争权的确认与表达的任务,最初是由地方法规完成的。《广东省省级政府采购供应商资格登记管理暂行办法》(2002)规定:供应商参与政府采购活动,在公开、公平、公正和诚实、信用的原则下,享有参与权、竞争权、交易权、投诉权和诉讼权(第10条)。在司法实践中,最高人民法院在《关于执行〈中华人民共和国行政诉讼法〉若干问题的解释》(2000)宣布:经营者认为政府的具体行政行为侵害公平竞争权的,可以依法提起行政诉讼(第13条)。竞争权成为诉讼救济与司法保护的对象。

这里,应该提出讨论的是"法益"可否等同于权利。中国《侵权责任法》规定,"侵害民事权益,应当依照本法承担侵权责任"(第2条第1款),明确宣布"法益"受到侵害时,《侵权责任法》中享有和"权利"同等的保护,实为立法的一大进步。但《侵权责任法》又进一步指出,"本法所称民事权益,包括生命权、健康权、姓名权、名誉权、荣誉权、肖像权、隐私权、婚姻自主权、监护权、所有权、用益物权、担保物权、著作权、专利权、商标权、发现权、股权、继承权等人身、财产权益"(第2条第2款),这表明:(1)"权利"和"法益"是二分的而不是一体的。这里,我们应该看到,"侵害民事权益"中的权利和法益,是有分有合,分合一体的;而"本法所称民事权益"中的权利和法益,是有分有合,分离有序的。(2)权利是法定权利,具有明确性和确定性,是第一位阶的,侵权法中主要包括以下内容:"一是人身权,主要包括生命权、健康权、姓名权、名誉权、荣誉权、肖像权、隐私权、婚姻自主权、监护权等;二是财产权,主要包括所有权、用益物权、担保权等;三是既有人身权属性又有财产权属性的权利,主要包括著作权、专利权、商标权、发现权、股权、继承权等;四是其他人身、财产权利,既包括其他法律已经有所规定但本法未作列举的民事权利,又包括法律在将来肯认的新的人身、财产权利。"[①] (3)法益是有法定权利时,权利外的剩余利益,或应成为而尚未成为权利的重大利益;或社会的隐蔽利益及生成中的利益。由于法益多

---

① 吴高盛、邢宝军主编:《中华人民共和国侵权责任法精解》,中国政法大学出版社2010年版,第5—6页。

是不确定的、隐蔽的,所以要低于权利,属第二位阶。侵权责任法中的法益是隐含在"……等人身、财产权益"中的,"事实上,做兜底性规定的最重要意义在于将明确合法的民事利益,即使不是权利,也受法律保护。"① 所以,从立法实践看,法益并不等同于权利。中国反不正当竞争法和反垄断法中对法益的确认和保护,也不能等同于权利或视为权利的来源。

竞争权在权利理论中究竟是何角色,目前尚缺论证。学说上目前主要有四种主张,一是新型权利说,代表人物为邵建东教授,主张竞争权具有类似于绝对权的效力,但究竟归属如何,没有明确。② 二是知识产权说,代表人物为胡小红,主张竞争权包括知识产权型和非知识产权型两类,对于非知识产权型究竟是属于知识产权,还是属于其他权利类别,或者是一种新型权利,论说人也未作进一步的回答。③ 三是经济权利说④,此为本章所主张。四是人权说,代表人物为李小峰,主张竞争权是专属于个人所有的生存权。⑤

对于如何认知经济权利,中国法学界目前有四种代表性的学说:第一种认为经济权利包括劳动权、休息权、物质帮助权和取得赔偿权等;⑥ 第二种认为经济权利有公民个人财产权、劳动权、休息权、获得物质帮助权(也有称社会保障权的);⑦ 第三种认为经济权利包括劳动权、休息权和获得基本生活保障权;⑧ 第四种认为经济权利包括财产权、工作权和社会保障权,"由此,构成一个逻辑上完整的经济权利,即公民通过劳动获得财产,对合法获得的财产享有处理权并不受他人侵犯,从而获得良好的生活水平。但是,在由于公民自身的弱势地位或者外部经济地位的差别导致了公民无法获得良好的生活水平时,国家有给予财产上补助的义务。"⑨ 我们认为,经济权利的内容最低限度应包括四项基础性权利:财产权、竞争权、劳动权、社会保障权。由这四类基础性权利,可以派生出其他经济权利,如

---

① 吴高盛、邢宝军主编:《中华人民共和国侵权责任法精解》,中国政法大学出版社2010年版,第5页。
② 邵建东:《竞争法教程》,知识产权出版社2003年版,第47页。
③ 胡小红:《论正当竞争权》,载《当代法学》2000年第1期。
④ 文海兴、王艳林:《市场秩序的守护神——公平竞争法研究》,贵州人民出版社1995年版,第6页。
⑤ 李小峰:《困境与拯救——竞争权制度论纲》,载《西南政法大学学报》2005年第2期。
⑥ 韩培德主编:《人权的理论与实践》,武汉大学出版社1995年版,第576页。
⑦ 许崇德:《宪法学》(中国部分),高等教育出版社2000年版,第362页;董和平、韩大元、李树忠:《宪法学》,法律出版社2000年版,第399页。
⑧ 赵世义:《资源配置和权利保障》,陕西人民出版社1998年版,第183页。
⑨ 张千帆:《宪政、法治与经济发展》,北京大学出版社2004年版,第272页。

由财产权派生出占有权、使用权和收益权;由竞争权派生出自由竞争权、公平竞争权、资产竞争权;由劳动权派生出休息权、择业权和安全权;由社会保障权派生出失业救济权、医疗保险权和伤残救济权等。

竞争权作为经济权利,在权利结构中,首先表达为自然权利,是自然权利中财产权和自由权相结合派生出的专属于商人的自然权利;在被制定法确认后,竞争权既是一项宪法权利,如印尼1945年宪法关于禁止垄断的规定,也是一项法律权利,如德国《反对限制竞争法》关于请求权的规定;竞争权从权利主体的角度观察,既可以是个人权利,如经营者作为权利主体的情形,也可以是集体权利如行会的竞争权、德国法上企业联合体关于竞争规则的权利;竞争权从权利实现的角度观察,既可以是积极权利,也可以是消极权利,如中国司法解释中对公平竞争权的规定。

二、竞争权的性质

竞争权的初始形态确立之后,人们一定会提出:竞争权是什么性质的权利——私权或公权,抑或根本就不是权利的问题。我们试图对此作出回答:竞争权现在既不是私权,也不是公权,而是属于自然权利。因为公权与私权的划分是以制定法所确认的实然权利为基础而进行的,在竞争权还没有进入或没有全部进入实在法的领域之前,它就一直是以自然权的形式存在着。

尽管先贤们对于什么是自然权利在理论认识上存有较大分歧,已有的法律确认范围亦不尽一致,但这都不妨碍我们"对自然法权利的某些基本特征达成共识:首先,这种权利被认为是天赋的,与生俱有的,具有自明、不可分割和不可剥夺的性质;其次,这种权利是人类普遍具有的,社会环境和文化背景的不同亦不构成否定这种权利的理由;第三,这种权利是先于社会而存在的,它不是社会政治设计的结果,而是政治设计必须保障的目标;第四,这种权利是绝对的,它在与其他价值的冲突中拥有被优先考虑的地位"。① 自然权利中,有一些是全人类共有的基本权利,如生命、自由、幸福和财产、劳动,这些权利不分种类、性别、种族、身份、文化、年龄,一律平等地享有;有一些是从基本权利中推导出来的区域性权利,如山林为生活所需的砍伐权、拾柴权,江湖大海的捕捞权,草原的放牧权,河流的取水权,道路的行走权,这些权利是因生存条件主要指自然环境条件的不同而享有的权利;有一些是从基本权利中推导出来的行业性权利,如农业中留种的权利,畜牧业中配种的权利,商业中行商的权利,寺院中游僧挂单的权利,百业中乞讨的权利,这些权利属行业属性赋予的固有的权利;有一些是从基本权利中推导出来的身份性权利,如师徒如父子(准父权)、两国交战不斩来使(使者特权)、不杀降者(投降权)、不欺弱者(弱者保护权)、唱戏分场或按折演(休息权)、清明上坟

---

① 余涌:《道德权利研究》,中央编译出版社2001年版,第199页。

（祭权），这些权利都是因特定身份的取得而享有的权利，具有优先性。

那么，竞争权的初始形态为什么是自然权利呢？迄今为止虽然尚没有哪一个国家通过立法活动在竞争法中宣称竞争权的存在，但这仅仅表明政治国家对竞争权缺乏洞察、预见和创见，而不能表明竞争权的魂飞魄散。竞争权的确是商人与生俱有的专属性的经济权利，该权利源于自然法，不管世俗社会的态度如何，它都是不可剥夺、不可分离、不可消灭的自然权利。

首先，竞争权具有和自然权利一致的秉性，是商人之所以为商人的基本权利。倘若商人没有竞争权，就无法展开竞争，追逐利润的动机和目的靠什么实现？其结果很可能就如计划经济体制下高度集权的中国商业，大到商业总公司，小到饭店、理发店和粮店，都是国营经济的组成部分，是讲政策、讲管理而不讲利润、不讲服务的国家机关的派出者，相互之间友谊第一，比赛第二，无任何竞争之言。所以，只要承认商人的存在，竞争权就是商人天赋的权利。这种权利，超越历史、民族和文化，超越政治体制的设计，既先于市民社会，也先于政治国家。犹太人一千多年犹如无根之叶，飘落世界各地，经商流浪的历史表明：无论是神权至上的中世纪，还是弥漫着自由、平等、博爱的资产阶级近代，还是走向帝国主义的德意志，犹太人可以丢弃财产和生命，但却没有丢弃信仰和经商。是商人的竞争权支撑着犹太人同教会的博弈，同庄园主的博弈，同种族歧视的博弈，同时还启迪着自由市场和国家管制的博弈。中国的经济体制改革也从现实的层面，实证了竞争权具有商人市场活动的优先价值。20世纪90年代中期曾广泛流行的"国营的（企业）不如集体的（企业），集体的不如三资的（企业），三资的不如个体户"的俚语，根源就在于国营→集体→三资→个体户在竞争权的充分、主导和不可限制上，具有逆向的高管制性。

其次，竞争权属于自然权利，是自然权利自身具有的吸纳先进理性使其发展变动的结果，属于派生性自然权利。自然权利和自然法一样，其本身并不是一成不变的。人类基本的自然权利——生命、自由、幸福和财产、劳动——确立的过程，就是自然权利发展的过程。我们知道，将生命与自由纳入自然权利，是自然法学家的共识；将幸福纳入自然权利是杰弗逊主草的《美国独立宣言》的贡献，菲尼斯则对此作了详尽的理论建构；将财产权纳入自然权利，也是自然法学家的共识，将劳动权纳入自然权利，在洛克财产的来源的理论中就已显示端倪，但最终使其确认为基本的自然权利，则要归功于《经济、社会和文化权利国际公约》。人类基本的自然权利确立之后，就具有权利原生的性质，如生命与幸福结合，就派生出了隐私权和生存权，自由与财产结合，就派生出了契约自由权和竞争权，幸福和劳动结合就派生出了劳动保障权和失业救济权。因此，可以说人类基本的自然权利除其内涵外，相互结合所派生出的权利，构成人在各个领域的重要自然权利。竞争权就是这样的权利。

最后，竞争权属于主体性自然权利，在农业经济时代，仅仅属于商人，具有身份性；在工业经济时代，它属于整个商业，具有行业性；在现代社会，它属于各行各业的经营者，属于主体性自然权利。

三、竞争权权能

竞争权由自由竞争、公平竞争和资产竞争等项权能所构成。关于权利与权能的关系，中国民法学界主导性的观点认为二者可以分离，其经典表达是所有权与所有权能的分离，所有权与经营权的分离，但据孟勤国教授的研究，"权利是从一般可能的角度出发，权能是从特定行为的角度出发，权利是抽象的，权能是具体的，权利、权能实为一体，这或许就是法学中经常互用权利、权能概念的原因。由此看来，权利与权能，不是整体与部分的关系，而是本质与表现形式的关系。一个权利有多种权能，不意味着权利是多个部分的组合，而是指权利可以有多种表现形式。一种权能也可以表现多种权利，占有权能既能表现所有权，也能表现他物权，同样是因为权能是一种表现形式。""内容不能脱离形式而存在，任何形式都表现一定的内容，因此，所有权与权能的分离在客观上不可实现。"不仅如此，"权利在特定的时空条件下也只能有一种权能形态，所有权的占有、使用、收益和处分权能，是指所有权表现为多种特定行为的可能性，而不是说所有权同时表现为四种形态。为什么不可能？因为时空的条件不可能穷尽，所有权的具体表现因而也无法穷尽，四种权能只不过是所有权比较普遍的表现形式而不是全部。"① 本书从孟勤国教授的观点并据此分析竞争权与竞争权能得出：（1）自由竞争、公平竞争和资产竞争三项权能，仅仅是我们发现竞争权所专属的特有权能，但不是竞争权权能的全部。事实上，竞争权的权能和传统权利体系中的权能如救济权、收益权等相一致，就如"要列举出所有权中固有的全部权能是不可能的"② 一样，竞争权的权能也是不可穷尽的。（2）竞争权的权能不能同竞争权相分离，也就是说竞争权是不可分割的权利。离开任何一项权能，如自由竞争或公平竞争或资产竞争，竞争权都可能无法存续。（3）竞争权的权能在特定时空条件下会以一种权能形态表达出来，如对市场统一的诉求是以自由竞争权能，对市场平等的诉求是以公平竞争权能，对市场优胜劣汰是以资产竞争权能，对市场秩序的诉求是以救济权能等表达竞争权。代表竞争权表达的权能，在其代表的意义上就是竞争权的全部。

自由竞争权是竞争权的首义。自由是权利的基本要素，是权利的基础。若无自由，就无权利。所以，自由在权利中的意义，不言自明。在竞争权中，自由既是催

---

① 孟勤国：《物权二元结构论——中国物权制度的理论重构》（第 2 版），人民法院出版社 2004 年版，第 16—17 页。

② 中国人民大学民法教研室编印：《外国民法论文选》1984 年版，第 195 页。

生商人的条件，也是商人存续的条件。在欧洲商人阶层形成的过程中，犹太人商脉的历史形成和犹太人商人职业在基督与世俗的双重挤压下仍能传承，无疑是一个耐人寻味的现象。为什么犹太人这样一个外来民族，能够在非常不利于商人发展的西欧社会，选择经营商业的道路，并以经营商业而立足呢？首先，在中世纪，自由往往意味着没有社会地位。犹太人是当时的自由人，在经济上，他们没有隶属哪个庄园集合体，既不是管理他人的庄园主，也不是受人管理的劳动者，他们甚至没有一分土地。在宗教上更是始终恪守自己的犹太教传统，他们既不主动改变亦不被同化，成为与基督教徒生活在一起的异教徒。其次，犹太人在西欧走上经营商业的道路，实在是源于某种机缘，而这种机缘又是犹太人的特点及西欧社会的具体情况所促成的。当时，犹太人虽然散居于西欧各处，看似成为各地社会中的一部分，但他们要想真正与当地人融合却是非常困难的。融合的前提必须是与当地人从事同样的农业生产或手工业生产，并接受当地的习惯和信仰。但犹太人要从事农业，就必须要占有土地；要从事手工业，也需要劳动力、原料及场地，这就必然会同当地人发生权益上的矛盾。在排犹事件屡屡发生的情况下，犹太人惟有从事当地人所不愿或不能从事的商业。商业的进化并不需要固定的土地，只需要在不同地域间进行流动，因此，商业需要的是一个能够自由活动的阶层，而犹太人正是这样一个阶层。最后，犹太人经营商业之所以能够成功，来自两种相互补充的力量。犹太人作为外方人，在失去自由的同时，也失去了许多当地人所拥有的权利和保障，为此，他们需要用钱来补偿，用钱来"购买"。正如利昂·波利阿科夫教授所言："犹太人只能靠钱来生活，不是按照我们当今资本主义社会有关金钱的含义来理解，而是按照更深刻的意义来理解，即购买生活的权利，因为基督教会允许犹太人在一定的间隔期间出资'购买'作为纯粹自由农的权利。在这种情况下，金钱对于犹太人来说，就具有了准神圣的意义。"而在当时，钱财的获得，除了商业和借贷业以外，很少有其他职业能确保取得必要的收入。这就是为什么犹太人选择商业作为自己立足之本的原因。另一方面，由于基督教会将借贷业视为基督教徒所不应从事的职业，这一立场限制了犹太人的竞争对手，从而增加了他们盈利的机会。"犹太人的成功主要归功于他们思想上的武装：广泛的教育，在不同国家之间交流观念和技术，在欧洲只看重战士和教士的时候，他们尊重商业行为。但是他们也受到例外的待遇：由于他们在任何国家都没有完全的公民权，他们因而逃脱了任何国家为外国人的移动所设定的限制，尤其是在战争时期。"[①] 是失去家园的自由、是没有国家依附的自由、是教义对商业和高利贷的自由使犹太人成为欧洲最早的商人，同时也保证他们成了最成功的商人。

---

① 赵立行：《商人阶层的形成与西欧社会转型》，中国社会科学出版社2004年版，第75—78页。

公平竞争权是竞争权的根本。公平究竟是权利的内容,还是权利行使的规则,学术界有不同主张,认定公平为私法之原则属于权利行使规则的看法,时下居于主流地位。我们认为,无公平,竞争权基础上的竞争就会成为霍布斯的丛林法则。公平既是商人竞争权内在理性的诉求,又是商人竞争权行使的外在效果的边界。所以,公平乃是竞争权的根本之所在。公平竞争权的内容,主要是由平等和形式正义两根支柱搭建的。公平竞争权的行使还必须保有外在效果符合以诚实信用为中心的商业道德的要求。对诚实信用"有的认其为人类社会的理想,有的认其为交易上的道德基础,有的认其与罗马法上一般抗辩的意义相同,有的认其是对当事人利益的公平较量,有的认其为帝王条款,为全法域之基本原则。"① 我们倾向于"交易上的道德基础"的理解,其最低限度的道德要求是②:第一,善意。经营者竞争活动中,应以善意之主观心态积极从事经济活动,不得损害国家利益、社会公共利益和他人正当之利益。善意虽为主观之范畴,但其判断、评估、衡量和约束、制衡的却是客观行为。经营者作为经济人,唯利是其本性。善意地追求利益,既是经营者个体生命之所在,亦是市场经济活跃发展之动力。第二,无欺。经营者在竞争活动中,不能欺骗消费者,欺诈对方当事人,不能在市场上散布虚假的服务信息、商品信息和商誉。第三,守诺。经营者竞争活动中,要遵守诺言,对合同约定义务和法律要求承担的义务,须为全面积极之履行,并顾及一般交易惯例。第四,相互信赖。在德国法学界,占主导地位的观点认为,诚信原则的内涵是信赖,它在有组织的法律文化中起着一种凝聚作用,特别是相互信赖,它要求尊重他人应受保护之权益。要求不滥用交易另一方之信任,或恶意利用另一方疏忽,获取交易外不正当之利益。要求遵守交易规则,以制度安排为后盾,建立互相信赖之网络。

资产竞争权是竞争权中商人市场竞争利益的直接承接者。如果说一切权利的根本都可归结于利益的话,那么,商人的利益则可归结到商人的一切活动中。这是学界的共识。本书所表达的资产竞争权,仅是一个细微的问题。但在竞争权中,这个细微的问题却因场景的改变而变得极为重要。因为迄今为止商人的全部竞争活动,都是紧紧围绕着这一问题而展开的。

四、竞争权的主体

竞争权是专属于商人的。商人就是以交换和盈利为职业的社会阶层。我们知道,"商人作为一个阶层,必须具备一定的条件,首先,他们是一群自由的人,这种自由包括人身的自由和自由经营权。其次,商人是他们的第一身份,而非首先隶

---

① 转引自魏振瀛:《民法》,北京大学出版社、高等教育出版社2000年版,第125页。
② 王艳林:《中国经济法理论问题》,中国政法大学出版社2001年版,第125页。

属于其他阶层。"① 不仅如此,商人的人身和精神均保有非依属于土地(区别于农民)、非依属于庄园(区别于农奴)、非依属于国王或行政(区别于公务人员)、非依属于上帝与教会(区别于神职人员)、非依属于政党(区别于党务人员)的独立性。再次,利润和财富是商人最基本的同时也是最高的追求。对于商人而言,在上帝与生意之间,就是信奉基督的商人也会选择生意。据中世纪的资料:"两个商人在经过教堂时,其中一个人提议去做礼拜,但另一个人拒绝说,他不想在买卖上分心。"② 这表明,在金钱的希冀和救赎的努力中,商人宁可选择金钱。最后,商人之所以成为商人,皆在于交换是其职业。偶尔的交换,为消费的交换,都不是商人的交换。从商业发展史的角度观察:"封建式的产品交换不同于资本主义的交换,因为封建商品交换基于生产者和消费者从他们所生产的物品中获得使用价值,而不是发展交换价值本身。因此,商品的使用价值决定着其交换价值。……封建商品交换的循环可描绘为:C—M—C′,比较而言,资本主义的交换是这样的循环:M—C—M′,用马克思的话说,第一种循环是'卖为了买',而第二种循环是'买为了卖'。"③ 也就是说,交换只有在 M—C—M′ 的循环中,才是商人的职业的交换。

商人的竞争权,就是商人之为商人的权利,尽管有时非商人的交换也会涉及竞争—竞争权存有的情形,但都不构成否定该权利专属于商人或竞争权为商人专属权的结论。其原因就如前面所分析的那样,非商人的交换是为消费的交换,非商人的竞争也是消费竞争——提高消费质量,降低消费成本,提高消费安全的竞争。这和商人为交换而交换,竞争是为了更好地交换,更快地交换,更有效益地交换,是有根本不同的。也正是从这个意义上讲,竞争权存在在 M—C—M′ 的循环中,并成为 M—C—M′ 循环的润滑剂。

在现代市场社会,按市场五大要素——资金、技术、商品、劳务和服务——提供者的不同,考察竞争权主体,我们可以看到:

(1) 金融、证券、保险等金融公司及服务提供者;

(2) 技术研发、创新、转让等个人、公司或科技组织;

(3) 产品的生产者、销售者和维修者;

(4) 劳动者个人、职业经理人、中介服务者、经纪人;

(5) 网络服务商、旅游服务商、教育服务商、医疗服务商、家政服务商;

---

① 赵立行:《商人阶层的形成与西欧社会转型》,中国社会科学出版社 2004 年版,第 28 页。

② 卡洛·M. 奇波拉:《欧洲经济史》,商务印书馆 1988 年版,第 6 页;赵立行:《商人阶层的形成与西欧社会转型》,中国社会科学出版社 2004 年版,第 140 页。

③ See John E. Martin, Feudalism to Capitalism, Macmillan Press Limited 1986, p. 21. 转引自赵立行:《商人阶层的形成与西欧社会转型》,中国社会科学出版社 2004 年版,第 28 页。

在市场全球化与一体化的今天，按市场主体的国籍来划分竞争权主体，我们可以看到：

（6）跨国母公司、跨国子公司、分公司、办事处；

在多元化经营的社会，按市场主体从业范围的领域来划分竞争权主体，我们可以看到：

（7）科工贸一体化企业；

（8）产学研一体化企业；

（9）生产贸易服务一体化企业；

从法学的角度观察上述各类主体的法律人格，我们可以看到竞争权主体：

（10）法人、非法人组织、合伙和个体。

第三节 资产竞争权

在竞争权的三项权能中，资产竞争权相对于自由竞争权和公平竞争权①的研究显得冷清了些。本节拟选取民法发展进程中若干历史的高点，采取证实的方法，在会计学资产理论研究的基础上，对资产竞争权的确立过程予以梳理和论证。本节包括三个部分：第一部分是选取汉穆拉比法典、罗马法和中世纪法，观察财产关系法律调整范式的演化，以历史的视角探究近现代私法制度尤其是财产法制度与理念的形成和确立。第二部分是分析以法国民法典和德国民法典为代表的财产关系法律调整范式在现代的困惑，并将其原因归结为资产的出现及其广泛存在。"经营"作为资产的生命价值与属性，对财产与财产法产生了革命性影响。第三部分是在考察会计学理论资产定义的基础上，提出"资产就是可经营并用作经营，产生预期可计价可评估的经济利益的财产"的新定义，指出资产的核心价值是市场竞争，进而形成资产竞争权，完成该问题的知识建构。

一、古代财产法史的三个节点及启迪

纵观中外法律发达史，整部民法的历史实质就是财产法的发达史。在古代法辉煌而灿烂的民法史中，财产法在三个关节点上呈现出强烈而清晰的转折——发展特性。

一是汉穆拉比法典。在该法典正文中，约有46.1%的条文，共计130条直接规范和调整财产关系。法典规定的财产类型包括土地和金银、牲畜、船舶、祭器及奴隶、奴婢、子女；调整范围包括果园经营、寄托、损害赔偿、租赁、雇佣和买卖、继承；调整手段包括刑罚、赔偿、罚金、返还、分成和针对军人的剥夺份地或

---

① 王艳林：《竞争权及程序保障》，武汉大学博士论文，2006年。

禁止份地出卖、转让、赠与等。汉穆拉比法典对财产关系进行调整的特点与标志，是显而易见的：（1）财产种类以自然形态和物理感触为限，没有无体物，没有抽象和提升，包括土地、各类物和奴隶、奴婢与子女。（2）财产调整范围既包括财产静态关系，也包括财产流转，更难能可贵的是还包括财产经营和财产用益。（3）财产关系的调整手段，一如其他古代法，实行刑事处罚与民事责任的结合。而民事责任形式多样，赔偿与罚金分用，保有与剥用并设，对后世乃至今日的民事立法，都有借鉴和警示意义。

二是罗马法。罗马法和其他奴隶制法乃至封建法相比，之所以国家亡而法律不灭，社会机体消失而法律规则精神长存，成为现代国家普适性的法律渊源，皆在于罗马私法特别发达，"私法发达是罗马法的进步所在，以致'罗马法'一词在后世成为罗马私法的同义语。"① 发达的罗马私法充盈着拉丁民族的理性，凝聚着罗马法学家的智慧，为后世一切市场经济国家私法体系的构建，私法制度的设计，私法概念符号的选取和私法理念的确立，提供了直接的范式与样本，从而使罗马法成为具有长生活力的法律现象。恩格斯称其是"商品生产者社会的第一个世界性法律"。这里所谓"世界性"，是说罗马法适用的范围不仅限于罗马，还包括世界其他各国；所谓"第一个"，即以前没有哪个国家的法律能称得上世界性的。②

罗马法对财产关系的调整，主要是由物法完成的，诉讼法是保护物法得以实施的基本途径。一般认为，物法包括物权、继承和债等。③ 物法，无论是其内核，还是其形式，犹如一座高品位铀矿，对于后世的财产法绵绵不断释放着大量的动力，产生了巨大的影响。首先，罗马物法蕴含着财产私有与财产共有的二元观，神法物与人法物作为不可有物禁止、拒绝个人或团体占有与使用，只有可有物才能私有。其哲学基础源自斯多葛学派的自然和习惯的观念。④ 由此，后来的时代便获得了关于财产权利的两种思考方式，即自然的和习惯的。对于财产理论以后的历史来说一个重要的事实是，他们把财产与自然法联系起来，这暗示着自然权利的发端。可以

---

① 周枏：《罗马法原论》，商务印书馆2002年版，第12页。

② 恩格斯讲"第一个"而不说"唯一的一个"，就是说还有"第二个"，这第二个世界性的法典应该是1803—1804年颁行的《法国民法典》。周枏：《罗马法原论》，商务印书馆2002年版，第16页。

③ 黄风在其《罗马私法导论》中，对此表达了现代法学的看法和分类编排："需要说明的是，罗马法学家将债权纳入无形物的范畴，这只是为了从财产的角度说明权利的物质特点，而不涉及债权的法律特性……在物法部分，一般不调整债权问题。"中国政法大学出版社2003年版，第173页。

④ ［美］理查德·派普斯：《财产论》，蒋琳琦译，经济科学出版社2003年版，第9—13页。

说，这种二元思维乃是革命性的，因为依据自然取得的财产与神性联系在一起，从而具有了神圣的意义。①

其次，罗马物法的体系和谐，具有内在逻辑的一致。这种一致，是罗马私法体系和谐一致的延伸。分类是构建体系的基础，罗马法学者根据不同的标准，将罗马法划分为六类：（1）公法与私法；（2）成文法和不成文法；（3）市民法、万民法和自然法；（4）市民法和长官法；（5）人法、物法和诉讼法；（6）旧法和新法。其中第（5）分类是盖尤斯在《法学纲要》中提出的，其基本依据是按权利的主体、客体和保护，把法律分为人法、物法和诉讼法三个部分。对此，周枏先生评论道："这是他仿照当时的传统做法而不是他个人的创造。"② 另一方面，这种一致是物法内容内在精神一致性的表现。物法以可有物为基础，按照物的取得→物的用益→物的丧失→物的保护的逻辑进路，将债和继承纳入物取得方法之中，将损害赔偿和无因管理，一体视为对物之诉，纳入物的保护，从而构成物法内部物权、债、继承的三分体系，这在古代诸法合体的结构中，是特别引人注目的创造，以至于后世的法国民法典十分轻巧地沿用了这一点。

最后，罗马物法中，超越物的自然形态和物理感触，确立无体物的概念。盖尤斯说：实际上，继承权、用益权和债权本身都是无形的。对城市土地和乡村土地的权利同样属于无体物。无体物的取得方式与有体物不同，"既不能凭借时效取得，也不能通过传统的买卖方式取得"。③ 无体物作为权利的概括和有体物获得同等的地位，为后世无体财产权尤其是知识产权保护，起了开创作用。

三是欧洲中世纪法。欧洲中世纪法泛指公元 5 世纪中叶西罗马帝国灭亡到公元 17、18 世纪资产阶级革命开端前的欧洲法律制度。欧洲中世纪法的主流，是超越地域、民族和国家的教会法、世俗法和城市法，而不是惯常讨论的国家法。欧洲中世纪法之所以在人类法制文明中形成教会法、世俗法和城市法三朵并蒂莲，而从根本上不受制于任何一个主权国，是欧洲中世纪独特的历史条件所造就的。其产生和发展的主要线索和基本特征是："（1）日耳曼法与罗马法的融合，推动了欧洲封建国家法律制度的确立；（2）大陆法系与普通法系的分野，标志着欧洲各国法律制定的定型化；（3）教会法权地位的确立，这是欧洲封建政治、经济制度和意识形态万流归宗的必然结果；（4）自治城市法和商法的出现以及罗马法的复兴，深刻地预示着新兴的资产阶级法律制度取代封建法律制度的历史必然性。"④

---

① 肖厚国：《所有权的兴起与衰落》，山东人民出版社 2003 年版，第 33 页。
② 周枏：《罗马法原论》，商务印书馆 2002 年版，第 97—98 页。
③ 周枏：《罗马法原论》，商务印书馆 2002 年版，第 97—98 页。
④ 张学仁：《日耳曼法和罗马法的并存与融合》，载由嵘主编：《外国法制史》，北京大学出版社 2000 年版，第 61 页。

欧洲中世纪历史的实质就是政教二元政治体系的博弈。封建的分封与割据导致的国家虚位和基督教精神信仰的一统，是形成政教二元政治体系正相共生博弈的基础。我们知道，世俗国家的政府，以强权与暴力为后盾获得管理社会事务包括教务的权力，这是政治学理论的常识和阶级斗争历史中的常态。在此常态下是不会形成政教二元政治体系的。但欧洲中世纪的世俗封建社会，恰恰出现了国家虚位的悖论。也正是西欧封建国家虚位的悖论使公权力弱化，导致教会神权的刚性，形成政教二元政治体系。正是西欧封建制形成与发展的特点，决定了政教二元政治体系的持续存在，决定了封建世俗法主要表现为日耳曼法，和罗马法精神对日耳曼习惯法的浸润。

日耳曼法，按照恩格斯的说法，即"古代的马尔克法律"。① 马尔克是日耳曼人氏族制度解体时期，以地域关系为基础形成的农村公社组织，是公元5—9世纪占主导地位的社会组织形式。日耳曼法留存有许多原始氏族习惯的痕迹，如血亲复仇、土地、森林、牧场等基本生产资料村落公有。② 同时又深受罗马法和教会法的影响，从而形成独特的品格，成为西方法律传统的重要基础。日耳曼法对财产关系的调整主要是由动产法与不动产法来承担的，日耳曼法区别动产与不动产的标准有二：（1）以标的物有无转移性为标准。据《斯瓦奔鉴》（Schwabenspiegel）所载，则动产之定义，为金、银、宝石、家禽、马及其他一切人得制御携带之物。（2）以标的物容易灭失与否为标准。法谚云：炬火所得烧尽之物，悉为动产（Was die Fakel verzehit ist Fahrn's）。是以木造家屋，不问其有无定着性，悉视为动产也③。就不动产而言，日耳曼法系以占有为核心形成不动产法。至于所有的概念，在日耳曼法中是不存在的。就动产而言，日耳曼法上，凡取得不动产占有者即当然取得不动产中一切动产之占有，所以关于动产占有之争议，往往以不动产占有的情形来决定。动产占有须以持续占有之事实的保持为形式，这和不动产占有以用益为形式构成重要差异。日耳曼法中，追及权是动产保护的主要制度。"凡动产之占有人，丧失其动产之占有时，皆有追及权，是否所有人，在所不问"④。

和西欧封建制的形成与发展过程迥然不同的基督教会及其教会法对财产关系的调整，重点是财产观念的变换。由于在《圣经》中没有关于财产的明确理论指导信徒与教会，早期的基督徒对财产多持否定的态度。一个人如果只是用于一己私利所拥有的财物被认定是邪恶的。所以，教会法规定，教徒把遗产交给最神圣的天主教会是一种自觉的宗教义务，"教徒临终捐献给教会的财物，任何他人不得侵占"。

---

① 《马克思恩格斯全集》第19卷，人民出版社2006年版，第363页。
② 李秀清著：《日耳曼法研究》，商务印书馆2005年版，第447—488页。
③ 李宜琛：《日耳曼法概论》，中国政法大学出版社2003年版，第50页。
④ 李宜琛：《日耳曼法概论》，中国政法大学出版社2003年版，第91页。

教会接受私人遗产的权力不受限制。很快，教会所拥有的大量的地产及其他财产与基督倡导的精神之间，在信徒那里产生了冲突。"那就是对于千百万信徒来讲，物质财产是必需品：很清楚，并非每一个人都能够安于贫困，并且成为神甫、僧侣或者修女为他或她所信奉的基督教奉献终生，犹如并非所有人都能实行独身主义一样。"① 教会必须在基督教理想与世俗的现实之间找到中庸之道。奥古斯丁提出：耶稣关于放弃财产的告诫只是一个劝告，而不是命令。"金子不好吗？"邪恶之人用好的金子来做恶，而善人则用好的金子来行善。所以，财产就是财产持有人向善行善的责任。②

到了中世纪后期，客观上，教会通过获得赠与和税收，以及它自己的农业、制造业和商业获得了巨大的财富，据称教会拥有西欧四分之一到三分之一之间的土地。教会法、教会法院和教会法学者总是把教会的这些财产"作为它'现世的'权力内容来对待"，而不认为它"具有一种圣事的性质。"③ 教会改变了做法，从把财产看成是一种可悲但却无法逃避的现实转变为从原则上来为之辩解。1323年，教皇约翰二十二世宣布：否认耶稣及其门徒拥有财产者即为异端。6年后，这位教皇在另外一篇诏书中认定：人对其财产拥有的财产权利与上帝所宣称的对整个宇宙拥有的权利并无分别。上帝将他的权利赋予了那些按照他的形象创造出来的人。因此这是自然权利，优于人间的法律。教会的理论家们提出：国家的权利，无论在其他方面是如何地不受限制，但并不及于其国民的财产。阿奎那的学生埃及得斯·罗马努斯是这一理论的著名诠释者。他指出：腓力四世并不具有占有教会财产的权力，因为财产的权利优于国家的权力。④ 城市是欧洲中世纪在政教二元政治体系之外发展起来的独立的地域性自治实体。欧洲中世纪的城市是西方历史上继城邦、领地之后出现的第三代国家形态。⑤ "在欧洲中世纪，城市明显特征是具有自己的法律、法庭和自治的行政。在受法律的支配并且参与选择行政官员的意义上，个人是

---

① 转引自［美］理查德·派普斯：《财产论》，蒋琳琦译，经济科学出版社2003年版，第16页。
② 转引自［美］理查德·派普斯：《财产论》，蒋琳琦译，经济科学出版社2003年版，第16页。
③ ［美］哈罗德·J. 伯尔曼：《法律与革命》，贺卫方等译，中国大百科全书出版社1993年版，第287页。
④ 转引自［美］理查德·派普斯：《财产论》，蒋琳琦译，经济科学出版社2003年版，第19—20页。
⑤ 董小燕：《西方文明：精神与制度的变迁》，学林出版社2003年版，第104页，转引自［美］理查德·派普斯：《财产论》，蒋琳琦译，经济科学出版社2003年版，第16页。

公民。"① 对于城市的作用,在作者看来,城市的主要作用是为后世资本主义的发展和近世资产阶级国家的确立,炼聚了自由的精神,提供了平等的权利结构和优位的私法自治体系。

自由是城市的精髓。"市民阶级最不可少的需要就是个人自由,没有自由,那就是没有行动、营业与销售货物的权利。"② 自由的城市是对封建隶属关系和教会精神强制关系的解脱。城市市民们最终获得的自由是丰富的,这些自由包括:"政治自由:自治的权利。人身自由:(1)婚姻自由;(2)免于承担封建义务的自由;(3)立遗嘱的自由;(4)搬迁的自由;(5)在城市中居住满一年零一天后即从奴隶身份中解放出来的自由;(6)让渡财产的自由(亦即将财产转移给别人);(7)免于服兵役的自由。经济自由:(1)无须提供住宿的自由:如果必须为国王和其扈从提供住宿则应获得适当的补偿;(2)免于缴纳外部税收的自由;(3)向其他公民征税的权利;(4)免于缴纳通行费的权利;(5)拥有集市的权利。法律自由:(1)市民接受民众法庭审判的权利;(2)诉讼的权利;(3)免受任意拘留和搜查的权利;(4)免于提供强制性服务的权利。"③

自由为城市权利体系的构建提供了条件。私人财产权利的发展,主要是在非自由人对自身劳动力的解放和城市土地向私人所有的趋近这两方面展开的。对非自由人谋求自身劳动力的解放,西方历史学家提供了极细致极丰富的史实④和理论解释:皮雷纳认为,市民的自由身份,并非与城市的建立同时出现,而是通过同封建领主的斗争,并随着城市法的逐渐完善而确立。布瓦松纳认为,接纳法规(即不自由人进入城市一定时间后获得人身自由的规定)是城市解放运动的成果之一。汤普逊认为,"城市的空气使人自由"这句话流行于城市实现自治之后的 13 世纪。这一切说明,城市人人身自由、私人劳动力所有权的获得过程实际上也就是城市政治独立的过程的一部分,城市政治独立是私人财产权利发展的必要保障。⑤

对古代私法尤其是财产法简要的考察表明,罗马法为近代民法主要是《法国民法典》及影响提供了概念、原则、规则、制度及体系,中世纪法则为近代民法提供了私法的精神和灵魂,如城市自由、私人财产权高于国家权力,前者演化成了

---

① [德] 马克斯·韦伯:《韦伯文集:文明的历史脚步》,董宪起等译,三联书店 1997 年版,第 128 页。

② 转引自 [美] 理查德·派普斯:《财产论》,蒋琳琦译,经济科学出版社 2003 年版,第 133—134 页。

③ 转引自 [美] 理查德·派普斯:《财产论》,蒋琳琦译,经济科学出版社 2003 年版,第 133—134 页。

④ 详见赵文洪:《私人财产权利体系的发展》,中国社会科学出版社 1998 年版,第 173—197 页。

⑤ 赵文洪:《私人财产权利体系的发展》,中国社会科学出版社 1998 年版,第 173 页。

契约自由，后者顺理成章地发展为私有财产神圣不可侵犯，奠定了近代以来私法的基石。历史还使我们看到，近现代民法在财产法领域之所以形成法国民法和德国民法的不同调整模式，制度差异的基因在于罗马法中财产制度和日耳曼法中财产制度的不同。法国民法典和德国民法典中的财产制度其实就是罗马法和日耳曼法的财产制度在资本主义商品经济社会条件下的梳理与重述，而知识产权作为无形财产权的保护，则在罗马法中深深埋下生命的种子。

二、近代民法中财产关系法律调整范式在现代的困惑及其原因

坦率地讲，财产关系法律调整范式的每一次进步，都是社会财富积累推动社会向前发展的结果。虽然法国民法典以所有为中心的范式和德国民法典以占有为中心的范式各自发生于不同的时期，对现世的影响或大或小，或直接或间接，也都不尽相同。但它们之间的共同点皆在于对财产实行静态假定基础上的抽象概括和分类调整。法的这种调整方式适用于农业经济时代的简单商品生产，也适用于工业时期的自由市场经济高度发达的商品生产，但它却在人类社会进入信息化时代的现代市场经济中，表达出种种无法依靠自身的解释力进行自我调适的困惑与危机。这种困惑与危机集中表达在以下三个方面：

一是所有权的衰落，引发以法国法为代表的财产法调整范式的危机。法国民法典是近代民法中，对财产关系实行概括调整的典型，构成以所有权为中心调整财产关系的范式。"近代民法中财产法的基础，即所有权绝对和契约自由，在《法国民法典》中得到完成。封建的财产制度和封建的财产权利，在《法国民法典》中被清除得干干净净。"这一点，比其之后近百年的德国民法典也不如法国民法典做得好。① 法国民法典对财产关系的调整，主要继受罗马法的做法。除去人们广泛谈论的法国民法典三编制结构对罗马私法体系的接受外，在财产法方面法国民法典采行的也是罗马物法——物权、债、继承的结构，第二卷为"财产以及所有权的各种变更"，包括四编共151条，第三卷为"取得财产的各种方式"，由总则和20编共571条构成。法国民法典财产法的内容，所有权的规定中丝毫找不到封建财产占有权的痕迹，而在大革命前，这种权利不论是在法国南部的法律中，或是在法国北部的法律中都得到确认。"② 在取得财产的各种方法中，有关债的罗马法完全取代了习惯法。

对于所有权的衰落，肖厚国博士认为所有权的衰落是现代性危机的一部分。③

---

① 谢怀栻：《外国民商法精要》，法律出版社2002年版，第65页。
② ［澳］瑞安：《民法导论》，载法学教材编辑部《外国民法资料选编》编选组：《外国民法资料选编》，法律出版社1983年版，第31页。
③ 肖厚国：《所有权的兴起与衰落》，山东人民出版社2003年版，第212页。

私的所有权的衰落是社会主义思潮的崛起和自由主义思想没落的结果①。"19世纪末叶以降，所有权愈来愈多地因保护邻人而受限制。最初关于所有权的自由行使，禁止客体是恶意行为，但随着时光的推移，纵使缺乏恶意因素而给他人带来不利时，权利滥用法理依然得有其适用"②。在20世纪，"伴随着财产社会化进程日益向前迈进，财产社会化的程度愈来愈深，以致1919年的魏玛宪法以根本法的形式将财产的社会概念合法化"③。总的看来，所有权的衰落是一步一步进行的，"首先是思想领域的责难，继则是对私法的解释而放弃自由财产概念，接着是立法和公法对私有财产价值的丢失，最后是宪法的放弃。这样，私有财产便经历了由思想领域至立法领域、由私法至公法的改变和清洗过程。慢慢地，个人主义财产概念遂被社会化概念无可挽回地取代，于是，自由财产便衰落了"④。

二是物权理论面临的经济关系的挑战，促动以德国法为代表的物权法范式的再造。德国民法典第三编物权法的内容与体系，具有自己独特的影响，除日本民法典等接受德国法体系承接物权编外，就是不接受德国民法体系的瑞士民法典（1907）、苏俄民法典（1923）和意大利民法典（1939），乃至法国民法理论，也都接受了德国民法的物权概念与物权体系。⑤德国物权法在总则编第二章物的概念与种类的基础上，构建了以不动产物权与动产物权为重要内容的物权规范体系，以完全物权与限定物权为重要内容的物权规则体系，以物权实体法为主干、物权程序为辅助的法律体系，以物权行为理论及物权绝对性原则、物权公示原则、物权特定原则、物权可转让原则等共同构成的物权特色理论和物权原则理论。⑥德国物权法的成就，起关键作用的是权利可以分为相对权和绝对权。债权是相对权之典型，物权是绝对权之典型。更为重要的是，债法优位于物权法规定在前，相对于法国民法典以所有权为中心的认识，更加注重物的流转，是一个根本性的进步。这对中国物权立法的影响也是巨大的。

对传统物权法的缺失，孟勤国教授指出"现代社会的财产利用，是一个依靠科技和管理组织起来的创造性的过程，由此产生以往财产利用所没有或很少发生的人际关系。财产利用所创造的新增财富远远高于原有财富时，如何确定新增财富的归属？是像原来那样以原有财产所有权为唯一依据，还是承认财产利用人有分享新增财富的权利？当所有人将财产交给专业人士经营管理时，如何确定经营管理的权

---

① 肖厚国：《所有权的兴起与衰落》，山东人民出版社2003年版，第196页。
② 肖厚国：《所有权的兴起与衰落》，山东人民出版社2003年版，第212页。
③ 肖厚国：《所有权的兴起与衰落》，山东人民出版社2003年版，第217页。
④ 肖厚国：《所有权的兴起与衰落》，山东人民出版社2003年版，第220页。
⑤ 孙宪忠：《德国当代物权法》，法律出版社1997年版，第40—42页。
⑥ [德] 鲍尔·施蒂尔纳：《德国物权法》（上），张双根译，法律出版社2004年版，第2—5页。

限？是原来那样一切须按所有人的授权进行，还是承认财产利用人有自主经营的权力？"①。中国是一个社会主义性质的国家，"社会主义社会根本利益上的一致性使得公有财产不像私有财产那样有强烈的现实对物质财富的控制和垄断的要求，公有财产是实现共同富裕的物质条件，是为全社会成员的共同利益而存在的，最重要的是如何合理利用财产，使之发挥最大限度的效益"②，传统的"按财产归属的价值取向和准则建立起来的他物权，难以解决中国的重大财产问题，这是一个不容否认的事实"③，如国有企业财产权问题和国有土地的使用问题，"仅是土地上，就有土地承包经营权、土地使用权、有偿出让的土地使用权，完全可以从中归纳和建立统一的财产利用制度，像所有权那样以一个简明的原理和体系代替各种他物权的琐碎表述。他物权的某些内容也可以被吸收，但这种吸收是自主的，而不是以他物权作为本体"④。

三是财产权的内容的空壳化，使财产法的根基受到动摇。托马斯·W. 麦瑞安（Thomas W. Merrill）与亨利·E. 史密斯（Henry E. Smith）认为：财产权已经落后于时代。虽然人们一如既往地关注他们的物质财富的取得以及保护，但当今的理论界很少有人对如何理解财产权感兴趣。漠视财产权的更深原因，是财产权通常仅仅被当作是"权利束"（bundle of rights），人们之间任何有关物的权利和特权的分配都被贴上"财产权"（property）的标签。⑤也许人们会认为法学家和经济学家对待财产权可能会更认真一些，但我们发现，在法经济学家中的所有这类"财产讨论"是没有涉及任何特殊种类的权利。也许在很大程度上，现代经济学家比法学家更认为财产权是由对资源权利的特别集合所构成。在经济学家中，存在这样一种趋势，即运用财产这一术语去"描述实质上的每一项政策——公有的或私有的、一般法的或具体规章的、契约性的或政府性的、正式的或非正式的——通过这些政策减少私有的和社会的成本和利润的分歧"。其实，财产权历来被认为是一种对物诉权。换句话说，财产权在人与物之间有某种特殊关系的时候被人享有，财产权赋予这些人排除大量不确定的其他人对此物的权利。财产权这种对物诉权的本质之所

---

① 孟勤国：《物权二元结构论——中国物权制度的理论重构》（第2版），人民法院出版社 2004 年版，第 12—13 页。

② 孟勤国：《物权二元结构论——中国物权制度的理论重构》（第2版），人民法院出版社 2004 年版，第 13—14 页。

③ 孟勤国：《物权二元结构论——中国物权制度的理论重构》（第2版），人民法院出版社 2004 年版，第 25—26 页。

④ 孟勤国：《物权二元结构论——中国物权制度的理论重构》（第2版），人民法院出版社 2004 年版，第 28 页。

⑤ See Thomas W. Merrill, Henry E. Smith, *What Happened to Property in Law and Economics*? Yale Law Journal. November, 2001, pp. 357—383.

以重要，是因为它建立了排除他人广泛侵犯的保障机制的基础。布莱克斯通、史密斯、边沁，以及他们的继承者认为财产权是一项特殊的增进某一特定财产将来的使用权和享用权的保障机制的对世权利，法律现实主义者成功地发展了一个相对抗的概念——把财产权作为法律关系的集合。科斯使现实主义的理论又上了一个台阶，含蓄地认为财产权是一份详细的个人享有资源使用权的清单。科斯还认为"个人权利无限制的法律体系将是一个不能获得任何权利的体系"，并得出了惊人的结论："我们会说某人将享有和使用土地作为生产要素，但是土地所有者实际上拥有的是实施一系列限制性行为的权利。"换句话说，科斯并不把财产权理解为对某物享有任何专有对世权，而是对某物实施一定行为的权利束或权利集合。另外，巴泽尔（Barzel）一直明确地希望可以找到一种从经济学意义上来理解财产权制度的方法。巴泽尔分析的基础性要素并不是财产权而是契约，其本人也说道："研究财产权的核心在于研究契约"。传统上把财产权理解为一种加强使用和享有某种分散性资源安全性的对世权利，我们并不是想暗示这种观点已经从现代财产权的著作中完全消失了。

我们认为，使财产关系法律调整范式产生困惑的原因，是法律规制的对象财产自身已从静态变化为动态，成为不可占有却可使用，不具所有却可收益，虽有市价但市价自身却处于时时变换状态的资产所造成的。资产与财产分离的现象，仅从市场经济运行中就可以发现。失败的商人，库存物品被贱卖和破产企业被承债式零资产收购，都表明了资产耗尽会使财产贬值。所以，优秀的成功的商人，通过市场竞争所获取的利益，首要的就是从财产的使用价值——交换价值中分离出资产的价值——市场的形象、信誉、份额和筹资——并使其迅速增加，从而实际带动财产发生量的增长。另外，资产还具有不完全依赖财产而能独立存在的属性，使财产的灭失对其客观上不发生任何实质性的影响，如有人曾假设可口可乐公司设在世界各地的所有工厂（厂房及设备），在一夜间突然被一把大火烧个精光，那么，你大可不必替美国人担心，因为他们凭借着"可口可乐"这个商标，就可在世界各地东山再起，再不费吹灰之力！其实，这是建立在坚实的资产——这里面包括了商誉、技术秘密、市场营销网络和融资能力等形态的资产——基础上的，在世界汽水市场前五位的品牌中，可口可乐公司就占了四个：可口可乐、健怡可口可乐、芬达和雪碧。可口可乐公司拥有全世界最大的销售网络，目前全世界二百多个国家及地区的消费者，每日饮用十多亿可口可乐公司的产品……①再如出租车，其和私家车或公车的区别，在于出租车营运证。这个证件所表达的不同于财产的资产意义，除只有它可以运营而私家车或公车不可以运营外，更是它不会因为车子本身的损坏、丢失而消失的。法律上，对财产与对资产的权利设定也是不一样的。如法国法中，民事

---

① 何学威：《经济民俗学》，中国建材工业出版社 2000 年版，第 92 页。

租赁——为居住而租赁,租赁期满出租人可以拒绝续签房屋出租合同,并且可以不对承租人给予任何补偿。这时,承租人的权利是有时间界限的临时性权利。而商事租赁中,承租人享有租约延展权,或其被追夺租约权,则有权要求给予补偿,以弥补其由于迁移商业资产而带来的顾客量方面的损失。①

资产与财产分离的现象,迄今未能引起法学家的关注,使财产法或物权法领域人为制造出诸多的危机,如所有权衰败的理论,他物权革命的理论,无体财产独立的理论等,更加有害的则是在政策操作层面,将财产使用价值等同于资产增值价值,将企业资产评估的价值等同于实际发生的交换市价,引导出国有资产流失的"重大社会问题"。所以,提出并确立资产、财产分离的理论是具有重要意义的。

必须指出的是:资产项下所表达的问题域,单从法学层面,我们认为,是商人作为第一原动力而不是其他的原因,推动资产与财产的分离。可以很谦和地说,财产是市民社会及其对此予以调整的基准性法律文件——民法中的基础性概念。这一概念上承私有财产神圣不可侵犯的理念,下接财产法律制度或物权法律制度的秩序性运作。但遗憾的是,财产概念的确立是在没有完全考虑或没有完全充分地考虑商人及其法律调整——商法——意愿的情况下,按照民商分立的原则确立下来的。在商法典中,建立商业账簿制度就已经意味着日后财产概念解释张力的限度。商人市场竞争的成败对商业账簿中财产价值的表达和实现,在事实上构成了使用价值与交换价值的背离。成功的商人兼顾屯积和价涨销售的经营策略实现了这一点。"经营"作为资产的生命价值与属性,是其发挥酵母作用对财产—财产法,物—物法产生革命性的影响,促成了资产—资产法的诞生并表现为现代市场经济中新的社会经济法律现象。

三、中国物权法的取向

物权法是调整因物的归属和利用而产生的民事关系的基本法,物权制度是其外在表达。中国物权制度包括所有权、用益物权和担保物权。中国物权法从立法取向上看,已注意到财产物和经营物的区别,在制度配设上,更加注重动态财产关系的调整。

(一)注重物利用关系的调整

从物权法结构上看,五编 19 章共 247 条中,所有权编共 6 章 78 条,用益物权编共 5 章 53 条,担保物权编共 4 章 71 条,占有编共 1 章 5 条,用益物权、担保物权和占有三编占物权法五编+附则共六部分的二分之一,条文数 207 条则占整部法典 247 条的 83.8%。可见,中国物权法顺应社会发展潮流,尽管从位阶上将物的

---

① [法]伊夫·居荣:《法国商法》第 1 卷,罗结珍、赵海峰译,法律出版社 2004 年版,第 4—5 页。

归属关系置于物的利用之上,但在制度建构上却更加注重物利用关系的调整。

(二)建立以国家经营资产为核心的国家所有权制度

首先,"物权法根据宪法和有关法律,对国有财产的范围作了明确规定。国有财产可以分为自然资源财产、经营性财产和非经营性财产:1. 自然资源财产。物权法规定,矿藏、水流、海域、城市的土地、无线电频谱资源属于国家所有。法律规定属于国家所有的农村和城市郊区的土地、野生动植物资源,属于国家所有。森林、山岭、草原、荒地、滩涂等自然资源属于国家所有,但法律规定属于集体所有的除外。2. 经营性财产。经营性财产主要是国家投资企业的财产,包括国家独资企业、国家控股企业和国家参股企业,国家享有出资人权益。3. 非经营性财产。一是国有基础设施。物权法规定,铁路、公路、电力设施、电信设施和油气管道等基础设施,依照法律规定为国家所有的,属于国家所有。二是国防资产。三是国家机关的财产和国家举办的事业单位的财产。四是国有文物。物权法规定,法律规定属于国家所有的文物,属于国家所有。"①

其次,确立国有资产保值增值防止流失的原则。物权法第57条规定,履行国有财产管理、监督职责的机构及其工作人员,应当依法加强对国有财产的管理、监督,促进国有财产保值增值,防止国有财产损失。

再次,重申国家作为出资人的权利和义务。尽管规定出资人和权利义务的规则是公司法的任务,但物权法第67条规定,国家、集体和私人所有的不动产或动产,投到企业的,由出资人按照约定或者出资比例享有资产收益、重大决策以及选择经营管理者等权利并履行义务。

最后,通过强调企业法人的权利,明确国营企业、国有企业和国资企业,对国家应有的资产经营义务。物权法第68条规定,企业法人对其不动产和动产依照法律、行政法规以及章程享有占有、使用、收益和处分的权利。

(三)建立以土地承包经营权为中心的用益物权,维护农民的根本利益

首先,从所有权原则出发,规定"国家对耕地实行特殊保护,严格限制农用地转为建设用地,控制建设用地总量。不得违反法律规定的权限和程序征收集体所有的土地。"为土地承包经营权的建立、运行和保护,提供国家特殊保护原则。

其次,稳定土地承包关系,是党的农村政策的基石,"长期稳定并不断完善以家庭承包经营为基础、统分结合的双层经营体制,是党在农村的一项基本政策。二十多年来的农村改革的实践证明,实行家庭承包经营,符合生产关系要适应生产力发展要求的规律,使农户获得了充分的经营自主权,充分调动了亿万农民的生产积极性,极大地解放和发展了农村生产力。不仅适应以手工劳动为主的传统农业,也

---

① 杨景宇等:《〈中华人民共和国物权法〉辅导读本》,中国民主法制出版社2007年版,第87—88页。

能适应采用先进科学技术和生产手段的现代农业,具有广泛的适应性和旺盛的生命力,必须长期坚持。"①

再次,物权法的颁布与实施,标志着保障土地承包经营权的立法趋于完善。我国对土地承包经营权保护的立法有一个发展和完善的过程。② 物权法中"一个重大问题就是如何全面、准确地反映党在农村的基本政策,维护农民的根本利益。制定物权法,全国人大及其常委会始终将全面准确地体现现阶段党在农村的基本政策,维护农民的根本利益作为总的原则中的一项重要内容。物权法在用益物权编中专章规定了土地承包经营权,将其作为物权中的重要权利。物权法将土地承包经营权作为用益物权,体现了党的主张和人民意志的统一。实行家庭承包经营为基础、统分结合的双层经营体制,长期稳定土地承包关系,使广大农民享有长期而有保障的土地承包经营权,是党在农村的一贯政策,也是广大农民群众的热切愿望。"③

最后,将土地承包经营权确立为用益物权,比合同权利更能保护农民的利益。"将土地承包经营权规定为用益物权而不是一种合同上的权利,其法律性质和法律效力是不同的。第一,用益物权的内容按照物权法定的原则必须由法律规定,而不是由当事人约定,这样能够避免签订不平等、不合理的合同或者随意解除合同,以确保土地承包关系的长期稳定。第二,用益物权可以使农户获得较长的承包期,在承包期内发包方不得随意调整和收回承包地,承包期届满可以按照国家规定继续承包,给农民吃了'定心丸'。第三,用益物权人享有对土地利用的直接支配权,这就使农民获得了生产经营自主权,有利于农民依法自主经营,抵制有的乡村干部对土地承包经营权的干涉和侵害,更好地维护土地承包经营权。第四,承包经营权人依用益物权依法享有将土地承包经营权流转的权利,任何组织和个人不得强迫或者阻碍。第五,用益物权使土地承包经营权成为独立的财产权利,农户成为独立的民事权利主体,当承包地被征收时,土地承包经营权人依法享有获得相应补偿的权利,更好地保护了农民的切身利益。第六,当承包经营权受到不法侵害时,土地承包经营权人可以利用物权的保护方法,维护自己的合法权益。"④

---

① 杨景宇等:《〈中华人民共和国物权法〉辅导读本》,中国民主法制出版社 2007 年版,第 121 页。

② 杨景宇等:《〈中华人民共和国物权法〉辅导读本》,中国民主法制出版社 2007 年版,第 122 页。

③ 杨景宇等:《〈中华人民共和国物权法〉辅导读本》,中国民主法制出版社 2007 年版,第 123 页.

④ 杨景宇等:《〈中华人民共和国物权法〉辅导读本》,中国民主法制出版社 2007 年版,第 126—127 页。

四、资产的含义与资产竞争权的确立

资产本是商业账簿和现代会计学的术语。会计学在确立资产时,是将动态的可能日日变化的具有活力的市场竞争现象简约成了可以复述记录的资产项目予以分类、记录和计算。会计学理论对于什么是资产有四种代表性的观点:①

一是"未来经济利益观"。1907年斯普瑞格在《账户的原理》(Philosophy of Accounts)一书中提出"资产是包括以前获得的服务,以及其他还在得到的服务的积蓄"。1929年坎宁在《会计中的经济学》(Economics of Accountancy)一书中提出"资产是指处于货币形态的未来服务,或可转换为货币的未来服务。它的权益是属于某个人或某些人。属于某个人或某些人的权益是合法的,或应该得到的。这些服务,之所以成为资产,仅仅因为它对某个人或某些人有用。"1962年斯普路斯与莫尼茨提出,"资产是预期的未来经济利益。这种经济利益已经由企业通过现在或过去的交易的结果而获得。"现在美国财务会计准则委员会(FASB)在《财务会计概念公告》第6号中提出资产是"某一个主体所拥有的或可控制的可能的未来经济利益,这种可能经济利益的拥有或控制是由于过去的交易或其他事项已经发生的结果"。上列定义都强调资产是未来的服务或预期的未来经济利益。

二是"变现能力观"。美国证券交易委员会(SEC)的首席会计师舒尔茨提出资产是"现金,对现金或劳务活动的要求权,以及能够单独出售、变现的一些项目"。这个定义强调资产的变现能力,特别是单独的变现能力。

三是"财产权利观"。美国圣地亚州立大学教授理查德·A. 萨缪尔森教授提出资产是"财产权或财富未来服务的权利",他认为"把资产定义为财产权,就有可能更明确地区分财产和费用。把资产定义为财产权的理论基础可见费雪的著作《资本和收益的本质》(1906)。在他的著作中,其把资产等同于财产和财产权","财产权同样可以被定义为'要求获取一项或多项商品财富的某些或全部未来服务的权利,资产是能够用于交换的抽象权利,资产价值是财产权利的货币表示"。② 可见,这个定义强调资产是财产的权利,突出资产的法律特征。

四是"经济资源观"。国际会计准则委员会认为:"资产是指企业因为过去的事项所控制的、可望向企业流入未来经济利益的资源。"《中国企业会计准则——基本准则》(2006)也持经济资源观,认为"资产是指企业过去的交易或者事项形成的,由企业拥有或者控制的,预期会给企业带来经济利益的资源。"这里,企业过去的交易或者事项包括购买、生产、建造行为或其他交易或者事项。由企业拥有或者控制,是指企业享有某项资源的所有权,或者虽然不享有某项资源的所有权,

---

① 引自葛家澍、余绪缨主编:《会计学》,高等教育出版社2000年版,第166—167页。
② 引自葛家澍、余绪缨主编:《会计学》,高等教育出版社2000年版,第167页。

但该资源能被企业所控制。预期会给企业带来经济效益,是指直接或间接导致现金和现金等价物流入企业的潜力。符合上述资产定义的资源,在同时满足下列条件时,确认为资产:(1)与该资源有关的经济效益很可能流入企业;(2)该资源的成本或者价值能够可靠地计量。① 中国会计学家葛家澍认为"资产严格按经济本质定义,确实是未来的经济利益,但用于会计确认,有些问题就不好解决,如递延支出(Deferred Charges)等项目通常只能用复式记账的平稳机制来解释,也就是说,有些不具有资产属性的项目也并入了资产负债表项目,从而使得资产负债表中的资产'不纯'。他认为,所以应在未来经济利益前面加上一个补充,即这一经济利益是'可以用取得它所耗费的成本或价格来计量的经济资源'"。②

在上述四种定义中,判断资产的前提是以产生经济利益为前提,至于是否能以货币计量不是唯一标准。资产概念的核心是产生经济利益,是指通过直接或间接的渠道产生现金及现金等价物的流入的潜力。资产的形式并不局限于资产的有形与无形,债权与不动产和法定权利相联系,在确定资产的客观存在时,其所有权不一定存在,企业的法定所有权决定其对资产的控制权,但在没有法定控制权的情况下,某一个项目也可以符合资产的定义,如融资租赁的资产;企业资产一般是通过购买而得,但其他交易方式也可以产生资产,如政府经济的优惠政策使得企业获得不动产,③ 再如根据出口退税政策产生的净收益等。中国《企业会计准则——基本准则》(2006)将资产划分为存货、长期股权投资、投资性房地产、固定资产、生物资产、无形资产和资产减值。④

上述四种定义从不同的角度限定资产都有其合理性,但"未来利益观"和"可变现能力观"均过于拘泥于会计学的范式,侧重于未来利益或变现能力的某一个方面,束缚了认识和解读资产的视野,而"财产权利观"认定资产等同于财产和财产权,则抹杀了资产区别于财产的特性;"经济资源观"则比较准确地揭示了资产的现代属性,并获得国际会计学会和中国会计准则的接纳与支持。我们在吸纳财产权利观和经济资源观的基础上,提出"资产就是可以经营并用作经营,产生预期可计价可评估的经济利益的财产"。基于这一定义,资产具有如下特征:

第一,资产以财产为基础,财产是最重要甚至唯一的经济资源。脱离财产的资产,就是泡沫性资产,是病态的不正常的待矫正的资产状态。充任资产基础的财

---

① 企业会计准则研究组编:《2006 企业会计准则讲解·资产分册》,东北财经大学出版社 2006 年版,第 249 页。

② 转引自汤云为、钱逢胜:《会计理论》,上海财经大学出版社 1997 年版,第 221—222 页。

③ 张学谦:《国际会计准则与惯例》,对外经济贸易大学出版社 2004 年版,第 45 页。

④ 企业会计准则研究组编:《2006 企业会计准则讲解·资产分册》,东北财经大学出版社 2006 年版,第 252—277 页。

产,是十分广泛的。按英国学者的意见,财产可分为以下五类:(1)土地,(2)货物,(3)无形财产,(4)货币,(5)基金。就其第3项"无形财产",又可进一步划分为:

(1) 债务和其他诉体财产;

(2) 商业证券;

(3) 作为财产的合同;

(4) 商誉;

(5) 知识产权;

(6) 债券和股票。①

第二,资产就是可以经营并且用作经营的财产。财产是否可以经营并用作经营,取决于(1)政府的管制;和(2)经营者的能力。前者是形式,后者是实质,二者互为依生,缺一不可。如动产中的汽车,究竟是作为购买者的财产所有,供个人消费使用,还是充任资产投入运营,为购买者创造经济利益,政策管制中对申请者通过审批发放的"汽车营运牌照"就是财产成为资产的形式,其中获得出租车营运牌照,小轿车就可以在城区搞出租车营运,获得"长途客运"执照,大客车就可以跑长途客运。而具有符合车型驾驶需要的条件、经验和身体健康的驾驶员,及启动资金(如加油、维修、保修、养路费等)和管理能力、服务态度,则构成经营者的能力。

第三,经营的过程会发生预期的经济利益。经营的过程就是商品生产加工、购销流通、服务提供和技术开发、使用与贸易的活动过程。经营活动以营利为目的,具有连续性和不间断性的形态,具有商法中商行为风险与风险防范紧密相连,保密性与公开性并存,注重效率的特点。② 经营会发生预期的经济利益,是一种必然而不是或然。只是这里的经济利益,既包括正经济利益如盈利,也包括负经济利益如亏损。至于预期,应是经济人在有限理性指导下,对市场经济综合判断后的预期,该预期有可能是对的,正确的,也可能是错的,不正确的。

第四,经营过程发生的预期经济利益,是可计价可评估的。预期经济利益的可计价,是会计学的任务,由企业会计人员根据企业会计准则的要求,进行资产确认、初始计量、后续计量、转换、处置和披露。预期经济利益的可计价是依靠企业会计的常规工作完成的。预期经济利益的可评估性,是由资产评估活动完成的。资产评估是对资产在某一时点的价值进行估计的行为或过程。具体地讲,资产评估是指符合国家规定的专门机构和人员,依据国家的有关规定,为了特定的评估目的,

---

① [英]F·H·劳森、B·拉登:《财产法》(第2版),施天涛、梅慎石、孔祥俊译,中国大百科全书出版社1998年版,第20—37页。

② 范健主编:《商法》(第2版),高等教育出版社2002年版,第50—51页。

遵循适用的评估原则,选择适当的价值类型,按照法定的评估程序,运用科学的评估方法,对特定资产的价值进行估算的过程,具有时点性、市场性、预测性、公正性和咨询性的特点。① 资产评估建立了自己特有的假设和评估标准,② 但从实践看,实物类资产与有形资产的评估比较成功,而无形资产尤其是知识产权的评估,则暴露出一些问题。"根据大多数国家的实践,知识产权在'静态'时,评估它们的必要性远远低于处于转让、许可或侵权赔偿认定等'动态'时。在下列情况下,知识产权必须予以评估:(1)在贸易中的转让或许可;(2)企业合并,或建立合资企业时,一方或双方以知识产权作为出资方式;(3)企业破产清偿;(4)以知识产权设定质权;(5)在侵权诉讼中涉及侵犯经济权利的损害赔偿。"③

第五,资产的核心价值是市场竞争。资产尤其是无形资产,在全球经济一体化中,更是扮演了比商品扩张、货币扩张更隐蔽、更锐利、更法治的垄断作用。其主要方式是:④(1)通过收取专利费的形式,间接占领发展中国家的市场,获取垄断利润;或者通过收取专利费,增加发展中国家厂商的生产成本,降低其市场竞争能力,扩大发达国家自身市场份额。(2)收取特许经营费,获取垄断利润,并利用发展中国家的资源实现低成本扩张,扩大有形资本经营规模,增加在发展中国家的影响和市场份额。(3)垄断核心专利、专有技术,利用发展中国家无自主核心知识产权的弱点,输出有形产品,获得垄断利润。(4)直接投资建厂,吞并或削弱发展中国家同类品牌产品,推广自身品牌产品,实现有形资产和无形资产的同时扩张。(5)控制版权,通过收取版税或者独家出版发行而在文化产业领域获取垄断利润。(6)控制核心源代码,向发展中国家高价出售计算机软件,获取高额垄断利润。

在确立并讨论了资产的概念之后,我们再来讨论资产竞争权的概念。竞争权理论的分析基点是认定竞争权属于主体性自然权利,在农业经济时代,仅仅属于商人,具有身份性;在工业经济时代,它属于整个商业,具有行业性;在现代社会,它属于各行各业的经营者,属于主体性自然权利。⑤ 商人的竞争权,就是商人之为商人的权利,尽管有时非商人的交换也会涉及竞争—竞争权存有的情形,但都不构

---

① 乔志敏、贾宁凤主编:《资产评估学教程》(第2版),立信会计出版社2007年版,第3—5页。
② 中国资产评估协会:《国际资产评估标准》,经济科学出版社1996年版。
③ 郑成思:《知识产权论》,社会科学文献出版社2007年版,第266页。
④ 马传兵:《无形资本再造——论国有企业竞争力的提高》,经济管理出版社2007年版,第72页。
⑤ 王艳林:《竞争权及其程序保障》,武汉大学博士论文,2006年。为分析和行文时更好地保持逻辑一致性,这里仅选择商人为讨论的对象。但讨论的过程和结论,无论是对工业社会,还是对现代的信息社会,都是适用的。

成否定该权利专属于商人或竞争权为商人专属权的结论。其原因就如前面所分析的那样,非商人的交换是为消费的交换,非商人的竞争也是消费竞争——提高消费质量,降低消费成本,提高消费安全的竞争。这和商人为交换而交换,竞争是为了更好地交换,更快地交换,更有效益地交换,是有根本不同的。也正是从这个意义上讲,竞争权存在在 M—C—M′的循环中,并成为 M—C—M′循环的润滑剂。

竞争权是类权利,是由不同的权能所构成的。竞争权的权能,最基本的应包括自由竞争、公平竞争和资产竞争等项。如果说是历史与逻辑的统一揭示了自由是竞争权之生命,那么市场活动与价值选择的统一则决定了公平是竞争权之基础。① 剩余尚未能解决并屡遭质疑和责难的问题,就是资产竞争权是如何成为竞争权基本权能的。这取决于以下四项要素:

第一,资产竞争权是观察市场竞争实践活动的结果。一切市场竞争的胜利者,都是资产竞争尤其是无形资产竞争的成功者。如中国彩电行业的长虹、家电行业的海尔、商用机领域的远大空调等。而一切市场竞争的失败者,则无一例外的都是资产竞争主要是无形资产竞争的淘汰者。为了保持资产竞争的优势和强势,经营者集中尤其是市场竞争关系中的强者之间的集中,如波音—麦道公司的合并,也就成了保持资产竞争优势的选项。

第二,资产竞争权是反思竞争经济学、竞争政策和竞争法学研究的结果。对于中国学界而言,竞争经济学、竞争政策理论和竞争法学理论,绝大多数时候都还处于欧美理论和思想的引进与消化阶段,较少中国学者自己的创见。但欧美包括整个西方理论界对此的认识,抛开理论纷争的因素不谈,也已各自进入理论发展的检讨、反思、整合、提升、跨越的阶段,如法经济学的危机与反思,芝加哥学派的危机与反思,新哈佛学派的兴起与挑战等。在这种理论背景下,中国竞争政策与竞争法学的理论研究,也必须十分认真地加入到业已进行中的检讨、反思、整合、提升和跨越活动中,建立与中国市场经济发展相适应的竞争经济理论、竞争政策理论和竞争法学理论。

第三,资产竞争权是建立竞争权理论体系化的结果。竞争权是内容,竞争权的权能是表现形式,因时空条件不可能穷尽,竞争权之权能亦不能穷尽。资产竞争权是一项基本的权能,并和自由竞争权、公平竞争权一起构成竞争权的普遍形式。从竞争权理论体系化的层面上讲,资产竞争权和竞争权一起是抽象的创新性理论的表现,但这种创新性和抽象性聚集在竞争法理论上构成作者的原创时,是建立在法学界已有共同话语和共同知识谱系中的。具体而言,资产竞争权包括有形财产之资产竞争权和无形财产之资产竞争权两类。其中,有形财产资产竞争权是在土地、厂房、设备、原料等动产、不动产基础上,在财产法、产品质量法等一次调整的基础

---

① 王艳林:《竞争权及其程序保障》,武汉大学博士论文,2006 年。

上，通过经营成为资产并根据企业所在行业的性质，如土地对于房地产业，设备对于制造业，分别成为主导性资产竞争权，创造出强大的赢利能力。此时，有形财产就成了竞争力的物化——资产竞争权权能和客体的统一。无形财产资产竞争权是在知识产权和非知识产权等无形财产的基础上，对知识产权通过经营成为竞争性资产的，通过知识产权法基础上的二次确权建立资产竞争权；对非知识产权如专有技术、特有经营信息和技术标准通过经营成为竞争性资产的，通过直接确权成为资产竞争权。资产竞争权无论是建立在有形财产之上，还是建立在无形财产之上，财产成为资产的两个条件，都是缺一不可的。

资产竞争权的主要类型包括：

(1) 土地及其所在区域和环境。这对于农业、商业和房地产业，具有特别的价值，甚至经常会发生资产竞争主导整个市场竞争的情形。

(2) 厂房、设备、原材料、辅料。

(3) 货币。无论是本币或外币，数额的多少不是主要的，主要是在金融市场上融资的渠道和能力是否足以满足经营需要。

(4) 专利。对于资产竞争，专利技术的关键点有两个：一是专利技术是否占据产业链的核心位置或足以控制某一产品，若不具有核心位置或控制能力，就必须从专利战略的角度联合其他专利权人建立专利联盟，成为专利池的受益人；二是专利技术须体系化，须能够尽力覆盖产品的生产、营销过程，或掌握产业的主导环节，形成发明专利、实用新型和外观设计专利的交互保护。

(5) 商标。企业名称及商品包装、装潢和标志，构成经营者和其产品的标记与形象。

(6) 版权、计算机软件及创意、方法，是IT产业资产竞争的主导方面。

(7) 商誉。其价值可评估，但不能变现，它所代表的是市场对经营者在竞争活动中的认知度和经营者自身在全球市场中商业信誉的总集成。

(8) 专有技术信息及研发、使用专有技术的人力资源。

(9) 特有经营信息及掌握、运用特有经营信息的人力资源。经营者应围绕特有经营信息建立一个闭环系统，采取切实可行措施予以保密性防范。这里所强调的特有经营信息主要指客户资源、市场网络、商业方法，具有不可模仿、不可复制的特性，是信息社会市场竞争的新锐。

(10) 技术标准。这是国际标准化在晚近10年逐渐凸显出来的技术专利化、专利标准化、标准竞争化趋势，可使主导制定标准，或以专利技术支撑标准及实施的经营者，获得资产竞争权。这种权利包括："其一，可以在某种程度上具有对某种产品的市场定价权；其二，可以对其他企业的技术路线、产品开发、生产方向产生相当影响，从而对整个产业链条产生重要影响；其三，可以影响市场竞争中的游戏规则；其四，增强了其在政府监督过程中讨价还价的实力。"①

（11）其他。

第四，资产竞争权的提出适应了信息社会的需要。信息社会的一个根本性变化是在很多领域，知识已经变得比承载它们的物质载体更有价值，知识本身成为一种资产，而不再需要借助其他别的条件或形式，并且相对于实物资产的投入与损耗，它还具备了投入的一次性和获利的永久存续性。"编码和抽象降低了把潜在可用的知识转化为知识的成本。"不仅如此，"知识资产使我们得以节约每单位成果上的实物资源消耗。"② 知识资产是人们在信息经济中赢得竞争优势的根本。有学者提出，基于知识产权创新，差异和组合管理构建无形垄断，并选择适合各自所在行业的垄断模式，如适用于大型医药企业的堡垒型，适用于消费品的增值型，适用于技术标准的中心辐射型，适用于生物科技的新兴企业的卖断型。③ 惠普CEO马克·赫德和NCR主席拉尔斯·尼伯格在研究了10余家世界著名的大公司和机构之后，提出关于公司的顾客、供货商和合作伙伴的信息，是企业最有价值的资产，整合这些信息资源可以打造成一种竞争性的资产。④ 可见，资产竞争权的提出，是具有前瞻性和生命力的。

---

① 赵英主编：《中国制造业技术标准与国际竞争力研究》，经济管理出版社2007年版，第4页。

② [英]马克斯·H·博伊索特：《知识资产——在信息经济中赢得竞争优势》，张群群、陈北译，上海世纪出版集团2005年版，第17页。

③ [英]克里斯多佛·派克：《暗战——无形垄断再造企业优势》，彭智、任心慧译，中国铁道出版社2006年版，第134—138页。

④ [美]马克·赫德、拉尔斯·尼伯格：《信息整合的新竞争力》，王继平译，中国劳动社会保障出版社2005年版。

第三章 信息资产权研究

第一节 信息资产权概述

一、信息资产与信息资产权

（一）信息资产

"信息"，英文为 Information。20 世纪下半叶以来，"信息"逐渐进入诸多学科的研究视野。关于信息的含义，不同学科从不同角度给予相应的界定。有的学者从传播学视角认为"信息是物质和能量在时间、空间上具有一定意义的图像集合或符号序列"。① 哲学研究者认为"信息的时代"必然产生"信息的哲学"，并努力尝试建立一种新的哲学——信息哲学。② 并进一步从存在论的意义上将"信息"作为哲学的最基本的范畴之一引入哲学，将信息界定为联系主体与客体的中介，是一种抽象的"流动"。③ 经济学研究者认为，信息就是传递中的知识差。作为商品的信息，对于供求双方而言，信息都有着其他一般商品所不能替代的某种价值。④ 法学研究者早期就对"信息"表示关注，认为信息作为现代化生产的先导因素，是极为重要的生产资料，信息的表现形式有物质形态的信息和非物质形态的信息。⑤ 后来，法学研究者又提出了"信息法"概念，认为法律上的信息是指固定于一定载体之上的，对人或事物（现象或本质）认识的表达。从法律性质上看，信息是一定法律关系的客体，是主体权利义务指向的对象。⑥ 同时，有学者提出"信息权"概念，认为信息权泛指一切以信息为客体的权利，可以包括有关信息的财产权和人身权，甚至公法中的政治权利。而有关信息的财产权则称为"信息产

---

① 沙莲香：《传播学》，中国人民大学出版社 1990 年版，第 19 页。
② 黎鸣：《论信息》，载《中国社会科学》1984 年第 4 期。
③ 邬焜：《信息哲学——理论、体系、方法》，商务印书馆 2005 年版，第 18—21 页。
④ 陈禹：《信息经济学教程》，清华大学出版社 1998 年版，第 100—101 页。
⑤ 石文琰、王丁勋：《初论信息法律关系》，载《西北政法学院学报》1985 年第 2 期。
⑥ 齐爱民：《信息法原论——信息法的产生与体系化》，武汉大学出版社 2010 年版，第 50 页。

权"。信息产权的内容应包括对财产性信息的享有、使用、加工、公开、传播、许可使用或传播、受益等支配权。其从本质上属于财产权的范畴,但是其中涉及一些人身权,例如著作权中的修改权和保护作品完整权。① 有学者认为作为信息产权客体的信息应当具有可控性、可识别性、财产性以及法定性。② 综上得知,一般意义上"信息"的范畴是极为广泛的。但是,作为某一学科研究对象的"信息"应具有其严格的本质属性。而当把"信息"纳入法学视野时,信息也应具备其法学研究视角下的基本特征,包括作为法律关系客体信息之内容的法定性;相关权利主体得对特定信息拥有法定权利或法定利益,等等。

"资产"为会计学上最基本的概念之一。国际会计准则委员会认为,资产是指企业过去的交易或者事项形成的由企业拥有或有控制的资源,预期会给企业带来经济利益的资源。会计学者依据资产的流动性即转换为现金速度的快慢或者消耗情况,将资产划分为流动性资产、长期资产、固定资产、无形资产和其他资产。③ 也有经济学研究者强调资产是财产权利,突出资产的法律属性。理查德·A. 萨缪尔森提出资产是财产权或财富未来服务的权利,并认为把资产定义为财产权,就更能明确区分财产和费用。费雪在《资本和收益的本质》一书中把资产等同于财产和财产权,而财产权被定义为要求获得一项或多项商品财富的某些或全部未来服务的权利。资产是能够用于交换的抽象权利。资产价值是财产权利的货币表示。④ 资产不同于财产,在英文中资产为 Asset,是指拥有的实物或权利并具有货币价值。资产通常是有形的或无形的,长期的或短期的。财产为 Property,是指一切合法的所有物,包括土地、房屋、家畜、钱财、文件与各种权利。更有学者指出资产与财产有着本质的区别,财产的拥有主体是国家和个人,资产则归属于企业;拥有财产的目的是享有占有、使用、处置和分配之权力,财产数量的不断增加表明其富有程度,而拥有资产的目的是通过经营实现企业利润最大化;财产所有者通常将其财产用于消费,而资产只能用作生产经营的对象或手段。此外,对于所有者拥有的财产就是按照其财产的市场交换价格来确定其价值的大小,而企业拥有的资产是按其获利能力的大小来确定其价值大小;拥有财产的最大可能风险主要是贬值的风险,但拥有资产的风险主要表现为不能周转和不能变现的风险。即企业资产是特定功能资产,是风险资产,它本身不是财产的构成要素,而是它的获

---

① 杨宏玲、黄瑞华:《信息产权的法律分析》,载《情报杂志》2003 年第 3 期。
② 张振亮:《论信息产权的法律属性》,载《南京邮电大学学报(社会科学版)》2009 年第 2 期。
③ 葛家澍、余绪缨主编:《会计学》,高等教育出版社 2000 年版,第 169 页。
④ 引自葛家澍、余绪缨主编:《会计学》,高等教育出版社 2000 年版,第 167 页。

利能力或者被出售以后的变现价值才是财产的构成要素。① 综上得知，资产本质上是一种经济资源，它能直接或者间接地为其权利人带来经济效益。资产的权利人当为市场主体，即企业，或为个人企业，或为公司制企业。资产在表现形式上既可是有形的物质实体，也可是无形的权利。当然，资产得以用货币为计算单位进行衡量。

如前述，资产可为有形之实物，亦可为无形之权利。信息当可为资产，此谓之"信息资产"，即"信息资产"为信息的资产化。关于信息资产，学界已有初步探讨。有学者将信息资产界定为由企业拥有或控制的能够为企业带来经济利益的信息资源。并进一步将信息资产分为四大类：科学技术信息资产、市场信息资产、生产信息资产和外部宏观信息资产。其中，科学技术信息资产主要包括专利权、版权、技术机密、计算机软件等。市场信息资产主要包括品牌、客户关系和合同等。生产信息资产主要包括原材料信息、加工信息、存储信息和传输信息等。外部宏观信息主要包括社会发展信息、政策法规信息和技术经济信息等。②不同类型的企业，其资产组合比例有所差异，有学者指出信息资产是网络公司的主要资产。国际著名研究机构莫斯管理咨询公司（MERCER Management Consulting）乔志·萨司铎特（George Sacerdote）的研究认为，提供在线服务的企业价值基本上可以按以下组合比例考虑：（1）客户群以及市场营销资产：占40%到50%。（2）数据、软件和其他知识产权资产：占30%到40%。（3）有形资产：占10%到20%。网络公司的信息资产可分为权利型信息资产和关系型信息资产，其中权利型信息资产包括传统的专利、专有技术、商标、版权等知识产权；专营权以及其他由契约、合同、政府授权等形成的可取得优越产销地位的权利以及随着信息技术发展而出现的计算机软件、数据库等数字化知识产权等。关系型信息资产存在的主要形式包括客户群、配货网络、品牌等。③ 还有学者将信息资产等同于无形资产，认为无形资产又被称为是信息资产，企业最重要的信息资产为以下三方面：一是技术资产，企业拥有的生产技术、专利、经验和生产诀窍等都可称为技术资产。二是组织文化资产，企业的组织结构、共同的目标与价值观、管理模式、内部沟通机制、相互间的了解与信任、组织内部的协调性与配合的默契都是一种极大的生产力，这是企业的组织文化财富。三是商誉资产，企业的社会影响力、社会形象、知名度和公共关系也是极重要的信息资产。企业的商誉既包括企业在人们心目中的地位，也包括企业在各方面合作者心目中的信誉

---

① 谢志华：《资产不等于财产》，载《首席财务官》2006 年第 4 期。
② 高建忠：《信息资产的概念及其特征》，载《合作经济与科技》2007 年 10 月号上（总第 330 期）。
③ 左军、杨建梅：《论信息资产》，载《改革与战略》2000 年第 5 期。

及合作关系网的广泛及有效的程度。①

在借鉴已有研究成果的基础上,笔者认为信息资产按其自身性质、内容构成,可分为技术性信息资产和非技术性信息资产,又可进一步将非技术性信息资产分为标志性信息资产和经营性信息资产。技术性信息资产即为技术信息的资产化,主要包括专利、工业版权、技术秘密等;标志性信息资产即为标志信息的资产化,主要包括商标、知名商品特有标志、商号以及地理标志等;经营性信息资产即为经营信息的资产化,主要包括经营秘密,例如:客户名单、招标标底、财务信息等,以及商誉。以下对信息资产权的论述均以此信息资产的类型化认识为基础。

(二) 信息资产权

信息资产权并不是一个具体化的权项,而是一类权利的统称,这一类权利具有同质性,这些特性包括专有性、经济性、无形性和易复制性、地域性、时限性、法定性等。由此,可以把信息资产权视为一基础权利形态,其项下有诸多次级权利形态。

在基础权利形态之信息资产权项下,作为次级权利形态存在的有技术性信息资产权、标志性信息资产权和经营性信息资产权。这是对信息资产权的类型化的初步认识,它们还不能构成具体化的权利概念。

次级权利形态之技术性信息资产权、标志性信息资产权和经营性信息资产权各自项下包含有诸多具体化的权利。技术性信息资产权类型下包括专利权、工业版权以及商业秘密权等;标志性信息资产权类型下包括商标权、知名商品特有标志权、商号权以及地理标志权等;经营性信息资产权包括经营秘密权、商誉权等。需要指出的是:其一,商标权并非注册商标专有权,而是更广泛意义上的以注册商标和非注册商标为客体的商标上的权利之统称。其二,从不同角度,这些具体化的权项可有不同表达形式。例如:专利权有禁止权、处置权和延伸权之范畴;商标权有注册商标的权利和未注册商标的权利之范畴;商号权和技术秘密权均有积极权利和消极权利之范畴。

综上,"信息资产权"这一基础权利形态衍生出诸多不同层级的权利形态和具体化权项(如图1所示)。这些不同层级的权利形态和具体化的权项的客体不同,它们的权利内容不同,而受到的法律规制也会有差异。以下对信息资产权客体、信息资产权权利内容以及信息资产权限制的分析均以此信息资产权的类型化认识为基础。

---

① 胡小明:《谈谈企业信息资产的积累》,载《网络与信息》1995年第10期。

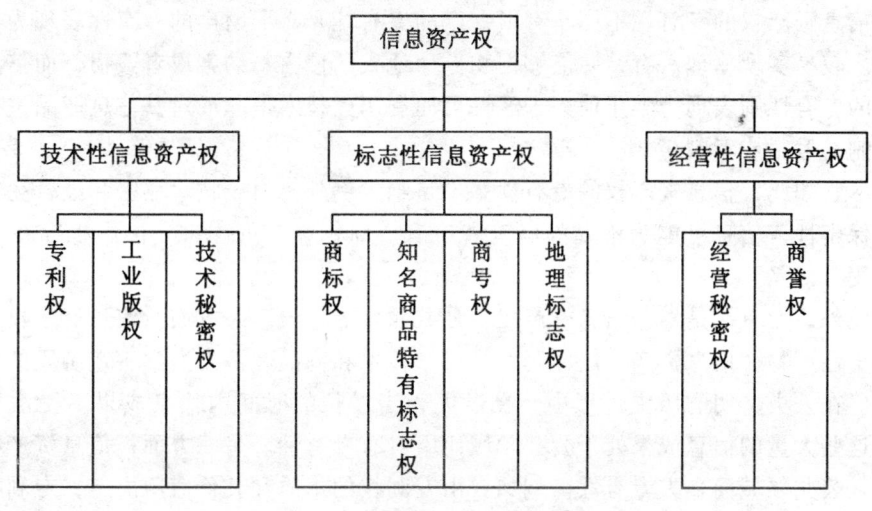

图 1 信息资产权体系图①

二、信息资产权的基本特性

信息资产权的基本特性是信息资产权本质的表达,也是信息资产权区别于其他有形财产权、人身权等的标志。以下重点总结出专有性、经济性、地域性、无形性和易复制性等诸基本特性,宜综合这些基本特性来理解信息资产权。

(一)专有性

专有性,即排他性,其基本含义是对于同一信息成果不允许有两个或者两个以上同一属性的信息资产权并存。同一发明创造只能授予一项专利权。两个完全相同的发明创造在分别申请专利的情况下,只可能由其中一个获得专利权,另一个发明创造人可能只享有在先使用权。对于商标权亦是如此,例如:我国《商标法》第29条规定:"两个或者两个以上的商标注册申请人,在同一种商品或者类似商品上,以相同或者近似的商标申请注册的,初步审定并公告申请在先的商标;同一天申请的,初步审定并公告使用在先的商标,驳回其他人的申请,不予公告。"在此需要指出的是专利权的共有、集体商标以及地理标志等信息资产权的表现形式并没

---

① 需要特别指明的是:信息资产权本身是一类权利的统称,其体系是开放性的。同时,作为对信息资产权的类型化认识,技术性信息资产权、标志性信息资产权以及经营性信息资产权各自的体系也是开放性的,即各自项下所囊括的具体化权利并不局限于图1所示的权利表现形式。例如:域名作为一种标志,也可称为标志性信息资产权的对象。笔者鉴于行文方便,下文的讨论限于图1所示的信息资产权主要表现形式。

有否定其专有性，而是信息资产权专有性的另一种表现形式。

信息资产权的专有性不同于有形财产的专有性，有形财产的专有性表现为权利人对之较易实现物理占有，并能够据物排斥他人的侵占、妨害或者毁损，而信息资产权的专有性则表现为禁止他人未经许可而利用其技术信息或对其信息产品进行不法仿制、假冒或者剽窃。①

尽管如此，信息资产权的专有性并不是绝无例外。由于技术秘密和经营秘密本身的保密性，信息可能为不同的经营者所有。商标在有的国家立法中也存在"共同使用"之情形。

此外，专有性是划分信息资产权与公共领域的标记。一方面，信息资产权是一个历史性产物，信息资产权法律制度是科学技术和商品经济发展到一定阶段的历史产物。在人类文明的历史过程中，在过去相当漫长的时间内信息成果不受法律保护，这些大量的信息成果处于公共领域而不具有专有性。另一方面，信息资产权会因进入公共领域而丧失专有性。例如：由专利权的本质和其价值所决定，专利权只在法定的时限内有效，专利权保护期限的届满也就意味着这一技术自动进入公共领域，成为任何人可以自由利用的公知公用技术。专利权也自然因此不复存在，也就丧失了所谓的专有性。

（二）经济性

信息资产权的经济性可从两方面来理解：

其一，信息资产权是一种财产权。信息资产被认为是企业或者个人的一项重要财产形式。信息资产权的财产权属性在诸多立法中普遍地表达出来。例如：专利权人可以通过转让或者许可他人实施其专利技术而获得转让费或者许可费。商标权人可以通过签订商标使用合同，许可他人使用其注册商标，从而获得许可费。此外，信息资产权可以作为股东出资。② 需要指出的是，信息资产权还具有一定程度上的人身权属性，但是，这丝毫不能否定信息资产权最基本层面上的属性——财产权性质。

其二，信息资产权还是一种经营性权利，这一经营权属性不同于上述私法意义上的财产权属性。在高度发达的市场经济和日新月异的科技条件下，企业获得市场竞争优势并得以维持其长时间持续盈利能力的关键很大程度上依赖于对其所拥有的信息资产的经营状况。在专利技术密集的计算机软件、电子及半导体、高分子材料、生物技术等高新技术产业领域，拥有关键性专利技术的企业通过持续性的研发

---

① 宁立志主编：《知识产权法》，武汉大学出版社2006年版，第18页。
② 《公司法》第27条规定："股东可以用货币出资，也可以用实物、知识产权、土地使用权等可以用货币估价并可以依法转让的非货币财产作价出资；但是，法律、行政法规规定不得作为出资的财产除外。"

投入能够一直保持在同行业的领先地位，不同企业之间也可以通过交叉许可等形式实现共赢。在品牌经济效应下，企业对其标志性信息资产的经营显得特别重要。好的品牌就意味着好的市场，更有甚者，某些企业已经脱离产品生产加工和服务提供等具体性的业务，而成为专门的品牌营销商。当然，好的品牌也会获得法律更多的保护。例如：驰名商标较一般注册商标获得保护的力度更大，知名商品特有的包装、装潢较不知名商品的包装、装潢获得保护的力度更大。反过来，这又为品牌产品或者服务的持续性盈利提供了进一步的支持。

信息资产权的经济性在其权利授予之初就有了相应的具体要求。发明创造获得专利权必须具有实用性，实用性就有效益性之内涵，即发明创造实施后能够产生良好的经济效益、技术效益和社会效益，如专利技术的实施有利于提高设备性能、降低生产成本，或者有利于环境保护和节约能源等。技术秘密和经营秘密也被要求具有商业价值，即技术秘密和经营秘密应当具有现实的或者潜在的经济价值，通过现在或者将来的使用客观上能够给所有人带来经济利益或者竞争优势。

（三）地域性

信息资产权的地域性是指根据一国立法授予的信息资产权仅在该国地域内有效，原则上在其他国家并不当然有效。信息资产权的地域性是由其法定性来决定的，即信息资产权的授予需要得到一国立法确认，除非存在相应的双边、多边或者国际公约，否则信息资产权没有域外效力。近现代以来，随着一系列关于信息资产权双边、多边和国际公约的签订，特别是国际信息资产权保护组织的成立，国际信息资产权保护制度日趋完善。其中国民待遇原则弱化了信息资产权的地域性限制。例如：为了实现经济一体化目标，欧盟正在积极努力构建一个共同的信息资产权制度，以摆脱信息资产权的国别性的地域限制。

此外，信息资产权的地域限制还有另外的表现形式。例如：地理标志产品只能产自特定地域，其所具有的质量、声誉或其他特性本质上取决于该产地的自然因素和人文因素。

其实，地域因素在信息资产权的授予和保护上一直起着重要作用。例如："知名商品"认定的重要依据就是该商品的销售区域以及进行广告宣传的地域范围。同时，在不同地域范围内使用相同或者近似的知名商品特有的名称、包装、装潢，在后使用者能够证明其善意使用的，不构成不正当竞争行为。因后来的经营活动进入相同地域范围而使其商品来源足以产生混淆，在先使用者可以请求责令在后使用者附加足以区别商品来源的其他标志。此外，地域因素也是认定驰名商标的重要因素，地域范围表明商标知名的广度，与表明商标知名深度的行业范围结合起来便构成商标知名度的整体。

与信息资产权的地域性相对应，信息资产权还具有时限性，这将在下文得到进一步解释。

（四）无形性和易复制性

无形性也被称为"无体性"或者"非物质性"，信息资产权的这一属性是其区别于有形财产的最基本的特征。无形性把信息资产权与有形财产及其相应权利区分开来。例如：一辆汽车作为有形财产，其权利人转让、出租或者赠与的标的均是汽车本身，即是该有形之物本身。而一项专利权作为无形财产，其权利人转让或者许可的标的可能是制造某种专利产品的"制造权"，可能是销售某种专利产品的"销售权"，也可能是进口某种专利产权的"进口权"，但不是有形物之专利产品本身。无形性这一属性给信息资产权保护、信息资产权侵权认定以及信息资产权贸易，带来了比有形财产在相同情况下复杂得多的问题。同时，这一属性也给信息资产权与信息资产权法理论研究，带来了诸多极其复杂的问题。①

与信息资产权的无形性相联系的是信息资产权的易复制性。易复制性所指向的是信息资产权的客体。信息资产权之所以为财产权，具有经济性，是因为这些权利被利用后，能够体现在一定的产品或者其他物品的复制活动上。即信息资产权的客体一般可由一定的有形物去复制，例如：专利权人的专利体现在可复制的产品上，或者为新产品本身，或者为制造某种产品的新方法。对于商业秘密也是如此，技术秘密权人的技术秘密必须体现在可复制的产品上。

信息资产权的无形性可能导致权利人之外的使用人，因不知情而侵犯其信息资产权。信息资产权的易复制性也在客观上方便了他人侵权。由此，与有形财产相比，无形性和易复制性使信息资产权被侵权的可能性大大提高，这使得信息资产权保护更加困难。基于此，美国判例认为事前进行了详细检索工作可成为免除或减轻侵权承担损害赔偿责任之抗辩理由。还有，许诺销售权的普遍确立也是为了周全地保护信息资产权人之利益。

三、信息资产权的客体

一般而言，民事法律关系的客体即民事权利的客体主要是物、行为、知识产品（或称智力成果）和人身利益。② 信息资产权的客体与信息资产权的范围是一致的，通过考察信息资产权的范围能够给信息资产权的客体以明晰的认识。基于此，可从技术信息、标志信息以及经营信息三方面理解信息资产权的客体，以下分别加以阐述。

（一）技术信息

技术信息是技术性信息资产权的客体。以下分别论及专利技术、工业版权以及技术秘密等技术信息。

---

① 郑成思：《知识产权论》，法律出版社2007年版，第46页。
② 马俊驹、余延满：《民法原论》，法律出版社2007年版，第66页。

1. 专利技术

专利技术为专利权之客体，而专利权的客体是依法以专利形式保护的发明创造，这一发明创造成果获得了专利，并以公开形式记载于专利文件之中。世界各国专利立法对专利权的客体规定不尽一致，在多数国家的专利立法中，专利权的客体仅为发明，专利即为发明。《巴黎公约》把专利与实用新型、外观设计并称，此处所指称的专利即为发明。在此立法例中，发明之外的实用新型和外观设计同发明专利并列地成为知识产权的保护形式。有的国家的专利立法扩大化界定了发明的内涵，把实用新型纳入在发明之内，并以扩大化界定的发明作为专利权的客体。少数国家对发明、实用新型和外观设计统一授予专利权，即专利权的客体包括发明、实用新型和外观设计三种形态。但是，有的国家对专利权客体的三种形态统一立法予以保护，有的国家则是分别立法对发明、实用新型和外观设计各自提供单独的保护。依据我国《专利法》规定，专利权的客体有发明、实用新型和外观设计三种形态。

（1）发明　发明是指对产品、方法或者其改进所提出的新的技术方案。发明包括产品发明和方法发明两种形态。产品发明是人工制造的各种有形物品的发明，如新设备、新材料、新工具等；方法发明是关于把一个物品或者物质改变成另一个物品或者物质所采用的手段的发明，如新的制造方法、化学方法、生物方法的发明等。

（2）实用新型　实用新型是指对产品的形状、构造或者其结合所提出的适于实用的新的技术方案。实用新型应具备以下特征：其一，实用新型的客体为一种产品；其二，实用新型所指向的是产品的形状、结构或者二者的组合，即必须是对产品的外部性状、内部结构或者二者的组合提出的一种新的技术方案；其三，实用新型必须具有实用性；其四，实用新型必须具有一定的创新性，属于一种"新的技术方案"。

（3）外观设计　外观设计是指对产品的形状、图案或者其结合以及色彩与形状、图案的结合所作出的富有美感并适于工业应用的新设计。外观设计应具备以下特征：其一，外观设计的客体为产品；其二，外观设计所指向的是产品的形状、图案或者二者的组合或者与色彩的组合；其三，外观设计可产业化应用；其四，外观设计是一种富有美感的新的设计方案。

2. 工业版权技术

（1）工业品外观设计

此处外观设计与前述专利权之外观设计是一致的。在我国，获得专利权的工业品外观设计往往同时又是具有独创性的美术作品，因而受专利法和版权法的重叠保护。需要指出的是，《著作权法》并没有直接规定工业品外观设计这一概念，而是将其纳入作品之美术作品范畴中。依据《著作权法实施条例》规定，美术作品是指绘画、书法、雕塑等以线条、色彩或者其他方式构成的有审美意义的平面或者立体的造型艺术作品。可见,《著作权法》实际上已经对工业品外观设计予以著作权保护了。

(2) 计算机软件

计算机软件是指计算机程序及其有关文档。其中,计算机程序是指为了得到某种结果而可以由计算机等具有信息处理能力的装置执行的代码化指令序列,或者可以被自动转换成代码化指令序列的符号化指令序列或者符号化语句序列。同一计算机程序的源程序和目标程序为同一作品。文档是指用来描述程序的内容、组成、设计、功能规格、开发情况、测试结果及使用方法的文字资料和图表等,如程序设计说明书、流程图、用户手册等。

根据《计算机软件保护条例》规定,受保护的软件必须由开发者独立开发,并已固定在某种有形物体上。对软件著作权的保护不延及开发软件所用的思想、处理过程、操作方法或者数学概念等。

(3) 集成电路布图设计

集成电路布图设计是指集成电路中至少有一个是有源元件的两个以上元件和部分或者全部互连线路的三维配置,或者为制造集成电路而准备的上述三维配置。其中,集成电路是指半导体集成电路,即以半导体材料为基片,将至少有一个是有源元件的两个以上元件和部分或者全部互连线路集成在基片之中或者基片之上,以执行某种电子功能的中间产品或者最终产品。

根据《集成电路布图设计保护条例》规定,受保护的布图设计应当具有独创性,即该布图设计是创作者自己的智力劳动成果,并且在其创作时该布图设计在布图设计创作者和集成电路制造者中不是公认的常规设计。受保护的由常规设计组成的布图设计,其组合作为整体应当符合前述规定的条件。对布图设计的保护,不延及思想、处理过程、操作方法或者数学概念等。

3. 技术秘密

技术秘密为技术秘密权之客体,而技术秘密有广义和狭义之别。国际商会(ICC)《保护技术秘密标准条款》规定:技术秘密是指单独或结合在一起,为了完成某种具有工业目的的技术,或者是为实际应用这种技术所必需的秘密技术及经验。世界知识产权组织(WIPO)《发展中国家发明示范法》规定,技术秘密是指使用或应用生产工艺或工业技术时的知识。而广义的技术秘密一般包括工业、商业和管理三个方面的技术秘密,即包括工业技术秘密、商业技术秘密和管理技术秘密。① 本书取其狭义,以下会论及更广泛意义上的经营秘密。

其实,技术秘密和经营秘密一同构成普遍所称的商业秘密。《反不正当竞争

---

① 温旭:《技术秘密的产生及其分类》,载《知识产权》1990 年第 3 期。

法》第 10 条规定，商业秘密是指不为公众所知悉、能为权利人带来经济利益、具有实用性并经权利人采取保密措施的技术信息和经营信息。其中"不为公众所知悉"是指有关信息不为其所属领域的相关人员普遍知悉和容易获得；"能为权利人带来经济利益、具有实用性"是指有关信息具有现实的或者潜在的商业价值，能为权利人带来竞争优势；权利人为防止信息泄露所采取的与其商业价值等具体情况相适应的合理保护措施，应当认定为此处的"保密措施"。

尽管如此，对技术秘密还宜做宽泛理解，即技术秘密是应用于工业的，没有得到专利权和商标权保护的，仅为有限的人掌握的技术和知识。通常地可表现为图纸、配方、公式、技术资料、数据、操作指南、实验报告等。① 当然，此处技术秘密还是排除了经营信息。首先，技术秘密应当具有实用性，即能够在工业生产中得到应用。这要求技术秘密具有一定的经济价值，包括短期可见的现实经济价值，也包括未来可能的潜在价值。其次，技术秘密还表现为秘密性，即技术秘密的非公知性。有学者指出技术秘密的非公知性是指该技术信息的整体、要素或者精确排列组合，并非为通常涉及该信息有关领域的人所普遍知晓或者容易获得。技术秘密的非公知性表现形态概括为以下三类：第一，技术秘密的各组成部分的智力劳动成果均体现一定的创造性而未公开；第二，组成技术秘密的部分内容公开，但体现创造性智力劳动成果部分的内容未公开；第三，组成技术秘密的各部分内容（要素）均已公开，但体现智力劳动成果的有机整合（精确排列组合）未公开。② 当然，技术秘密权利人还须针对其技术秘密采取了相应的保密措施。在我国，《反不正当竞争法》要求商业秘密应当具有"实用性"。也就是说，还不具有实用性的尚处于理论研究阶段的开发资料，如不经权利人许可而被他人窃取是不受《反不正当竞争法》保护的。有学者对此提出批评，认为专利法要求"实用性"具有相当的合理基础，因为专利法给予的是一种"强保护"，而对于反不正当竞争法给予的"弱保护"也要求"实用性"就会失去"兜底"和"附加"保护的意义。③

（二）标志信息

标志信息是标志性信息资产权的客体。标志信息的范围甚广，其中包括商标、知名商品特有标志、商号以及地理标志、域名等标志信息。关于域名的性质学界有不同见解，有学者认为域名与商标、商号并列，都是商业标记权；有的学者认为域名应归入商誉的范畴；有的学者还认为域名为企业的"第二商标"④。在我国，司

---

① 刘春茂、何红锋：《论技术秘密权》，载《江海学刊》1995 年第 6 期。
② 李平：《试论技术秘密司法保护中的几个问题》，载《河南省政法管理干部学院学报》2006 年第 4 期。
③ 郑成思：《知识产权论》，法律出版社 2007 年版，第 191 页。
④ 李朝应：《域名的知识产权分析》，载《电子知识产权》1998 年第 8 期。

法解释已经将域名作为《反不正当竞争法》保护的对象。① 以下重点论及商标、知名商品特有标志、商号以及地理标志等标志信息。

1. 商标

商标为商标权之客体。世界各国和地区的多数商标立法都对商标概念进行了界定,《发展中国家商标、商号和不正当竞争行为示范法》将商标界定为用来将一个企业的商品与其他企业的商品区别开来的看得见的标志。《欧洲共同体商标条例》认为:"共同体商标可以由能用书写标志的任何标志,特别是文字,其中包括人名、图案、字母、数字、商品形状或其他包装组成,只要这些标志能够将一个企业的商品或服务同其他企业的商品或服务区别开来。"日本《商标法》第 2 条规定:"本法所说的商标,是指以商品的生产、加工、证明或者出让为业者就其商品所使用的文字、图形或记号或它们的结合或者它们同色彩的结合。"我国台湾地区"商标法"第 5 条规定,商标得以文字、图形、记号、颜色、声音、立体形状或其联合式所组成。同时,商标应足以使商品或服务之相关消费者认识其为表彰商品或服务之标志,并得借以与他人之商品或服务相区别。我国《商标法》并没有直接对商标作出界定。

从学理上讲,商标是市场主体为使自己的商品或服务区别于他人的商品或服务,而使用于其商品或服务上的具有显著特征的标记。依据我国商标法,任何能够将某一市场主体的商品与他人的商品区别开的可视性标志,包括文字、图形、字母、数字、三维标志和颜色组合,以及上述要素的组合,均可以作为商标申请注册。依据不同的标准,商标可以划分为不同的种类。依据商标是否注册,商标可分为注册商标和未注册商标。依据使用对象不同,商标可分为商品商标和服务商标。依据使用人不同,商标可分为制造商标、销售商标和集体商标,其中集体商标,是指以团体、协会或者其他组织名义注册,供该组织成员在商事活动中使用,以表明使用者在该组织中的成员资格的标志。依据作用不同,商标可分为等级商标、证明商标、防御商标和联合商标,其中证明商标,是指由对某种商品或者服务具有监督能力的组织所控制,而由该组织以外的单位或者个人使用于其商品或者服务,用以证明该商品或者服务的原产地、原料、制造方法、质量或者其他特定品质的标志。依据知名度不同,还有驰名商标、著名商标等类别。

2. 知名商品特有标志

一般来讲,知名商品特有标志包括商品名称、商品包装和商品装潢。其中,商

---

① 最高人民法院《关于审理涉及计算机网络域名民事纠纷案件适用法律若干问题的解释》对域名纠纷案件的案由、受理条件和管辖,域名注册、使用等行为构成侵权的条件,行为人恶意以及对案件中商标驰名事实的认定,法律的适用及行为人应当承担的民事责任等问题作了较为全面系统的规定,为域名纠纷的解决提供了直接的法律依据。

品名称是区别不同商品的标志某一商品的语言标志或者称谓;商品包装是为识别以及为方便携带、储运而使用在商品上的辅助物和容器;商品装潢是为识别和美化商品而在商品或其包装上附加的文字、图案、色彩及其组合排列。知名商品特有标志应重点注意以下问题。

第一,服务标志问题。营利性服务的整体形象是否适用于《反不正当竞争法》第5条关于知名商品名称、包装和装潢规定,笔者认为回答是肯定的。当然,服务标志有其特殊性,通常都是由各种服务标记、风格和理念构成的整体形象,并以整体形象区别于其他服务经营者。服务中的"包装",特别是"装潢",是由诸如营业场所、营业人员、营业工具等装饰、服饰、店面风格等元素形成的独特标志。这种标志是各项具体标志组合而成的,实际上构成了服务的整体形象,这种综合形象具有区分服务的显著性,也即具有区分服务来源的商业标志意义。① 《关于审理不正当竞争民事案件应用法律若干问题的解释》第3条规定,由经营者营业场所的装饰、营业用具的式样、营业人员的服饰等构成的具有独特风格的整体营业形象,可以认定为"装潢"。

第二,知名商品的认定问题。知名商品的认定标准有两种,一是推定标准,二是举证证明标准。(1) 推定知名,即只要商品特有的名称、包装和装潢被他人擅自使用,就推定这一商品为知名商品。我国立法有类似规定,例如:1995年国家工商行政管理总局《关于禁止仿冒知名商品特有的名称、包装、装潢的不正当竞争行为的若干规定》第4条第1款规定:"商品的名称、包装、装潢被他人擅自作相同或者近似使用,足以造成购买者误认的,该商品即可认定为知名商品。"(2) 举证证明,即必须由当事经营者通过举证证明涉及商品具有知名性,才可适用《反不正当竞争法》第5条关于知名商品的保护规定。需要指出的是,不少地方立法对知名商品的认定标准做了专门规定,例如:《上海市反不正当竞争条例》第8条第2款规定知名商品是指使用经认定的驰名商标或者著名商标的商品;经国家有关行政机关、行业总会认可的在国际评奖活动中获奖的商品;为相关消费者所共知、具有一定市场占有率和较高知名度的商品。这一标准在司法实践中得到广泛应用。

第三,"特有"认定问题。知名商品"特有的名称、包装、装潢"的具体认定是一项十分复杂的工作,而在司法实践中已经逐步形成了排除认定和正面认定两个路径。

一是排除认定规则。在古洞春茶业诉怡清源茶业等利用其发现的植物新品种进行不正当竞争纠纷案②中,法院认为"野茶王"、"野茶"只是对商品的制作成分

---

① 孔祥俊:《商标与反不正当竞争法:原理和判例》,法律出版社2009年版,第747页。
② 《最高人民法院公报》2006年第4期。

为野生茶树茶叶所作的叙述性描述,并没有达到区别产品之功能。故"野茶王"、"野茶"是茶叶的通用名称,不能认定其为被上诉人古洞春公司茶叶产品的特有名称。进而判定商品的通用名称不能获得知名商品特有名称的独占使用权,任何个人和单位均有权使用。这样,通过类似案例就隐含性地设置了一个规则,即已经成为某一商品或者服务领域通用名称的名称就不再会被认定为知名商品"特有的名称"。后来,这一排除性规则为2007年最高人民法院《关于审理不正当竞争民事案件应用法律若干问题的解释》总结性规定"商品的通用名称、图形、型号"不得认定为知名商品特有的名称、包装、装潢。

二是正面认定规则。在蒙特莎公司与费列罗公司、天津正元公司不正当竞争纠纷案①中对知名商品"特有的名称、包装、装潢"进行了正面的详细认定。法院首先认定对包装、装潢所包含的诸要素进行简单的组合并不能获得特有性。原因在于,一是简单的组合是为一般人有能力而为的,不用付出太多的智慧劳动,二是包装、装潢组合中的诸要素属于食品包装等轻工行业通用的包装、装潢元素,这样的公共资源不能为某一经营者独占使用。接着进一步认定到包装、装潢组合诸要素的复杂化组合可以获得特有性。塑料盒、锡纸、纸托等包装材料与颜色、形状的排列组合有很大的自由选择空间,而附加在包装上商标标签的尺寸、图案、构图方法等亦有很大的设计自由。这种设计组合的自由空间可以通过经营者的智慧劳动而使商品包装、装潢诸要素进行复杂化和特殊化的组合。经过复杂化和特殊化组合的包装、装潢具有区别商品来源的显著特征时,便可构成商品特有的包装、装潢。

3. 商号

商号为商号权之客体。商号有广义和狭义之别。广义上的商号是指市场主体所使用的名称,认为商号等同于企业名称。例如:《德国商法典》第17条规定:"商人的商号是指商人进行营业和签名的名称。"狭义上的商号是指市场主体所使用的名称中的核心词,不包括企业名称中有关市场主体的行政区划、行业或者经营特点和组织形式等附加词。我国立法并没有使用"商号"一词,《企业名称登记管理实施办法》第9条规定:"企业名称应当由行政区划、字号、行业、组织形式依次组成,法律、行政法规和本办法另有规定的除外。"但个别的地方立法使用了"商号"一词,《浙江省企业商号管理和保护规定》第3条规定:"本规定所称企业商号,即字号,是指企业名称中除行政区划、行业或者经营特点、组织形式外显著区别于其他企业的标志性文字。"可见,立法已经将"商号"等同于"字号"。

世界各国关于商号选定的立法原则有两种:一是自由主义原则,二是真实主义原则。自由主义原则对于商号的选取一般不加以限制,商号无需与市场主体的姓名、经营类别相一致。采此立法例的有美国、英国、日本等。真实主义原则对商号

---

① 《最高人民法院公报》2008年第6期。

的选取则予以严格限制,要求商号或者与商号主体姓名一致,或者反映市场主体的营业类别。采此立法例的有法国、瑞士等。我国立法采自由主义原则,但是立法对商号的选取还加以其他方面的限制,这包括:

(1) 企业名称应当使用符合国家规范的汉字,不得使用汉语拼音字母、阿拉伯数字,且企业名称中的字号应当由 2 个以上的字组成。

(2) 商号的内容和文字不得包含有法律所列举的不得使用的事项。《企业名称登记管理规定》第 9 条规定,企业名称不得含有下列内容和文字:有损于国家、社会公共利益的;可能对公众造成欺骗或者误解的;外国国家(地区)名称、国际组织名称;政党名称、党政军机关名称、群众组织名称、社会团体名称及部队番号;汉语拼音字母(外文名称中使用的除外)、数字;其他法律、行政法规规定禁止的。

(3) 商号单一原则。商号的基本功能是区别和表示不同的市场主体,而且商号还可以直接表达其权利主体的商业信誉。由此,为了发挥商号对市场竞争者和消费者的标志和引导作用,需要商号与特定的市场主体相一致,以防止发生误认和混淆。世界各国立法均普遍规定,一个市场主体只能拥有一个商号。《企业名称登记管理规定》第 9 条规定,企业只准使用一个名称,在登记主管机关辖区内不得与已登记注册的同行业企业名称相同或者近似。确有特殊需要的,经省级以上登记主管机关核准,企业可以在规定的范围内使用一个从属名称。

4. 地理标志

地理标志为地理标志权之客体。地理标志(Geographical Indications),是指指示某商品来源于某地域的标志,且该商品的特定质量、信誉或者其他特征,主要是由该地域的自然因素或者人文因素决定的。Trips 协议第 22 条规定,地理标志系指下列标志:其标志出某商品来源于某成员地域内,或来源于该地域中的某地区或某地方,该商品的特定质量、信誉或其他特征,主要与该地理来源相关联。《保护原产地名称及其国际注册里斯本协定》并没有使用"地理标志"概念,而是使用了"原产地名称"(appellations of origin)一词,并将"原产地名称"界定为一个国家、地区或地方的地理名称,用于指示一项产品来源于该地,其质量或特征完全或主要取决于地理环境,包括自然和人为因素。《巴黎公约》和 1891 年的《制止商品产地虚假或欺骗性标记马德里协定》是有关地理标志保护最早的两个国际公约,但这两个国际公约都使用的是"货源标记"(indication of source)一词,且并没有对这一概念进行界定。货源标记只是表示商品出处的标志,而且货源标记不仅仅限于实际存在的地理名称,也可以使用商标、商号等创造性标志。① 一般来讲,货源标记不能被特定的市场主体进行注册。而伪造货源标记通常会被视为制造市场混淆的

---

① 赵刚:《浅谈原产地名称、地理标志及其保护》,载《商标通讯》1999 年第 3 期。

不正当竞争行为，即不具有侵犯特定权利人知识产权的性质。

地理标志的构成要素不同于商标。地理标志是源于实际存在的地理名称，不允许市场主体创造性地臆造、虚构，由此可能不具有显著性特征。地理标志的构成有两种形式：一是以文字标明地理名称，如以"茅台"标明产地为贵州省茅台镇；二是以特有的符号标明地理名称，如以富士山标明产地为日本。

地理标志旨在表明商品的特定品质。区别商品来源、防止市场混淆仅仅是地理标志的第一层次的基本功能。表明商品的特定品质才是地理标志的本质功能所在，这一特定品质是某一商品特有的质量、信誉和其他特征。在某一地域内，决定商品特定品质的既可以是自然因素，也可以是人文因素，也可以是二者的结合。其中，自然因素是指特定地域的降雨、日照、气温、土壤类型、水质类型、天然物种等地理环境。人文因素是指特定地域因历史、文化而特有的产品生产工艺、流程、配方等。

（三）经营信息

经营信息是经营性信息资产权的客体。以下分别论及经营秘密、商誉等经营信息。

1. 经营秘密

经营秘密为经营秘密权之客体。经营秘密是指不为公众所知悉，能够为权利人带来经济利益，具有实用性并经权利人采取了相应保密措施的经营信息。此处的经营信息主要表现为权利人独有的经营管理方法以及与经营管理方法密切相关的信息和情况，常常表现为涉及有关经营信息内容的情况、计划、名单、数据等，且通常以有形的物质载体加以体现和记载，如书面报告、软盘等。美国《侵权法重述》认为，经营秘密的客体范围一般包括销售资料、销售计划、投标价格资讯以及价目表、市场研究、成本报表、记账方法以及顾客名录等。国家工商行政管理总局1998年修订的《关于禁止侵犯商业秘密行为的若干规定》第2条第5款所列举的"管理诀窍、客户名单、货源情报、产销策略、招投标中的标底及标书内容"均属于经营秘密范畴。学理上，有学者将经营信息的客体分为经营主体对外的信息和经营主体内部的信息，前者包括市场调研报告、发展计划、经营策略、对外业务合同、招标投标标底、购销渠道以及客户名单等；后者包括财务状况、管理经验和诀窍等。①

其中，客户名单是指某一经营者特有的消费者的姓名（或名称）、地址、联系方式以及消费习惯、意向、内容等构成的客户信息，表现为有形的纸质或电子的客户名册，以及无形的保持长期稳定交易关系的特定客户网络。构成经营秘密的客户名单是每一经营者所特有的，它区别于相关公共信息。财务报告中的相关

---

① 周楠生：《试论经营秘密及其法律保护》，载《现代法学》1996年第4期。

信息也可构成经营秘密。在现今上市公司年报所披露的相关信息中,可能有相当一部分内容已经涉及商业秘密中经营秘密。例如重大投资方向、产品研发费用、产品成本等。

2. 商誉

商誉,英文为 Goodwill,简言之,"商誉就是企业给顾客们的商业信誉"。① 有学者将商誉严格界定为是市场主体在生产经营、服务态度、技术创新、员工素质、商业文化、管理经验等方面所形成的良好能力,并由此获得社会公众的普遍认可和积极评价。② 关于商誉的来源,有学者指出商誉实际上是企业的内在品质与社会品性整合的结果。一方面,商誉来自企业自身的特质。为获得与顾客的良好关系,企业应形成自身的优秀品质,具有超过其竞争对手的某种特殊的资源,以赢得顾客的信赖与忠诚。另一方面,商誉是社会认同和赋予的,必须具有相应的社会品性。商誉还不仅仅是自身实力的写照,它内含着顾客的感受和认知,凝聚着社会的综合印象与整体评价。③

依据不同标准,商誉亦有不同分类。根据企业提供商品和服务的品种、种类、联系范围之差别,可将商誉分为品牌商誉与企业商誉。企业仅在某个种类商品和服务上享有的商誉,称为品牌商誉。企业经过长期努力建立起的良好企业形象,它覆盖企业所提供的所有商品和服务,这样的商誉称为企业商誉。

此外,商誉需要依附于一定的载体而存在。商誉最大的载体就是其所依附的市场主体,所以市场主体的标志中往往包含着商誉信息,例如商号、营业、商标,乃至商主体的地址、建筑物等都是商誉的载体。④ 例如:我国《驰名商标认定和管理暂行规定》将驰名商标定义为"市场上享有较高声誉并相关公众所熟知的注册商标"。可见,驰名商标之所以驰名就是因为其中所包含的商誉比其他一般商标要高得多,驰名商标并因此获得较一般商标更强的保护。

第二节 信息资产权的权利内容

信息资产权的权利内容可以细化为次级权利形态之技术性信息资产权、标志性信息资产权和经营性信息资产权的权利内容。因此,以下即从技术性信息资产权、标志性信息资产权和经营性信息资产权三方面阐述信息资产权的权利内容。

---

① 郑成思:《知识产权论》,法律出版社 2007 年版,第 279 页。
② 吴汉东:《论商誉权》,载《中国法学》2001 年第 3 期。
③ 谢晓尧:《论商誉》,载《武汉大学学报(社会科学报)》2001 年第 5 期。
④ 沙金:《论商誉权侵权法保护》,吉林大学博士论文,2010 年。

一、技术性信息资产权的权利内容

(一) 专利权的权利内容

原则上,专利权人自己实施其专利的权利是不言而喻的。但是,世界多数专利立法都从禁止权的角度对专利权的内容进行界定,即只规定专利权人有权禁止他人以何种方式实施其专利,并没有规定专利权人享有的实施权及其内容。禁止权范畴包括制造权、使用权、销售权、许诺销售权及进口权等内容。专利立法也会正面规定专利权人对其专利享有的处置权,处置权范畴包括许可权、转让权、质押权等内容。此外,专利权还包括其他延伸性权利,例如:标记权、发明人的署名权等,下文即从上述三方面阐述专利权的内容。

1. 禁止权范畴

专利权人有权禁止他人未经许可实施其专利,禁止权是专利权效力的重要方面。其实,禁止权是专利权人独占实施权的另一种表达形式,即专利权人独占性或者排他性地实施其专利的权利。须注意的是,由于专利权的客体之发明创造成果有不同形式,这些不同形式的客体所获得的专利权效力是有差异的,即不同种类的专利,专利权的权利内容是不同的。以下制造权、使用权、销售权、许诺销售权及进口权等均属于禁止权范畴。

(1) 制造权　制造权,即专利权人享有的或者未经专利权人许可他人不得制造专利产品的权利。"制造"是指为生产经营之目的而生产、加工专利说明书中所描述的产品。制造的专利产品可以是一个独立的产品,也可以是一个零部件。对专利产品进行修理,如果被替换的损耗部分并没有反映专利技术的主要特征,则不属于"制造";如果对专利产品进行根本性的修理,被替换的损耗部分反映了专利技术的主要特征,则等同于"制造"。对于制造与专利产品类似的产品是否属于制造权意义上的"制造",这主要取决于专利说明书和附图、权利要求书的内容是否包括与权利要求书中说明的技术方案相类似的方案。如果包括与权利要求书中说明的技术方案相类似的方案,则为"制造";反之,则不视为"制造"。① 需要指明的是,制造权所涵及的专利权客体为专利产品,包括发明专利产品、实用新型专利产品和外观设计专利产品,并不涵及专利方法和依专利方法直接获得的产品。

(2) 使用权　使用权包括对专利产品的使用权、对专利方法的使用权和对依专利方法直接获得的产品的使用权。即使用权所涵及的专利权客体包括专利产品、

---

① 《专利法》第59条规定:"发明或者实用新型专利权的保护范围以其权利要求的内容为准,说明书及附图可以用于解释权利要求的内容。外观设计专利权的保护范围以表示在图片或者照片中的该产品的外观设计为准,简要说明可以用于解释图片或者照片所表示的该产品的外观设计。"

专利方法和依专利方法直接获得的产品。

对专利产品而言，使用权要受专利权"穷竭原则"的约束，即若使用由专利权人制造并销售或者由合法被许可人制造并销售的专利产品，专利权人和被许可人不再享有相应的禁止权。对专利方法而言，对不是使用专利方法制造的相同产品，方法专利权人无权阻止他人使用。当依专利方法直接获得的产品是第三人的一项专利产品时，方法专利权人的使用权也不能延伸至该专利产品，即此时排除了使用权的适用。

（3）销售权 销售权是专利权人享有的或者未经专利权人许可他人不得销售专利产品或者销售依专利方法直接获得的产品的权利。可见，销售权所涵及的专利权客体有专利产品和依专利方法直接获得的产品。

销售权意义上的"销售"并不以转移所有权为限制，只要求支配权转移与他人即可成立，所以出租、出借等行为均属于"销售"范畴。侵犯专利权人的销售权一般有两种情况：一是非法制造专利产品或者非法使用专利方法制造依该专利方法直接获得的产品，同时直接在市场上销售上述产品，从而构成对专利权人的制造权和销售权的双重侵犯。二是市场主体仅销售未经专利权人许可而制造、销售的专利产品或者依专利方法直接获得的产品，即不存在制造环节，构成单一侵犯专利权人的销售权。

（4）许诺销售权 许诺销售（offering for sale）是指为销售之目的而向特定或非特定市场主体做出的愿意销售或者将要销售专利产品或依专利方法直接获得的产品或者愿意提供或将要提供专利方法的表示行为。① 许诺销售行为发生在实际销售之前，目的是为了实现实际销售。许诺销售的行为表示可以针对特定的主体，也可以针对不特定的主体。许诺销售的表示可以是书面的，可以是口头的，也可以是实际行为。当然，许诺销售行为可以单独为之，也可以与其他行为复合为之。

许诺销售权即为许诺销售之行为的权利，许诺销售权所涵及的专利权客体有专利产品和依专利方法直接获得的产品。许诺销售权是专利权的一项重要权利，专利权人除依法享有自己行使许诺销售权外，还有权禁止他人未经许可而进行"许诺销售"。许诺销售权目的旨在使专利权人能够在商业交易的早期阶段及时制止侵权行为，防止侵权产品的扩散，减少权利人损失。许诺销售权为多数国家和地区专利立法所确认，例如，日本《专利法》第2条将对产品发明的"实施"界定为：制造、使用、转让、出口、进口或为转让等而提出该产品的行为。

（5）进口权 进口权是指专利权人在专利权的有效期限内，依法享有自己进口或者禁止他人未经其许可为制造、销售、使用等生产经营之目的进口其专利产品或者进口依其专利方法直接获得的产品的权利。可见，进口权所涵及的专利权客体

---

① 衣庆云：《浅析"许诺销售"》，载《知识产权》2001年第2期。

有专利产品和依专利方法直接获得的产品。

如果专利权人不能依法控制进口环节,他人便可在国外制造专利产品或者使用专利方法制造产品,尔后进口至国内,这势必会严重威胁专利权人在国内相关市场上的利益。通过进口权,专利权人便可周全地保障其经济利益免受此类侵害。

2. 处置权范畴

如果说禁止权是专利权人的静态权利,那么,处置权则为专利权人的动态权利。当然,专利权人对其专利的独占性实施权也具动态性,但禁止权的另一面即为独占实施权,即禁止权业已内涵式地界定了专利权人的独占实施权。以下从许可权、转让权及质押权三方面阐述专利权人的动态性权利之处置权。

(1) 许可权 专利许可又称专利实施许可,是指专利权人或其授权的人作为许可方许可他人在一定范围内利用其专利,被许可方支付约定使用费的一种法律行为。① 专利许可权是专利权人的一项重要权利,我国立法对此予以确认。② 对专利权人而言,专利许可具有重要意义。科研机构和个体发明人等专利权人通常本身没有生产能力,自己不能实施其专利,许可他人实施其专利有利于实现专利的经济价值。相对于专利权转让中专利权人丧失全部权利,专利许可中的专利权人一方面仍然保留了专利权,即权利仍然归其所有,另一方面又通过许可一部分权利可以获得经济利益。

专利许可可以不同形式为之。在德国《专利法》中,根据被许可人所获得的权利的不同,专利许可分为独占许可和普通许可。在独占许可中,被许可人不仅获得积极的实施权,而且获得消极的禁止权。在普通许可中,被许可人仅获得积极的实施权,并没有获得消极的禁止权。③ 在欧盟法上,专利许可形式还有"双向协议"和"非双向协议"之类型。④ 除上述德国和欧盟的分类外,依据许可的范围和权限的不同,专利许可一般划分为:独占许可、排他许可、普通许可、分许可、交叉许可。可见,专利许可形式多种多样。不同许可形式中,许可人与被许可人之间权利义务配置情况也是不同的。

此外,专利权人常在其专利许可协议中附加相应的限制性条款。例如:专利产品销售地域的限制、专利产品转售价格的限制、制造专利产品原材料限制以及搭售、回馈授权、不争执条款等限制性条款。当然,诸如此类的限制性条款有其合理

---

① 冯晓青、刘友华:《专利法》,法律出版社2010年版,第240页。

② 《专利法》第12条规定:"任何单位或者个人实施他人专利的,应当与专利权人订立实施许可合同,向专利权人支付专利使用费。被许可人无权允许合同规定以外的任何单位或者个人实施该专利。"

③ 范长军:《德国专利法研究》,科学出版社2010年版,第148页。

④ 欧盟《技术转让协议成批豁免条例(772/2004)》第1条。

性，但当此类限制性条款产生了排除、限制相关市场竞争效果时，则会受到来自反垄断法的规制。这一问题将会在下文得到进一步解释。

（2）转让权 转让权是专利权人的重要权利，其实质是专利权人将专利的所有权出让给他人的权利，我国立法对此予以确认。① 通过转让专利权，专利权人可获得相应的转让费收益，进而实现其经济利益。原则上，专利权人可以自由转让其专利权。但是，如果专利转让涉及公共利益或者第三人私益时，则受相应的法定限制。其一，中国单位或者个人向外国人、外国企业或者外国其他组织转让专利申请权或者专利权的，应当依照有关法律、行政法规的规定办理手续。其二，两个以上的主体共同享有同一专利权时，共有人之一无权独立将专利权转让给他人。如果将自己所持份额转让时，应先征求其他共有人的同意，其他共有人有优先受让的权利。

（3）质押权 专利权人有权将其专利权作为质押标的，以为自己或者他人履行债务提供担保。作为一种无形财产权，专利权具有价值和使用价值，且能为金钱所衡量，专利权当可成为债务履行之担保。我国知识产权政策和相关立法确认了专利权人的质押权，同时也鼓励知识产权以质押方式实现其市场价值。②

当然，与一般有形财产设立的质押权不同，立法对专利权之质押设立有较为严格的规制措施。《专利法实施细则》第 14 条第 3 款规定："以专利权出质的，由出质人和质权人共同向国务院专利行政部门办理出质登记。"此外，在质押期间，除非另有约定，质权人不得实施专利权。但是，并不影响专利权人对专利的实施权。同时，为了保护质权人利益，质权人拥有优先受偿权。需要指出的是，依据《关于审理专利纠纷案件适用法律问题的若干规定》第 13 条第 3 款规定，法院对出质的专利权仍然可以采取保全措施，但质权人的优先受偿权不受保全措施的影响。

3. 延伸权范畴

专利权并非一个简单化的概念，除上述静态性和动态性权利范畴外，专利权还可能基于其本质属性而产生其他延伸性权利。下文标记权及发明人的署名权即属之。

（1）标记权 标记权是专利权人在专利产品或者专利产品的包装上标明专利

---

① 《专利法》第 10 条第 1 款规定："专利申请权和专利权可以转让。"
② 例如：《物权法》第 223 条规定，债务人或者第三人有权处分的可以转让的注册商标专用权、专利权、著作权等知识产权中的财产权可以出质。国务院于 2008 年发布的《国家知识产权战略纲要》提出："引导企业采取知识产权转让、许可、质押等方式实现知识产权的市场价值。"

标记的权利，我国立法对此予以确认。① 标记权被诸多学者认为是专利权人的人身权。其实，标记权在保障专利权人的经济利益方面有着重要作用，在专利产品或者专利产品的包装上标明专利标记，可以起到警示和预防侵权的作用。同时，也可以起到广告作用，成为市场竞争的工具。

在我国，标记权是专利权人的一项权利而不是义务。域外有类似立法例，《保护工业产权巴黎公约》第5条D款规定："不应要求在商品上表示或载明专利、实用新型、商标注册或工业品外观设计保存作为承认取得保护权利的条件。"由此，在专利侵权诉讼中，侵权行为人不得以专利权人未在专利产品或者专利产品的包装上标明专利标记为由进行免责或者减轻损害赔偿责任的抗辩。但是，在有的国家和地区的专利立法中有不同规定，我国台湾地区"专利法"第73条规定："专利权人应在专利物品或包装上附有专利标记及专利证书号数，并得要求实施权人为之，其未附加标记致他人不知为专利品而侵害其专利权者，不得请求损害赔偿。"由此，将标记权也作为一种义务规定有利于专利产品的社会公示，减少专利侵权行为，保护专利权人利益。②

（2）发明人的署名权　发明人以专利申请人之身份通过专利申请获得专利权而成为专利权人，此为一般情况。在职务发明、委托发明及共同发明等诸多情形下，可能发生发明人与专利申请人、专利权人的分离。无论发明人是否为专利申请人或者专利权人，专属于发明人的人身权是得到法定认可的。这一人身权即为发明人在专利文件中写明自己是发明创造人的权利，即发明人的署名权。发明人的署名权为立法普遍确认，《巴黎公约》第4条之三规定："发明人有在专利中被记载为发明人的权利。"法国《知识产权法典》第L.611-9条规定："无论是雇员或非雇员的发明人，均应在专利中被表明其为发明人；他也可以反对标注其为发明人。"我国《专利法》第17条第2款规定："发明人或者设计人有权在专利文件中写明自己是发明人或者设计人。"

（二）工业版权的权利内容

1. 计算机软件权利人之权利内容

（1）计算机软件著作权人享有以下诸项权利：发表权，即决定软件是否公之于众的权利；署名权，即表明开发者身份，在软件上署名的权利；修改权，即对软件进行增补、删节，或者改变指令、语句顺序的权利；复制权，即将软件制作一份

---

① 《专利法》第17条第2款规定："专利权人有权在其专利产品或者该产品的包装上标明专利标志。"《专利法实施细则》第83条规定："专利权人依照专利法第十七条的规定，在其专利产品或者该产品的包装上标明专利标志的，应当按照国务院专利行政部门规定的方式予以标明。专利标志不符合前款规定的，由管理专利工作的部门责令改正。"

② 宁立志主编：《知识产权法》，武汉大学出版社2006年版，第245页。

或者多份的权利;发行权,即以出售或者赠与方式向公众提供软件的原件或者复制件的权利;出租权,即有偿许可他人临时使用软件的权利,但是软件不是出租的主要标的的除外;信息网络传播权,即以有线或者无线方式向公众提供软件,使公众可以在其个人选定的时间和地点获得软件的权利;翻译权,即将原软件从一种自然语言文字转换成另一种自然语言文字的权利。此外,软件著作权人可以许可他人行使其软件著作权,并有权获得报酬。软件著作权人也可以全部或者部分转让其软件著作权,并有权获得报酬。

(2) 计算机软件合法复制品所有人享有以下三项权利:其一,根据使用的需要把该软件装入计算机等具有信息处理能力的装置内。其二,为了防止复制品损坏而制作备份复制品。这些备份复制品不得通过任何方式提供给他人使用,并在所有人丧失该合法复制品的所有权时,负责将备份复制品销毁。其三,为了把该软件用于实际的计算机应用环境或者改进其功能、性能而进行必要的修改;但是,除合同另有约定外,未经该软件著作权人许可,不得向任何第三方提供修改后的软件。

2. 集成电路布图设计权之内容

集成电路布图设计权包括以下两个方面:

(1) 复制权。即集成电路布图设计权利人能够对受保护的布图设计的全部或者其中任何具有独创性的部分进行复制,该复制权包括权利人自己复制、许可他人复制以及禁止他人未经其许可为复制行为。

(2) 商业利用权。即集成电路布图设计权利人能够将受保护的布图设计、含有该布图设计的集成电路或者含有该集成电路的物品投入商业利用。商业利用的方式包括销售、出租、进口或者以其他方式提供受保护的集成电路布图设计、含有布图设计的集成电路或者含有该集成电路的物品投入商业利用。集成电路布图设计权人的商业利用权包括自己独占利用、许可他人利用和禁止他人未经其许可为利用行为。

(三) 技术秘密权的权利内容

技术秘密权的行使主要是自由支配技术秘密,并防止和制止他人侵犯技术秘密两个方面。由此,应从技术秘密权行使方式之积极行使和消极行使两方面来理解技术秘密权。

1. 技术秘密权的积极行使

技术秘密权的积极行使即为自由支配技术秘密,包括以下三个方面:

(1) 维护技术秘密的保密性。技术秘密的基本特征之一就是保密性,舍此,将不再是技术秘密,也就不能享有相应立法的保护。权利人为防止技术秘密泄露,得采取与其商业价值等具体情况相适应的合理保护措施。包括权利人有权对技术秘密进行秘密占有、控制和管理,他人不得非法干预这一权利;权利人有权要求其职员对其技术秘密进行保密;权利人有权要求技术秘密受让方对其进行保密等。

（2）使用技术秘密。技术秘密具有现实的或者潜在的商业价值，能为权利人带来竞争优势。技术秘密权利人有权依法依照技术秘密的性能和用途加以利用，以实现其使用价值。这是技术秘密权积极行使的主要方式。

（3）许可使用技术秘密。技术秘密作为一种无形财产，与专利、商标等具有相当程度的类似性，即可以成为许可使用的标的。许可他人使用其技术秘密可以实现技术秘密权人技术秘密的价值，获得直接的许可费用收益。由此，应当认为许可使用是技术秘密权的重要内容之一，技术秘密许可使用可以独占使用许可、排他使用许可和普通使用许可等方式为之。

此外，权利人可以将技术秘密作为债务履行担保的标的，权利人也可把技术秘密转让给他人，或者公开技术秘密以处分之，这些都是技术秘密权积极行使的表现形式。

2. 技术秘密权的消极行使

技术秘密权的消极行使主要是对侵犯技术秘密行为的防止和制止，即表现为禁止权。禁止权是技术秘密权专有性的表现，通过禁止他人非法获取、披露和使用技术秘密，从而维护其凭借技术秘密而获得的市场竞争优势。我国《反不正当竞争法》对技术秘密权消极的行使方式作了规定，包括以下三个方面：

（1）禁止他人不正当获取技术秘密，包括禁止他人以盗窃、利诱、胁迫或者其他不正当手段获取权利人的技术秘密，也包括禁止第三人在明知或者应知他人侵犯技术秘密情况下，仍然获取技术秘密的行为。

（2）禁止他人不正当披露技术秘密，包括禁止他人披露以不正当手段获取的权利人的技术秘密，禁止他人违反约定或者违反权利人有关保守技术秘密的要求，披露其所控制的技术秘密的行为，也包括禁止第三人在明知或者应知他人侵犯技术秘密情况下，仍然披露权利人技术秘密的行为。

（3）禁止他人不正当使用技术秘密，包括禁止使用或者允许他人使用以不正当手段获取的权利人的技术秘密，禁止他人违反约定或者违反权利人有关保守技术秘密的要求，使用或者允许他人使用其所控制的技术秘密的行为，还包括禁止第三人在明知或者应知他人侵犯技术秘密情况下，仍然使用权利人技术秘密的行为。

此外，禁止权的适用范围仅限于法定情形，通过自行开发研制、合法的反向工程等方式获得的技术秘密并加以披露或者使用之情形，不在禁止权范围之列。

二、标志性信息资产权的权利内容

（一）商标权的权利内容

在商标法中，商标的存在形态有二：一是注册商标，二是未注册商标。传统商标法理论认为，商标法只保护注册商标，而不保护未注册商标。在德国，对于经注册取得之商标称之为"形式商标权"，对于未经注册但已经使用之标志在一定条件下亦予以保护,而称之为"实质商标权",只要一定之表征在特定交易范围内被当成是某项商品或服务之标记,而能与他人所提供之商品或服务相区别,即受到商标法之保护,亦即此种权利系基于该表征因被使用,在交易上取得一定之价值与作用而受到保护。① 另外,现代商标法的反不正当竞争色彩日益突出,即使在大陆法系国家对已经产生一定影响的未注册商标使用人的合法权益也给予商标法上的保护。至此可见,注册商标和未注册商标均会受到来自商标法的保护。广义的商标权内容宜从注册商标的权利和未注册商标的权利两方面来解释。

1. 注册商标的权利范畴

注册商标经过法定程序认可,获得了法律授予的强制性独占权,其内容包括专有权、转让权、许可权、质押权等,以下分别论述之。

(1) 专有权 注册商标的专有权得从两方面来理解:

一是专用权。注册商标专用权是指在核定的商品或者服务上使用注册商标的权利。需要注意的是,将注册商标使用于核准使用以外的商品或者服务上,在该未核准使用的商品或者服务上,该注册商标不享有专用权。在核准使用的商品或者服务上使用未注册商标,并不当然获得专用权,可能出于保护在先使用之利益而受商标法的消极保护和竞争法的积极保护。需要指明的是,在注册商标专用权方面,一般注册商标和驰名注册商标的使用范围是一致的,即都只限于在核准使用的商品或者服务上使用注册商标。

二是禁止权。禁止权对于注册商标权人防止和制止侵犯注册商标专用权行为具有重要意义。禁止权包括禁止他人直接使用注册商标的权利和禁止他人间接危害注册商标的权利。在禁止他人直接使用注册商标方面,一般注册商标和驰名注册商标是有所不同的。一般注册商标情况下,禁止权涵及禁止他人在与核准使用的商品或者服务属于相同或者类似的商品或者服务上使用与注册商标相同或者类似的商标。驰名注册商标情况下,禁止权效力可延伸至对与核准使用的商品或者服务既不相同也不类似的商品或者服务上使用与驰名注册商标相同或者类似的商标的行为。

在禁止他人直接使用注册商标方面,有四种表现形式:第一,未经商标注册人的许可,禁止他人在同一种商品或者类似商品上使用与其注册商标相同或者近似的商标;禁止他人复制、摹仿、翻译注册的驰名商标或其主要部分在不相同或者不相类似商品上作为商标使用,误导公众,致使该驰名商标注册人的利益可能受到损害。第二,禁止将与他人注册商标相同或者相近似的文字作为企业的字号在相同或者类似商品上突出使用,使相关公众产生误认;商标所有人认为他人将其驰名商标作为企业名称登记,可能欺骗公众或者对公众造成误解的,可以向企业名称登记主

---

① 谢铭洋:《智慧财产权之基础理论》,台北:翰芦图书出版有限公司1997年版,第37页。

经济法权研究

管机关申请撤销该企业名称登记。第三，禁止他人在同一种或者类似商品上，将与注册商标相同或者近似的标志作为商品名称或者商品装潢使用，误导公众。第四，禁止他人将与注册商标相同或者相近似的文字注册为域名，并且通过该域名进行相关商品交易的电子商务，使相关公众产生误认。

在禁止他人间接危害注册商标方面，可以通过诸多类型的间接侵犯注册商标专用权行为来理解：一是销售侵犯注册商标专用权的商品的。二是伪造、擅自制造他人注册商标标志或者销售伪造、擅自制造的注册商标标志。三是反向假冒行为，即未经商标注册人同意，更换其注册商标并将该更换商标的商品又投入市场的。四是故意为侵犯他人注册商标专用权行为提供仓储、运输、邮寄、隐匿等便利条件。

（2）许可权　注册商标的许可使用是指注册商标权人通过签订许可使用合同，允许他人在约定的范围使用其注册商标的法律行为。注册商标的许可使用是注册商标权人的重要权利，这一权利为世界各国商标立法普遍确认。注册商标的许可权对注册商标权人具有重要意义。首先，通过许可他人使用其注册商标，注册商标权人可以获得许可使用费收益，这是商标权财产权属性的直接体现。其次，注册商标的许可权可以作为市场营销策略和市场竞争工具。通过许可他人使用其注册商标，可以帮助注册商标权人拓展其商标的使用范围，扩大注册商标的影响，提高注册商标的市场知名度，从而达到开拓新市场的目的。此外，基于防止不正当竞争之目的而抢注商标，防止因注册商标的长时间停止使用导致社会资源的低效率利用，现代商标法普遍对停止使用达到一定期限的注册商标予以撤销。注册商标权人在自己不能使用其注册商标的情况下，可以将其注册商标许可给他人使用，以保证注册商标不会因长时间停止使用而被撤销。

注册商标的许可方式有独占许可、排他许可、普通许可等。不同的许可方式对注册商标权人的直接收益和市场竞争会产生不同影响。实践中，注册商标权人可综合考量许可费收益，商标声誉维护，使用商标商品或服务质量的保证，商标市场影响力的发挥、维持与扩大等诸多因素，并与被许可人协商一致的基础上选择许可方式。

许可人负有监督被许可人使用其注册商标的商品或者服务质量的义务，这一义务旨在防止被许可人利用注册商标之声誉而降低商品或者服务的质量，从而损害消费者利益。这一法定义务为现代商标立法普遍确认。例如：俄罗斯《商品商标、服务商标和商品原产地名称法》第26条规定："许可合同应包含被许可人商品的质量不得低于许可人商品的质量的条款，并且许可人要对该条款的实施情况进行监督。"《发展中国家商标、商号和不正当竞争行为示范法》第23条规定："当商标的注册所有人和被许可人之间没有说明关系或订出规定来保证注册所有人就所使用的商标对被许可人的商品或服务的质量进行有效控制，许可证合同无效。"我国《商标法》第40条也有类似规定："许可人应当监督被许可人使用其注册商标的商品质量。被许可人应当保证使用该注册商标的商品质量。"

（3）转让权　转让权是注册商标权人依法定条件和法定程序将其注册商标的专有权转让给他人的权利。商标作为一种无形财产，转让商标权是商标权人对自己财产的处分行为，注册商标权人的转让权是商标权的重要内容之一。注册商标权人的转让权为世界各国商标立法普遍确认，但在转让原则上有三种立法表现：一是连同转让主义，即商标权人在转让其商标权时，将商标权连同其企业、企业商誉以及企业的经营活动一并转让给受让人，而不允许商标权人在保留其企业及其生产经营活动的情况下进行商标权的单独转让。二是自由转让主义，即商标权人既可以将其注册商标与其营业一并转让，也可以将其注册商标与营业分割转让。自由转让主义强调商标权的财产属性，一般不对其转让附加额外条件。三是折中自由转让主义，亦允许商标权或者企业商誉分割转让，但为了防止这种转让可能产生的市场混淆，在允许商标权自由转让的同时，要求这种转让在后果上不能使公众对商品的来源或者品质发生误认。①

注册商标的转让与注册商标的管理之公益和消费者利益关系十分紧密，故注册商标的转让须履行法定程序并具有法定形式要件。例如：我国《商标法》第39条规定："转让注册商标的，转让人和受让人应当签订转让协议，并共同向商标局提出申请。受让人应当保证使用该注册商标的商品质量。转让注册商标经核准后，予以公告。受让人自公告之日起享有商标专用权。"

（4）质押权　注册商标权人有权将其注册商标作为质押标的，以为自己或他人履行债务提供担保。注册商标作为一种无形财产，具有价值和使用价值，且这一价值能以金钱形式计算，由此注册商标得成为债务履行之担保。实践中，注册商标权人的质押权为多数国家商标立法所确认。例如：《欧洲共同体商标条例》第19条规定："商标可以独立于企业进行质押或者作为其他物权的标的。"

注册商标的质押关系第三人之利益，故注册商标的质押须履行法定程序并具有法定形式要件。例如：法国《知识产权法典》第714.1条规定，商标所有权的抵押应采书面形式，否则无效。我国台湾地区"商标法"第30条规定："商标专用权人设定质权及质权之变更、消灭，应向商标主管机关登记；未经登记者，不得对抗第三人。"我国《注册商标专用权质权登记程序规定》第2条规定："自然人、法人或者其他组织以其注册商标专用权出质的，出质人与质权人应当订立书面合同，并向商标局办理质权登记。"

2. 未注册商标的权利范畴

关于未注册商标权的法律性质有不同的认识：无效力说、市场先行利益说、民

---

① 张耕等：《商业标识法》，厦门大学出版社2006年版，第99—102页。

事权利说以及商标法上的权利说等观点。① 无论如何,可以肯定的是:一方面未注册商标并没有经过法定程序认可,也就不能获得法律赋予的强制性专有权。另一方面,未注册商标使用人存在使用利益,故其在先使用权应受到保护。此外,当未注册商标成为驰名商标时,即通过另外之形式经过法定程序认可,也就获得了法律赋予的强制性专有权。

(1) 一般未注册商标使用人的优先权　《商标法》第29条规定:"两个或者两个以上的商标注册申请人,在同一种商品或者类似商品上,以相同或者近似的商标申请注册的,初步审定并公告申请在先的商标;同一天申请的,初步审定并公告使用在先的商标,驳回其他人的申请,不予公告。"由此可见,多人同时就同一商标申请注册时,在先使用人享有优先权。其实,未注册商标使用人这种优先权是商标自愿注册原则的体现,依自愿注册原则,商标是否注册是使用者的权利,在他人将其未使用的商标申请注册而产生冲突的情况下,依公平、诚信原则,应该保护其使用人的利益。②

(2) 有一定影响的未注册商标使用人的权利　此有两种情形:其一,他人不得以不正当手段抢注有一定影响的未注册商标。我国立法对此予以确认。《商标法》第31条规定:"申请商标注册不得损害他人现有的在先权利,也不得以不正当手段抢先注册他人已经使用并有一定影响的商标。"这一情形适用要件有四:一是他人商标在系争商标申请日之前已经使用并有一定影响;二是系争商标与他人商标相同或者近似;三是系争商标所使用的商品或服务与他人商标所使用的商品或服务原则上相同或者类似;四是系争商标申请人具有恶意。违反这一规定而获得商标注册的,自商标注册之日起五年内,商标所有人或者利害关系人可以请求商标评审委员会裁定撤销该注册商标。其二,即使与他人现有注册商标发生冲突,善意在先使用的有一定影响的未注册商标得继续使用。《商标法实施条例》第54条规定:"连续使用至1993年7月1日的服务商标,与他人在相同或者类似的服务上已注册的服务商标相同或者近似的,可以继续使用;但是,1993年7月1日后中断使用3年以上的,不得继续使用。"国家工商行政管理总局商标局和商标评审委员会2005年颁布的《商标审查及审理标准》进一步指出,确有充分证据证明系争商标注册人明知或者应知为他人在先使用的商标而申请注册,其行为违反了诚实信用原则,损害了他人的合法权益,损害了公平竞争的市场秩序,系争商标应当不予核准注册或者予以撤销。我国台湾地区"商标法"第30条也规定,在他人商标注册申请日前,善意使用相同或近似之商标于同一或类似之商品或服务者不受他人商标权之效

---

① 杜颖:《在先使用的未注册商标保护论纲——兼评商标法第三次修订》,载《法学家》2009年第3期。

② 刘贤:《未注册商标的法律地位》,载《西南政法大学学报》2005年第3期。

力所拘束。但以原使用之商品或服务为限；商标权人并得要求其附加适当之区别标志。

(3) 未注册驰名商标使用人的权利　未注册驰名商标因其具有驰名之条件且经过驰名认定的法定程序，而获得专有之效力。这为我国立法所确认。《商标法》第 13 条第 1 款规定："就相同或者类似商品申请注册的商标是复制、摹仿或者翻译他人未在中国注册的驰名商标，容易导致混淆的，不予注册并禁止使用。"违反这一规定而获得商标注册的，自商标注册之日起五年内，商标所有人或者利害关系人可以请求商标评审委员会裁定撤销该注册商标。对恶意注册的，驰名商标所有人不受时间限制。

(二) 知名商品特有标志权

《反不正当竞争法》第 5 条第 2 款规定，擅自使用知名商品特有的名称、包装、装潢，或者使用与知名商品近似的名称、包装、装潢，造成和他人的知名商品相混淆，使购买者误认为是该知名商品的行为为反不正当竞争法所禁止。关于知名商品特有标志权的理论研究还比较薄弱，但司法实践却已经形成了关于这一问题的类型化认识。以下即为司法实践总结得出的侵犯知名商品特有标志权的典型行为，竞争法通过禁止此类侵权行为给予知名商品特有标志权以保护。

1. 不正当使用商品名称

在哈尔滨啤酒有限公司诉哈尔滨圣士丹啤酒有限公司不正当竞争纠纷案①中，被告的注册商标是"哈金 HAJIN"，而在使用时被告却不按注册核准的图形使用，而是利用中文特点，只取该商标中的"哈金"二字，并将其竖排，然后旁加"啤酒"二字，使其成为横排的"哈啤金酒"标志。这足以造成一般公众的误认和混淆，从而达到了借"哈啤"二字的知名度提高自己产品销量的目的。法院认定这种通过不正当使用自己商标而攀附他人知名品牌的"搭便车"行为构成《反不正当竞争法》第 5 条第 2 款所界定的不正当竞争行为。经营者不正确使用自己的商品名称，把自己的商品名称设计成与他人知名商品特有名称相同或者近似的文字，造成和他人的知名商品相混淆，使购买者将该经营者的商品误认为是知名商品的行为是侵犯知名商品特有标志权的行为。其实，这一认定为 2007 年最高人民法院《关于审理不正当竞争民事案件应用法律若干问题的解释》第 4 条第 2 款所总结，即"在相同商品上使用相同或者视觉上基本无差别的商品名称、包装、装潢，应当视为足以造成和他人知名商品相混淆。"

2. 不正当使用企业名称

在河北三河福成养牛集团总公司诉哈尔滨福成饮食有限公司昆明分公司侵犯注

---

① 《最高人民法院公报》2005 年第 3 期。

册商标专用权及不正当竞争纠纷案①中,"福成"本为被告的企业字号,被告在经营与原告同类服务时却变相使用其字号,标明其服务为"福成肥牛火锅"。审理法院认为,法律只规定企业有依法"简化"企业名称的权利,而未规定企业可以随意变更企业名称。简化应是在全称基础上的合理缩减,而非彻底抛弃原名称,不允许随意使用与原名称完全不同的新名称。而且企业名称的简化只允许在牌匾上使用,还须报登记主管机关备案。昆明福成公司的行为明显不符合法律的规定,因而昆明福成公司并非正常使用其企业名称,实为通过这一非正常使用企业名称达到攀附知名商品品牌的目的。最终,法院判定被告的行为违反了《反不正当竞争法》第5条第2款规定,构成不正当竞争。不正当使用企业名称来达到使用知名商品特有名称、包装、装潢或使用与知名商品近似的名称、包装、装潢之目的的行为是侵犯知名商品特有标志权的行为。

3. 搭乘行业命名惯例便车

软件行业的命名惯例是软件著作权人在自己开发的软件基础上,对继续开发出来的升级版、改进版等系列产品,一般是在原产品名称之后以加不同序号或者年号的方式区别。而在金洪恩电脑有限公司诉惠斯特科技开发中心不正当竞争纠纷案②中,"股神"为原告金洪恩公司的软件产品名称,被告惠斯特公司却违背行业命名的惯例,把自己的软件产品命名为"股神2000",这已经把被告的"股市经典"软件产品与原告金洪恩公司的"股神"联系起来,足以使购买者将"股市经典"软件产品误认为"股神"的升级版,产生了误认和混淆后果。因此,法院判定被告这一行为构成《反不正当竞争法》第5条第2款界定的不正当竞争行为。可见,使用的商品名称与知名商品特有名称有一定差异,但由于商品或者服务行业的特殊命名习惯而导致误认或混淆后果的,也是侵犯知名商品特有标志权的行为。

4. 仿冒服务标志

在上海天府之国美食世界有限公司诉上海红磨坊俱乐部有限公司不正当竞争纠纷案③中,被告的工作人员穿着与原告工作人员相同的制服,并使用与原告相同的火锅单等行为被法院认定是违反《反不正当竞争法》第5条第2款规定的不正当竞争行为。就《反不正当竞争法》规定看,并没有提及服务领域的欺骗性行为是否属于其调整范围,但从现实情况看服务行业在市场经济中的所占份额越来越多。同样,服务领域出现的各类不正当竞争问题也层出不穷,但我国的法律法规对服务行业的竞争法规制远远落后于社会需要。法院将《反不正当竞争法》第5条扩大

---

① 《最高人民法院公报》2008年第6期。
② 《最高人民法院公报》2001年第2期。
③ 《最高人民法院公报》1994年第3期。

到新的服务领域是符合该法的立法意旨和原则的。相对于其他传统的仿冒行为,仿冒服务标志行为是一种新型的侵犯知名商品特有标志权的行为。其实,服务中的"包装",特别是"装潢",是由诸如营业场所、营业人员、营业工具等装饰、服饰、店面风格等元素形成的独特标志。这种标志是各项具体标志组合而成的,实际上构成了服务的整体形象,这种综合形象具有区分服务的显著性,也即具有区分服务来源的商业标志意义。①

(三) 商号权

商号权是指市场主体对依法取得的商号,在法定地域范围内享有专有权并排除他人侵犯其商号利益的权利。商号权得从积极方面之专用权和消极方面之禁止权两个方面来理解。

1. 积极方面

(1) 商号设定与变更权　商号的设定是指市场主体决定采用何种商号,商号的变更是指市场主体变更原有的商号。自由设定和变更商号是商号权的首要内容。商号的自由设定和变更为当今立法普遍确认。日本《商法典》第16条规定:"商人得以其姓,或姓名,及其他之名称为商号。"我国《企业名称登记管理规定》第10条规定:"企业可以选择字号。"当然,商号的设定与变更还应遵循法律的禁止性规定,并履行法定程序。我国《企业名称登记管理规定》第9条规定,企业名称不得含有有损于国家、社会公共利益的以及可能对公众造成欺骗或者误解的等内容和文字。

(2) 使用权　商号权人有权独占性地使用其商号,即为商号的使用权。商号使用范围甚广,商号权人可以在买卖合同、银行账户、广告宣传等经营活动中使用其商号,也可以在生产经营场所和招牌上使用其商号,还可以将商号附加于其产品及产品的包装、容器之上,等等。商号权人享有充分地使用其商号的权利。同时,商号的使用也应遵循法律的相关规定。日本《商法典》第30条规定:"已登记商号者,无正当理由而于2年内不使用其商号时,视为废除该商号。"我国《企业名称登记管理规定》第20条规定:"企业的印章、银行账户、牌匾、信笺所使用的名称应当与登记注册的企业名称相同。从事商业、公共饮食、服务等行业的企业名称牌匾可适当简化,但应当报登记主管机关备案。"

(3) 许可权　许可权,又称特许权,是指商号权人通过许可协议形式许可他人在约定地域和约定时限内使用其商号的权利,商号权人可由此获得许可费收益。商号的许可使用有排他许可和非排他许可之形式。排他许可是指许可人许可被许可人后,在规定期限、地域内不再许可其他人使用。而非排他许可是指许可人许可被许可人后,仍可以在规定的期限和区域内再许可给第三人。实践中,"连锁经营"、

---

① 孔祥俊:《商标与反不正当竞争法:原理和判例》,法律出版社2009年版,第747页。

"特许经营"就可能涉及商号的许可使用问题。

(4) 转让权 商号的转让是指商号权人将其商号所有权让与他人的行为。关于商号转让的原则有两种立法例：一是商号不得单独转让，只能与营业一同转让。例如：德国《商法典》第23条规定："商号不得与使用该商号的营业分离而转让。"日本《商法典》第24条规定："商号只能和其他营业一起转让。"二是商号可以单独转让，也可与营业一同转让。法国立法认为，商号主要是商业资产的一部分，商号可以自由转让。不过为避免商号混同而产生误解，奉行这一立法原则的国家立法规定，商号转让后不再用作签名，仍用作签名的商号则不得转让。由此可见，即使是奉行可单独转让的国家的法律也对商号的转让作出了必要限制。无论商号能否单独转让，应当认为转让权是商号权的重要内容。鉴于商号转让涉及商号管理之公益、消费者利益以及第三人利益，商号转让还须履行法定程序。我国《企业名称登记管理规定》第23条规定："企业名称可以随企业或者企业的一部分一并转让。企业名称只能转让给一户企业。企业名称的转让方与受让方应当签订书面合同或者协议，报原登记主管机关核准。企业名称转让后，转让方不得继续使用已转让的企业名称。"

2. 消极方面

商号禁止权是指商号权人享有禁止他人侵犯其商号利益之权利，商号禁止权是商号权排他性的体现。

(1) 禁止同行业市场主体在同一地域内使用相同或者类似的商号 禁止同行业市场主体在同一地域内使用相同或者类似的商号为商号禁止权的主要内容，这已为各国立法普遍确认。例如：日本《商法典》第19条规定："在同一市镇村内，不得经营同一营业，而登记他人已登记的商号。"我国《企业名称登记管理规定》第6条第1款规定："企业只准使用一个名称，在登记主管机关辖区内不得与已登记注册的同行业企业名称相同或者近似。"《浙江省企业商号管理和保护规定》第8条规定："申请登记的企业名称，含行业表述的，其商号不得与同一登记机关已核准或者登记的同行业企业名称中的商号相同或者近似，也不得与同一登记机关已核准或者登记的不含行业表述的企业名称中的商号相同或者近似。有投资关系的企业之间另有约定的，从其约定。"

(2) 禁止其他市场主体的引起误认、混淆的使用商号行为 商号的本质功能是标志作用，所以禁止其他市场主体的引起误认、混淆的使用商号行为是商号权的基本内容。当然，这一权利不再受狭隘地域性的限制。《反不正当竞争法》第5条规定，擅自使用他人的企业名称或者姓名，引人误认为是他人的商品的属于不正当竞争行为。《关于审理不正当竞争民事案件应用法律若干问题的解释》第6条规定："具有一定的市场知名度、为相关公众所知悉的企业名称中的字号，可以认定为反不正当竞争法第5条第（三）项规定的企业名称。"《关于审理注册商标、企业名称与在先权利冲突的民事纠纷案件若干问题的规定》第 2 条规定："原告以他人企业名称与其在先的企业名称相同或者近似，足以使相关公众对其商品的来源产生混淆，违反反不正当竞争法第 5 条第（三）项的规定为由提起诉讼，符合民事诉讼法第 108 条规定的，人民法院应当受理。"《浙江省企业商号管理和保护规定》第 11 条规定："申请登记的企业名称，其商号不得与浙江省知名商号相同或者近似。有投资关系的企业之间另有约定的，从其约定。"

（四）地理标志权

地理标志权是指原产地内符合特定条件的商品生产者对地理标志所享有的权利。地理标志权的主体是原产地内符合特定条件的所有生产者，原产地内不符合特定条件的生产者以及原产地外的任何生产者，均不享有地理标志权，即使原产地外的生产者符合特定的条件。

一方面，立法从禁止角度对地理标志加以保护。禁止擅自使用或伪造地理标志名称及专用标志的行为；禁止不符合地理标志产品标准和管理规范要求而使用该地理标志产品的名称的行为；禁止使用与专用标志相近、易产生误解的名称或标志及可能误导消费者的文字或图案标志，使消费者将该产品误认为地理标志保护产品的行为。同时，地理标志使用人还须履行相应的法定义务，否则就会丧失其地理标志权。《地理标志产品保护规定》第 23 条规定："获准使用地理标志产品专用标志资格的生产者，未按相应标准和管理规范组织生产的，或者在 2 年内未在受保护的地理标志产品上使用专用标志的，国家质检总局将注销其地理标志产品专用标志使用注册登记，停止其使用地理标志产品专用标志并对外公告。"

另一方面，关于农产品地理标志问题。申请使用农产品地理标志须具备特定的条件，这些条件包括：生产经营的农产品产自登记确定的地域范围；已取得登记农产品相关的生产经营资质；能够严格按照规定的质量技术规范组织开展生产经营活动；具有地理标志农产品市场开发经营能力。农产品地理标志使用人享有以下权利：在产品及其包装上使用农产品地理标志；使用登记的农产品地理标志进行宣传和参加展览、展示及展销。此外，农产品地理标志使用人应当履行相应义务，例如：自觉接受登记证书持有人的监督检查；保证地理标志农产品的品质和信誉；正确规范地使用农产品地理标志。

三、经营性资产信息权的权利内容

（一）经营秘密权

前文关于技术秘密权之积极行使与消极行使均适用于经营秘密权，以下通过司法实践考察经营秘密权的不同保护路径。

1. 合同法保护路径

在北京中锐文化传播有限责任公司诉北京零点市场调查与分析公司不正当竞争

纠纷案①中，被告虽然抗辩称，其所公布的市场数据并非从原告的调查中直接取得，而是通过另外调查所得的，因此其公布的数据内容并不构成侵犯经营秘密。但是法院并未采信其主张。其原因在于，在合同订立之初被告明知可以通过其他的调查途径获得调查数据的情况下，还承诺承担保密义务，这说明被告在主观上愿意承担这样的义务。而后来被告违反这种保密约定，以该种调查数据是通过其他的方式获得为由抗辩，显然是难以成立的。被告的行为构成了《反不正当竞争法》第 10 条规定的侵犯经营秘密行为，即被告行为违反的是约定义务。依合同法原理，在违约情况下，被告享有的抗辩只能是不可抗力和公共利益。而本案的典型性就在于依据合同关系承担的保密义务，作为承担保密义务的一方当事人如果此前已经获得该经营秘密，无权将已经获得的经营秘密予以公开。

2. 侵权法保护路径

经营秘密的侵权法保护具有在保护对象上更加灵活，在禁止侵权的禁令方面适用"扣除领先时间（lead time）原则"等特点。② TRIPS 协议第 10 条有如是规定：只要有关信息符合特定条件，则"自然人和法人应有可能禁止他人未经允许以违背诚实商业行为的方式，披露、获取或者使用出于其合法控制下的信息"。这表明，一方面经营秘密保护上的权利人不一定是其所有人，只要是合法控制人或者享有经营秘密的人即可为权利人，就享有停止侵权、请求赔偿之诉权。另一方面，经营秘密保护上的义务人也不局限于合同相对人，而是任何可能侵犯经营秘密的人，此意义上的经营秘密更具有对世效力。

侵权法保护经营秘密的一些特点在富士宝家用电器有限公司诉家乐仕电器有限公司专利侵权及侵犯商业秘密纠纷案③中都有表现。首先，被告辩称原告的客户名单已经公开，法院则认定原告客户名单的部分公开并不必然导致尚未公开的部分也随之解密。其次，我们也注意到法院的判决要求，被告家乐仕在判决生效后二年内不得利用原告富士宝公司的经营信息、销售网络销售与原告富士宝公司专利产品同类的产品。这一判定便消除了被告相对于同业内其他经营者在知悉原告的销售网络这一经营信息方面的领先时间。而两年之后，当原告这一经营秘密公开而被同业内所有经营者所知悉时，被告得与其他经营者同时使用这一销售网络。应当认为，扣除领先时间原则是经营秘密侵权禁令的鲜明特色。

（二）商誉权

商誉是企业的无形资产，拥有较高商誉的产品和企业在市场竞争中就具有相对优越的竞争力。正因为如此，商誉也成为不正当竞争行为的指向对象。通过贬损、

---

① 《最高人民法院公报》1999 年第 3 期。
② 郑成思：《知识产权——应用法学与基本理论》，人民出版社 2005 年版，第 454 页。
③ 《最高人民法院公报》1999 年第 2 期。

诋毁竞争对手的商誉而获得相应的竞争利益是世界各国竞争立法所界定的不正当竞争行为。例如：德国《反不正当竞争法》第4条规定贬低或诋毁竞争者的标志、商品、服务、行为或私人或业务上的关系的行为是不正当竞争行为。世界知识产权组织《反不正当竞争示范条款》第5条规定在工业或商业活动中，对他人或其活动，特别是对该企业提供的产品或服务诋毁或可能诋毁的任何虚假或不合理陈述，构成不正当竞争行为。我国《反不正当竞争法》第14条规定，经营者不得捏造、散布虚伪事实，损害竞争对手的商业信誉、商品声誉。这一规定也是目前禁止商誉诋毁适用的直接法律依据。

然而，在1993年《反不正当竞争法》颁布实施之前就已经存在诋毁商誉的竞争法判例了。在1988年的上海新亚医用橡胶厂诉武进医疗用品厂损害法人名誉权纠纷案①的判决中法院认为，被告武进医疗用品厂故意捏造事实，以"公告"的形式对原告厂生产的妇用卫生杯进行诽谤行为违反了《民法通则》第101条规定，损害了法人名誉权。并依据《民法通则》第120条的规定判处被告承担公开登报消除影响、恢复名誉、赔礼道歉、赔偿损失的责任。在1990年的康达医疗保健用品公司诉陕西医疗器械公司侵害法人名誉权纠纷案②中，法院也是援引《民法通则》第120条规定，认为被告医疗器械公司和《工商报》对他人反映的情况，不经核查，竟在报纸上指名批评原告高出国家牌价销售产品，且销售的许多大型医疗器械质量不合格的行为侵害了法人的名誉权，并支持原告请求恢复名誉、清除影响、赔礼道歉、赔偿损失的请求。

通过上述两则案件事实，得知二被告之行为均系商业诋毁行为，违反了《反不正当竞争法》第14条关于禁止诋毁商誉的规定。在《反不正当竞争法》尚未制定的情况下，法院通过援引《民法通则》第101条和第120条关于法人名誉权的规定来实现对商业诋毁不正当竞争行为的规制。当然，此类判决的局限性也是明显的。其一，《民法通则》关于名誉权规定的适用主体有二：一是公民，二是法人。而作为市场主体的经营者的组织形态是多样的，如法人、合伙、个体工商户等，它们在经营活动中均可形成自己的商誉，并拥有商誉权。可见，民法通则关于名誉权规定的适用主体是有限的，不能够为所有市场主体的商誉提供保护。其二，"法人名誉权"的概念是不确定的，以此难以对经营者的商誉提供周全的保护。

其实，关于商誉权保护问题一直存在理论上的争议。有的认为商誉权是名誉权的一种，因而商誉权是人格权。③ 有的认为商誉权是一种复合权，即认为商誉权具

---

① 《最高人民法院公报》1988年第1期。
② 《最高人民法院公报》1990年第2期。
③ 张新宝：《名誉权的法律保护》，中国政法大学出版社1997年版，第35页。

有财产权与人格权的双重内容。① 有的学者则直接把商誉权归类为知识产权。② 尽管如此，司法实践却在遵循着自己的逻辑。1997 年的杭州娃哈哈集团公司诉珠海巨人高科技集团公司不正当竞争纠纷案③中，审理法院则是直接适用了《反不正当竞争法》第 14 条关于禁止诋毁商誉的规定和第 20 条关于损害赔偿的规定。在此案中，法院查明被告巨人集团在其宣传册中说娃哈哈有激素，造成小孩早熟，产生许多现代儿童病的行为没有事实依据。而被告的这一行为，致使娃哈哈儿童营养液商誉受到极大损害，销售量急剧下跌，经济损失巨大。法院认定被告巨人集团散布虚伪事实损害原告的商品声誉，是不正当竞争行为，并依照《反不正当竞争法》第 20 条的规定判定被告承担侵权损害赔偿责任和原告因调查其不正当竞争行为所支付的合理费用。后来，最高人民法院又通过司法解释对消费者和新闻媒体侵犯商誉权问题做了相关规定。1998 年最高人民法院《关于审理名誉权案件若干问题的解释》规定，消费者和新闻单位对生产者、经营者、销售者的产品质量或者服务质量进行批评、评论，并借机诽谤、诋毁，损害其名誉的或主要内容失实，损害其名誉的，应当认定为侵害名誉权。

至此，商誉权的司法保护路径初步形成，即具有竞争关系的经营者之间的诋毁商誉行为得适用《反不正当竞争法》的这一规定。消费者、新闻媒体等非经营者对经营者商誉的诋毁行为则适用《民法通则》保护名誉权的相关规定。而且，这两种法律适用的受害经营者均不能够获得精神损害赔偿。当然目前这种保护路径存在很大的遗漏，有学者指出应当把商誉权从名誉权中独立出来，即在民法中单独规定商誉权问题。另外，在《反不正当竞争法》中应增加惩罚性赔偿规定。④

第三节　资产信息权的限制

有权利必有限制，信息资产权亦是如此。不仅于此，信息资产权的限制构成信息资产权的基本方面，这源于信息资产权严格的法定性。信息资产权在这一法定框架内充分地获得与行使，但又不得超越这一框架的限制。具体观之，民法基本原则、信息资产权法和反垄断法从不同层面给信息资产权以限制。

一、民法基本原则的限制

民法中的诚实信用原则、禁止权利滥用原则、公序良俗原则、利益平衡原则等

---

① 梁上上：《论商誉与商誉权》，载《法学研究》1993 年第 5 期。
② 吴汉东：《论商誉权》，载《中国法学》2001 年第 3 期。
③ 《最高人民法院公报》1997 年第 1 期。
④ 江帆：《商誉与商誉侵权的竞争法规制》，载《比较法研究》2005 年第 5 期。

基本原则均从不同角度起着对信息资产权的限制作用。以下重点探讨诚实信用原则与禁止权利滥用原则对信息资产权的限制。

(一) 诚实信用原则与信息资产权

诚实信用原则是指民事主体在从事民事活动、行使民事权利和履行民事义务时，应本着善意、诚实的态度，即讲究信誉、恪守信用、意思表示真实、行为合法、不规避法律和曲解合同条款等。① 诚实信用原则渊源于罗马法中的"诚信契约"和"诚信诉讼"。依"诚信契约"，债务人不仅要依契约条款，更为重要的是要依其内心的诚实观念完成契约所定的给付。可见，诚实信用原则是契约法中对不周全、不严密的合同条款的一种法律补救方法，起着补充契约条款不足的作用。此后，《法国民法典》第 1134 条规定："契约应以善意履行之。"后来，《德国民法典》第 242 条规定："债务人须以诚实与信用，并照顾交易惯例，履行其给付。"该法明确将诚实信用作为一项强行性规范规定下来，将诚实信用适用范围由合同的履行扩大到对一切债务的履行，并在对合同的解释中予以适用。1907 年《瑞士民法典》第 2 条规定："无论任何人行使权利履行债务，均应以诚实信用为之。"这将诚实信用原则的适用范围扩大到一切权利的行使和一切义务的履行。再之后，日本的民法典明确将诚实信用原则作为民法的基本原则。我国《民法通则》第 4 条规定，诚实信用原则是民法的基本原则。

诚实信用原则为道德准则的法律化。诚实信用原则首先是作为市场经济活动的道德准则而存在的，当其被法律化后，该道德准则成为市场主体必须遵守的法律原则。信息资产权权利人在行使信息资产权时亦应遵守诚实信用原则，应本着善意、诚实之态度对待消费者和交易相对人。以下仅论及诚实信用原则对专利权和商标权的限制。

1. 专利权的诚实信用原则限制

在专利实施许可中，诚实信用原则禁止专利权人的无权处分行为。这包括禁止原专利权人在专利权被宣告无效后还与他人签订许可合同；禁止专利申请人将正在申请而尚未获得专利权的技术以专利形式许可他人使用；禁止专利权共有人未经其他专利权人同意与他人签订专利许可合同。同时，诚实信用原则要求权利人应保证专利技术的完整性。在独占实施许可中，要求专利权人谨遵诚实信用原则，不得再与第三人签订专利实施许可合同。当然，如果发生了上述违反诚实信用原则之行为，还需要有相应的救济措施。《专利法》第 47 条规定，宣告无效的专利权视为自始即不存在。宣告专利权无效的决定，对在宣告专利权无效前人民法院作出并已执行的专利侵权的判决、调解书，已经履行或者强制执行的专利侵权纠纷处理决定，以及已经履行的专利实施许可合同和专利权转让合同，不具有追溯力。但是因

---

① 马俊驹、余延满：《民法原论》，法律出版社 2007 年版，第 39 页。

经济法权研究

专利权人的恶意给他人造成的损失,应当给予赔偿。依照前款规定不返还专利侵权赔偿金、专利使用费、专利权转让费,明显违反公平原则的,应当全部或者部分返还。其实,合同法业已对技术许可合同中的诚实信用原则做了基本规定。《合同法》第 349 条规定,技术转让合同的让与人应当保证自己是所提供的技术的合法拥有者,并保证所提供的技术完整、无误、有效,能够达到约定的目标。

2. 商标权的诚实信用原则限制

从商标权的获得,到商标权的行使,再到商标许可实施,均以诚实信用原则贯穿约束之。在商标权的获得方面,夸大宣传并带有欺骗性的标志不得作为商标使用;商品并非来源于该标志所标示的地区,误导公众的,不予注册并禁止使用,但已善意取得注册的继续有效。这表明,与诚实信用原则相悖的恶意行为不能获得商标权,符合诚实信用原则的善意行为为法律所肯定。在商标使用过程中,禁止权利人违背诚实信用原则而为粗制滥造,以次充好,欺骗消费者之行为。商标许可他人使用的,许可人与被许可人均应以诚实信用原则保证使用注册商标的商品质量。由此,有学者认为,应当将"诚实信用原则"写入《商标法》的总则之中,使之成为商标申请人、商标审查官员、市场竞争主体确立商标权、行使商标权的第一原则和首要行为依据。①

(二) 禁止权利滥用原则与信息资产权

权利之行使,必有一定界限,超过正当之界限而行使权利,即为权利之滥用。② 可见,权利滥用为权利之超过正当界限之行使。只有权利人超越其权利边界,不正当行使权利,才构成权利滥用。

在"个人主义"盛行的罗马法上就有禁止权利滥用的观念。当然,罗马法中的禁止权利滥用并不是一项原则,而是在一些具体问题上折射出禁止权利滥用这一法观念。例如:在相邻关系上,尤士丁尼规定:不得在距离先前已有的建筑物 100 英尺以内的地方进行建筑,如果这样做会妨碍人们从那里对海的观赏。③ 近代民法时期,禁止权利滥用观念在《法国民法典》中得到诸多体现,尤其是在调整相邻关系、地役权制度的法律规范中有更为直接的体现。《法国民法典》第 643 条规定:"如水用于供给区乡、村落居民的需要时,水源所有者不得变更其水道。"现代民法时期,禁止权利滥用作为基本原则得到确立。1900 年《德国民法典》第 226 条规定:"权利之行使不得专以损害他人为目的。"此后,1907 年《瑞士民法典》、1911 年《奥地利民法典》以及 1947 年《日本民法典》均确立禁止权利滥用

---

① 何敏:《"诚实信用原则"在商标法中的运用与体现》,载《中华商标》2009 年第 2 期。
② 梁慧星:《民法总论》,法律出版社 1998 年版,第 260 页。
③ [意]彼得罗·彭凡得:《罗马法教科书》,黄风译,中国政法大学出版社 1992 年版,第 244 页。

为民法的基本原则。在我国,立法虽然没有使用"权利滥用"一词,但我国立法已经确立了禁止权利滥用原则。《宪法》第 21 条规定:"中华人民共和国公民在行使自由和权利的时候,不得损害国家的、社会的、集体的利益和其他公民的合法的自由和权利。"《民法通则》第 7 条规定:"民事活动应当尊重社会公德,不得损害社会公共利益,破坏国家经济计划,扰乱社会经济秩序。"上述条文可以看作是禁止权利滥用原则的立法依据。

禁止权利滥用原则旨在划定个人权利与他人权利之边界,实现个人利益与他人利益以及社会公益之平衡。禁止权利滥用原则对信息资产权起着限制作用,即通过限制信息资产权的不当扩张,防止他人利益和社会公益受到侵犯。禁止权利滥用原则在信息资产权立法中有诸多表达。Trips 协议第 8 条规定,成员可在其国内法律及条例的制定或修订中,采取必要措施以保护公众的健康与发展,以增加对其社会经济与技术发展至关紧要之领域中的公益,只要该措施与本协议的规定一致。成员可采取适当措施防止权利持有人滥用知识产权,防止借助国际技术转让中的不合理限制贸易行为或消极影响的行为,只要该措施与本协议的规定一致。郑成思先生起草的《民法典·知识产权篇(专家意见稿)》第 22 条规定,知识产权的权利持有人不得滥用权利,尤其不得借助知识产权在转让中实施不合理的限制贸易行为。①

在信息资产权领域,滥用专利权是最为典型的,关于滥用专利的制度也是发展得最为成熟、最具有代表性的理论。滥用专利权制度起源于美国,该理论与美国反托拉斯法的原则有着密切关系。美国最高法院在 1917 年电影专利公司诉寰宇胶片生产公司案中首次应用了专利权滥用理论。法院判定,试图对未获得专利的物品作为附加销售而为的任何限制都是不合适的,完全违反了美国最高法院关于专利法的解释,因而此类行为应被判定为无效。在电影公司案之后的几十年里,法院不断扩大专利权滥用的认定范围。在 1931 年的卡倍克案中,美国最高法院首次认可了滥用专利权行为应受专利法和联邦反托拉斯法的禁止。法院认为,专利权人在专利许可协议中搭售非专利产品的做法属于不正当竞争行为,是企图将专利权人之专利的保护范围扩大到非专利产品上,专利权人的此类行为与联邦反托拉斯法中所体现的公共政策相违背,专利权人无权获得任何形式的法律救济和衡平救济。②

美国国会于 1952 年修改了专利法,加入了《美国法典》第 35 编第 271 条

---

① 郑成思:《民法典(专家意见稿)·知识产权篇第一章逐条论述(下)》,载《中国工商管理研究》2002 年第 10 期。

② 孟庆法、冯义高编著:《美国专利及商标保护》,专利文献出版社 1992 年版,第 130 页。

(d)款（1）~（3）项，①成为专利权滥用的法定限制，这在一定程度上对不断被扩大使用的专利权滥用理论起到了一种平衡作用。1988年的专利改革法案，又在1952年专利法第271条（d）款中增加了（4）项和（5）项内容，规定拒绝许可和搭售并不必然构成专利权滥用。但是，该法案仍然没有对专利权滥用的具体条件和判断标准做出明确规定。因此，该法案并不是对专利权滥用原则的成文法总结，并没有改变法院创造的专利权滥用源于衡平法的事实。②

至此，信息资产权滥用可界定为信息资产权权利人，在行使信息资产权权利时超出了法律所允许的范围或者正当的界限，不公平或不合理地行使信息资产权而违背公共政策的行为，以及采取虚伪手段获得信息资产权授权、不当保护信息资产权而损害他人利益和社会公共利益的行为。构成要件有四，一为行为主体，应当是信息资产权权利人。包括信息资产权持有人，例如信息资产权的独占实施被许可人、排他实施被许可人等对信息资产权具有支配能力的法律主体。二为客体是社会的、国家的、集体的或者其他个人的对社会公有知识和自由竞争的合法的权利和自由，也就是社会公共政策。三为主观方面，行为人必须有故意的心理状态，过失不能构成信息资产权滥用；而且，其目的应当是为了超出信息资产权法所授予独占权或有限垄断权范围行使"权利"，对信息资产权加以不正当利用。四为客观方面，行为主体采取了危害社会或他人权益的、超出信息资产权权利范围的行为和不当行使信息资产权的行为，采取不实施或者利用其优势地位不正当地限制交易或采取不公正的交易方法的行为，以及采取虚伪手段将本应由社会共享的公有知识据为己有的行为。

二、信息资产权法的限制

除民法基本原则从最基本层面给信息资产权以限制外，信息资产权法本身的诸多规则也给信息资产权更为具体化的限制，以下分别论述之。

---

① 根据1952年d款之规定："专利权人在其他情况下有对于受侵害或同谋侵害请求补救的权利，不能因有下列一项或一项以上的行为而被剥夺这种请求补救的权利，或者被认为有滥用或不法扩大其专利权的罪责：(i)从某种行为中获得收入，而该行为如由他人不经其同意而实施，将构成对专利的同谋侵害；(ii)签发许可证授权他人实施某些行为，而该行为如由他人不经其同意而实施则将构成对其专利的共同侵害；(iii)企图实施其专利以以对抗侵害或同谋侵害。"后1988年增加的两项分别是：(iv)拒绝订立许可合同或拒绝转让专利权；(v)订立专利许可合同或购买专利产品的前提是订立有关另一项专利权的许可合同，或购买另外的单独产品，除非是专利权人在相关市场对后一专利权或后一产品拥有市场控制力。参见宁立志：《知识产权的竞争法限制——以对专利权限制为中心》，武汉大学博士论文，2005年。
② 武长海：《专利权滥用研究》，知识产权出版社2010年版，第68页。

（一）时间限制

信息资产权的时间限制首先表现在对专利权的限制上，专利权的时间限制是指专利权仅在法定的时限内受到保护，法定期限届满，专利技术即进入公共领域而成为全社会的财富，专利权即自行消灭。专利权的时间限制是由其基本价值目标决定的，即通过授予专利权人一定时限内的垄断权，来保障其研发投入的回报和合理垄断利润的获得，从而激发市场主体研发创新的积极性。另一方面，当法定期限届满，专利权人的法定垄断权即自行消灭，从而使这一创新成果成为全社会的财富。可见，专利权的时间限制是实现专利权人个人利益和全社会公共利益之平衡的基本工具。不同类型的专利权的时间限制有所不同，不同国家的立法规定也有所差异。在我国，发明专利权的保护期限是 20 年，实用新型专利权和外观设计专利权的保护期限是 10 年，专利权的保护期限自申请日起开始计算。在英国，标准专利的有效期限为自申请日起 20 年，短期专利的有效期限为自申请日起 8 年，外观设计的注册的首段有效期为自注册申请的提交日期起 5 年；注册有效期可以接着再次延展另外四个 5 年期限，总期限可达 25 年。① 在德国，专利的保护期限为 20 年，自发明申请之日的次日起计算。② 在日本，发明专利权的保护期限为自申请日起 20 年；实用新型专利权的保护期限为自实用新型登记申请日起 10 年；外观设计专利权的保护期限为自设定登记日起 20 年。③ 须特别指出的是，期限对专利权的限制仅涉及财产权，而与专利权人精神权利无关。作为发明人或者设计人的专利权人对发明创造享有的精神权利是没有期限限制的。

此外，注册商标权也受时间方面的限制。注册商标权有一个有效期间，在注册商标有效期间，注册商标权人享有商标专用权。Trips 协议第 18 条规定："商标的首期注册及各次续展注册的保护期，均不得少于 7 年。商标的续展注册次数应系无限次。"在欧盟，共同体商标注册的有效期为 10 年，自申请提交之日起开始计算。商标可以续展，时间每次为 10 年。④ 依我国《商标法》规定，注册商标的有效期为 10 年，自核准注册之日起计算。注册商标有效期满，需要继续使用的，应当在期满前六个月内申请续展注册；在此期间未能提出申请的，可以给予六个月的宽展期。宽展期满仍未提出申请的，注销其注册商标。每次续展注册的有效期为十年。续展注册经核准后，予以公告。

尽管如此，信息资产权的时间限制并不是绝对的。商业秘密权即不受时间的限

---

① ［澳］彭道敦、李雪菁：《普通法视角下的知识产权》，谢琳译，法律出版社 2010 年版，第 194 页。
② 德国《专利法》第 16 条第 1 款。
③ 日本《专利法》第 67 条，《实用新型法》第 15 条，《外观设计法》第 21 条。
④ 《欧洲共同体商标条例》第 46 条。

制，所以市场主体会依据反向工程的难易程度、获得利益时间的长短、取得专利权的可能性等因素来决定是否对一特定新技术实行商业秘密形式的保护。此外，地理标志权、商号权等也不受时间限制。

（二）效力终止规则

信息资产权在保护期限届满前，会由于种种缘由导致信息资产权效力的终止，以下仅论及效力终止规则对专利权和商标权的限制。

1. 在专利权方面，专利权可因以下缘由而发生效力终止之效果：

（1）专利权人以书面形式声明放弃其专利权。法国《知识产权法典》第 L.613-24 条规定，专利权人可以随时放弃全部专利或一个或数个专利的权利要求。放弃应向国家专利主管机关以书面形式为之，放弃自公告之日起生效。我国《专利法》第44条规定，专利权人以书面声明放弃其专利权的，发生专利权终止效果。

（2）未按规定缴纳年费。年费是专利法规定的专利权人维持其专利权效力应当缴纳的费用，又称为维持费或续展费。我国《专利法》规定，专利权人应当自被授予专利权的当年开始缴纳年费，没有按照规定缴纳年费的，发生专利权终止效果。

（3）专利权无效宣告规则。专利权的依法授予并不能保证专利权绝对可靠与正确。为了使授予错误的专利权能够被及时发现，各国几乎都规定了专利权的无效处理程序，对此有两种立法例。一是以美国为代表的国家，不设置专门的专利无效宣告程序，而是允许专利侵权诉讼的被告提出专利无效作为抗辩理由。二是专利法规定专门的专利无效宣告程序，德国、日本和我国等国家采用第二种立法例。我国《专利法》第45条规定，自国家知识产权局公告授予专利权之日起，任何单位或者个人认为专利权的授予不符合专利法有关规定的，可以请求专利复审委员会宣告该专利权无效。《专利法实施细则》对宣告无效请求的诸多理由做了列举性规定。此外，专利权被宣告无效后，并不是从被宣告无效之日起失去效力，而是视为自始即不存在。专利权被宣告无效的结果，不但对当事人发生效力，而且也对社会公众生效。任何人对该项技术都可以无偿、自由、公开地使用。

2. 在商标权方面，除上述原因外，还可因以下二缘由发生效力终止之效果。

（1）因申请注销而发生效力终止。具体情形有二，一是商标注册人申请注销其注册商标或者注销其商标在部分指定商品上的注册的，该注册商标专用权或者该注册商标专用权在该部分指定商品上的效力自商标局收到其注销申请之日起终止。二是商标注册人死亡或者终止的注销。商标注册人死亡或者终止，自死亡或者终止之日起1年期满，该注册商标没有办理移转手续的，任何人可以向商标局申请注销该注册商标。

（2）因撤销而发生效力终止。具体情形有三：情形之一是因不正当使用注册商标而被撤销。不正当使用包括自行改变注册商标，自行改变注册商标的注册人名义、地址或者其他注册事项，自行转让注册商标。连续三年停止使用注册商标的，任何人可以向商标局申请撤销该注册商标，并说明有关情况。情形之二是因不当注册被撤销。不当注册包括违反商标法规定使用不得作为商标注册的标志之情形，或者是以欺骗手段或者其他不正当手段取得注册；损害他人现有的在先权利，或者以不正当手段抢先注册他人已经使用并有一定影响的商标等。情形之三是在先申请注册的商标注册人认为他人在后申请注册的商标与其在同一种或者类似商品上的注册商标相同或者近似，可以自该商标经核准注册之日起5年内，向商标评审委员会申请裁定撤销。

（三）权利穷竭规则

权利穷竭规则，即权利用尽规则，是指经信息资产权人自己或者许可他人将含有信息资产权的产品投放市场首次销售之后，信息资产权人对这些含有信息资产权的产品不再享有任何意义上的支配权，即购买者对这些产品的再转让或者使用都与信息资产权人无关。权利穷竭规则在专利权和商标权方面均有表现。

1. 在专利权方面，各国专利法毫无例外地都对权利穷竭规则予以明确规定。法国1992年《知识产权法典》第L613-6条规定："在专利权人或者经专利权人明确同意将受保护的产品投放法国市场之后，在法国领土上完成的涉及该产品的行为，不属于专利权的范围之内。"我国《专利法》第69条规定，"专利产品或者依照专利方法直接获得的产品，由专利权人或者经其许可的单位、个人售出后，使用、许诺销售、销售、进口该产品的"行为不视为侵权。专利权穷竭规则受以下限制：其一，专利产品须合法地投放市场。如果以非法手段将专利产品投放市场，则不适用这一规则。其二，专利权人的制造权不受穷竭规则的约束。如果将在市场上购买的专利产品拆卸以作仿造之用，专利权人有权干预。

2. 在商标权方面，权利穷竭包括国内穷竭和国际穷竭两个方面。商标权在一国境内发生穷竭已得到各国立法和理论的普遍认可。但商标权是否在国际范围内穷竭，各国立法还有争议。《巴黎公约》和Trips协议并没有涉及该问题，而是留待各国自行解决。《欧洲共同体商标条例》第13条规定，共同体商标所有人无权禁止由其或经其同意，已投放共同体市场标有该商标的商品使用共同体商标。共同体商标所有人有合法理由反对商品继续销售的，尤其是商品在投放市场后，商品质量发生变化或损坏的，则不适用上述穷竭规则。

（四）在先权利规则

信息资产权的获得与行使须尊重他人在先使用之权利，即信息资产权要受他人在先使用之权利限制。

1. 在专利权方面。在专利申请日前已经制造相同产品、使用相同方法或者已经作好制造、使用的必要准备，并且仅在原有范围内继续制造、使用的不视为侵犯专利权。享有先用权的条件有四：其一，在先使用的技术必须是享有先用权人通过合法途径获得的，被诉侵权人以非法获得的技术或者设计主张先用权抗辩的，法院不予支持。① 其二，先用权成立的时间条件是申请日之前。其三，享有先用权人必须在他人专利申请日前已经制造相同产品或使用相同方法，或者已经做好制造、使用的必要准备。其四，享有先用权人在他人获得专利权后，只能在原有范围内继续为制造、使用之行为，不得扩大使用范围。"原有范围"包括专利申请日前已有的生产规模以及利用已有的生产设备或者根据已有的生产准备可以达到的生产规模。

2. 在商标权方面。申请商标注册不得损害他人现有的在先权利，也不得以不正当手段抢先注册他人已经使用并有一定影响的商标。其中的"在先权利"包括著作权、外观设计专利权、企业名称权以及知名商品特有标志权等内容。

3. 在商号权方面。企业只准使用一个名称，在登记主管机关辖区内不得与已登记注册的同行业企业名称相同或者近似。使用与他人在先的企业名称相同或者近似的企业名称之行为，可能构成不正当竞争。此外，申请登记的企业名称，其商号不得与他人的驰名商标、著名商标的文字相同或者近似。②

（五）其他限制规则

除以上所述限制规则，不同类型的信息资产权还有以下各自诸方面的限制。

1. 专利权方面

（1）专利权强制许可制度。强制许可是指国家专利主管部门依照法律规定，可以不经专利权人许可（同意），径行授权他人实施专利权人的发明或实用新型专利的一种法律制度。最初的专利实施强制许可制度，主要是针对专利权人"不实施专利"以及"不充分实施"此类"滥用专利权"的行为。后来，强制许可制度作为相应的原"撤销专利权"制裁措施的替代措施而设立，其适用范围又推广至因公共利益、反垄断认定、出现紧急状态或者非常情况、公共健康等方面。强制许可制度旨在防止和纠正因专利权人滥用专利权，导致对技术的垄断，阻碍科学技术发展，影响技术推广应用，从而损害国家利益或社会的公共利益。

依我国《专利法》规定，强制许可的理由主要有三：其一，防止专利权滥用的强制许可。包括无正当理由未实施或者未充分实施其专利的；专利权人行使专利权的行为被依法认定为垄断行为，为消除或者减少该行为对竞争产生的不利影响的。其二，为公共利益目的的强制许可。包括在国家出现紧急状态或者非常情况时，或者为了公共利益的目的强制许可；因公共利益中的公共健康而引发的国内生产与销售专利药品的强制许可。其三，因依存专利实施而引发的强制许可。一项取得专利权的发明或者实用新型比前已经取得专利权的发明或者实用新型具有显著经

---

① 最高人民法院《关于审理侵犯专利权纠纷案件应用法律若干问题的解释》第 15 条。
② 《浙江省企业商号管理和保护规定》第 10 条。

济意义的重大技术进步，其实施又有赖于前一发明或者实用新型的实施的，根据后一专利权人的申请，可以给予实施前一发明或者实用新型的强制许可。专利权人对关于实施强制许可的决定不服的，可以依法向人民法院起诉。

此外，强制许可还应履行法定程序并有相应的限制。在程序方面，申请强制许可的单位或者个人应当提供证据，证明其以合理的条件请求专利权人许可其实施专利，但未能在合理的时间内获得许可。给予实施强制许可的决定，应当及时通知专利权人，并予以登记和公告。在限制方面，除特殊情形外，强制许可的实施应当主要为了供应国内市场；取得实施强制许可的单位或者个人不享有独占的实施权，并且无权允许他人实施；取得实施强制许可的单位或者个人应当付给专利权人合理的使用费。

（2）临时过境制度。临时过境制度是专利权限制的一个国际惯例。当交通工具临时通过一国领域时，为交通工具自身需要而在其设备或装置中使用有关专利技术的，不视为侵犯专利权。《巴黎公约》第 5 条之三规定，船舶、飞机以及陆上车辆等交通工具偶然性地进入一国领域时，该交通工具本身上所用的有关专利技术不被认为是侵权。临时过境制度旨在解除专利权保护给国际贸易往来带来的不便，各国专利法对此都予以承认。可见，临时过境制度也是对专利权的一种有条件的限制。

2. 商标权方面

（1）商标合理使用规则。商标合理使用（Trademark fair use）是指市场主体不经商标权人许可，也不向商标权人支付费用，而在商业上使用他人注册商标的合法行为。Trips 协议第 17 条规定，成员可规定商标权的有限例外，诸如对说明性词汇的合理使用之类，只要这种例外顾及了商标所有人及第三方的合法利益。我国立法也确认了商标合理使用规则，《商标法实施条例》第 49 条规定，注册商标中含有的本商品的通用名称、图形、型号，或者直接表示商品的质量、主要原料、功能、用途、重量、数量及其他特点，或者含有地名，注册商标专用权人无权禁止他人正当使用。

（2）商标非商业使用规则。商标的非商业使用原则上不视为侵权，非商业使用情形包括：

第一，滑稽模仿。滑稽模仿借用他人商标提出某种观点或者表达某种思想，这一对他人商标的使用是一种文化意义上的使用。但是，滑稽模仿不得用于商业目的，不得造成混淆，也不得贬损他人商誉。

第二，新闻报道。在新闻报道中，可能会涉及对他人商标的报道与评论，只要新闻报道符合事实，则不认定为商标侵权。

第三，字典等参考书中的使用。将他人商标收录于字典等参考书中也不构成商标侵权。但是，此类使用不得将他人商标解释为商品通用名称，以防止商标的通用化。

1996年美国《联邦商标反淡化法》（Federal Trademark Dilution Act）确定不得提起反淡化诉讼的情形有：第一，合理使用；第二，非商业性的使用；第三，各种形式的新闻报道或新闻评论中的使用。① 可见，上述商标合理使用规则和非商业使用规则构成对商标权的限制。

3. 商业秘密方面

此处的商业秘密既包括技术秘密，也包括经营秘密。商业秘密的保护受职工个人择业自由的限制。为保护商业秘密，权利人可以与其职工在劳动合同中约定保守商业秘密的保密事项，并可与其职工约定竞业限制条款。职工违反竞业限制约定的，应依约定向商业秘密权利人支付违约金。尽管如此，商业秘密这一保护措施还受以下限制：其一，劳动合同解除或终止后，商业秘密权人在竞业限制期限内应给予其职工经济补偿；其二，竞业限制期限不得超过法定时间，依我国《劳动合同法》规定，竞业限制期限不得超过两年。此外，除非商业秘密权人与其职工另有约定，客户基于对职工个人的信赖而与职工所在单位进行市场交易，该职工离职后，能够证明客户自愿选择与自己或者其新单位进行市场交易的，不认定为是侵犯商业秘密。②

其实，在保护经营者商业秘密与保障劳动者择业自由之间一直存在紧张的关系。司法政策也一直对这一问题予以关注，并做出了最基本的判断标准和审判原则。2009年最高人民法院《关于贯彻实施国家知识产权战略若干问题的意见》指出：加强商业秘密司法保护，保护企业权益和职工择业自由，保障商业信息安全与人才合理流动。依法制裁窃取和非法披露、使用他人商业秘密的行为，保护企业商业秘密权益，引导市场主体依法建立健全商业秘密管理制度。妥善处理保护商业秘密与自由择业、涉密者竞业限制与人才合理流动的关系，维护职工合法权益。对于既不存在商业秘密、又不存在法定和约定竞业限制的竞争领域，不能简单地以利用或损害特定竞争优势为由，适用反不正当竞争法的原则规定认定构成不正当竞争。

三、反垄断法的限制

信息资产权除受来自民法基本原则和信息资产权法自身的诸多规则限制外，当不正当行使信息资产权行为对相关市场产生排除、限制竞争不良影响时，还会受到反垄断法的规制。我国《反垄断法》对此做了原则性规定，即信息资产权权利人

---

① ［美］苏珊·瑟拉德：《美国联邦商标反淡化法的立法与实践》，张今译，张保国校，载《外国法译评》1998年第4期。

② 参考最高人民法院《关于审理不正当竞争民事案件应用法律若干问题的解释》第13条第2款。

依照有关知识产权的法律、行政法规规定行使信息资产权的行为，不适用反垄断法；但是，信息资产权权利人滥用信息资产权，排除、限制竞争的行为，则受反垄断法的规制。以下从信息资产权与反垄断法的一般问题，以及涉及信息资产权的垄断行为两个方面来理解反垄断法对信息资产权的限制。

（一）信息资产权反垄断法限制的一般问题

1. 信息资产权法与反垄断法的基本关系

反垄断法与信息资产权法在基本功能和价值取向上具有高度的一致性，即推动创新，保障消费者利益。这一点已为反垄断执法机关所认可，美国司法部和联邦贸易委员会于2007年发布的《反托拉斯执法与知识产权：促进创新和竞争》在序言中指出：经过几十年的司法实践，反托拉斯执法机构和法院已认识到知识产权法与反托拉斯法拥有共同的基本目标，即改善消费者福利和促进创新。

尽管如此，行使信息资产权行为超过不正当的边界可能会对相关市场产生排除、限制竞争的不良影响，即会触犯反垄断法。在此，区分信息资产权的拥有与信息资产权的行使，信息资产权的正当行使与信息资产权的不正当行使是十分必要的。信息资产权拥有本身以及信息资产权的正当行使并不会产生与反垄断法的冲突，仅当权利人不正当行使信息资产权，且对相关市场产生排除、限制竞争不良影响时，才会触犯反垄断法。这一区分应是反垄断法对待信息资产权问题的基本原则和逻辑。① 这一点也已经为反垄断执法机构所认可，日本《知识产权利用的反垄断法指南》在序言中指出：在知识产权制度下，如果知识产权权利人拒绝许可其技术，或者在许可协议中附加对被许可人在研发、生产、销售等方面的限制，则该技术或与此相关的产品的竞争有可能受到损害。综上得知，信息资产权受到反垄断法限制的基本条件是不正当行使信息资产权行为，对相关市场产生了排除、限制竞争的不良影响。

2. 信息资产权与相关市场、市场支配地位

相关市场（Relevant Market）在反垄断法上具有重要意义。相关市场的界定通常是对竞争行为进行分析的起点，是反垄断执法工作的重要步骤。② 具体到行使信息资产权行为问题，相关市场的界定较为复杂。首先，要界定相关产品市场。由于信息资产权是一种投入物，可以结合进产品之中或者生产工艺之中。因此，信息资产权不仅可以影响投入物市场，而且还可以影响产出市场上的竞争。所以，在界定相关产品市场时，不仅要关注最终产品市场，还要关注中间产品市场。其次，由于行使信息资产权行为的对象是专利技术等内容，那么，对行使信息资产权行为进行反垄断法分析时，界定相关技术市场更具直接性意义。技术市场包括许可人的技术

---

① 王先林：《竞争法视野的知识产权问题论纲》，载《中国法学》2009年第4期。
② 国务院反垄断委员会《关于相关市场界定的指南》第1条。

及其相近的替代技术,即被许可人可以用以替代该技术的其他技术。再次,还需要界定相关创新市场,考察是否还存在足够的研发力量去开发与所涉信息资产权具有可替代性的未来技术和与信息资产权产品具有可替代性的未来产品。

信息资产权的获得并不等于拥有市场支配地位而违反反垄断法,这成为现代反垄断法立法所确认的基本规则。我国台湾地区"公平交易委员会关于技术授权协议案件之处理原则"① 第3条指出,审理技术授权协议案件,并不因授权人拥有专利或专门技术即推定其在特定市场具有市场力量。但是,这并不意味着信息资产权与市场力量全无关系。在供应方面,信息资产权可以限制进入,专利尤其如此。可见,信息资产权的存在应当成为反垄断分析的因素之一。当任何技术在成为技术市场或者产品市场事实上的标准时,该技术可能被认定为具有市场支配地位。②

3. 行使信息资产权行为对竞争影响的评价

行使信息资产权行为对竞争的不良影响既可以表现为对现实竞争的排除、限制,也可以表现为对潜在竞争的排除、限制。行使信息资产权行为的反垄断法分析的根本任务是就对行使行为中的诸多限制措施对相关市场竞争的影响作出判断,即限制行为是否对相关市场竞争产生了限制、排除效果,抑或是可能对相关市场竞争产生限制、排除效果。这两种影响效果均会得到来自反垄断法的强制性约束。

个案分析中,当行使信息资产权行为具有的或者可能具有的反竞争效果已经被认定,竞争当局还有必要考虑该行使信息资产权行为对于实现促进竞争的效率是否合理必要。即竞争当局应当衡量促进竞争的效率和反竞争的效果,来得出行使信息资产权行为对相关市场竞争所具有的最终效果是正是负。当然,该效率效果还应同时满足相关要件。其一,效率的提高是客观的和可以证明的。其二,行使信息资产权行为中的限制措施是效率产生所必不可少的。除此之外,还应满足产生的效率必须能够为消费者所分享、限制行为不会严重限制相关市场的竞争等条件。

此外,如果行使信息资产权行为符合反垄断法的豁免条件,将依法得到豁免。针对行使信息资产权行为,特别是信息资产权许可行为,反垄断法规定豁免制度,即设定相应的"安全区"已成为各国反垄断立法的普遍做法。日本《知识产权利用的反垄断法指南》规定,如果在商业行为中使用技术的企业在相关产品市场上的份额不高于20%,则该企业对与技术有关的限制可以被视为对竞争影响微弱;如果份额不高于20%,则特定限制行为对于相关技术市场竞争的影响也可视为不重要。如果市场份额无法获得,则在至少有四家企业拥有可替代技术且不存在相关

---

① 台湾"公平交易委员会关于技术授权协议案件之处理原则",2009年最新修订。http://www.ftc.gov.tw/internet/main/doc/docDetail.aspx?uid=163&docid=227,2009年6月20日访问。

② 日本公正交易委员会《知识产权利用的反垄断法指南》第2章第4条第2项。

商业行为阻碍的情况下,该限制行为对技术市场竞争的影响可以视为是微弱的。①可以说,豁免制度对行使信息资产权行为中的限制措施作出了直接性判断。

(二)信息资产权与垄断行为

1. 行使信息资产权行为与垄断协议

垄断协议是指排除、限制竞争的协议、决定或者其他协同行为。行使信息资产权过程中,不同信息资产权利人之间以及信息资产权利人与其交易相对人之间可能达成垄断协议。

(1)具有竞争关系的信息资产权利人之间达成的以下涉及信息资产权的协议为反垄断法所禁止:其一,固定或者变更商品的价格,例如:具有竞争关系的专利权人通过协议固定专利许可费或者专利产品销售、转售价格。其二,限制商品的生产数量或者销售数量,例如:信息资产权利人之间通过协议限制使用该信息资产权生产的商品的数量。其三,分割销售市场或者原材料市场,例如:具有竞争关系的信息资产权利人通过信息资产权交叉许可协议划分各自的销售市场。其四,限制购买新技术、新设备或者限制开发新技术、新产品,例如:在信息资产权许可协议中禁止被许可人开发或者使用具有替代关系的新技术、新产品。其五,联合抵制交易,例如:在相关市场中拥有信息资产权的若干经营者联合拒绝将信息资产权许可给特定的交易人,或者联合拒绝将使用信息资产权生产的商品出售给特定的交易人。

(2)信息资产权利人与交易相对人之间达成的以下涉及信息资产权的协议为反垄断法所禁止:其一,固定向第三人转售商品的价格,例如:专利权人在销售其专利产品时要求购买人以规定的价格向第三人转售该产品。其二,限定向第三人转售商品的最低价格,例如:专利权人在销售其专利商品时限定购买人向第三人转售该商品的最低价格。

2. 行使信息资产权行为与滥用市场支配地位

拥有市场支配地位本身并不违反反垄断法,而滥用市场支配地位排除、限制竞争行为则为反垄断法所禁止。行使信息资产权过程中的拒绝许可、搭售许可等限制措施可能受到反垄断法的规制。

(1)拒绝许可信息资产权问题

在一般商品交易领域适用合同自由原则,选择是否交易和交易对象是市场主体的基本权利,不存在拒绝交易权行使的限制问题。拒绝信息资产权许可是信息资产权利人自由行使信息资产权的一种表现,竞争当局不宜要求信息资产权利人承担必须与竞争对手或者交易相对人进行交易的义务。而《反垄断法》禁止具有市场支配地位的经营者没有正当理由,拒绝与交易相对人进行交易。这就需要适用合理原

---

① 参见日本《知识产权利用的反垄断法指南》第 2 章第 5 条、第 4 章第 1 条第 3 项。

则对拒绝交易行为的目的和后果进行具体分析。不令人满意的绩效、资金困难、不遵守质量标准等因素均可成为认定拒绝交易合法的正当理由。①

符合以下条件之一的拒绝许可信息资产权行为,可以被认定违反《反垄断法》,构成滥用市场支配地位:其一,拒绝许可信息资产权的权利人拥有市场支配地位,并且不平等地、歧视性地拒绝许可其信息资产权;其二,所涉信息资产权是信息资产权利人的竞争对手和交易相对人进入相关市场的一项必需品,而拒绝许可该信息资产权导致其竞争对手和交易相对人不能进入相关市场中进行有效竞争,并且对相关市场中的竞争和创新造成不良影响。

(2) 涉及信息资产权的搭售许可问题

涉及信息资产权的搭售是指信息资产权利人就一项信息资产权以授权许可等方式行使权利时,违背被许可人的意愿而要求其接受另一项信息资产权的许可,或者从权利人处或者权利人所指定的第三人处购买某种商品。买方意图获得许可的信息资产权称为"结卖品",而被要求同时购买的另一信息资产权或者产品称为"搭卖品"。搭卖品是否具备独立性是认定搭售许可是否合法的关键因素。若搭卖品本身即是被许可信息资产权不可或缺的一部分,或离开搭卖品,没有其他可替代品能使被许可信息资产权正常发挥作用,则信息资产权利人的行为属于正常的权利行使。

作为一种许可方式,信息资产权搭售许可对市场竞争既可能产生正面效应,如提供交易便利,降低交易费用等;亦可能产生负面效应,如进一步巩固了搭售行为人的市场优势地位等。搭售许可的正面效应是其得以存在的理性依据,并可依此获得反垄断法的豁免。而对市场竞争产生负面效应则使专利搭售许可被纳入反垄断法的规制范围成为必要。② 竞争当局在分析搭售对相关市场的竞争产生或者可能产生的影响时,将综合考虑搭售的目的、结卖品与搭卖品的性质及其相关关系、交易习惯、搭售的影响范围和实施搭售者的实际经营能力等因素。符合以下条件的搭售为反垄断法所禁止:其一,信息资产权利人在结卖品市场上拥有市场支配地位;其二,结卖品与搭卖品在性质上和交易习惯上属于两个独立的商品;其三,搭售对搭卖品市场具有实质性影响,会将信息资产权利人在结卖品市场上的支配地位延伸到搭卖品市场。

(3) 其他限制问题

除上述拒绝许可、搭售许可外,拥有市场支配地位的信息资产权利人在行使信息资产权过程中,特别是在信息资产权实施许可中,还可能会对交易相对人施加其

---

① 王先林:《知识产权与反垄断法:知识产权滥用的反垄断问题》,法律出版社 2008 年版,第 225 页。

② 宁立志:《专利搭售许可的反垄断法分析》,载《上海交通大学学报(哲学社会科学版)》2010 年第 4 期。

他方面的诸多限制，如价格歧视、转售价格限制、不争执条款、回馈授权以及各类非价格限制措施等。对于这些形形色色的限制措施，反垄断当局应在综合分析涉案的诸多因素的基础上，比较具体限制措施促进效率提高之有利影响与排除、限制相关市场竞争之不良影响之间的得失，作出最终判断，并施以相应的规制措施。

3. 行使信息资产权行为与经营者集中

经营者集中会直接导致相关市场上竞争主体的减少，竞争资源的重新组合和市场份额的重新分配。这一市场结构的变化会产生或强化市场支配地位，使滥用市场支配地位成为可能，也便利了卡特尔协议的形成，进而威胁到自由有效的市场竞争。因此，对经营者集中控制制度成为几乎所有市场经济国家反垄断法的核心制度。从大多数国家对经营者集中控制来看，基本上都采取了事前申报审批制度。① 行使信息资产权行为与经营者集中控制制度也有密切关系。

信息资产权取得方式有收购拥有信息资产权的企业、直接购买他人的信息资产权和获得独占性许可等。信息资产权取得行为是信息资产权自由交易的一种表现形式，一般来讲，信息资产权的自由交易有利于先进技术的传播与应用，有利于促进竞争和创新。但是，在特定情况下，信息资产权取得行为可能会构成排除、限制相关市场竞争的经营者集中。

市场主体通过信息资产权取得方式，获得其他经营者的关键信息资产权，并以此取得对其他经营者的控制权，或者能够对其他经营者施加决定性影响。那么，如果达到经营者集中申报标准，涉案当事人应当向反垄断执法机构进行申报。反垄断执法机构根据《反垄断法》以及相关经营者集中审查指南，对经营者的信息资产权取得行为是否产生了排除、限制相关市场竞争的影响进行分析认定。在美国，反垄断主管机关对于信息资产权的取得一般按照企业横向合并指南中的原则进行分析。《知识产权许可的反托拉斯指南》第5.7节指出：通过适用于分析合并的原则和标准对某些知识产权的转让进行分析是最恰当的，特别是《1992年横向合并指南》中所陈述的原则和标准。

此外，信息资产权取得行为虽然不会获得对其他经营者的控制权或者不会对其他经营者施加决定性影响，但是可能会排除、限制相关市场的竞争。例如：在相关技术市场具有市场支配地位的经营者通过转让或者独占许可方式，取得其他经营者的相互竞争的专利技术，则该信息资产权取得行为不仅消除了相关技术市场的现有竞争者，而且提高了相关技术市场潜在竞争者的进入门槛，从而可能损害潜在竞争因素的积极影响。在欧盟，如果取得信息资产权是行为的主要目的，则该行为视为经营者集中的组成部分；如果行为的主要目的并非取得信息资产权，而是与集中的

---

① 于连超：《我国经营者集中申报标准的确立及其再改进》，载《中国工商管理研究》2009年第10期。

执行直接相关的，为使集中得到有效执行所采取的必要手段，则不属于集中的组成部分，其构成某项交易的附属限制（Ancillary Restraints）。如果某一行为属于集中的组成部分，则直接适用《合并条例》① 进行规制；如果属于附属限制，则只适用《关于与集中直接相关的必需限制的通告》(2005/C56/03)②。

综上，无论是直接适用经营者集中申报的反垄断法审查程序，抑或是将信息资产权取得视为附属限制而适用具有相对单独的反垄断规则，当信息资产权取得行为对相关市场产生排除、限制竞争的不良影响时，反垄断法就会对此行为施加相应的限制。

---

① 该条例全称为《欧共体部长理事会关于控制企业之间集中的 2004 年 1 月 20 日第 139/2004 号条例》。

② 该通告的英文名称为：*Commission Notice on Restraint Directly Related and Necessary to Concentrations*.

第四章 政府参与权研究

第一节 政府参与经济活动概述

一、参与的含义

市场经济是市场对资源配置起基础作用的经济体制，政府①原则上对经济不进行干预。公权力的必要介入被经济学界统称为"干预"。"干预"(intervene; meddle)一词在汉语中是指"过问别人的事"②，如反垄断法中，政府对当事人之间垄断协议的干预就是对当事人之间"契约自由"的限制。如果说政府的"有形之手"，在19世纪末和20世纪比较多的是"干预"的话，那么至今仍然在法学上继续这样概括就不够准确了。笔者认为，现代政府介入经济活动较多的是"参与"(Participation; attendance)。"参与"一词在汉语中是指"参加"，③"参加"则是指加入某种组织或某种活动。④"加入"是指加上、掺进去。⑤ 参与已经不是"过问别人的事"，而是自己亲自做事情。

以下举例说明政府"干预"和"参与"经济活动的（不同）表现形式。

政府直接对房地产市场进行投资，兴建公共租赁住房属于直接参与经济活动。公共租赁住房不是归个人所有，而是由政府或公共机构所有，用低于市场价或者承租者承受起的价格向承租人出租。政府兴建公共租赁房使得政府成为了房地产市场的投资人和房东，是经济活动的一方当事人。

政府实施强化差别化住房信贷政策属于干预经济。政府规定对贷款购买第二套

---

① 经济学中的政府，英文 Government，包括国家的立法、行政和司法等全部国家机关；而法律中的政府一般仅指国家行政机关，英文是 Administrative organ，不包括其他国家机关。本书涉及的政府具体的含义请注意参照前后文来理解，可能是在经济学意义上使用，也可能是在法学意义上使用。
② 《现代汉语词典》，商务印书馆1985年版，第354页。
③ 《现代汉语词典》，商务印书馆1985年版，第102页。
④ 《现代汉语词典》，商务印书馆1985年版，第102页。
⑤ 《现代汉语词典》，商务印书馆1985年版，第540页。

住房的家庭，首付款比例不低于60%，贷款利率不低于基准利率的1.1倍。人民银行各分支机构可根据当地人民政府新建住房价格控制目标和政策要求，在国家统一信贷政策的基础上，提高第二套住房贷款的首付款比例和利率。之所以说政府实施差别化房贷政策属于干预经济，是因为利率高低实际影响的是商业银行和购房者双方当事人，政府并不给付利息，也不从中受益。但是，政府通过有形之手的运作，影响购房者衡量融资成本，实现对房地产市场的调节。

政府对金融市场进行注资和金融救援属于直接参与经济。2008年10月，美国总统布什签署有史以来最大规模的7000亿美元的金融救援计划。此外，布什政府还对濒临清盘的金融机构直接注资。注资和金融救援属于直接参与经济，因为这些活动使得政府成为金融机构的债权人或者股东，成为经济活动的一方当事人。

政府调整基准利率属于干预经济。基准利率是中央银行实现货币政策目标的重要手段之一，制定基准利率的依据是货币政策目标。当政策目标重点发生变化时，利率作为政策工具也应随之变化。不同的利率水平体现不同的政策要求，当政策重点放在稳定货币时，中央银行贷款利率就应该适时调高，以抑制过热的需求；相反，则应该适时调低。政府有权利调整基准利率，但利率高低实际影响的是融资者和投资者双方当事人，在利率市场化条件下，融资者衡量融资成本，投资者计算投资收益，他们双方计算得失后的选择，影响宏观经济的走势。美国政府金融救市主要措施是下调联邦基准利率。2007年9月18日前，联邦基准利率是5.25%，到2008年年底，联邦基准利率调至0.25%的历史最低水平。

虽然在经济学意义上将政府介入经济的活动笼统地说成是政府干预，但是在法学意义上应当将政府介入经济活动分为政府参与和政府干预两种。因为二者的法律关系不同，虽然都是政府"有形之手"的运作，但政府在其中的身份、地位不同，权利（权力）义务和责任是不同的。①

二、经济法学界关于政府参与经济活动的观点

国内外许多经济法学者都注意到，政府作为一方主体，在不同的经济法律关系中有不同的地位和身份，并提出了政府"参与"经济活动的基本理论。

（一）国外经济法学者的观点

法国学者阿莱克西·雅克曼和居伊·施朗斯在《经济法》一书中明确提出了政府在不同经济法律关系中的不同地位，指出"生产和销售技术条件的变化、某

---

① 政府在参与经济活动中是"当事人"，与另一方当事人直接发生权利（权力）义务关系，并直接承担法律责任；政府在干预经济活动中是当事人之间的"关系人"，影响当事人之间的权利义务，间接承担法律责任。详见下文或者韩志红：《经济法调整机制研究》，中国检察出版社2005年版。

些私人利益集团社会经济力量的相应发展、对竞争不完善的认识以及 30 年代的大萧条,使人们日益怀疑市场的自动调节机制。因此,政府干预得到了发展,政府当局和私人力量之间的均势发生了根本的变化。政府干预有两个主要形式:一个是指导经济活动的统制经济;另一个是政府的直接经济活动。在前一种情况下,政府只限于改变保持私有性的经济核算的数据;在后一种情况下,政府以其经济核算取代私人决策单位的经济核算。"① 二位学者进一步具体论述了这两种形式:在经济统制方面,最明显的表现是政府以有意识地组织经济生活的经济计划化取代市场自发机制;在直接经济活动方面,"宪兵政府不仅变成计划制订机构,而且变成'商人政府'。在企业生活中不以客户、供货人甚至竞争者的面貌与之打交道,就再也无法开展活动。"② "宪兵政府"和"商人政府"的比喻,恰当地表现了政府介入经济活动作为干预者和参与者两种不同的身份、地位。

日本学者金泽良雄将经济法的调整方法大致分为两类:一为政府权力的强制调整;二为非权力的调整。非权力的调整方法谓之曰直接介入经济的调整方法。他认为,直接介入经济的调整方法,是指政府使用非权力的、私法的手段直接地介入经济生活的一种方式。这种调整一般在政府作为经济活动的主体和政府对于私人经济给予经济援助的情况下才发生。他认为这是市场机制的政府介入,其目的在于发生人为的、政策的作用,以克服自由主义经济体制自动调节不充分的倾向。他指出,政府进行非权力的特定物资的购买、向特殊的金融机构出资、向执行一定经济政策的机构提供政府资金、向公共事业和特殊形态的生产部门投资以及向私人企业提供补助等,均属于政府对经济的直接介入。③

(二) 国内经济法学者的观点

漆多俊认为,政府调节经济的方式主要有三种,即强制干预、参与和引导促进。他指出,当政府分别采用这三种调节方式时,政府对于社会经济所处的方位不同:强制干预时,政府居于社会经济之上;参与则政府跻身其中;引导促进乃处于其外,在其前面引,后面促,旁边左右拥。④ 显然,漆多俊对政府在经济法律关系中的不同地位有深刻的认识,并作了深入细致的研究,明确提出政府参与投资经营法的观点。他认为政府直接参与经济活动的一个主要的原因就是:由于市场机制的惟利性,对于有些经济领域,一般市场主体不能(也不愿)进入发挥作用。针对

---

① [法] 阿莱克西·雅克曼、居伊·施朗斯著:《经济法》,宇泉译,商务印书馆 1997 年版,第 34 页。
② [法] 阿莱克西·雅克曼、居伊·施朗斯著:《经济法》,宇泉译,商务印书馆 1997 年版,第 38 页。
③ [日] 金泽良雄:《经济法概论》,满达人译,中国法制出版社 2005 年版,第 52—63 页。
④ 漆多俊:《经济法基础理论》(修订版),武汉大学出版社 2000 年版,第 205 页。

这种情况,政府介入经济后,便只得以政府拥有和可支配的资产参与投资经营,以促进那些对于国计民生和国民经济总体利益与长远发展关系重大的而民间投资不愿进入的行业、产业或地区的经济发展,借此以直接调节社会经济的结构和运行。①政府直接参与投资经营活动的方式主要包括三种:政府直接投资开办企业,此即国有企业;政府临时性地参与某些重要商品的购销或外贸活动;政府从事某些金融业务活动,如发放政府贷款或发行政府债券,参与债权债务关系等。因此,他认为政府直接参与投资经营关系,是政府参与经济活动——直接投资经营国有企业或从事其他商业或金融活动过程中发生的各种社会关系。为了规范和保障政府参与投资经营关系,政府需要制定政府"参与"投资经营法。它主要包括政府投资法和国有企业法,其中包括政府投资及国有企业调整和改革的法律。此外还包括政府为调节市场而直接参与其他市场经营活动的法律。

李昌麒认为经济法的具体调整方法包括两种,即公权介入的调整方法和私权介入的调整方法。私权介入的调整方法,是指政府以私法主体的身份对社会经济生活进行的干预。"事实上,我国现在已经实行、今后还将继续实行的国债制度、政府采购制度、政府投资制度等,就其实质而言,都体现了政府以私法主体的身份对社会经济生活进行的干预。显然,这种干预符合市场经济体制下政府干预的要求。这种干预与前述政府对私权关系的某些限制,从不同侧面共同构筑了市场经济所必需的私权秩序。"②

史际春指出,在市场经济条件下,政府对经济的参与,将由直接的行政命令和行政指挥,转向公开市场操作和间接干预,这是不以人的意志为转移的社会化趋势。直接体现政府意志而具有组织管理性的流转和协作关系,或曰超出民法调整范畴的"平等主体"之财产关系,即应当作为经济法的调整对象。这些关系主要有以下两种表现形式:其一,政府通过政府机构或设立企业、委托代理人直接参与经济活动或经济关系,如进行招标、定(购)货、发包、出让、信贷、担保等活动时发生的合同关系。其二,平等的政府机关或财政主体之间的经济协作关系。③

顾功耘认为,经济法的具体调整对象应包括五个部分:宏观调控关系、微观规制关系、国有参与关系、涉外管制关系、市场监管关系。在论述国有参与关系时,他指出,"以往人们常常用'裁判员'来形容现代政府在经济领域的角色定位,以此区别于'运动员'时代的政府职能。立足于国有参与这一领域,我们认为,其实'裁判员'还不足以准确形容现代政府的角色,现代政府在经济管理活动中更接近于'主持人'的角色,根据需要调动气氛(宏观调控),维持会场秩序(微观

---

① 漆多俊:《经济法基础理论》(修订版),武汉大学出版社 2000 年版,第 20 页。
② 李昌麒:《经济法学》,中国政法大学出版社 1999 年版,第 92—93 页。
③ 史际春,邓峰:《经济法总论》,法律出版社 1998 年版,第 53—54 页。

规制），必要时还须赤膊上阵，临时客串（国有参与）"。① 因此，他认为经济法应包括国有参与法这个子部门法。

以上国内经济法学界知名教授的观点非常相近，他们一致认为经济法中有一部分重要内容是政府以私法主体的身份对社会经济生活进行的参与。史际春认为参与关系包括政府与市场主体之间的合同关系和平等的政府机关或财政主体之间的经济协作关系。漆多俊特别提出了政府直接投资开办企业这种经济活动。

（三）笔者的观点

笔者根据政府在经济活动中的身份是当事人还是关系人的不同，② 将经济法分为政府参与经济法和政府干预经济法两大部分。因为虽然在经济法律关系中"国家或政府总是或者常常是一方主体"③，但仔细分析会发现，政府在经济法律关系中的地位并不相同。政府在干预经济活动中是关系人，在政府参与经济活动中是当事人。当事人和关系人二者的区别是：第一，政府如果是当事人，就会与另一方当事人发生直接的权利义务关系，并直接对另一方承担责任；如果是关系人，就会有另外的双方当事人发生权利义务的关系，如经营者和消费者之间的关系，在这其中，政府只是监督经营者，并保护消费者，并不直接介入他们之间的经济活动。第二，当事人之间的关系是一种经济关系，当事人之间会直接发生财产流转方面的活动；当事人与关系人之间的关系则是一种具有管理性的关系，一般不会有直接的物质交换活动。

在政府参与的经济活动中，政府的身份有公权主体和私权主体之分。如在税收关系中，政府是公权主体；在政府采购关系中，政府就是私权主体。因此政府参与经济活动可以分成政府作为"私"权主体参与经济活动和政府作为"公"权主体参与经济活动两大部分。上述国内外经济法学者的观点大都谈的是政府作为"私"权主体参与经济活动。

三、政府参与经济活动比较干预经济活动的异同点

比较政府参与经济活动与政府干预经济活动，二者有共同点和不同点。

---

① 顾功耘：《经济法教程》，上海人民出版社2002年版，第17页。

② 根据是否享有当事人的权利和承担当事人的义务，笔者把经济法律关系主体分为"当事人"和"关系人"两大类。"当事人"范畴基本相同于法理学中的法律关系主体，即权利和义务的享有者和承担者。"关系人"是经济法法律关系的重要主体，但对于"当事人"来说，他是一个不可缺少的"局外人"，不享有和承担当事人的权利和义务，而是为维护"当事人"的权利或督促"当事人"履行义务而享有和承担一定的经济管理权力和职责。例如，政府并不享受消费者权益保护法中规定的消费者权利，也不承担经营者在经营过程中所应承担的义务，但政府有义务监督经营者履行该法规定的义务，以保护消费者的权利。

③ 肖江平：《中国经济法学史研究》，人民法院出版社2002年版，第178页。

(一) 共同点

1. 目的相同，都是为了维护社会公共利益

政府参与经济活动和干预经济活动的功能和共同目标都是调节经济运行，促进国民经济健康、持续、稳定发展和扶持经济性弱者。当然，不能否定政府行使参与权有自己的独特作用，如高效廉洁地为社会提供公共物品，满足人们对社会公共产品的需要。不论是共同目标还是独特作用，二者的立法目的显然是一致的，都是为了维护社会公共利益。

2. 关系相同，都会形成公私混合型的社会经济关系

无论是政府参与经济活动和干预经济活动，产生的社会关系都是公私混合型的社会经济关系。政府干预强势主体和弱势群体的关系是既有"公"又有"私"的关系。说"私"的关系是因为强势主体和弱势群体的关系在形式上是平等主体之间的关系；说是"公"的关系是因为他们之间的关系涉及社会公共利益。因为是既关系私人利益，又关系社会利益的关系，因此政府需要介入，形成既有公权主体介入，又有私权主体参加的经济关系。这种关系是典型的公私混合型的社会经济关系。政府参与经济活动也是如此，政府以私权主体的身份参与经济活动，形式上是"私"的关系，但是因为政府参与经济活动使用"财政性资金"，因此需要在代议机构和社会成员（即公民，下同）参与下进行，成为公私混合型的社会经济关系。政府以公权主体的身份参与经济活动，在微观上，权利义务明显不具有对等性，但因为纳税人享有诸多的宪法权利和消费政府提供的"公共产品"的权利，因此从宏观方面说，应当也具有对等性和私的特点。因为，如果政府提供的"公共产品"有瑕疵，侵犯了社会成员的人身权和财产权，受害人可以依据民事诉讼法起诉相关政府部门，得到相应的赔偿。

(二) 不同点

与政府干预经济活动不同的是，政府参与经济活动的时候，政府是处于当事人的身份，直接与相对一方发生物质交换关系，享有权利、履行义务并承担相应法律责任。不同点主要有：

1. 政府的主体地位和身份的不同

政府干预法中的政府，作为公权主体干预社会经济生活时，政府不是法律关系的直接当事人，而是关系人；经济法律关系的双方当事人一方是个体，另一方为社会群体。政府参与法中的政府是法律关系的一方当事人，与另一方当事人形成经济法律关系；社会组织和公民作为关系人出现。

政府参与经济活动的特点在于：政府是法律关系的一方当事人，政府在其中享有权利或负有义务，法的适用的行为（过程）持续到该权利义务的实现。比如，税收机关根据法律要求核实某公司的各项会计数据，确定其纳税金额，公司与税收机关形成了一项具体的纳税关系。在这项关系中，税收机关和该公司各为一方当事

人。关系的内容为：税收机关有收取该公司一定数额税金的职权，而公司负有缴纳一定数额税金的义务。税收机关适用法的行为不仅在于做出收税决定，而且还包括行使职权收取税金，使这一法律关系因权利义务的实现而消灭，如不这样该机关即为渎职。

政府干预经济活动的特点则是：政府是当事人权利义务的制定者和监督实施者，但并不享有当事人的权利或义务。虽然适用法的机关有权通过强制手段保证这一法律关系中权利义务的实现，但它并没有代替法律关系的主体享受权利或履行义务，它至多是强制一方主体履行义务。例如，一企业拒不按照国家标准生产产品，质量检查部门根据行为人的违法事实，通过适用法律，责成该企业停止生产，在这一法律关系中，政府并不是当事人中的任何一方。当责任人自觉按决定履行义务时，适用法的机关此时并没有作为，行政机关并没有代替责任人履行义务，即行政机关并不是用自己的财产去赔偿受害人，而是强制责任人履行义务（如强制划拨或变卖财产），去实现法律关系的内容。

2. 客体的不同

政府参与经济活动所形成的法律关系，主体权利义务主要指向的对象是国有资产，即社会性的财产。政府参与经济活动，利用的资源是国有资产，政府需要动用国有资产参与经济活动。政府干预经济活动所形成的法律关系，主体权利义务指向的对象主要是社会性的经济行为。政府干预经济活动，利用的资源是国家权力，权力来自国民对国家的委托授权。

3. 手段的不同

政府参与经济活动是政府直接介入经济生活的一种方式，是对国民经济的直接管理。如政府对某些行业直接投资和经营，给社会提供公共产品和服务。政府采购是政府作为一方市场主体，直接参与市场交易活动。政府征收税收是对国民收入的重新分配。政府干预经济活动是一种间接管理，主要手段有货币政策，其通过经济参数的变量来引导投资和消费行为。像中央银行可以使用利率杠杆，调节存款储蓄，调节投资和消费行为。还有政府的计划，其体现在一些产业政策上。如政府可以限制或鼓励某些产业的发展。

4. 责任的不同

在政府参与的经济活动中，政府是一方当事人，与另一方当事人形成经济法律关系，因此政府直接对自己的行为负责，承担直接法律责任，政府不依法履行义务的法律责任主要是赔偿责任。在政府干预经济活动中，政府是关系人，不是当事人，因此由经营者直接对自己违反市场规制和经济调节的行为负责。政府并不承担直接的法律责任，如果经营者不能承担应承担的法律责任，政府应当承担因疏于管理的替代责任。

四、政府作为私权主体和公权主体参与经济活动的不同

作为"当事人"的政府参与权分为私权主体参与经济活动和公权主体参与经济活动。二者的不同有：

(一) 双方当事人的地位不同

政府作为私权主体参与经济活动和政府作为公权主体参与经济活动虽然都是发生在政府作为当事人与其他个人和组织之间，但因为政府的身份不同，与另一方当事人关系的性质、权利义务的规定上会有性质上的区别。如果政府的身份是私权主体，那么与另一方的关系应当就是平等主体之间的民事关系，双方的权利义务平等，双方的活动基本遵循平等、自愿、有偿的原则；如果政府的身份是公权主体，那么与另一方的法律地位虽然平等，但双方活动必须遵守法律的强制性规定。

(二) 基本原则不同

政府作为私权主体参与经济活动的特点主要是有偿性和自愿性两个方面。

有偿性：政府作为私权主体参与经济活动是有偿性的活动。无论是取得社会财产还是支出社会财产，从微观上看都是需要支付对价①的行为。政府作为公权主体参与经济活动不直接具有对价性或者称为有偿性。如政府补贴和征税一般都是无偿的。政府征税从微观上看不需要向纳税人支付对价。政府补贴从微观上看不需要对方向政府支付对价。政府免税、退税是放弃应当得到的财产。

政府作为公权主体参与经济活动与纳税人、市场主体的关系从微观上看是一种单务性质的关系。在这种单务性质的关系中，一方并无对待给付义务，仅一方负有给付财产的义务。但从宏观上看仍然是一种双务性质的关系。政府取得社会财产从微观上看不需要向纳税人支付对价，但应当向全体社会成员提供公共产品。政府支出社会财产从微观上看不需要对方向政府支付对价，但市场主体一方得到政府的救助一般有两种理由：一是市场主体已经作出了有益于公共利益的事情，应当得到社会应有的回报，政府只是代表社会进行一定的补助；二是市场主体得到政府的救助，既有利于他们自身的发展，也有利于社会的和谐、均衡发展。政府有义务对待给付②相应的社会成员；社会成员有义务为社会的和谐发展贡献一份自己的力量。

自愿性：自愿性主要是指与政府进行经济活动的民事主体同政府进行民事活动应当是自愿的，政府不能进行强制，例如居民买卖国债，供应商提供政府采购的产

---

① "对价"(consideration) 原本是英美合同法上的效力原则，其本意是"为换取另一个人做某事的允诺，某人付出的不一定是金钱的代价"，也许是"购买某种允诺的代价"。合同无"对价"无效。从法律关系看，"对价"是一种等价有偿的允诺关系："某人允诺是为了换取另外一个人对允诺的承诺"。

② 对待给付，就是为了获得对方的给付，自己所为的给付。

品等。奥地利纯粹法学派代表人物凯尔森（Kelsen）认为：国家可以作为私法上的主体，同其他法人一样享有物权、知识产权和债权等私法上的权利。这是因为国家在与其他民事主体结成经济关系时，并不总是以公权主体面目出现。如国家从私人处购买或承租一座房屋时，同私人之间购买或承租房屋时并没有什么两样。代表国家作为权利义务主体的机关并不是代表国家作为法官的同一机关，这两个机关是完全不同的。因此，国家作为私法主体参与私法关系与双方当事人均属私人的私法关系并无两样，诉讼的公正性并不会因国家成为私法主体这一事实受到不良影响。①

马俊驹、宋刚二位学者认为：对于国家来说，因为它首先是作为一个公权力主体而存在的，享有对内和对外的最高权力，因而没有其他任何主体可以和它能在一个层面发生关系。在这种条件下，国家唯一的途径就是改变自己的地位或身份，从一个高高在上的主权者，下至为与自然人或者法人平等的交易者进行民商事活动。在民商事活动中国家首先应当遵循民事法律规则来实现自己的所有权。如在我国，国家作为土地所有权人，与其他民事主体签订合同，出让、转让土地的使用权。②

（三）政府参与经济活动的方式不同

政府作为私权主体，参与经济活动采用的最基本方法有投资、购买等；政府作为公权主体参与经济活动采用的基本方法有"给予性"和"取得性"的方法，"给予性"的如进行补贴；"取得性"的如政府征收税收。

（四）当事人权利义务对等性范围的不同

政府作为"私"权主体参与经济活动，强调权利义务在微观方面的对等性。政府作为"公"权主体参与经济活动，在"给予型"中规定政府的义务，如政府的财政补贴；在"取得型"中，如税法中则较多地规定了个人与组织的义务，权利义务明显不具有对等性，但因为纳税人享有诸多的宪法权利和消费政府提供的"公共物品"的权利，因此从宏观方面说，应当也具有对等性。

五、确认政府参与经济法作为经济法部门法的实践与理论意义

笔者在《经济法调整机制研究》一书中，根据国家在经济法律关系中的不同地位，将经济法的法律关系分为政府干预经济活动法律关系和政府参与经济活动法律关系两大类型，相对应的经济法体系分为政府干预经济活动法和政府参与经济活动法两大子部门。确认政府参与经济法作为经济法部门法有重要的实践与理论意义。

---

① 凯尔森：《法与国家的一般理论》，中国大百科全书出版社1996年版，第227页。
② 马俊驹、宋刚：《民事主体功能论——兼论国家作为民事主体》，载《法学家》2003年第6期。

(一) 有助于规范政府的法律行为

依据法律行为的经济法部门结构，政府的经济法律行为可以被分为政府干预行为和政府参与行为。区分这两种法律行为的意义是它有利于正确调控政府的法律行为。现代政府的行为形形色色，什么行为应由什么法律部门调整，是由具体的法律规范确定的。对政府的法律行为作出正确的部门划分，有利于对政府的法律行为进行正确的法律规范。政府对市场的参与行为应当以政府参与经济活动法为依据和前提。如果对法律行为的法律部门归属发生误断，就必然会导致适用法律不当，以致铸成对他人和社会合法权利的侵犯，损害政府形象，造成不良社会影响，严重的会造成政府财产的损失。

(二) 有助于完善经济立法和更好地适用经济法

对于经济立法来说，将经济法的全部现行法律规范，按照政府在公私混合型社会经济关系中是当事人还是关系人，划分为政府参与经济活动法和政府干预经济活动法，有助于从立法上完善经济法法律体系，协调好经济法法律体系内部的关系。相比较政府干预经济活动法而言，我国的政府参与经济活动法还很薄弱，目前急需出台国有资产法、财政转移支付法等调整"国有财产"的占有、使用、收益和处分的法律规范，以确保国有财产的合理使用和依法支配。

对于执法来说，确认政府参与法作为经济法部门法，有助于执法机关和执法人员明确各自的工作特点、职责任务，并准确适用法律，便于人们在经济法法律适用的时候，寻找与事实相关的部门法，进行针对事实的部门法识别。这是法律适用的第一步，没有部门法的识别，在法律众多的当代社会无法进行法律适用。

自中国1990年颁布实施《行政诉讼法》以来，当人们认为政府的行为违反法律、法规，侵犯自己合法权益时，都毫无例外地选择了行政诉讼，将政府告上法庭。但近些年出现的一些以行政机关为被告的行政诉讼案件，却被人民法院以政府的行为为非行政行为，不属于行政诉讼受案范围而驳回，这不能不引起当事人的极大困惑，但它却印证了学者多年来提出的一个观点——政府也会是一个民事主体参与经济活动，此时政府的行为并不是行政行为。在此，让我们看两个案例：

案例1：2005年7月6日，原告李刚博士以天津市市政工程局收取外埠车辆"进津费"违法侵害自己合法利益为由，向天津市第一中级法院提起行政诉讼。李刚认为，根据《立法法》、国务院公布的《规章制定程序条例》以及天津市人民政府《拟订地方性法规草案和制定政府规章及其他规范性文件规定》可以认定，被告收取"进津费"所依据的收费文件不是规章，属于"其他规范性文件"。这个规范性文件与多项上位规范性文件相冲突，属于违法。据此，原告认为被告的收费行政行为因为不具有合法性，侵害了原告的合法权益，应当被撤销，故请求法院判决被告行政行为违法，并返还所收取的费用。2005年9月7日天津市第一中级法院一审裁定，天津市市政工程局向李刚收取天津市贷款道路建设车辆通行费行为不是

第四章 政府参与权研究

具体行政行为，不属于行政诉讼受案范围，驳回原告李刚的起诉。① 2005年9月14日，李刚向天津高院提起上诉。2005年9月18日，天津市高级人民法院驳回上诉请求的裁定，理由是："进津费"是经营性收费，非行政行为，不属于行政诉讼受案范围。②

案例2：2005年1月17日，哈尔滨市南岗区法院对原告哈尔滨市广来汽车配件公司（以下简称广来公司）与哈尔滨市广丰汽车维修有限公司（以下简称广丰公司）和广进汽车配件经销中心（以下简称广进中心）之间的财产权民事争议案件作出民事判决。南岗区法院按照国资委办公厅于2003年12月6日所作的国资产权厅（2003）388号关于广来公司与哈尔滨市丰田纯牌零件特约经销中心（以下简称丰田中心）产权界定意见的函（以下简称《产权界定意见函》）所确认的事实，判决丰田中心的财产归属广来公司。广丰公司和广进中心不服一审法院的民事判决提出上诉。同年6月10日，哈尔滨市中级法院作出终审判决，维持原审法院的民事判决。两级法院的民事判决均认为，广来公司与丰田中心的资产争议已经有《产权界定意见函》所确定，对于国资委的行政行为，广丰公司和广进中心应该通过行政诉讼程序解决。为此，2006年1月22日，广丰公司和广进中心向北京市第一中级人民法院提起行政诉讼，要求撤销国务院国有资产监督管理委员会（简称国资委）办公厅所作的《关于广来公司和丰田中心产权界定意见的函》（以下简称《意见函》）。2月初，法院电话告知广丰公司和广进中心不予受理。其理由为，根据《企业国有资产监督管理条例》第12条及第17条第二款规定，国资委只履行出资人的职责，负责监督管理企业国有资产，并不履行政府的社会公共管理职能，故国资委不具备行政主体资格；国资委做出的只是一份答复意见，不具有任何行政效力。因此，该起诉不属于人民法院行政审判权限范围。③

在第一个案例中，司法机关显然已经注意到了行政机关的经营性行为不同于行政行为。行政主体对其用贷款或其他融资方式修建的基础设施，有通过收费来偿还贷款的权利。行政主体所享有的这种权利，是作为市场主体的"权利"，而并非属于行政"权力"，所以不属于行政诉讼受案范围。从理论角度讲，政府的经营性行为是政府参与经济活动的一种，可见司法机关已认可政府作为私权主体参与经济活

---

① 赖颢宁：《进津费官司未了，清华博士又告上海收进沪费》，http://news.xinhuanet.com/society/2005-11/02/content_3719218.htm，2006年6月20日访问。
② "进津费案"，中国公益法网：http://www.dfpilaw.org/show_news.asp?id=842&classid=5&boardid=5，2006年6月20日访问。
③ 谷辽海：《公司股东权利与行政权力的冲突——从"国资委可否当行政诉讼被告"案说起》，《法制日报》2006年5月23日。王丛虎、莫于川、姚来燕、王成栋：《国资委出具"产权界定意见函"是不是具体行政行为》，http://www.chinalawedu.com/news/21601/21712/147/2006/3/zh038345320102360022862-0.htm，2006年6月20日访问。

动的形式。在第二个案例中,司法机关已经认识到国资委的意见是作为出资人一方的意见,不同于行政行为。国资委有权利认定属于国有的资产,但因为这种认定并不属于行政机关的"权力",所以不属于行政诉讼受案范围。从理论角度讲,国有资产是政府参与经济活动法律关系的客体,国有资产虽然有特殊性,但"白马"毕竟仍然属于"马"。正是由于司法机关认识到国资委在作为国有资产的代表人时属于私权主体的身份,因此,国资委做出的答复意见不具有任何行政效力。

(三)有助于经济法学学科的科学化

法律部门是指按照法律规范调整的社会关系的性质和相应的调整方法的不同对法律规范所作的一种分类。确认政府参与法作为经济法部门法对于经济法法学研究来说,能够使经济法的研究范围有了一个相对独立的领域,使经济法法学学科划分科学、合理。经济法的法律体系十分庞大,并且随着社会经济发展而日益扩展,如果不进行科学的组合分类,将有碍于经济法法律的制定、实施和研究。

我国经济法学界的不少研究活动由于缺乏统一方法论的支撑,导致与不同部门法学之间难以沟通,而且同一部门法学内的不同专家之间也难以相互理解。观点的分歧和争鸣是正常的,但没有统一的方法论和语境平台,则是不科学的。政府参与经济活动法作为经济法部门法,有自己不同的课题和语境,有自己的基础理论发展路径,从而形成符合经济法部门法特色的范畴、方法和原理。确认政府参与法作为经济法部门法的最大意义是为经济法部门法研究提供规范的、成熟的方法论,从而为经济法部门法学内的交流和流派形成提供语境平台。

(四)有助于更好地学习、掌握经济法学

经济法学作为我国法学专业本科生的核心课程之一,是每一位法学专业同学的必修课,虽然同学们所用的经济法学教材越来越厚,但是对这门课程的学习却往往收获甚微,有的同学甚至会觉得不知所云,主要原因是经济法部门法划分的困惑,确认政府参与法作为经济法部门法,与政府干预法并列,有助于解决学生学习经济法的困惑。因为目前经济法学界提出的经济法体系的观点虽然不尽相同,但思路和方法基本是相同的,即基本是按照经济法律法规的功能和作用分类,而不是按照法律关系的不同进行分类。实际法律关系的不同不仅可以作为区分民法和行政法的理由,而且能够成为划分民法分论各组成部分的基本依据,因此,经济法的部门法划分可以尝试从法律形式上进行分类,分析庞大的"经济法律法规"中法律规范显现出来的法律关系主体、客体、内容有什么不同,然后合并同类的法律规范对其进行归类研究。笔者按照这一方法,将经济法分成政府参与法和政府干预法,前者主要调整因国有资产发生的政府作为当事人一方发生的社会经济关系;后者主要调整因社会性经济行为发生的政府作为关系人一方发生的社会经济关系。

第二节 政府参与权实体问题研究

本节所讲政府参与权是政府作为一方当事人参与经济活动享有的权利和权力,包括政府作为私权主体参与经济活动的权利和政府作为公权主体参与经济活动的权力。如举债权、征税权等,举债权属于权利;征税权属于权力。

政府的参与权既是权利又有权力,具有公私混合性的特点。表面上看,政府作为私权主体参与经济活动属于权利,政府作为公权主体参与经济活动是权力。实质上看,政府参与权的权利中有权力的因素,权力中内涵着权利。说政府参与权的权利中有权力的因素,是因为政府参与权的主体中有国家机关及其工作人员,他们本身是权力的主体;政府行使参与权的目的与权力也有相同之处,即通过行使参与权保护和发展社会成员的权益。说政府参与权的权力内涵着权利,是因为权利本身是一种资格和可能性,因此,无权利便无权力,从这个意义上可以说,权利是权力的本源。国内外著名法学家都曾认为存在着一种广义的权利,认为"广义的权利即包括权力在内,权力也是一种权利"①;"权力与权利在本源上是一致的";②"权力只是更广泛的'权利'概念的含义之一。"③

一、政府参与权的内容

(一)政府作为私权主体参与经济活动的权利

1. 政府的双重身份

在市场经济条件下,国家为了履行其基本职能④、加强和改善宏观调控⑤、促进经济社会全面协调可持续发展,需要以私权主体的身份参与经济生活,如进行投资、采购、物资储备、公开市场操作等活动,政府进行这些活动需要有相应的权利。

国家本来不是为了实现民事目的而产生的,但它在一定的社会经济条件下成为

---

① 郭道晖:《试论权利与权力的对立统一》,载《法学研究》1990 年第 1 期。
② 文正邦:《有关权利问题的法哲学思考》,载《中国法学》1991 年第 2 期。
③ 《牛津法律大辞典》,光明日报出版社 1988 年中文版,第 707 页。
④ 根据英国 18 世纪的著名学者亚当·斯密的观点,国家的基本职能有三项:保护本国社会的安全,不受其他国家的侵犯;设立司法机构,保护私人所有权和人身权利;建立并维护必要的社会公共工程和公共设施。
⑤ 政府宏观调控的直接目的是充分就业、物价稳定以及国际收支平衡,保护全社会共同的根本的经济利益,保持整个国家经济的适度增长。

民事主体。① 请看马俊驹、宋刚二位先生的论证：随着社会的发展，国家理论和结构的完善，国家功能更加多样化。它不仅扮演着主权者的角色，同时还扮演着经济管理者、公共管理者的角色，参与经济活动以实现国有资产的保值增值，调节经济秩序，为社会弱势群体提供福利。国家既然要实现不同的功能，也就应该参与不同的法律领域。在行使主权者职能时，国家就成为公法主体，在市场条件下实现经济功能时，国家往往就成为民事主体。根据国家的各项功能辨别其法律地位，避免国家参与民事法律关系时借用公权力损害其他民事主体的利益。国家为了实现特定目的和功能而以民事主体的资格参与民事法律关系，这将极大地丰富了民事主体的内涵。②

张作华先生也持这种观点，他讲：在市场经济条件下，国家总是承担着一定的经济职能。在自由放任的市场经济条件下，国家只承担有限的经济职能，而在战后奉行凯恩斯经济政策的市场经济条件下，国家承担了繁重的经济职能。国家在对市场进行管理、维持市场秩序及裁决市场参加者之间的争议时，是以公权者的身份出现，体现出它的公法人格一面，所依据的权力属于公权力（包括行政权、立法权和司法权）。但国家作为财产所有者（法律上称为"国库"），以私权主体直接从事市场经济活动如进行投资、商业等活动时，又体现出国家的私法人格一面。这种情形下的国家及其政府与其他市场参加者处于平等的法律地位，须同样遵守法律法规。国家对市场经济的干预，是以公法（公权）主体身份介入，不可以私法（私权）主体介入。作为财产所有者的国家与作为公权拥有者的国家之严格区分，是市场经济本质的要求，是市场经济法律秩序的前提条件。③ 本人认为这个观点很有启发性。

一种社会主体也许会参与不同的法律部门，成为不同法律关系的主体，把它永远地定性为"民事主体"或者"行政法律主体"都是不对的，关键是看这种社会主体在一定的时空条件下，参与了什么性质的社会关系。参与的社会关系的性质不同，主体的身份就不同，其行为所遵循的规则也要发生变化。

国家对国有资产享有所有权，这是政府参与的民事法律关系中最主要的类型。无论是历史上的国家还是今天的东、西方国家，都毫不例外地拥有大量的各种类型的财产。而对于国家来说，因为它首先是作为一个公权力主体而存在的，享有对内

---

① 马俊驹、宋刚：《民事主体功能论——兼论国家作为民事主体》，载《法学家》2003年第6期。

② 马俊驹、宋刚：《民事主体功能论——兼论国家作为民事主体》，载《法学家》2003年第6期。

③ 张作华：《论我国国家法律人格的双重性》，《私法》第3辑第2卷/总第6卷，北京大学出版社2004年版，第268页。

和对外的最高权力,因而没有其他任何主体可以和它能在一个层面发生关系。在这种条件下,国家唯一的途径就是改变自己的地位或身份,从一个高高在上的主权者,下至为与自然人或者法人平等的交易者进行民商事活动。① 在民商事活动中国家首先应当遵循民事法律规则来实现自己的所有权。如在中国,国家作为土地所有权人,与其他民事主体签订合同,出让、转让土地的使用权。

国家成为债权人或者债务人,也是政府参与的民事法律关系的主要类型。主要包括以下几个方面:第一,国家作为债务人,发行国债;第二,国家签订合同,购买所需的物资,这主要体现为政府采购;第三,国家通过合同,建设各种重大工程,如工程招标等。

在市场经济条件下,国家的投资行为、买卖行为(国家储备活动、公开市场操作)等,在性质上都应当属于民事法律行为,政府在进行这类活动时是一个民事主体,与承包商、债权人、债务人之间形成民事法律关系。

国家作为民事主体,在实践中已经是不争的事实,然而中国立法相对滞后,国家的民事地位始终不能得到确定,这不仅使得与其处于民事关系中的相对人利益难以得到保障,而且如果"否认国家的民事主体地位,则对于那些损害国有资产的人,国家只能通过公法方式对其进行处罚(比如判处损害公私财物罪,或其他行政处罚),而不能依据所有权请求民事赔偿,显然这对保护国有财产是不利的。"②

2. 政府作为私权主体参与经济活动的权利种类

政府作为私权主体参与经济活动的权利内容很广泛,如政府的投资权、举债权、出售彩票权等。

(1) 政府的投资权

政府的投资权也可以称为国家投资权。按照凯尔森的观点,国家问题就是一个归属问题。国家的权利义务不过是作为国家机关的个人,也即执行法律秩序所确定的特定职能的人的权利义务③。这就是说国家的权利义务实际是政府的权利义务,政府是国家的"法定代表人",因此,用"政府"的投资权更准确。当然政府履行职责后,最终承受权利义务的主体还是作为"被代表人"的国家。

政府投资是指政府为了实现其职能,满足社会公共需要,实现经济和社会发展

---

① 马俊驹、宋刚:《民事主体功能论——兼论国家作为民事主体》,载《法学家》2003年第6期。

② 马俊驹、宋刚:《民事主体功能论——兼论国家作为民事主体》,载《法学家》2003年第6期。

③ [奥]凯尔森著:《法与国家的一般理论》,中国大百科全书出版社1996年版,第203—205页,第222页。

战略，投入资金用以转化为实物资产的行为和过程。投资权是指政府使用政府性资金进行固定资产投资活动的权利。按照资金来源，凡属于使用财政预算内投资资金、各类专项建设基金、国家主权外债资金、其他政府性资金的均属于政府性资金。中国每年政府投资占到了全社会投资的10%左右。最近几年来，中国每年的政府投资规模都在两万亿以上。① 中国目前尚无专门立法规范政府的投资行为。第一次提出起草和出台《政府投资条例》是在2001年，国务院法制办公室2010年1月7日全文公布《政府投资条例（征求意见稿）》（以下简称《征求意见稿》），正在征求社会各界意见。

①政府投资的功能和目的

《征求意见稿》规定的立法宗旨是：为加强政府投资管理，规范政府投资行为，建立健全科学的政府投资决策、建设和监督管理制度，提高投资效益，发挥政府投资在加强和改善宏观调控、促进经济社会全面协调可持续发展中的作用。该规定在说明立法目的的同时，强调政府投资的功能和目的是加强和改善宏观调控、促进经济社会全面协调可持续发展。这也就是说，政府不能够以营利为目的进行投资。国家投资资金来源具有公共性，这就决定了国家投资不能够以营利为目的，不能等同于一般的经商活动，不应当与民争利。丛中笑认为：公共财政不是也不能是取得相应的报偿或盈利，而只能是以追求公共利益为己任。其职责只能是通过满足社会公共需要的活动，为市场的有序运转提供必要的制度保证和物质基础。即便有时提供公共物品或服务的活动也附带产生一定的、数额不等的利润，但其基本的出发点或归宿仍然是满足社会的公共需要，而不是盈利。公共财政应立足于非市场赢利性包括二个层次：第一层次是指公共财政活动范围应立足于非市场竞争领域，不介入一般竞争性领域，不应"与民争利"；第二层次是指公共财政活动不仅仅立足于非市场竞争领域，更应立足于非赢利。②

《征求意见稿》规定了政府性资金的投向：政府投资主要用于关系国家安全和市场不能有效配置资源的经济和社会领域，包括加强公益性和公共基础设施建设，保护和改善生态环境，促进欠发达地区的经济和社会发展，推进科技进步和高新技术产业化等。能够由社会投资建设的项目，尽可能利用社会资金建设。这就从正面说明了政府性资金的投资方向，不符合这些规定的应当属于违法项目。

《征求意见稿》规定了政府投资的功能：政府投资应当体现政府经济调节、市场监管、社会管理和公共服务职能，有利于扩大就业、推进基本公共服务均等化和优化经济结构，促进经济社会全面协调可持续发展。

---

① 张向东：《〈政府投资条例〉最后冲刺，发改委想收权》，《经济观察报》2010年8月14日。

② 丛中笑：《法治国家视角下的公共财政》，载《财贸研究》2009年第4期。

②政府投资的基本原则

《征求意见稿》规定了政府投资的基本原则是严格遵守科学、民主、公开原则。落实科学原则,要将发展建设规划作为政府投资决策的重要依据。将规划作为投资决策依据,可以使资金投向更为合理,资金安排更有针对性,也有利于加强统筹,避免投资过于分散。《征求意见稿》还规定了项目储备库制度及重大项目专家评议制度和咨询评估制度,保障投资的科学性。民主原则和公开原则主要表现在项目公示制度上。《征求意见稿》规定:对经济、社会和环境有重大影响,涉及重大公共利益的项目,除涉及国家安全、国家秘密、商业秘密以及法律规定不允许公开的外,项目审批部门在决策时应充分听取社会公众意见。

③政府投资的投资方式

《征求意见稿》规定了政府性资金的五种具体投资方式:根据资金来源、项目性质和调控需要,政府投资可分别采取直接投资、资本金注入、投资补助、转贷、贴息等方式。对于本级人民政府事权范围内的政权建设、公益性和公共基础设施等非经营性项目,需要政府投资占主导地位的,可以采用直接投资的方式,通过拨款投入。采用直接投资方式形成的资产属于国有资产,按照国有资产管理相关规定实施管理。对于需要发挥国有经济控制力和影响力,以及需要政府扶持的经营性项目,可以采用资本金注入方式进行投资。采用资本金注入方式投资形成的股权属于国有股权,由有关部门、国有资产监督管理机构或者其他机构依法行使出资人权利。对于需要政府扶持的项目,可以采用投资补助的方式,给予一定限额或比例的资金支持。对非经营性建设项目的投资补助以拨款方式无偿投入。对经营性建设项目的投资补助作为资本公积金管理。对符合国民经济和社会发展战略、促进经济社会协调发展和城乡区域协调发展的项目,可以采用转贷方式使用国家主权外债资金。对于需要政府扶持的经营性项目,可以采用贴息的方式,支持项目使用银行贷款。贴息资金不形成新的权益,在建项目冲减工程成本,竣工项目冲减财务费用。

政府行使投资权后,会产生一些与之相关的权利,如财产所有权、股权、收益权等。第一,政府是国有土地的所有者,是政府投资建设的建筑物、公共设施等的所有者。任何组织和个人都负有不侵犯国有财产的义务。第二,政府是国家股的股权主体。股权是与所有权不同的一种民事权利,是股东对股份享有的支配性权利。国有企业实行股份制改造后,国家股的股权主体是政府。第三,公共基础设施收费权是政府投资后享有的收益权。

(2) 政府的举债权

政府举债权是以国家或政府信用为基础,向国内外筹集资金的权利。如发行国债和政府融资,就是政府凭借自身的信用举借的债务,政府作为债务人与债权人之间按照有偿原则发生信用关系来筹集财政资金。政府举债是当今世界各国普遍采取的一种平衡政府收支的重要措施。适度举债搞建设对政府来讲，不仅可以拉动消费需求和民间投资，还有利于拓宽筹资渠道，加快社会公共设施建设，提高公共服务水平。但超越自身财力可能过度地举借政府性债务，不仅不利经济的可持续发展，而且对社会稳定带来危害。国家应当建立一套有效的政府债务机制和操作程序规范政府的举债权。

为提高政府债务资金使用效率，合理控制政府债务规模，防范和化解政府债务风险，中国很多地方政府制定了政府债务管理办法。下面以2008年9月1日起施行的《辽宁省政府债务管理办法》（以下简称《债务管理办法》）为例，说明政府债务的举借、使用、偿还以及监督管理的规范。

《债务管理办法》界定的政府债务，是指由政府及其所属部门举借或者合法担保以及在特定情况下需由政府偿还的债务。包括政府内债和政府外债。

①基本原则。举借政府债务应当遵循统筹兼顾、控制规模、注重实效、明确责任、防范风险和依法决策的原则。

②举借、提供担保的规则。政府债务规模应当与本地区国民经济发展和可支配财力相适应。举借政府债务应当事先落实偿债资金来源和偿债责任以及抵御风险措施。

可以批准举借或者提供担保的项目包括：实施符合国家产业政策的项目；实施基础设施建设急需的项目；用于发展教育、科学、文化、卫生、体育等公益事业的项目；政府认为应举借或者提供担保，并符合国家有关政策的政府债务。

偿还债务资金来源和责任没有落实的、举借或者提供担保的政府债务用于国家和省明令禁止项目的、超过财政承受能力容易引发债务风险的、国家规定的不予批准举借政府债务或者提供担保的其他情形，不予批准举借政府债务或者提供担保。

③使用的规则。政府债务资金重点用于基础性和公益性项目建设，严格控制用于非基础性和公益性项目建设，不得用于经常性支出。政府债务资金和偿债资金应当专款专用，不得截留、挤占和挪用。

④监督管理的规则。最终债务人的本级政府主管领导，承担偿还政府债务工作的监督责任。政府及其所属部门的政府债务情况应当列入领导干部经济责任审计范围，其结果作为对领导干部的考核内容。

（3）向个人和组织提供低息贷款

政府不仅是债务人，而且也会成为债权人，政府向个人和组织提供低息贷款，是作为债权人的身份，属于参与经济活动的主要类型。王晓晔讲：低息贷款被视为政府援助，是因为在这种情况下企业按照市场条件支付的利息和它们实际支付的利息之间存在着差距。如果政府只是给予个别企业优惠的贷款条件，或者贷款时不考虑申请人不具备偿还贷款的能力，在对方没有给予担保的情况下就提供贷款，这就可以认定为政府援助。①

向个人和组织提供低息贷款主要是通过政府主办的政策性银行进行的。所谓政策性银行（policy bank/non-commercial bank）系指那些多由政府创立、参股或保证的，不以营利为目的，专门为贯彻、配合政府社会经济政策或意图，在特定的业务领域内，直接或间接地从事政策性融资活动，充当政府发展经济、促进社会进步、进行宏观经济管理工具的金融机构。中国的三大政策性银行是中国进出口银行、中国农业发展银行和国家开发银行。

向个人和组织提供低息贷款的范围很广泛，在国际住房保障经验中，政府除面向低收入家庭的基本住房保障外，还有面向中低收入阶层的信贷支持，通过提供低息贷款支持中低收入阶层购、建住房，满足各收入群体的住房需要。

（4）政府提供担保

政府担保是指政府直接或者间接地在提供贷款的金融机构面前为债务人充当保证人的行为。如出口信贷国家担保制、中小企业贷款担保等。

出口信贷国家担保制（Export Credit Guarantee System）是一国政府设立专门机构，对本国出口商和商业银行向国外进口商或银行提供的延期付款商业信用或银行信贷进行担保，当国外债务人不能按期付款时，由这个专门机构按承保金额给予补偿。这是国家用承担出口风险的方法，鼓励扩大商品出口和争夺海外市场的一种措施。

2004年9月15日，国家发展和改革委员会与国家开发银行联合下发了《关于合作开展中小企业贷款与信用担保体系建设工作的通知》，目的是切实解决中小企业融资难担保难问题，促进中小企业发展。截至2009年底，中国中小企业信用担保机构已达5547户，共筹集担保资金3389亿元，2009年在保中小企业27.5万户，信用担保已成为助推中小企业获取融资的重要渠道。②

为应对2008年的金融危机，美国政府向银行的民众存款提供无限度的政府担保，目的是用国家信用代替私人信用以制止恐慌蔓延。2008年7月30日，美国总统布什签署《住房和经济恢复法案》，宣布拨款3000亿美元建立专项基金，向总计约40万户申请30年期固定利率房贷的购房者提供担保。

（5）发行彩票的权利

中国2009年7月1日起施行的《彩票管理条例》第2条规定："本条例所称彩票，是指国家为筹集社会公益资金，促进社会公益事业发展而特许发行、依法销

---

① 王晓晔：《市场失灵时的国家干预——欧盟竞争法中的国家援助》，载《国际贸易》2000年第3期。

② 《十一届中小企业信用担保机构负责人联席会召开》，http：//www.gov.cn/gzdt/2010-09/29/content_1713273.htm2011年2月17日访问。

售,自然人自愿购买,并按照特定规则获得中奖机会的凭证。"根据条例的上述规定,中国彩票的特征:第一,目的上的公益性;第二,发行上的垄断性。国家发行彩票的目的是为了筹集社会公益资金,促进社会公益事业发展。

《彩票管理条例》对彩票资金账户和收支管理、彩票公益金用途及分配政策以及财政、审计机关和社会公众的监督等方面作出了系统的规范。为充分保障彩票运作的公开性、透明度和公信力,具体在彩票运作原则、彩票信息公开、彩票销售场所规范、彩票从业机构管理以及彩票中奖者信息保护等方面作出了规范。

(6) 政府采购的权利

《中华人民共和国政府采购法》所称政府采购,是指各级国家机关、事业单位和团体组织,使用财政性资金①采购依法制定的集中采购目录以内的或者采购限额标准以上的货物、工程和服务的行为。

根据采购主体性质的不同,采购可以分为政府采购与私人采购,两者的共同之处在于:第一,政府采购和私人采购从本质上讲都是一种商品交易活动,采购主体都是以消费者的身份出现;第二,政府采购和私人采购都是通过订立合同而实现其采购目的。然而与私人采购相比,政府采购有其明显的特殊性,主要表现在:第一,政府采购主体的特定性和资金来源的公共性;第二,政府采购的非赢利性;第三,政府采购的规范性;第四,政府采购的政策性。政府采购资金来源的公共性是政府采购的根本特征。

政府采购的功能主要有两个方面。第一,为社会提供公共产品和公共服务。现代社会政府采购的目的不仅仅局限于为政府日常事务服务,更强调为社会公众提供公共物品和公共服务。第二,履行配置社会资源、调节收入分配和稳定宏观经济等职能。政府采购的数量、品种和频率,影响着财政支出的总量和结构,反映一定时期的财政政策。在实施扩张性财政政策时,反映在政府采购方面主要是扩大政府支出,如增加公共工程支出、政府购买性支出等,以增加居民的消费和促进企业扩大投资,提高社会总需求水平。反之,如需对增长过快的经济进行降温,政府则可以通过紧缩性财政政策缩减其支出规模。政府的购买性支出政策作为一项相机选择的财政措施之一,具有收效大、时滞短的特点,政府采购支出发生任何较大的变化,都会引起社会的生产和分配在总量和结构方面产生相当大的反应,从而起到调控宏观经济的作用。

---

① 财政性资金,即公共资金,是指最终来源为税收和政府公共服务收费所形成的公共资金。包括预算资金和预算外资金。预算资金是指财政预算安排的资金,包括预算执行中追加的资金。预算外资金是指按规定缴入财政专户和经财政部门批准留用的未纳入财政预算收入管理的财政性资金。

(7) 政府公开市场操作权利

公开市场操作是指中央银行吞吐基础货币，调节市场流动性的主要货币政策工具，通过中央银行与指定交易商进行有价证券和外汇交易，实现货币政策调控目标。

存款准备金率、再贴现率政策和公开市场操作并称央行金融宏观调控的"三大法宝"，其中公开市场操作以其灵活性、主动性和可逆性等优势，为多数国家的央行所青睐。中国人民银行的公开市场操作包括人民币操作和外汇操作两部分。1999年以来，公开市场操作已成为中国人民银行货币政策日常操作的重要工具，对调控货币供应量、调节商业银行流动性水平、引导货币市场利率走势发挥了积极的作用。

(8) 政府进行物资储备的权利

国家物资储备是指国家直接掌握的关系国计民生和国家安全的战略原料、生产设备、主要农产品、医药器材等物资的储备。中国国家的物资储备分为战略物资储备与一般物资储备。战略物资是指对国家安全和经济可持续发展具有关键作用的重要物资，主要着眼于国家安全和经济可持续发展。一般物资主要用于市场调控和稳定物价，主要着眼于市场稳定和物价稳定。二者可以有所交叉，但更有重大区别。与一般物资不同的是，战略物资具有很大稀缺性和供应的非稳定性。战略物资储备具有极为明显的规模性和长期性，主要着眼于事关国家安全的突发事件，例如战争爆发和自然灾害。

中国的国家物资储备"服务国防建设，应对突发事件，参与宏观调控，维护国家安全"，在支持国防建设、经济建设、抗灾救灾等方面做出了积极贡献。国家物资储备是国家直接建立和掌握的战略后备力量，是保障国家军事安全和经济安全的重要手段。中国的《中央储备粮管理条例》规定的立法宗旨是：为了加强对中央储备粮的管理，保证中央储备粮数量真实、质量良好和储存安全，保护农民利益，维护粮食市场稳定，有效发挥中央储备粮在国家宏观调控中的作用。

(二) 政府作为公权主体参与经济活动的权力

1. 政府的征税权

征税权也称课税权，是指由宪法和法律赋予政府开征、停征税收及减税免税、退税、补税和管理税收事务的权利与权力的总称。在民主法治社会，政府享有征税权的目的是维护纳税人权益及整个社会和国家的利益。征税权包括税收立法权和税收征管权。税收立法权，主要包括税法的初创权、税法的修改权和解释权、税法的废止权。其中尤为重要的是税种的开征权与停征权、税目的确定权和税率的调整权、税收优惠的确定权等。税收征管权，包括税收征收权和税收管理权。这些权力对于有效地保障税款的实现，保障资源从私人部门向公共部门的转移有着重要的作用。

2. 政府调整存款准备金的权力

商业银行为了应付客户提取存款的需要，必须保留一部分资金作为存款准备

经济法权研究

金。为了防止商业银行过度追求利润而保留准备金过少,中央银行必须以法律形式规定在银行吸收的存款中必须保留的准备金比例。这种由中央银行对所有商业银行和金融机构规定的统一的准备金比率叫做法定准备率。商业银行按照法定准备率保留的准备金叫做必要准备金,也叫做法定存款准备金。法定准备率的高低决定着商业银行的存款中有多大的比例可以作为贷款使用,因此,调节存款准备金率就等于调节商业银行存款准备金的数量,进而调整商业银行可向社会提供的贷款数量。存款准备金的上升反映出经济在一时期有一定的虚热,因此,国家对之及时做出调整,意图是收紧流动性,减缓投资过快增长、经济转向过热、通胀风险上升等压力,加强银行体系流动性管理,抑制货币信贷过快增长。

3. 政府补贴权力

补贴是指国家财政或公共机构为了实现特定的政治经济和社会目标,向企业或个人提供的一种补偿。补贴按对象可分为对生产环节的补贴和对流通环节、消费环节的补贴;以出口实绩作为提供补贴的唯一条件或条件之一的补贴是出口补贴。需要政府特别扶持的市场主体主要是经济性的弱者。经济性弱者是指那些在经济活动中由于某些必然现象或偶然事件,处在不利地位的特定行业的从业者,他们依靠自身的力量或能力无法维护正常的经济活动,需要国家和社会给予支持和帮助。如从事农业生产活动的人们、中小企业等。

许多发达国家对本国农业的支持水平很高,农民收入的很大一部分是来自国家的补贴,如日本农业生产者收入总额中有60%来自国家补贴。2000年美国对小麦的直接补贴每吨45美元,玉米27美元;欧盟对每吨谷物的补贴为55美元。在2000年,欧盟每个农民所接受到的补贴实际是14000美元,而美国则为每个农民20000美元。面对经济全球化,竞争国际化,中国也开始以现金形式对农民进行补贴,以便更好地学习先进科技,引进先进技术和应用先进的生产工具,提高农业竞争力和增加农民收入。

4. 政府转移支付权力

联合国《1990年居民账户制度修订案》中提出:转移支付指货币资金、商品、服务或金融资产的所有权由一方向另一方的无偿转移。转移的对象可以是现金,也可以是实物。转移支付可分为专项转移支付与一般性转移支付。一般性转移支付"是指接受资金的政府可以将转移支付资金作为自有财力自主安排使用的转移支付"。① 专项转移支付"是一种指定使用方向的资金补助形式,上一级政府按特定的用途对下一级政府进行有条件的专项资金补助,即接受转移支付的下一级政府,

---

① 中国在官方文件中将实现均衡性功能的一般性转移支付称为"财力性转移支付",参见中华人民共和国财政部预算司:《中央对地方财力性转移支付(2003)前言》,载《经济研究参考》2004年第14期。

必须依照相应的要求使用资金,包括事先确定好具体的项目和所需资金以及拨款的对象和拨款的时间,有时还会要求下一级政府必须配套相应资金等,下级政府要承担按质按量完成项目任务的责任。因此,专项转移支付又被称为有条件转移支付。"①

从转移支付的形成看,两种转移支付都是"分税制财政体制的一个重要组成部分,它是为解决中央政府与地方政府财政之间的纵向不平衡和各地区财政之间的横向不平衡产生和发展起来的",② 其直接目标是通过实现各级政府财政功能和公共服务水平的均等化,基本目标是实现经济相对均衡发展,终极目标是实现区域之间的社会公平。

二、政府参与经济活动的主体

(一)国库代表是政府参与经济活动的主体

国有资产归属国家,但国家不可能直接与另一方当事人发生经济关系。因为"国家"是拟制主体,需要通过其"国库代表"作为当事人与另一方发生经济关系,各种法人(公法人和私法人)和自然人代表国家行使国有资产支配权成为必然。笔者将这些代表人笼而统称为"国库代表"。国库代表即是国有资产代表,是指有权利(权力)收支国有资产的组织和个人。包括依法取得国库资金(国有资产)和收支使用国库资金(国有资产)的代表。

在国家作为私权主体的关系中,"国库代表"既可以是公权主体,也可以是私权主体,无论是公权主体还是私权主体,在国家作为私权主体的关系中,都是民事主体的身份。在国家作为公权主体的关系中,"国库代表"只能是公权主体,不可以是私权主体。属于公权主体的主要是行政机关。

(二)政府参与经济活动的纵向主体:中央政府和地方政府

就纵向而言,中央政府和地方政府都可以是参与经济活动的主体。但这并不排除有些经济活动只有中央政府可以参与,地方政府不可以。

1. 专属于中央政府的权利(权力)

政府作为公权主体参与的经济活动,有征税、调整存款准备金、补贴和转移支付等。专属于中央政府参与的经济活动应当是调整存款准备金的权力。其他权力,地方政府应当可以享有。

存款准备金本身就是金融机构在中央银行的存款,是限制金融机构信贷扩张,保证客户提取存款和资金清算需要而准备的资金。存款准备金的比例在各国通常都是由中央银行决定,在中国,中国人民银行根据法律的规定,要求各商业银行按一

---

① 宋超、绍智:《中国财政专项转移支付制度研究》,载《财会研究》2004年第11期。
② 刘小明:《财政转移支付制度研究》,中国财政经济出版社2001年版,第8页。

定的比例将吸收的存款存入在人民银行开设的准备金账户,对商业银行利用存款发放贷款的行为进行控制。这可以影响金融机构的信贷扩张能力,从而间接调控货币供应量,现已成为中央银行货币政策的重要工具,是传统的三大货币政策工具之一。调整存款准备金的权力毋庸置疑地属于中央政府。

政府作为私权主体参与经济活动,有投资、举债、向个人和组织提供低息贷款、提供担保、发行彩票、政府采购、政府公开市场操作、进行物资储备等权利。专属于中央政府参与的经济活动在中国是发行彩票和公开市场操作,其他权利,地方政府应当可以享有。

2009年7月1日起施行的《彩票管理条例》规定:中国的彩票由国务院特许发行。特许发行的彩票只有福利彩票和体育彩票两种。未经国务院特许,禁止发行其他彩票。禁止在中华人民共和国境内发行、销售境外彩票。

彩票发行机构集中在中央政府。法定的彩票发行机构只有两家,即福利彩票发行机构(中国福利彩票发行管理中心)和体育彩票发行机构(国家体育总局体育彩票管理中心),都是中央编制部门批准设立的事业单位,在性质上属于依法直接设立的公法人。彩票发行机构只设在中央,不设在地方,是彩票发行权由中央政府垄断的体现。自条例生效实施后,地方的彩票机构只承担彩票销售职责,不具有彩票发行职能和权能。

公开市场操作是中央银行的货币政策工具,是通过中央银行与指定交易商进行有价证券和外汇交易,实现货币政策调控目标的行为,因此公开市场操作应当是专属于中央政府的权利,地方政府无此项权利。

2. 中央政府和地方政府都有权参与的经济活动

(1) 政府作为公权主体的权力

中央政府和地方政府作为公权主体参与的经济活动,都应当有征税权、补贴权和转移支付权力。

以征税权为例。中国财政体制是高度集中统一的,税收的立法权由中央来统一行使。地方税种和税率的设计,也是由中央决定。中国《立法法》第8条明确规定财政、税收的立法权属于全国人民代表大会及其常务委员会。中央立法机关有权制定国家统一的基本税法和个别的地方税法。地方立法机关不享有地方税收立法权。这种集权型税收立法有利于保持税法立法主体的单一性、税法的权威性和统一性。但是,这种立法结构不得不面对一个突出的矛盾:中央政府要求地方政府对宏观经济进行调控,如对房价负责,又不给地方征税权,不符合权责一致的基本原则。中国是一个经济发展水平不平衡的国家,各民族经济发展水平不一,东西部发展不平衡,各级市场成熟程度不一。各地税源、税种结构不同,税收对市场的调节作用存在强弱程度差异。因此,中国税收制度既要有中央的统一性又要照顾到地方实际,应当给地方征税权。否则,"一刀切"式的立法不仅会脱离地方实际情况,阻碍地方经济发展，也不符合权责一致的基本原则。

当代各国的公共财政都建立在完善的分税制基础上，其核心是中央、地方税收立法权法定。根据分税制的需要，可以作如下设想：全国人大及其常务委员会在行使税收统一立法权的前提下，根据市场经济发展和财税改革的实际需要可以授权地方政府行使一定程度的税收立法权。中央税收、中央和地方共享税由中央行使。地方税则由地方依法根据地区实际情况确定相应的征税范围和税率。授权地方立法机关制定地方性税收法规，报全国人大常委会备案。这样，既维护了中央税收立法权，又实现了地方税收自主权，体现了原则性与灵活性相结合，有利于中央与地方事权的划分，为建立完善的分税制创造条件。

从国际上看，任何一个国家都是坚持一级政府、一级财政的原则。一级政府应当有一级的财政，每级政府都应当有它的事权和财权。而对于地方政府而言，财权的核心是地方税种和税率的设计应当由地方政府决定。2011年年初，国务院常务会议同意在部分城市进行对个人住房征收房产税改革试点，具体征收办法由试点省（自治区、直辖市）人民政府从实际出发制定。在这之后，上海市和重庆市相继宣布对个人住房征收房产税。这是中国实行地方税种和税率由地方政府决定的有益尝试。

（2）政府作为私权主体的权利

中央政府和地方政府作为私权主体参与经济活动，应当有投资、举债、向个人和组织提供低息贷款、提供担保、政府采购、进行物资储备等权利。

以投资权为例，广义的国家投资，包括中央政府和地方政府（中国目前有五级政府，即中央，省、自治区、直辖市，省级市，区县和乡镇政府，相对中央政府，其他级别的政府可统称为地方政府）的投资。中国从1994年实行分税制改革以后，各级地方政府有相对独立的财权和责任，事实上拥有投资权，掌握了一定的"地方自有资本"或"地方政府企业"。

中国传统的公有制是以国有制为代表的。在中央和地方的关系上，实行"统一所有，分级管理"的体制。中共十六大决议对这一体制没有进行根本的改革，但强调了地方政府可代表国家履行出资人职责，享有所有者权益，提出了"统一所有，分级代表"的新提法。但经济学界和法学界始终对"统一所有"体制存在不同看法。孙宪忠讲：按照德国民法"公法法人的私有财产所有权理论"，各种公法法人，包括联邦政府、州政府、县区或镇政府及其各级政府机关都可以是财产所有权的主体，它们对自己的财产的权利都是所有权。① 笔者认为"统一所有"不符合经济规律。"谁投资，谁所有"是经济活动的基本规律。中国虽然是单一制国家，但在分税制的条件下，坚持国家统一所有，是不尊重客观事实的表现，只能理

---

① 孙宪忠：《德国民法对中国制定物权法的借鉴作用》，载《中外法学》1997年第2期。

解为是加强中央集权的一种需要,而不是遵循经济规律的结果。国有资产只有"分级所有,分级管理",才能真正做到责、权、利相统一。

中央政府和地方政府都应当有举债权。各级政府的财权应当包括举债权。因为中国财政体制是高度集中统一的,因此,原则上禁止地方政府发行债券的权力。中国1995年开始实施的《预算法》第28条明确规定:除法律和国务院另有规定外,地方政府不得发行地方政府债券。这一规定原则禁止了地方政府发行债券的权力,但该条规定的"除法律和国务院另有规定外",又为地方政府债券的发行开了个口子,留下了后路。从2008年起,中国开始实行中央代地方发债。实际上中央代地方发债是计划经济的思维。既然省、市、区是一级独立财政,不仅财权和事权要匹配,而且要给其独立地发行债券的权力。

政府债券按发行的主体划分,可分为中央公债和地方公债。中央公债是由中央政府发行与偿还的债务,也称作国债。国债收入列入中央预算,由中央政府安排支出和使用,还本付息也由中央政府承担,用于实现中央政府的职能。地方公债是由地方政府发行和偿还的债务。债务收入列入地方预算,由地方政府安排使用,还本付息也由地方政府承担,地方公债的发行范围应当并不局限于本地区。

关于进行国家物资储备的权利,中国法律的规定:是设区的市级以上人民政府享有该权利,特别地区的县级以上人民政府也享有该权利。自2010年9月1日起施行的中国《自然灾害救助条例》第10条第一款规定:国家建立自然灾害救助物资储备制度,由国务院民政部门分别会同国务院财政部门、发展改革部门制定全国自然灾害救助物资储备规划和储备库规划,并组织实施。第二款规定:设区的市级以上人民政府和自然灾害多发、易发地区的县级人民政府应当根据自然灾害特点、居民人口数量和分布等情况,按照布局合理、规模适度的原则,设立自然灾害救助物资储备库。这也就是说,只有乡镇政府不需要设立自然灾害救助物资储备库。

由于中国中央政府和地方政府的特殊关系,① 地方政府的上述权利(权力)更多的直接表现出来的是一种对中央政府的义务。其实,进行物资储备应当是地方政府对地方民众的义务,而不是对中央政府的义务。

向个人和组织提供低息贷款、政府提供担保是中央政府和地方政府共有的权利。基本的理论根据同前面所述,每级政府都应当有它的事权和财权。向个人和组

---

① 在中国,被公认的政府组织建制体制是"民主集中制"。民主集中制的表现方式之一就是"各级国家行政机关之间实行部门服从整体、下级服从上级、地方服从中央的原则,即国务院统一领导地方各级人民政府的工作,地方各级人民政府除对同级人民代表大会负责并报告工作外,还要对上一级人民政府负责并报告工作"。中华人民共和国宪法第110条规定:地方各级人民政府对上一级国家行政机关负责并报告工作。全国地方各级人民政府都是国务院统一领导下的国家行政机关,都服从国务院。

织提供低息贷款、政府提供担保应当属于财权范畴。

(三) 政府参与经济活动的横向主体：不同政府部门

在中国，国务院代表国家行使所有权，实际上是由国务院的职能部门行使所有权，政府参与经济活动的横向主体有诸多的政府部门。从中国的实际情况看，国务院的各职能部门分工行使所有权与国有资产的分类有关系。

1. 国有资产的分类

在这里，研究国有资产分类的意义在于从横向上说明国有资产的管理主体。

根据中国国有资产的分布和用途等特征，人们一般将国有资产分为经营性国有资产、行政事业性（非经营性）国有资产和资源性国有资产三大类。经营性资产，指用来从事生产、经营，以营利为目的的，但其中有一些也可以是用来提供公共产品和服务的那一部分资产；非经营性资产，指用于行政、事业单位，以提供公共服务，而主要不以营利为目的的那一部分资产；资源性资产，指尚未开发利用的土地、矿藏、水流、森林、草原、山岭、滩涂等自然资源。王全兴、樊启荣二位学者提出增加金融性国有资产的分类①，笔者认为有现实意义。因为，2008年10月全国人大常委会通过的《企业国有资产法》，把金融国有资产纳入立法之中，但其第76条又规定：金融企业国有资产的管理与监督，法律、行政法规另有规定的，依照其规定。这就是说，目前中国金融性国有资产不归国有资产管理委员会管理。

2. 国有资产的分类管理部门

(1) 经营性国有资产的管理部门

在中国，经营性国有资产的管理部门是2003年成立的各级国有资产监督管理委员会以及其他部门。国务院2003年5月27日公布施行的《企业国有资产监督管理暂行条例》第12条规定：国务院国有资产监督管理机构是代表国务院履行出资人职责、负责监督管理企业国有资产的直属特设机构。省、自治区、直辖市人民政府国有资产监督管理机构，设区的市、自治州级人民政府国有资产监督管理机构是代表本级政府履行出资人职责、负责监督管理企业国有资产的直属特设机构。上级政府国有资产监督管理机构依法对下级政府的国有资产监督管理工作进行指导和监督。

条例第13条规定：国有资产监督管理机构的主要职责是：依照《中华人民共和国公司法》等法律、法规，对所出资企业履行出资人职责，维护所有者权益；指导推进国有及国有控股企业的改革和重组；依照规定向所出资企业派出监事会；依照法定程序对所出资企业的企业负责人进行任免、考核，并根据考核结果对其进行奖惩；通过统计、稽核等方式对企业国有资产的保值增值情况进行监管；履行出

---

① 王全兴、樊启荣：《关于国有资产法基本理论的探讨》，载漆多俊主编：《经济法论丛》第1卷，中国方正出版社1999年版，第66页。

资人的其他职责和承办本级政府交办的其他事项。国务院国有资产监督管理机构除前款规定职责外,可以制定企业国有资产监督管理的规章、制度。

条例第14条规定:国有资产监督管理机构的主要义务是:推进国有资产合理流动和优化配置,推动国有经济布局和结构的调整;保持和提高关系国民经济命脉和国家安全领域国有经济的控制力和竞争力,提高国有经济的整体素质;探索有效的企业国有资产经营体制和方式,加强企业国有资产监督管理工作,促进企业国有资产保值增值,防止企业国有资产流失;指导和促进国有及国有控股企业建立现代企业制度,完善法人治理结构,推进管理现代化;尊重、维护国有及国有控股企业经营自主权,依法维护企业合法权益,促进企业依法经营管理,增强企业竞争力;指导和协调解决国有及国有控股企业改革与发展中的困难和问题。

李曙光对国有资产监督管理机构设立的评价是:国有资产所有权行使政出多门,管理混乱,造成国企无所适从,国资委的成立,使国有非金融资产的所有者问题迎刃而解,这也是这些年国有企业效益提升的重要因素之一。①

需要强调的是,各级国有资产监督管理委员会并不是经营性国有资产的管理部门的唯一部门,除国资委之外,国务院的其他部门依然可以在得到国家授权之后履行国企的出资人职责。如铁道部。铁道部的主要职责之一是依法监督管理铁路国有资产;负责国家铁路财务工作;按规定管理铁路建设基金、国家铁路资金。除铁道部外,国家邮政局、国家烟草专卖局、中国人民银行、银监会、证监会、保监会、全国社保基金理事会、民航局、国防科工局等,都是所属企业,包括军工企业的"出资人"。

(2)非经营性国有资产的管理部门

在中国,非经营性国有资产的管理部门是财政部。财政部是国有资产管理的重要部门。2006年5月财政部发布了《行政事业单位资产管理暂行办法》和《事业单位资产管理暂行办法》,明确了财政部是行政事业单位国有资产管理的职责部门。行政事业单位国有资产是指由行政事业单位占有使用的、在法律上确认为国家所有、能以货币计量的各种经济资源的总称,是政府履行社会管理职能、提供公共服务、促进事业发展的重要物质基础,是国有资产的重要组成部分。截至2009年12月31日,全国行政事业单位资产总额10.42万亿元,扣除负债后净资产总额6.89万亿元,行政事业单位净资产约占全部国有净资产总额的三分之一。

财政部2010年8月26日下发《关于中央行政事业单位所属企业国有资产监管工作归口管理的通知》,首次明确财政部为中央部委下属国企的监管部门。通知指出:"自发文之日起,除财务和资产关系在财政部单列的铁道、邮政、烟草等企

---

① 李曙光:《给60万亿金融国资找个总管家——关于成立金融国资委的设想》,载《南方周末》2010年9月29日。

业，中国人民银行、银监会、证监会、保监会、全国社保基金理事会、民航局所属企业，国防科工局等军工部门所属企业之外，其余所有中央行政事业单位所属企业国有资产监管工作按照企业"出资人"性质分别归口我部行政政法司和教科文司管理。"据估算，类似企业的数量在6000家左右，共涉及80个部委、全国性社团组织。①

按照目前的行政事业单位国有资产管理框架，在纵向上分为中央、省、地（市）、县、乡五级管理，在横向上有"财政部门—主管部门—行政事业单位"三个层次的管理。财政部门、行政事业单位的主管部门（以下简称主管部门）、行政事业单位三个管理主体在资产管理工作中的具体职责和权限为：各级财政部门是负责行政事业单位国有资产管理的政府职能部门，对行政事业单位国有资产实行综合管理；主管部门负责对本部门所属行政事业单位国有资产实施监督管理；行政事业单位对本单位占有、使用的国有资产实施具体管理。

(3) 资源性国有资产的管理部门

在中国，资源性国有资产分别由国土资源部、水利部等部门专门行使所有权，进行管理。中国《宪法》第9条规定："矿藏、水流、森林、山岭、草原、荒地、滩涂等自然资源，都属于国家所有，即全民所有；由法律规定属于集体所有的森林和山岭、草原、荒地、滩涂除外。"这就是说，在中国，矿藏、水流专属国家所有，即全民所有。《中国矿产资源法实施细则》第3条第2款规定："国务院代表国家行使矿产资源的所有权。国务院授权国务院地质矿产主管部门对全国矿产资源分配实施统一管理。"《水法》第12条规定："国务院水行政主管部门负责全国水资源的统一管理和监督工作。国务院水行政主管部门在国家确定的重要江河、湖泊设立的流域管理机构，在所管辖的范围内行使法律、行政法规规定的和国务院水行政主管部门授予的水资源管理和监督职责。"

(4) 金融性国有资产的管理部门

《中华人民共和国企业国有资产法》第76条规定："金融企业国有资产的管理与监督，法律、行政法规另有规定的，依照其规定。"这意味着对金融性国有资产的管理仍处于不明确状态。多部委在行使公共管理职能的同时履行国有金融资产出资人职能，政资不分，目标多元。面对重重矛盾，金融性国有资产到底如何来进行管理，要不要成立金融国资委，国内理论界和实务工作者对"国有金融资产管理体制"一直有讨论。

一种观点是成立一个独立的金融国有资产管理委员会管理国有金融资产。李曙光提出：为应对中国金融国资面临的这些挑战，我建议成立一个独立的金融国有资

---

① 崔烜：《部属央企悄然改革：涉及约80个部委6000家企业》，载《时代周报》2010年10月29日。

经济法权研究

产管理委员会，来管理中国总量庞大的金融性国有资产，统一担负控制金融风险、进行金融业结构性调整、国有金融资产产权界定与保值增值，以及负责主权财富基金投资这四大职责。我希望金融国资委及金融国有资产管理的新体制能够作为中国下一步金融改革的突破口，并对其权利、义务、责任有一个准确的法律定位。成立金融国资委，由其作为出资人能够统一行使管理权，实现人财物管理一体化，有效防范金融风险。①

一种观点是将金融国有资产纳入国资委管理。刘纪鹏认为：分类监管会使国资监管既缺乏统筹，又政出多门，不利于全国国有资本的整体保值增值。成立金融国资委不符合产融结合的方向和经营性国有资本统一监管的内在要求。② 有学者持反对意见，认为在进行金融性国有资产管理改革时，不应将其归入国资委管理，因为金融机构，主要是银行，在很大程度上正是国有企业的债权人，如果都由国资委行使所有者权益，就会存在利益冲突，国资委甚至有可能安排金融机构为国有企业发放定向贷款，最终延误企业改革。

在 2011 年的全国国有资产监督管理工作会议上，重点强调国资监管体制在"十二五"期间将有重要改革。按照国家国资委的设想，未来将鼓励有条件的地方将地方金融资产、投融资业、文化类改制企业的资产也纳入地方国资委的监管范围。国务院副总理张德江在会上提出，国资监管要拓宽范围，"逐步做到全过程、全方位监管，不留死角，不留遗漏，不出现重大失责"。③

据报道：地方金融企业已经成为重庆当地国有资产的主要组成部分。最新数据显示，重庆国有企业总资产已突破 1 万亿元。在万亿国资中，地方金融企业则占据半壁江山。重庆农商行、重庆银行等近 10 个地方金融国有企业的总资产已经超过 5000 亿元。如何管理地方金融资产考验着地方领导人的智慧。从全国范围看，地方金融企业的监管机构有的地方是金融办、有的是国资委，两者之间的争权也时有发生。重庆则已经进行了长达 7 年的摸索——国资委履行行业监管之外的一切事务，"管人、管事、管资产"。也就是说，国资委能管当地金融企业的人事任免、考核、资产调度，这几乎是全方位监管。④

---

① 李曙光：《给 60 万亿金融国资找个总管家——关于成立金融国资委的设想》，载《南方周末》2010 年 9 月 29 日。
② 引自邓瑶：《国资委"全覆盖"热身：地方金融国资可望纳入监管》，载《21 世纪经济报道》2011 年 1 月 11 日。
③ 引自邓瑶：《国资委"全覆盖"热身：地方金融国资可望纳入监管》，载《21 世纪经济报道》2011 年 1 月 11 日。
④ 张友：《重庆地方金融国资管理模式：国资委全方位监管》，载《21 世纪经济报道》2010 年 12 月 4 日。

三、政府参与经济活动权利和权力的来源

政府职权法定原则是指不论是权力机构还是执行机构,其职权依据都是宪法上的明确规定。职权法定原则是宪政主义理念下公权力行使的重要原则。对于国家公权力来说,其权力来源、权力内容等都是来源于法律的明确的授权,没有法律明确的授权,任何公权力的行使都是非法的。因而职权法定原则对于公权力的行使来说具有两方面的要求:第一,"法无明文即禁止"原则,这一原则要求公权力的行使必须遵守法律规定的界限,如果没有法律上的明确规定,那么权力主体就不能为任何行为。第二,"权力不能推定"原则,这一原则要求公权力的行使必须以法律规定为依据。法律规定了公权力主体享有哪些权力,那么公权力主体就只能享有哪些权力,对于权力来说,不能进行权力推定,不能认为在没有法律依据的情况下为了权力行使的方便而认为权力主体应当享有法律没有规定的权限。

需要讨论的问题是:政府作为私权主体参与经济活动,是否还适用"权力不能推定"原则。笔者的理解是:政府作为私权主体参与经济活动权利具有公私混合属性,是一种带有浓厚公权力特点的私权,因此,权利的来源应当是法定的和特别授权。因为由政府(中央政府和地方政府)行使的政府参与权,实施主体是政府,客体是"国有财产",因此,实施的前提只能够是法律依据和特别授权。

细分来看,法律依据和授权二者还是有区别的。笔者理解,前者是立法机构正式颁布的可以反复适用的立法,① 后者是一事一议的立法机构的决定。例如,在2008年金融危机中,美国财政部提高对房利美和房地美的信贷额度的权利就是来自美国众议院通过的对房利美和房地美的拯救法案。这项法案允许美国财政部提高对房利美和房地美的信贷额度,在必要时购买这两家公司的股票。② 美国国会通过的该法案只适用于一次,与可以普遍适用的法律规范有根本的区别。

四、政府参与经济活动的法律责任

政府参与经济活动应承担法律责任,这是因为政府在参与经济活动时是以当事人的身份同个人和组织发生经济关系的。政府应对其参与的经济活动所产生的利益、风险和后果享有权利、承担责任。因为政府是国家的法定代表人,政府本身并没有财产,因此,政府的财产责任就是国家的责任,国家作为当事人承担的责任只能是民事责任或称为赔偿责任,不可能有行政责任和刑事责任,因为国家是拟制主

---

① 法的效力具有重复性,法对人们的行为有反复适用的效力。在同样的情况下,法可以反复适用,而不仅适用一次。
② 付海燕:《美3000亿美元一揽子住房援助法案获通过》,载《南方日报》2008年7月25日。

体。虽然作为拟制主体的一般法人单位可以承担行政责任、刑事责任，但作为特殊法人的国家因没有承担这两种责任的必要性而当然没有这两种责任。

国家参与经济活动的财产责任是通过其"国库代表"负责承担的，"国库代表"承担的责任之所以称之为国家责任，是因为"国库代表"是用国家的钱来支付赔偿费用的。

（一）国家对投资活动应当承担民事责任

国家对投资活动应当承担民事责任，但国家的责任有无限责任和有限责任之分。如果政府直接投资企业，政府对投资企业的资产享有所有权，企业只享有经营权，国家应当对投资企业的债务承担无限责任。如果政府进行投资活动，政府对投资只享有股权，企业享有法人所有权，国家作为投资人对投资企业的债务承担有限责任。

（二）国家的侵权责任

1. 国家基于公有公共设施造成的损害应当予以赔偿。国家对自己拥有所有权的资产给个人和组织造成的损失应当承担赔偿责任，国家拥有所有权的资产主要是公有公共设施，包括河道、河堤、河坝等。公共设施设置及管理欠缺致人损害政府承担赔偿责任符合"所有权人赋有社会义务"的法学理论。建立公有公共设施致害的政府赔偿制度在功能上能引导社会公用事业的良性发展，体现公共负担平等的法律原则。同时，将公有公共设施纳入国家赔偿的范围也有利于增加设置者或管理者的责任观念，达到了强化政府部门法律责任，促进公用事业发展，维护社会公平正义的目的。

2. 合法行为致人损害的补偿责任。政府机关及其工作人员按照法律授权从事的行为致人损害，国家应当为此承担补偿责任。如依法征地，从事公共设施的建设等。

（三）国家的违约责任

政府参与经济活动的行为除了投资行为以外还有买卖行为（政府储备活动；公开市场操作，如中国人民银行在公开市场上买卖国债和其他政府债券及外汇）、补贴行为、贷款行为（中国人民银行向商业银行提供贷款、借贷行为）、发行国债、发行彩票、担保行为等。在这些行为中，政府或是以债权人或是以债务人的身份出现，当政府作为债务人不履行义务时，依法应当承担违约责任。

政府参加买卖行为所订立的契约，可以分成个体性契约和社会性契约两种。个体性契约一般是指特定人与特定人签订的合同。社会性契约则是特定个体和不特定的多数人之间的契约，或者是不特定多数人之间的约定。由于特定个体和不特定的多数人达成契约不具有可能性，因此社会性契约可以是特定的个体对不特定多数人的有法律效力的承诺，也可以是不特定多数人的共同代表人作出的意思表示。我们在此主要研究前者，如政府承兑国债、承兑彩票中奖人、对储户的担保行为等。在这些行为中，政府或是以债权人或是以债务人的身份出现。

1. 政府违反个体性契约（如工程承包合同）的责任

政府作为私权主体直接参与经济活动中有违约行为，承担民事责任，应当是不容置疑的。例如，政府为兴办公共工程而通过政府机构与建设承包商、供货商等签订的建设承包合同、订货合同，政府是以平等主体出现的经济关系的一方当事人。违反法定义务，要对另一方当事人承担民事责任，政府拒绝履行责任，另一方当事人可以依据《民事诉讼法》起诉国家的法定代表人——行政机关，要求其代表政府承担民事责任。

2. 政府违反社会性契约的责任

（1）作为公权主体的政府参与经济活动与相对方可以理解为是一种公法上的债权人和债务人的对应关系。作为公权主体的政府参与经济活动，政府是法律关系中的一方当事人，如政府对纳税人是债权人，承诺援助经济性弱者时是债务人。这种公法上的债权人和债务人的对应关系具有不同于私法上债务关系的种种特征。

第一，内容上的法定性。对于一方为公权主体的债权债务关系而言，所有的债权、债务都是法定的，而不像私法上债权、债务那样，依当事人的意志确定内容。另外法定性还意味着基于法律的规定而确定的权利义务，不允许随意变动，当事人不能协商变更和解除。

第二，主体上的多数性。公法上的债权人和债务人不是特定人对特定人的关系，而是个体与社会整体的关系，如公民向税收机关缴纳税收只是一种具象，实际上人们都知道公民是向社会缴纳税收。而政府只不过是社会的人格化和法律化，因此税收关系是一种典型的个体与社会整体的关系。① 政府给予特定的人经济援助，实际上也是个体与社会整体的关系，因为政府是在使用纳税人的金钱给特定人以经济援助。

第三，关系公共利益的属性。与私法上的债权债务关系不同的是，公法上的债权债务关系不是关系个人之间的关系，而是关系公共利益的关系。

第四，运行上的公开性、公平性、公正性的特点。因为公法上的债权债务关系具有公共属性，因此在运行上应当具有公开性、公平性、公正性的特点。

将债的观念引入政府参与经济活动的法律关系，这为人们研究经济法提供了一条全新的思路。过去人们总是认为，政府作为绝对的权力主体，市场主体作为法定的义务主体，权力服从关系天经地义。然而随着依法治国、执政为民等方略的确立，确立市场主体与政府平等的法律地位，树立权力义务相统一的新观念日益成为共识。如果以请求和给付为内容的"公法上的债"的概念可以成立，那么则可能扩大理解到整个经济法调整的社会关系领域。政府不仅在参与经济活动中是债权人

---

① 薛克鹏：《经济法定义》，中国法制出版社2003年版，第312页。

和债务人,而且在干预经济活动中,政府对于双方市场主体来说,也是一种"准"债权债务关系。因为政府在干预经济活动中是关系人,并不是当事人,因此属于"准"债权债务关系。

(2) 公法上债权债务关系的基础是社会性契约。相对个体性契约,公法上的债权债务关系的基础是社会性契约。这里所说的社会性契约的表现形式应当是法律或法规。社会性契约是人们共同意志的产物。由于每个公民都是社会契约的当事人,所以都有守法的道德义务;这种守法义务乃是从公民已经参加了社会契约的客观事实中必然地派生出来的。"社会契约论"宣称:社会是自觉自愿的人们根据共同达成的契约所组成的,政府由生来自由和平等的人们所建立,法律由人们同意的政府所制定,其本质乃是一种共同的约定。公民参加了约定,就已经同意了政府的权力,作出了服从法律的承诺,因此,就有了遵守法律的义务。由于政府是从人们的同意中获得其强制权力的,所以,只要政府是在公民赋予的权限内活动,公民就有义务服从。

社会性契约如果规定了政府作为一方当事人的义务和权利,那就是政府对不特定的多数人的要求和承诺。如政府的税收法规;政府对农民种粮的补贴、对储户的担保行为等。在这些行为中,政府或是以债权人或是以债务人的身份出现。

社会性契约是相对个体性契约而言的契约,其特点是一方主体的不特定性,也可以说是一方主体的群体性、人数众多。请看社会契约的案例:2004年,天津市对种粮农民实施直接补贴,每亩补贴30元,总计补贴1.2亿元,由市和区县两级财政分别负担;从2004年起,取消农业税及附加。实行良种补贴,每亩平均补贴10元,由市财政负担,总计1000万元;由市财政安排1000万元,对农民、农场职工、农机专业户和直接从事农业生产的农机服务组织更新和购置大型农机具给予贷款贴息或补助。市和农业区县从国有土地出让平均纯收益中拿出15%,用于农业土地开发、建设高标准农田,提高粮食综合生产能力。① 上述天津市政府的承诺都属于社会契约。天津市政府如不兑现上述承诺,应当承担违约责任。

(3) 政府违反社会性契约应当承担赔偿责任。社会性契约如果规定了政府作为一方当事人的义务和权利,那就是政府对不特定的多数人的要求和承诺。政府如果违背契约,不履行义务时,政府可以被债权人诉至法院,依法承担违约责任。

(四) 政府民事责任的实现

政府民事责任的实现应当有两种。一是主动实现,一是被动实现。主动实现应当是政府民事责任实现的主要方式,因为政府是否有公信力,直接关系到执政者的政治前途,政府应当对自己的违法行为和违约行为主动承担责任。主动实现的典型

---

① 陈杰:《天津种粮户每亩补贴三十元》,载《人民日报》2004年4月17日。

案例，如 2004 年发生的西安彩票虚假抽奖案件，① 政府让上当受骗的彩民进行重新抽奖，亡羊补牢、取信于民。被动实现也是不可或缺的。确定政府法律责任的机关是法院，应当由法院判决认定政府应当承担的责任；利害关系人可以依据民事诉讼法起诉政府。可以有单独的诉讼和集团的诉讼。因为利害关系人的众多，集团诉讼也应当是权利主体可以适用的程序。

第三节 政府行使参与权程序中的权利（权力）问题研究

一个有完全行为能力的人有权利处置属于个人的资产，这是毋庸置疑的。但是作为政府，虽然有参与经济活动的权利（权力），却不能任意取得和处分属于纳税人的资金。政府作为经济法主体对外行使参与经济活动权利（权力），需要内部经过一系列的程序②为前提。例如，政府行使投资权利需要经过决策程序，决策程序中应当有权力机构和公民的介入；政府投资过程中需要监督程序，监督程序中有审计机构的介入，也会有社会中介组织的介入。国家制定或者修改税法，需要社会成员参与。2011 年中国修改个人所得税法，中国人大网专门就个税法修正案草案向社会公开征求意见，一个多月时间里共收到 23 万多条意见，社会各界通过多种途径参与立法，充分表达了自己意见。最终通过的个人所得税法修正案将"起征点提至 3500 元"。中国《立法法》第 5 条规定："立法应当体现人民的意志，发扬社会主义民主，保障人民通过多种途径参与立法活动。"第 35 条规定："列入常务委员会会议议程的重要的法律案，经委员长会议决定，可以将法律草案公布，征求意见。各机关、组织和公民提出的意见送常务委员会工作机构。"充分地尊重、敬重、听取、体现民意，发挥民意在立法过程中的作用，不仅是一个法治伦理上的基本要求，也是法律本身既有的明确要求。法律对政府行使参与权程序过程的安排，使国有资产的原始主体、代表主体得以行使他们作为所有者和代表者的权力。因此，程序的设置也就构成政府参与法的一个本质的部分。

18 世纪法国思想家孟德斯鸠在《论法的精神》中曾指出："一切有权力的人都

---

① 2004 年 3 月 23 日，西安市 6000 万元即开型体育彩票销售现场，西安市青年刘亮抽得特等奖——一辆价值 48 万元的宝马轿车和 12 万元现金。3 月 24 日，西安市体育彩票管理中心认为刘亮所持彩票为假票。4 月 8 日，刘亮向西安市新城区法院起诉，要求西安市体彩中心履行兑奖义务。4 月底，陕西省、西安市公安、纪检监察部门介入调查此案。经过各方查证，终于查明"西安体彩宝马事件"不是刘亮造假，而是具体组织实施这次体彩销售、兑奖活动的承包商杨永明等人有组织、有预谋的犯罪活动。除了该事件的当事人之一刘亮外，四个中奖者中三人均是作弊者，而这场骗局则是以承包商杨永明为首的造假团队一手制造的。

② 季卫东在《程序比较论》一文中提出：程序，从法律学的角度来看，主要体现为按照一定的顺序、方式和手续来作出决定的相互关系，载《比较法研究》1993 年第 1 期，第 6 页。

容易滥用权力,这是万古不易的一条经验。有权力的人们使用权力一直到遇有界限的地方才休止。"因此"要防止滥用权力,就必须以权力约束权力。"① 政府参与经济活动的权利(权力)应当受到关系人权力的制约。

经济法调整的公私混合型社会经济关系是由三方主体参加的社会关系,在三方主体中,其中两方是当事人,另外一方是关系人。在政府参与经济活动法律关系中,当事人是"国库代表"和与国库代表交往的一方当事人,关系人则包括国家机关、社会成员和社会中介组织等。政府参与经济活动的权力制约就来自这些"关系人"。"关系人"对政府参与经济活动享有诸多的权利与权力。如《宪法》第62条规定:全国人民代表大会行使的职权之一是审查和批准国家的预算和预算执行情况的报告。2007年的中国共产党十七大报告提出:要健全民主制度,丰富民主形式,拓宽民主渠道,依法实行民主选举、民主决策、民主管理、民主监督,保障人民的知情权、参与权、表达权、监督权。

2011年5月的国务院常务会议,要求中央财政2010年度行政经费支出决算总额和"三公"经费决算总额,经全国人大常委会批准后向社会公开;中央各部门要公开本部门2010年度"三公"经费决算数和2011年"三公"经费预算情况。② 会议指出,财政预算公开是政府信息公开的重要内容和公共财政的本质要求,对于保障公民的知情权、参与权和监督权,加强法治政府建设,发展社会主义民主政治,具有重要意义。

政府参与权程序中的权力主要有两大类:决策权(即意思形成权,从性质上说是创制权)和监督权,即政府参与经济活动的程序涉及决策权和监督权。这些权利分别由社会成员、国家机关和社会中介组织行使。

一、公民的权利(权力,下同)

(一) 权利的种类

公民对国有资产的权利可以按照多种标准进行划分。

1. 根据行使方式的不同,可分为直接权利和间接权利两种

(1) 直接权利

公民自己可以对国有资产直接行使的权利是直接权利。虽然政府对外代表公民行使国有资产的所有权,但是公民自己仍然保留对国有资产直接行使的权利。主要有:

---

① 孟德斯鸠:《论法的精神》,商务印书馆1982年版,第154页。
② "三公支出"是指政府的"因公出国(境)费用"、"公务接待费用",以及"公务用车购置及公务用车运行和维护费用"。

①共益权。共益权①是公民个人为了全体社会成员的利益拥有的权利。如,国有资产的管理、经营和使用情况的知情权、质询权、监督权;国有资产重大事项的建议权、通过权和否决权;对侵占、浪费、损坏等危害国有资产的行为有代表政府提起公益诉讼的权利等。例如,首都机场高速公路拒不实施单向收费事件。2009年9月新华社曾发布消息称,当年10月1日,首都机场高速公路改为单向收费。可多年来,每次返回市区,收费员从未提示该公路是单向收费。在社会各界的强大舆论压力下,从2011年7月1日起,首都机场高速公路的过路费终于下调了5元,且明确了进京方向停止收费。

巴拿马政府计划在2007年至2014年,投资52.5亿美元用于巴拿马运河扩建工程,使运河的最大运输量增加一倍。由于投资来源于纳税人,因此该项目由"全民"表决批准。"全民公决"在2006年10月由巴拿马选举法院主持。结果显示,78%的参投民众赞成巴拿马运河扩建计划,巴拿马运河的扩建计划顺利通过。

②自益权。自益权是为了社会成员自身的利益拥有的权利。如获益权。全国人大代表罗祖亮在2010年两会期间提出关于修改《企业国有资产法》,由全体社会成员分享国资经营利润的议案。议案中说:由社会成员直接分享国家财富,在发达国家和地区已经有先例可以借鉴。中国应当按永久性居民、非永久性居民等相关标准,开设每一个居民的个人"社会成员收入分配账户"。政府要将30%~50%的国有企业的年利润,通过社会成员收入账户向每一个老百姓派现。② 另外,公民还有获得补贴的权利。中国政府实行家电下乡补贴、购买汽车补贴等"变相红包"计划,也是公民的一种获益权。

(2) 间接权利

公民通过选出的代表和公仆行使的国有资产权利属于间接性权利。如人大代表行使对国有资产立法的权力、特别重大事项的决策权、预决算权力等。按照公共财政的原则,政府每年所获得的每一分钱、所花出的每一分钱,都应当通过人大制定的预算进行。还有如国有资产管理委员会行使的出资人的权利等。

2. 根据义务主体的不同,分为对国有资产管理者的权利和使用者的权利

(1) 对国有资产管理者行使的权利

国有资产的管理者非常广泛,既有立法者,也有执行者;既有行使出资人职责的机关,也有行使征税权的机关。公民可以要求管理者公开国有资产的相关信息,

---

① 自益权与共益权是按照权利主体行使权利的目的来划分的一对权利范畴。权利主体完全出于自身利益的目的而行使的权利,称为自益权;权利主体出于团体成员的共同利益并兼顾自身利益而行使的权利,称为共益权。

② 罗祖亮:《修改企业国有资产法 全民分享国资经营利润》,http://business.sohu.com/20100305/n270610039.shtml,2010年8月25日访问。

经济法权研究

如公开纳税人提供税金的用途。徐贲介绍：每年到该纳税时，美国政府的税务部门会自动给纳税人寄一份清单，告诉他这一年他纳的税派了什么用场。从政府提供的流水账上纳税人至少可以大致了解各级政府把税款用到哪去了。① 另外公民还有要求管理者依法履行管理职责的权利。如对偷税漏税的行为应当进行调查、处理等。

（2）对国有资产使用者和第三人拥有的权利

对国有资产使用者和第三人拥有的权利包括监督权，举报权，对侵占、浪费、损坏等危害国有资产的行为有代表政府提起公益诉讼的权利等。

3. 根据时间的不同，分为"事先"、"事中"和"事后"权利三种

（1）公民对国有资产"事先"享有的权利

①增加国有资产需得到公民的同意

公民是国有资产的创造者、提供者，因此，政府增加国有资产需得到公民的同意。2004 年，中国代表团在美国格温莱特县访问时了解到，这次大选，该县居民还要进行一项公决：是否愿意增加 1% 的销售税来改善县里的道路交通和公共设施。县议会就此事在《每日邮报》上登了一个专版，以详细的图表数据解释加税的原因：总需筹资 16.2 亿美元，包括新修道路、修葺路面、改善人行道和自行车道、学校安全计划、修整桥梁和下水道，等等。这项公决案将随总统投票一起进行，一旦获得通过，以后格温莱特县的居民，每人都要交纳这 1% 的销售税。② 这件事体现了公民对政府增加税收"事先"享有是否同意的权利。

"无代表，不纳税"是来自英国的一句格言。英文原文一般表述为"No taxation without representation"。意思是没有人民代表的同意，国王不能征税，没有人民的同意，人民可以不纳税。税收从形式上来看，就是把人民财产的一部分转移给国家。在现代社会，国家凭什么让人民交出自己的部分财产呢？国家征税权的正当性在什么地方呢？国家仅仅凭借暴力或者强制力征税已经不能作为正当的理由了。在没有胁迫和误解的情况下，自己同意的事情应当是具有正当性的。因此，如果征税是经过纳税人同意的，那么，这种征税就是具有正当性的。纳税人同意纳税的方式一般是通过选举自己的代表，由代表组成议会制定法律来表达自己的同意。

②大额国有资产如何使用需得到公民的同意

前面曾经举例，巴拿马在 2006 年就巴拿马政府提出的花费 52.5 亿美元扩建运河的计划进行全民公决，③ 政府花费巨资进行建设要经过全民公决，也是公民对国有资产处置"事先"享有的权利。

---

① 徐贲：《我在美国收到的税单》，载《报刊文摘》2008 年 10 月 15 日。
② 孙亚菲：《美国选举见闻》，载《报刊文摘》2005 年 4 月 1 日。
③ "巴拿马全民公决批准 52.5 亿美元运河扩建计划"，http：//news.sina.com.cn/w/2006-10-23/104611309669.shtml，2006 年 10 月 23 日访问。

(2) 公民对国有资产"事中"、"事后"享有的权利

笔者认为，公民对国有资产的权利不应当仅限于"事后"，应当提前到"事中"，这样可以防患于未然，防止国有资产在众目睽睽下遭受损失。公民对国有资产"事中"、"事后"的权利基本一致。如对政府采购事项的知情权，"事后"和"事中"都不可或缺。众所周知，中国政府采购引发争议很多，如果政府采购事中就能够在公众的参与下，会有效防止"吉林省长春市购进一台电脑接近3万元①"事情的发生。

与知情权配套的还应当有"事后"和"事中"的质询权和救济性的权利，如检举、举报的权利，并有权利获知处理的结果，在检举和举报无效的情况下，有直接提起公益诉讼的权利。

重庆綦江"彩虹桥"倒塌案件说明"事中"权利的重要性。早在1995年末彩虹桥施工时，干过44年焊接的綦江齿轮厂退休工人周跃琪就为这一工程的质量问题多次向县委、县政府进谏，但没有人理睬他，更没有人改进。无奈的周老，只能预言该桥"顶多三年，三年必塌"，并告诫自己的家人别走那座桥。1996年2月16日建成的彩虹桥果真不到三年，于1999年1月4日倒塌。这个预言悲惨的兑现，代价是40个平均年龄不到30岁的鲜活生命葬身江底。这一事件印证了江泽民说过的一段话："公民自觉守法，依法维护国家利益和自身权益是依法治国的重要基础。实践经验证明，法律不健全，制度上有严重漏洞，坏人就会乘机横行，好人也无法充分做好事。"②

综上所述，公民对国有资产的权利是多方面的，但是这些权利的实现，不仅需要经济法律制度和相关诉讼制度的建立和完善，如公益诉讼制度的建立，更需要以宪政体制为基础，以中国社会的民主化为前提。而这些基础和前提的形成在中国需要政治体制的深刻变革。

(二) 权利的性质

1. 属于政治权利

公民在政府参与经济活动中享有的权利属于政治权利。政治权利又称参政权或民主权利。孙中山在解释"政治"的含义时说："政就是众人的事，治就是管理，管理众人的事便是政治。"③ 国有资产是全体国民的财产，当然属于众人之事。众人之事需要民众参与，现代的民主政治是以公民的参与为基础的。中国《宪法》

---

① 周立权、陈黎明、赵大春、李舒：《缘何高价？政府采购也有潜规则》，载《人民法院报》2010年8月16日。

② 引自何加正、张宿堂：《实行和坚持依法治国，保障国家长治久安》，载《人民日报》1996年2月9日。

③ 孙中山：《民权主义第一讲》，《孙中山选集》（下），人民出版社1956年版，第661页。

第 2 条规定：中华人民共和国的一切权力属于人民。人民依照法律规定，通过各种途径和形式管理国家事务，管理经济和文化事务，管理社会事务。但是，宪法作为中国根本大法，长期无法在司法实践中运用。① 因此，保障公民在政府参与经济活动中享有的权利是中国经济立法的天职。

2. 类似股东性质的权利

公民在政府参与经济活动中享有的权利类似股东性质的权利。公民和股东虽然有诸多的不同，但是相似之处是都将对外关系中的财产所有权让渡给了他人，而在内部关系中，股东对公司、公民对政府仍然享有广泛的权利。

公司股东将自己的出资投入公司后，就丧失了对出资的所有权，而换得的对价是股权，股东享有股东的权利和义务，公民对政府而言也同样如此。公民将国有资产委托给政府对外行使所有权，但同时对国有资产享有类似股东性质的权利。在国有资产关系上，公民是主人而不是局外人。刘俊海曾经提出公民对侵害国有资产的行为人有权提起民事诉讼。② 显然这是借鉴了股东代表诉讼制度。股东派生诉讼，是指当公司的利益受到控股股东、董事、监事、高管人员或者第三人的侵害，而公司拒绝或者怠于行使诉权的情况下，为了维护公司的利益，法律赋予具备法定资格的股东代表公司对侵权人提起诉讼并追究其法律责任的权利。如果国有资产代表人对侵害国有资产的行为拒绝或者怠于行使诉权，法律应当赋予公民代表国家对侵权人提起诉讼并追究其法律责任的权利。

（三）权利的救济

"有权利必有救济"是"法治"的核心组成部分。权利体现了主体的某种要求，而救济则是这种要求得以实现的手段。在英美法中，"有权利必有救济"是普通法的一项古老原则。在英国 1703 年的"阿什比诉怀特案"中，首席大法官宣称："对权利的需求和对救济的需求是相互的……一个人得到救济，也就得到了权利；失去救济，也就失去了权利。"③ 因此，在政府参与经济活动中，社会成员权利的救济与权利的设置同等重要，忽略社会成员权利的救济，社会成员的权利只能是光鲜的一纸具文。应当注意的是，社会成员参与经济活动的权利难以通过传统的救济途径获得保障，需要发展新的途径。

1. 民主收回权力

王寿林认为：权力制约是通过民主规定权力、民主委托权力、民主控制权力、

---

① 黄利：《援引宪法打官司的历史缘何终结》，载《南方周末》2009 年 1 月 14 日。

② 刘俊海：《制定〈国有资产法〉的思考》，http://www.civillaw.com.cn/article/default.asp?id=42455，2010 年 8 月 26 日访问。

③ 冯健鹏：《有权利必有救济》，载《人民法院报》2006 年 5 月 15 日。

民主收回权力这些具体环节和途径实现的。① 其中民主收回权力应当是社会成员权力的一种救济途径。民主收回权力即人民运用自己手中所掌握的罢免权对那些违犯宪法和法律，不称职、不胜任的公职人员实行罢免。列宁指出："任何由选举产生的机关或代表会议，只有承认和实行选举人对代表的罢免权，才能被认为是真正民主的和确实代表人民意志的机关。"② 人民监督制约的权威性是由罢免权来支撑的。人民享有罢免权，即享有决定掌权者政治命运的权力，是保证国家机关工作人员依法办事，尽职尽责，防止以权谋私、徇私枉法的一种最有力的制约手段。如果离开了罢免权，只停留于一般道义上的谴责，监督制约就失去了权威性，失去了威慑力。③

2. 提起经济公益诉讼的权力

经济公益诉讼，是对被告人危害国家利益、社会公共利益的经济违法行为，向人民法院提起诉讼，要求追究被告人的民事责任、经济责任、刑事责任的一种诉讼活动。④ 按照人民主权的理论，如果权力使用者不能遵循权力主体意志和代表权力主体利益行使权力，权力的所有者有权撤销对他们的委托，这是毫无疑问的。然而这种撤销权、罢免权的行使可能是漫长的，有时候也是不可能的，因为政府是有法定任期的，有如"远水解不了近渴"。因此为真正贯彻人民主权原则，笔者认为在国家行政机关及其公务人员不能履行好国有资产"管家"的情况下，人民可放弃对他们的委托而直接对违法行为起诉，委托司法机关执行法律以保护国家经济利益。这就是说，当权力的使用者不依法查处侵犯国有资产的经济违法行为时，公民有权直接对侵犯国家经济利益的行为提交司法审判，由人民法院依法作出判决，制裁违法行为，从而尽到公民和社会组织维护公共财产不可侵犯的职责。

《中国青年报》2006年4月5日报道：2006年4月3日，湖南常宁的一位村主任蒋石林，以一名普通纳税人的身份将常宁市（县级市，隶属于湖南省衡阳市）财政局告上了法庭，要求法院认定该市财政局超出年度财政预算购买两台小车的行为违法，并将违法购置的轿车收归国库，以维护纳税人的合法权益。⑤ 在2006年

---

① 王寿林：《权力与权力制约论纲》，载《天津社会科学》1997年第6期。
② 《列宁全集》第26卷，人民出版社1992年版，第314页。
③ 王寿林：《权力与权力制约论纲》，载《天津社会科学》1997年第6期。
④ 韩志红、陈卉、张逢太：《中国市场经济运行法律调控机制研究》，天津社会科学出版社2000年版，第19页。
⑤ 2006年4月10日，常宁市人民法院下达不受理的行政裁定书，认为"蒋石林所诉事项不属于人民法院行政诉讼受案范围，不符合起诉条件，故法院不予受理"。同时，该财政局局长也亲自到原告的家中，以"轿车在包干预算范围内，并没有超出预算，轿车超编是由于没有及时将赠出的车辆过户造成"为由向原告解释了买车的全部过程。可见该案件的结果并没有以乐观的司法程序而告终，而是以财政局局长的"亲民"姿态获得了原告的谅解。

经济法权研究

中国政法大学第 2 期《财税法前沿论坛》上，国内诸多专家学者围绕蒋石林公益诉讼事件，提出了在国内建立纳税人诉讼制度的建议。①

3. 提起行政公益诉讼的权力

《南方周末》2009 年 12 月 23 日发表寇博的文章：《四万亿：千万里，我追寻着你》，报道上海律师严义明坚持认为，"四万亿投资项目的详情必须依法公开"，基于这个理念，他数度赴京，历时逾半年，行程逾万里，直到他的行政诉讼被北京市高级人民法院驳回。②

行政公益诉讼是指国家行政机关不依法履行法律规定的职责，损害国家或社会利益，无直接利害关系的公民（包括相关的社团，下同）可以向法院起诉行政机关，要求行政机关履行法定职责。这种诉讼同依据我国现有的《行政诉讼法》提起的行政诉讼不同，它是为维护国家利益和社会公共利益而诉，不是为个体受到不法具体行政行为侵犯而诉，因此应属于行政公益诉讼。例如，政府侵犯社会成员的知情权，公民可以提出行政公益诉讼。

《中华人民共和国政府信息公开条例》第 1 条开宗明义规定："为了保障公民、法人和其他组织依法获取政府信息，提高政府工作的透明度，促进依法行政，充分发挥政府信息对人民群众生产、生活和经济社会活动的服务作用，制定本条例。"由此可见，《条例》的立法宗旨是强调政府信息的公开与利用，其立法目的在于促使政府依照法律向社会公众提供其拥有的公共信息资源，社会公众也可以依据法定权利要求政府提供信息。现代社会，政府作为最主要的信息生产者、使用者和发布者，80％的社会信息资源都集中掌握在政府机构手中。公众信息的所有者是属于社会公众的，除了受法律限制的信息之外，公众都应该并可以获得和利用它。③

政府对于自己应当主动公开的政府信息不主动公开，并在公民提出查询申请后予以拒绝，公民可以起诉政府，符合行政诉讼的起诉条件，法院应当受理。2009 年 11 月 2 日发布的《最高人民法院关于审理政府信息公开行政案件若干问题的规定》征求意见稿提出，向行政机关申请获取政府信息，行政机关拒绝提供或者逾期不予答复的，公民依法提起诉讼，属于行政诉讼受案范围。

二、国家机关的权力

国家机关是行使国家权力，执行国家内部职能和外部职能，进行立法、行政和司法管理等各种活动的国家机关的总和。政府参与经济活动涉及的国家机关包括立

---

① 《中国青年报》2006 年 5 月 9 日。
② 寇博：《四万亿：千万里，我追寻着你》，载《南方周末》2009 年 12 月 23 日。
③ 罗浩、刘玉生：《能否对不公开粮食补贴政策提起诉讼》，载《人民法院报》2009 年 11 月 6 日。

法机关和行政机关，不含司法机关。

（一）权力机构的权力

在中国，权力机关是各级人民代表大会及其常委会，其权力是宪法直接规定的。各级人民代表大会及其常委会在政府参与经济活动中，类似股份公司的股东大会，行使国有资产取得、处分有关问题的最高立法权、重大事项的决策权、人事任免权、预决算权、监督权等。目前中国宪法规定的立法机关权力有：

1. 税收决定权。《中华人民共和国立法法》第 8 条明确规定：财政、税收、海关、金融和外贸基本制度的法律由全国人民代表大会或者它的常务委员会制定。

2. 预算管理职权。《预算法》规定：全国人民代表大会有预算的审查权、批准权、变更撤销权。全国人民代表大会常务委员会有预算监督权、审批权、撤销权。①

3. 审计监督权。中国审计机关要对人民代表大会负责。《审计法》第 4 条规定：国务院和县级以上地方人民政府应当每年向本级人民代表大会常务委员会提出审计机关对预算执行和其他财政收支的审计工作报告。审计工作报告应当重点报告对预算执行的审计情况。必要时，人民代表大会常务委员会可以对审计工作报告作出决议。国务院和县级以上地方人民政府应当将审计工作报告中指出的问题的纠正情况和处理结果向本级人民代表大会常务委员会报告。中国《各级人民代表大会常务委员会监督法》第 20 条规定：人大常委会认为必要时，可以对审计工作报告作出决议。

（二）国有资产管理部门的权力

1. 国务院

中国《物权法》第 45 条规定：国有财产由国务院代表国家行使所有权，这是关于国家所有权行使的规定。在《物权法》起草过程中，有人提出，既然国家财产属于全民所有，那么就应当由全国人大代表全民来行使所有权。立法机关的解释是：依据宪法规定，全国人民代表大会是最高国家权力机关，国务院是最高国家权力机关的执行机关。全国人民代表大会代表全国人民行使国家权力，体现在依法就关系国家全局的重大问题作出决定，而具体执行机关是国务院。因此，具体行使国家所有权的是政府，而不是人大。土地管理法、矿产资源法、草原法、海域使用管理法等法律已经明确规定由国务院代表国家行使所有权，这也是现行的管理体制。物权法草案规定："国有财产由国务院代表国家行使所有权；法律另有规定的，依照规定。"这既符合人民代表大会制度的特点，也体现了党的十六大关于国家要制定法律法规，建立中央政府和地方政府分别代表国家履行出资人职责，享有所有者权益的国有资产管理体制的要求。全国人民代表大会通过立法授权国务院代表国家

---

① 刘剑文：《财政税收法》，法律出版社 2003 年版，第 88 页。

行使国家所有权,体现了全国人民代表大会的性质及其行使职权的特点。政府行使国家所有权,应当依法对人大负责,受人大监督。①

2. 管理机构行使管理权

国有资产管理的专业性很强,因此,应当设立专门机构管理国有资产。在前面关于政府参与经济活动的横向主体问题中,笔者已经指出了,在中国,国有资产管理机构很多,有专门的国有资产管理机构,也有一些职能机关根据法律规定对国有资产负有管理职责。不同的国有资产管理机构,管理的对象不同,但享有管理权是相同的,以2003年4月6日成立的国有资产监督管理机构为例说明。

中国的国有资产管理委员会代表政府履行出资人职责。《企业国有资产监督管理暂行条例》规定:"国务院国有资产监督管理机构是代表国务院履行出资人职责、负责监督管理企业国有资产的直属特设机构。"同时规定"国有资产监督管理机构不行使政府的社会公共管理职能"。这一规定体现了国家对国有资产的管理不是行政管理,强调国资委作为国有股权的代表机构对国有企业行使出资人拥有的权利,追求出资收益的最大化。

从应然角度讲,国家设立的管理机构管理国有资产,行使国家所有权,其性质相当于股份公司的董事会。如果说各级人民代表大会类似股份公司的股东大会,行使股东的权利,那么国有资产管理机构就相当于股份公司的董事会,是依照法律设立的,常设的意思决策和业务执行机关。作为管理国有资产的部门,应当向同级权力机关提交年度工作报告,并接受其监督和质询。

(三)监督机构的权力

国家设立各种监督机关,对各种性质的"国库代表"收支国有资产的活动和个体与"国库代表"之间的活动行使监督权,相当于公司的监事会。国有资产的监督机关应当包括:财政税务机构、独立的审计机关、检察机关等。这些监督机构有的是专门的监督机构,如审计机关、检察机关;有的是在执行国家法律法规、履行职能中本身负有的职责,如财政税务机构。财政税务机构主要通过行使会计监督、税务登记监督、账簿、凭证监督、税务检查监督等职权,对国有资产的收支活动进行监督;独立的审计机关主要通过行使审计权利,重点对国有资产的使用情况进行监督。检察机关应当对各种组织和个人拥有法律监督权,对侵犯国有资产的单位和个人有权提起公益诉讼。②

---

① 全国人民代表大会常务委员会副委员长王兆国在2007年3月8日第十届全国人民代表大会第五次会议上关于《中华人民共和国物权法(草案)》的说明,载《全国人大常委会公报》2007年第3期。

② 详见韩志红:《中国检察机关应当有权提起民事诉讼》,载《南开学报(哲学社会科学版)》2000年第5期。

第四章 政府参与权研究

1. 国家审计机关

国家审计又称"法定审计",由审计机关(最高审计机关、地方审计机关、派出机关)执行。审计机关有权依照法律规定对国务院各部门和地方各级人民政府及其各部门的财政收支,国有的金融机构和企业事业组织的财务收支,以及其他依照审计法规定应当接受审计的财政收支、财务收支进行审计监督。原审计署审计长李金华说过:"国家审计是一个国家民主法制发展的产物,也是民主法制进程的标志,又是推动民主法制建设的一种工具。"①

根据中国《审计法》的规定,审计机关的权力主要有:

(1)有权制止被审计单位正在进行的违反国家规定的财政财务收支的行为。审计机关对被审计单位正在进行的违反国家规定的财政收支、财务收支行为,有权予以制止;制止无效的,经县级以上审计机关负责人批准,通知财政部门和有关主管部门暂停拨付与违反国家规定的财政收支、财务收支行为直接有关的款项,已经拨付的,暂停使用。采取该项措施不得影响被审计单位合法的业务活动和生产经营活动。

(2)有权建议有关主管部门纠正其有关规定。审计机关认为被审计单位所执行的上级主管部门有关财政收支、财务收支的规定与法律、行政法规相抵触的,应当建议有关主管部门纠正;有关主管部门不予纠正的,审计机关应当提请有权处理的机关依法处理。

(3)有权通报或者向社会公布审计结果。审计机关可以向政府有关部门通报或者向社会公布审计结果。审计机关通报或者公布审计结果,应当依法保守国家秘密和被审计单位的商业秘密,遵守国务院的有关规定。

(4)提请协助权。审计机关履行审计监督职责,可以提请公安、监察、财政、税务、海关、价格、工商行政管理等机关予以协助。

从2003年起国家审计署全文公布审计报告开始,年复一年,审计报告都会掀起强大风暴,披露问题之严重让人瞠目结舌。然而每一次触目惊心之后,舆论涟漪过后,一切又归于平静。② 人们逐渐发现:逐年狂风暴雨般的审计风暴,似乎只暴露问题,不解决问题。审计只能在"年年审、年年犯","审而不问"的怪圈里继续循环。③ 笔者以为,这其中的原因可能很多,但审计机关权力的匮乏应当是原因之一。

从上面归纳的审计法赋予审计机关的权力看,审计风暴后的基本流程是,审计

---

① 张川府:《审计风暴又来了》,载《今晚报》2007年7月3日。
② 谭翊飞、张一龙:《审计风暴为什么换不来问责风暴》,载《南方周末》2010年7月28日。
③ 杜艳:《屡审屡犯怪圈循环》,载《经济观察报》2006年9月17日。

署在查出相关部门的财政问题后,会提出"审计处理情况和建议"或者发出"审计建议函"。面对出现的大规模违规,按照法律规定,审计署可以限期责令整改,而遍观近年的审计报告,用词却非常温和,对出现的问题,一般用"要求"、"建议"等字眼。对一些问题,甚至根本没有给出处理意见,仅仅要求"今后不要"再犯。相应地,被审计单位的整改意见,大多用了如"正在处理"、"将整改"等模棱两可的字眼,问题单位的"整改"是绝大多数审计行动的句号。一位中央某部委官员反问:"如果不整改,审计部门又能怎样呢?"① 这句问话,绝妙地反映了审计机关的尴尬处境。

另外,从上面的归纳同时看出,审计机关对违法行为的责任人并没有直接的处罚权。按照审计法的规定,审计机关可以向监察机关提出建议,处分相关责任官员。但是,建议处分官员的信息从未公开披露过。如果审计机关没有建议,纪委和监察机关是否可以依据公开的审计报告主动问责官员呢?吉林省一位退休的纪委副书记向《南方周末》记者说,审计报告查出的问题只是"毛毛雨",纪委一般不会主动去查这些问题,除非领导专门批示。②

原审计署审计长李金华有句名言:"审计部门是国有资产的看门狗。"然而,要真正发挥审计机关国有资产看门狗的作用,尚需给审计机关安置上"尖牙利爪",否则,审计机关只能是一只人见人爱的"猫咪"。

2. 检察机关

(1) 在中国,检察机关不能够代表国家提起民事诉讼

2004年6月17日,最高人民法院对恩施市人民检察院诉张苏文返还国有资产一案,复函给湖北省高级人民法院,指出:你院《关于恩施市人民检察院诉张苏文返还国有资产一案的请示》收悉。经研究,同意你院倾向性意见。检察机关以保护国有资产和公共利益为由,以原告身份代表国家提起民事诉讼,没有法律依据,此案件不应受理,如已受理,应当驳回起诉。

(2) 检察机关参加民事诉讼是各国和地区司法体制的共同发展趋势

在中国,检察机关可以代表国家提起刑事公诉,不能提起民事诉讼。但检察机关代表国家参加民事诉讼不仅历史悠久而且是各国和地区司法体制的共同发展趋势。

有关国家和地区的检察机关提起民事诉讼的起源与发展检察制度的起源可溯至12世纪法国的国王代理人和英国的皇室法律顾问制度,而当时的国王代理人和皇

---

① 谭翊飞、张一龙:《审计风暴为什么换不来问责风暴》,载《南方周末》2010年7月28日。

② 谭翊飞、张一龙:《审计风暴为什么换不来问责风暴》,载《南方周末》2010年7月28日。

室法律顾问,均可代理国王或皇室参加民事诉讼。因此,可以说检察机关提起民事诉讼的制度,是随着检察制度的产生而产生,也是随着现代检察制度的发展而发展的。① 1806 年法国民事诉讼法典正式确立检察机关提起民事诉讼的制度。在美国,联邦总检察长和联邦地方检察官的一项重要职责是从保护国家利益出发,执行参加民事诉讼。"美国总检察长对涉及合众国利益的案件追究民事责任,州检察长在所有涉及全州居民利益的法律事务方面,代表该州。""中国澳门地区检察院的职责中有:代表本地区、公钞局、市政厅、无行为能力人、不确定人出庭公诉;为劳工及其家属行使依职权之代理,用以维护他们的法定合法权利。""日本检察官有权作为公益代表人参与民事诉讼。检察厅办理的检察事务包括作为公益代表者行使法令规定属于其权限的事务。""英国的总检察长和副总检察长在涉及政府重大利益的民事诉讼中代表政府进行追诉。"② 总之,检察机关参与民事诉讼在一些国家和地区并不鲜见,肖扬主编的《当代司法体制》一书中曾指出,各国和地区司法体制的共同发展趋势之一是检察机关的职能呈扩大趋势。③ 中国检察机关提起民事诉讼始于清末变法修律引进西方法律制度所制定的《高等以下各级审判庭试办章程》和《法院编制法》。新中国的检察制度可溯至革命根据地时期。革命根据地立法和新中国成立初的立法都对检察机关参与和提起民事诉讼列有明文。但是自 1957 年后,检察机关便不再参与民事诉讼活动。④

(3) 应当赋予中国检察机关参与民事诉讼的权利,以保障国有资产权益

检察机关是国家的法律监督机关,这一性质决定了它有保障法制正确统一实施,维护社会正义的根本任务。检察机关为了实现上述任务,只监督刑法的实施、代表国家提起刑事诉讼是不够的。如果行为人违反了经济法、劳动法、环境保护法等法律,侵犯公民的社会财产所有权、社会经济秩序权,扰乱正常的社会经济秩序,法律规定应承担民事责任,由检察机关代表社会提起民事诉讼就成为必需的了。笔者认为检察机关提起民事诉讼不仅符合《中华人民共和国人民检察院组织法》,而且是完成人民检察院任务所必不可少的。

(四) 国家机关的责任

国家机关作为社会财产所有者的代表者、管理者、监督者,对全体社会成员负有积极、正确的行使法律所赋予职权的责任,不得懈怠,不可随意转让、放弃和抛

---

① 江伟、段厚省:《论检察机关提起民事诉讼》,载《现代法学》2000 年第 6 期。
② 肖扬主编:《当代司法体制》,中国政法大学出版社 1998 年版,第 228 页。
③ 肖扬主编:《当代司法体制》,中国政法大学出版社 1998 年版,第 8 页。
④ 江伟、段厚省:《论检察机关提起民事诉讼》,载《现代法学》2000 年第 6 期。

弃。否则，应当承担政治责任①、法律责任和道义责任②。

针对"以权力制约权力"的主张，刘作翔先生曾提出了自己的"用责任制约权力"的思想，这一思想的最基本的核心思想是：社会中每一个权力主体（包括决策权力主体和执行权力主体）对自己行使权力所带来的各种后果都要承担相应的责任。这种责任既可以体现为政治责任，也可以体现为法律责任和道义责任，其中，政治责任和法律责任是较为重要的、行之有效的责任。"用责任制约权力"立论的着眼点是放在权力主体的自我制约、内部制约上。这种自我制约、内部制约机制并非是依靠权力主体道德水准和社会良知（当然，这里并不排除权力主体的自觉性），而是建立一整套明晰可行、具体有效的责任规定，用政治规范和法律规范确认下来。只有使权力主体在主观上明确和在客观上承担由于行使权力而产生的一系列相应责任，才能使权力主体以高度的负责精神审慎地行使各种权力。③ 笔者认为这一主张有重要意义。

1. 权力机关的责任

权力机关是议事机构，权力机关的决策实行少数服从多数的制度。权力机关的成员一般由选举产生，其成员有提案权、表决权、对执行机构的质询权等。他们接受选民或选举团体的监督，选民或选举团体有权罢免其选出的代表。因此，权力机构自身不对外承担法律责任，承担责任的主体是选民选出的代表，主要承担道义责任和政治责任。

2. 国有资产管理部门、监督部门的责任

中国实行"一元化"的政治体制。所谓"一元化"，就是指行政机关、审判机关、检察机关统一于和从属于国家权力机关的制度。国家权力由全国人民代表大会和地方各级人民代表大会行使。全国人大是最高权力机关，全国人大常委会是它的常设机关，行使国家立法权，讨论和决定全国性的重大事项；地方各级人大是地方国家权力机关，县级以上设立常委会，讨论和决定本行政区域内的重大事项。各级国家行政机关、审判机关和检察机关都由各级国家权力机关产生，对它负责，受它监督。

国务院代表国家行使所有权，应当依法对人大负责，受人大监督。国务院国有资产监督管理机构是代表国务院履行出资人职责、负责监督管理企业国有资产的直属特设机构，应当对国务院负责。国家设立的各种监督机关，对各种性质的"国

---

① 政治责任相对法律责任而言，更强调政治家对广大选民的责任，有引咎辞职或承担竞选失败等形式。

② 道义责任相对法律责任而言，强调个人因违反社会生活中提出的道德要求而必须承担的责任，又称道德责任。包括受到社会舆论的谴责、公众的指责、个人自身良心上的责备等。

③ 刘作翔：《迈向民主与法治的国度》，山东人民出版社1999年版，第300页。

库代表"收支国有资产的活动和个体与"国库代表"之间的活动行使监督权,国有资产监督部门也直接对各级人民代表大会或者国务院负责,间接对全国和本地区的社会成员负责。国务院、国有资产监督管理机构的责任主要是政治责任和道义责任。

国有资产管理机构和监督管理机构承担的法律责任主要是行政责任。即其违反法律义务,有越权行为、失职行为和其他不当行为,应当受到处罚,包括被通报批评;赔礼道歉,承认错误;履行职务(是指在行政机关不履行或拖延履行应履行的工作上的义务时,有权机关确认其构成了行为上的失职,并要求其依法履行应履行的义务)等。

(五)领导职务公务员的责任

中国的领导职务公务员类似于西方的政务类公务员。在西方国家,国家公务员通常分为政务类和业务类公务员两大类。政务类公务员通常是指通过选举或任命产生,与相应政党共进退的政府组成人员以及其他政治性较强的职位的行政人员;业务类公务员通常是指通过竞争考试任职,政治上保持中立,无重大过错即在政府中长期任职,并受一般公务员法规调整的公职人员。政务类公务员和业务类公务员产生方法不同:政务类公务员通过选举或任命产生;业务类公务员通过竞争考试任职。政治倾向性不同:政务类公务员政治上有倾向性;业务类公务员政治上保持中立。任职期限不同:政务类公务员一般与相应政党共进退;业务类公务员无重大过错即在政府中长期任职。适用法律不同:政务类公务员适用宪法调整;业务类公务员受一般公务员法规调整。中国因为不实行政党轮流执政的多党制度,因此没有政务类和业务类公务员的划分。根据《中华人民共和国公务员法》的规定,公务员职务分为领导职务和非领导职务。此处领导职务公务员主要是指政务类公务员。

所谓政治责任,在我国目前是指领导职务的决策和行为,如果有损国家和公众利益,需要辞去职务。2006年1月1日起施行的《中华人民共和国公务员法》规定的"引咎辞职"制度属于政治责任。其中第82条规定:领导成员因工作严重失误、失职造成重大损失或者恶劣社会影响的,或者对重大事故负有领导责任的,应当引咎辞去领导职务。领导成员应当引咎辞职或者因其他原因不再适合担任现任领导职务,本人不提出辞职的,应当责令其辞去领导职务。

领导职务公务员应当对自己管理和监督国有资产的行为承担政治责任,即对自己的失职、渎职行为承担政治责任,构成犯罪的应当承担刑事责任。

(六)国有资产管理人的法律责任

权利、义务和责任相统一是党的十六大确立的国有资产管理体制改革的重要原则。国务院在2006年的《政府工作报告》中提出完善国有资产监管体制,健全国有资产重大损失责任追究制度。建立国有资产损失责任追究制度是落实企业资产管理责任，规范企业经营管理行为，促进实现国有资本保值增值的重要保障。从国有资产损失形成的原因分析看，多数是有关人员违反国家规定或企业规章制度，未履行或未正确履行职责造成的损失。为完善国有资产管理责任制度，规范企业资产损失责任追究行为，有效落实国有资产经营责任，推动企业经营管理人员正确履行职责，提高企业经营管理水平，切实维护国有权益，全国人大常委会通过了《中华人民共和国企业国有资产法》（2009年5月1日起施行），国务院国资委先后制定了《中央企业资产损失责任追究暂行办法》（2008年10月1日起施行）、《中央企业境外国有资产监督管理暂行办法》、《中央企业境外国有产权管理暂行办法》（2011年7月1日开始实施）。

1. 责任主体

《企业国有资产法》的法律责任一章，规定了多个主体的责任。分别有：第一，履行出资人职责机构的直接负责的主管人员和其他直接责任人员、工作人员；第二，履行出资人职责的机构委派的股东代表；第三，国家出资企业的董事、监事、高级管理人员。

《中央企业资产损失责任追究暂行办法》规定的责任主体是企业及其子企业经营管理人员和其他有关人员。

2. 责任的种类

（1）行政处分

行政处分是指国家机关、企事业单位对所属的国家工作人员违法失职行为尚不构成犯罪，依据法律、法规所规定的权限而给予的一种惩戒。自2007年6月1日起施行的中国《行政机关公务员处分条例》规定的行政处分种类有：警告、记过、记大过、降级、撤职、开除（六种）。

《企业国有资产法》第68条规定：履行出资人职责的机构有下列行为之一的，对其直接负责的主管人员和其他直接责任人员依法给予处分：不按照法定的任职条件，任命或者建议任命国家出资企业管理者的；侵占、截留、挪用国家出资企业的资金或者应当上缴的国有资本收入的；违反法定的权限、程序，决定国家出资企业重大事项，造成国有资产损失的；有其他不依法履行出资人职责的行为，造成国有资产损失的。

《企业国有资产法》第69条规定：履行出资人职责的机构的工作人员玩忽职守、滥用职权、徇私舞弊，尚不构成犯罪的，依法给予处分。

《企业国有资产法》第71条第三款规定：履行出资人职责的机构任命或者建议任命的董事、监事、高级管理人员有本条第一款所列行为之一，造成国有资产重大损失的，由履行出资人职责的机构依法予以免职或者提出免职建议。

《中央企业资产损失责任追究暂行办法》规定，对于企业及其子企业经营管理人员和其他有关人员违反国家有关规定以及企业规章制度，未履行或未正确履行职责造成企业直接或者间接资产损失的，经过调查核实和责任认定，应当追究其责任。对资产损失责任人的处罚包括经济处罚、行政处分和禁入限制三大类。三种处罚可以单独适用，也可以合并适用。行政处分是指警告、记过、降级（职）、责令辞职、撤职、解聘、开除等。

（2）经济处罚

《中央企业资产损失责任追究暂行办法》规定的经济处罚是指扣发绩效年薪（奖金），终止授予新的股权。

（3）赔偿责任

《企业国有资产法》第70条规定：履行出资人职责的机构委派的股东代表未按照委派机构的指示履行职责，造成国有资产损失的，依法承担赔偿责任；属于国家工作人员的，并依法给予处分。

《企业国有资产法》第71条规定：国家出资企业的董事、监事、高级管理人员有下列行为之一，造成国有资产损失的，依法承担赔偿责任；属于国家工作人员的，并依法给予处分：利用职权收受贿赂或者取得其他非法收入和不当利益的；侵占、挪用企业资产的；在企业改制、财产转让等过程中，违反法律、行政法规和公平交易规则，将企业财产低价转让、低价折股的；违反本法规定与本企业进行交易的；不如实向资产评估机构、会计师事务所提供有关情况和资料，或者与资产评估机构、会计师事务所串通出具虚假资产评估报告、审计报告的；违反法律、行政法规和企业章程规定的决策程序，决定企业重大事项的；有其他违反法律、行政法规和企业章程执行职务行为的。

国家出资企业的董事、监事、高级管理人员因前款所列行为取得的收入，依法予以追缴或者归国家出资企业所有。

（4）禁入限制

《中华人民共和国企业国有资产法》第73条规定：国有独资企业、国有独资公司、国有资本控股公司的董事、监事、高级管理人员违反本法规定，造成国有资产重大损失，被免职的，自免职之日起五年内不得担任国有独资企业、国有独资公司、国有资本控股公司的董事、监事、高级管理人员；造成国有资产特别重大损失，或者因贪污、贿赂、侵占财产、挪用财产或者破坏社会主义市场经济秩序被判处刑罚的，终身不得担任国有独资企业、国有独资公司、国有资本控股公司的董事、监事、高级管理人员。

从以上法律责任的规定中，我们可以发现，国有资产管理人承担的责任大相径庭，有的只受到行政处分，有的既有行政处分又有财产责任和行为责任。责任人的责任之所以不同，笔者认为主要是上述人员的身份不同，他们其中有些是国家机关的公务员，有些是企业的经营管理人员，有些人则是公务员和经营管理人员两种身份兼而有之。

《中华人民共和国公务员法》第 2 条规定：公务员"是指依法履行公职、纳入国家行政编制、由国家财政负担工资福利的工作人员"。履行出资人职责机构的直接负责的主管人员和其他直接责任人员、工作人员仍然是国家公务员，与国家是一种行政关系，因此，只是承担相应的行政责任。

履行出资人职责的机构委派的股东代表和国家出资企业的董事、监事、高级管理人员及其经营管理人员和其他有关人员（以下简称股东代表和企业负责人）履行的是国有资产保值增值的义务，出资人对其实行经营者年薪制，即以年度为单位，依据企业的生产经营规模和经营业绩，确定并支付经营者的年薪。① 这是国家建立健全与社会主义市场经济发展要求相适应的国有资产管理与监督体制的需要。按照利益与风险一致性的原则，企业负责人对由于自己过错给国有资产造成的损失承担赔偿责任不仅是必要的，而且具有了可能性。

股东代表和企业负责人与委派者和聘任者之间是一种民事关系，其违反法律法规和公司章程的规定，给国有资产造成的损失，应当承担民事责任。民事责任以财产性责任为主，是一种补偿性责任。股东代表和企业负责人承担赔偿责任，补偿国有资产的损失合乎情理。只有这样，才能达到保护国有资产的目标。仅有行政责任，以法律的道义性为基础，通过强制对责任主体的人身和精神实施制裁的责任方式是不够的。

三、社会中介机构的权利和责任

（一）社会中介机构的权利

在国家参与经济活动中的社会中介组织，主要包括资产评估机构、会计师事务所、税务事务所、审计事务所等。它们是依法成立并由专业人员组成的，经特许利用专业知识和专业技能为受托人提供服务，实行有偿服务并承担法律责任的机构或组织。

社会中介组织在为社会提供有偿服务的活动中会涉及对国有资产的审计、验资等活动。如对国有资产的评估、验资，对纳税人纳税报告的验证等。社会中介组织作为独立于政府之外、依法自主运作的独立法人，可以接受国有资产管理机关、国有资产经营公司或占有机构的委托，对委托事项提出客观、公正、有效的意见和证明，并对其所出具的关于国有资产的验资证明、评估报告等文件的真实性负责。社

---

① 2004 年 1 月 1 日，国务院国资委颁布的《中央企业负责人经营业绩考核暂行办法》标志着年薪制的正式实施。2009 年 9 月 16 日，人力资源和社会保障部会同中央组织部、监察部、财政部、审计署、国资委等单位联合下发了《关于进一步规范中央企业负责人薪酬管理的指导意见》，明确了企业负责人的薪酬结构主要由基本年薪、绩效年薪和中长期激励收益三部分构成。

会中介组织的这些活动对国有资产的保护有重要作用,因此,社会中介组织应当成为对国有资产负有监督职责的主体。

与国家审计机关、财政机关不同的是,社会中介组织与"国库代表"发生监督关系的基础是基于双方的民事关系。如资产评估机构与接受评估的国有资产占有单位之间发生的一方提供资产评估劳务、另一方支付评估费用的关系,是以合同的形式确立的,具有民事劳务关系的平等属性。但是,这种民事劳务关系具有不同于一般民事劳务关系的特殊性,特别是意思自治受到限制。而且社会中介组织需要依据法律履行自己的监督职能,如注册会计师有权利指明委托人的会计报表的重要事项有不实的内容;注册会计师执行审计业务时,委托人示意其作不实或者不当证明的,委托人故意不提供有关会计资料和文件的,有权利拒绝出具有关报告。中介组织享有的这些权利说明社会中介组织可以对"国库代表"进行监督。社会中介组织对通过依照法律对"国库代表"资产和会计资料的评估、鉴定等方式保护国有资产,维护国家利益。

(二) 社会中介机构的责任

社会中介机构及其人员属于国有资产外部的管理者。他们侵犯国有资产权益的法律责任应当主要是能力责任。能力责任是剥夺特定主体的特定资格,令其丧失特定的权利能力和行为能力。如注册会计师协会撤销注册会计师的注册,终止注册会计师及事务所的执业资格为内容的责任。

社会中介机构及其人员应当承担侵犯国有资产的法律责任,具体形式应当主要是剥夺特定主体特定资格,令其丧失特定的权利能力和行为能力。如撤销评估国有资产的资格,终止注册会计师及事务所的执业资格等。我国的《国有资产评估管理办法》第32条规定:资产评估机构作弊或者玩忽职守,致使资产评估结果失实的,国有资产管理行政主管部门可以宣布资产评估结果无效,并可以根据情节轻重,对该资产评估机构给予下列处罚:警告;停业整顿;吊销国有资产评估资格证书。

我国《刑法》规定了中介组织人员提供虚假证明文件罪和中介组织人员出具证明文件重大失误罪。两种罪虽然属于破坏社会主义市场秩序罪中的扰乱市场秩序罪,但中介组织人员对国有资产的评估提供虚假证明文件也会侵害到国有资产,因此虚假证明文件罪和出具证明文件重大失误罪也应当同时属于侵害国有财产罪。

《中华人民共和国企业国有资产法》第74条规定:接受委托对国家出资企业进行资产评估、财务审计的资产评估机构、会计师事务所违反法律、行政法规的规定和执业准则,出具虚假的资产评估报告或者审计报告的,依照有关法律、行政法规的规定追究法律责任。

第四节 政府参与权的理论探讨

一、关于国有资产的归属

政府参与权的物质基础和前提条件是政府拥有国有资产所有权。

（一）国有资产的概念

国有资产，顾名思义，就是属于国家所有的一切财产和财产权利的总称。国务院 2003 年公布施行的《企业国有资产监督管理暂行条例》规定：本条例所称企业国有资产，是指国家对企业各种形式的投资和投资所形成的权益，以及依法认定为国家所有的其他权益。该定义强调了国有资产的取得途径，不仅有投资形成，也有依法认定；同时说明国有资产的客体不仅有资产，而且有资产权益，例如，债权、知识产权等。①

（二）国有资产的归属

1. 国有资产事实上归属全体国民

社会成员在政府参与经济活动中享有诸多权利，是因为社会成员与国有资产的特殊关系——国有资产事实上归属社会成员，社会成员是国有资产事实上的所有者。

自有国家以来应当就有国有资产存在，但是因为国家政体②的不同，社会成员与国有资产的关系大相径庭。作为一切权利属于人民的社会主义国家，国有资产毋庸置疑地属于全体社会成员所有，即国有资产属于全体社会成员共同共有。中国《宪法》第 7 条规定："国有经济，即社会主义全民所有制经济，是国民经济中的主导力量。国家保障国有经济的巩固和发展。"宪法第 9 条规定："矿藏、水流、森林、山岭、草原、荒地、滩涂等自然资源，都属于国家所有，即全民所有。"国家所有的资产就是全民所有的资产，社会成员是国有资产事实上的所有者，社会成员在政府参与经济活动中享有诸多权利理所当然、天经地义。

虽然公民是国有资产事实上的所有者，但是由于不可能由社会全体成员或者单个社会成员直接支配国有资产，因此，必须通过一个社会中心来实现社会成员对生产资料的所有权。在国家依然存在的情况下，这个社会中心只能是国家。因此，全民所有的财产采取了国家所有的法律形态。在中国，这个中心确定为国务院。③ 这

---

① 在法律上，资产和财产可以在相同意义上使用。
② 孟德斯鸠把国家政体分为共和、君主、专制三种。
③ 中国《物权法》第 45 条规定：法律规定属于国家所有的财产，属于国家所有即全民所有。国有财产由国务院代表国家行使所有权；法律另有规定的，依照其规定。

就决定了国有资产有事实上的所有者和法律上的所有者,公民是国有资产事实上的所有者,国家是法律上的所有者,国有资产成为一种法定信托的财产。① 国务院对国有资产的所有,类似"受托人对受托财产的所有",公民是信托人,政府属于受托人。在英美法系国家,受托人对信托财产的权利被称为"普通法上的所有权",而受益人的权利则被称为"衡平法上的所有权",是一种"双重所有权"。②

温世扬、冯兴俊二位学者的研究表明:受托人"普通法上的所有权"与真正的所有权相去甚远,可谓"戴着面纱"的所有权。揭开"面纱",我们发现,它其实是一种类似于"国有企业经营权"的限制物权,即他物权。只是传统的他物权是为了"自己的利益"而对"他人之物"享有的物权,而受托人对信托财产的权利是为了"他人的利益"而对"他人之物"享有的物权;"衡平法上的所有权"是真正的所有权,受益人是信托财产的真正所有人。③

2. 国有资产属于不特定人共有资产

国家所有的资产就是全民所有的资产,其特点是不特定的全体社会成员共同共有。因为社会成员是不特定的人,因此国有资产内部法律关系的特点是属于"不特定人的共有",与民法共有的"特定人共有"明显不同。

所谓共有,是指某项资产由两个或两个以上的权利主体共同享有所有权,换言之,是指多个权利主体对一物共同享有所有权。恩格斯在《共产主义原理》中提出的财产共有制 Community,共产主义 Communism 就是指劳动者对生产资料共有的社会制度。多数的共有人对同一资产享有所有权,他们可以对于全部共有资产享有平等的所有权。正是从这个意义上,马克思在《资本论》中指出社会主义所有制是在社会化生产的基础上重新建立的一种对生产资料联合占有的个人所有制。在马克思看来,劳动者的个人所有制与社会主义的公有制不是对立的,它们二者在社会主义条件下达到了辩证的统一。从每个劳动者都对生产资料有所有权来讲,这种公有制也可称之为个人所有制。但相对于私有制来讲,又是公有制,因为它是建立在社会化生产基础上的联合起来的全体劳动者的共同所有,而不是少数人的私有。因此马克思、恩格斯又把社会主义所有制称为生产资料的社会所有。④

---

① 信托财产在衡平法上被这样表述:它被出让人交给了受让人,受让人虽然取得了它的所有权,但却并不享有为了自己的利益按照自己的意志来支配它的权利,而只是负有为了出让人或者其所指定的其他人的利益并按照出让人的意志来支配它的义务;因此,受让人对通过支配它所产生的利益并无自行享受之权利,而只是负有交付给出让人或者其所指定的其他人的义务。

② 李群星:《论信托财产》,载《法学评论》2000 年第 1 期。

③ 温世扬、冯兴俊:《论信托财产所有权——兼论中国相关立法的完善》,载《武汉大学学报(哲学社会科学版)》2005 年第 2 期。

④ 《马克思恩格斯全集》第 4 卷,人民出版社 1997 年版,第 302 页。

基于国有资产是不特定的全体社会成员共同共有，本人认为对共有应当有一个经济法视角下的分类，即分为特定人的共有和不特定人的共有两种。特定人的共有是民法学意义上的共有，主体是特定的人；不特定人的共有是指社会所有的资产，资产的主体人数众多，以至于不能确定，经常变动，因此，可以称为不特定人的共有。这种不特定人的共有有些类似早期日耳曼马尔克公社存在一种总有制度，[①] 总有即成员资格不固定的团体，以团体的名义享有的所有权。其基本特征是团体的成员身份相对确定但不固定，团体的成员因取得成员的身份而自然享有权利，因丧失成员的身份而自然丧失权利。这种共有的典型，是原始村社的所有权。一个自然人，在加入某一个部落时就自然取得该部落的权利。自然人加入某一个成员资格不固定的团体，对其他成员的现有财产权利必然有所损害，但是依总有的法理，其他成员却对新成员的加入没有否决的权利。[②] 从法理上看，中国农村的集体组织，正是这种总有组织。中国目前的国有制同总有也非常类似。

不特定人的共有是一种社会所有。社会所有资产权利主体的特点是：第一，权利人不具有个体专有的独占性。它是特定范围的所有相关人的共有权。它不能为某一个个体所专有，而应该归属于该地区或地方的相关的所有人。第二，权利主体的不确定性。社会资产的主体永远是一个变量，处于不固定的状态。第三，社会所有的资产其产权状况是一定范围的社会共有，只能由一定的组织作为代表，行使所有权，因此也可以称为国家所有的资产、国家管理的资产和集体所有的资产等。

说国有资产属于"不特定人的共有"只是说明了一种国有资产的内部法律关系，在国有资产外部法律关系层面表现出来的国有资产应当是"独有"。孙宪忠认为：国有财产的实际所有权分别掌握在各级政府为主的公法法人手里。[③] 因此，国有资产的外部法律关系在性质上是"独有"，不是"共有"。公法法人及其代表人，经过合法的受托程序后，有权利支配国有资产，国有资产的处置一般不再需要全体社会成员的"同意"，就如同公司的管理机构可以支配股东投资公司的财产一样。

3. 中国国有资产在法律上统一归属国务院

国有资产属于社会成员"不特定人共有"，但不可能由"不特定的人"共同直接支配，单个社会成员也不可能代表全体社会成员支配公共财产，必须通过一个社会中心来实现社会成员对公共财产的所有权。在中国，这个中心确定为国务院。我

---

① 马俊驹、梅夏英：《不动产制度与物权法的理论和立法构造》，载《中国法学》1999年第4期。

② 2001年在中国社会科学院法学研究所与德国阿登纳基金会联合组织的物权法研讨会上，德国方面的专家介绍，目前德国的总有所有权只有德国与瑞士边界附近的一小块牧场保留了这种权利形式。

③ 孙宪忠：《德社会成员法对中国制定物权法的借鉴作用》，载《中外法学》1997年第2期。

国《物权法》第 45 条规定:法律规定属于国家所有的财产,属于国家所有即全民所有。国有资产由国务院代表国家行使所有权;法律另有规定的,依照其规定。笔者认为:国务院对国有资产的所有权,类似"受托人对受托财产的所有";社会成员作为委托人对国有资产拥有事实上或原始意义上的所有权。

4. 国务院和地方政府"分别代表"国家作为出资企业的出资人

我国《物权法》第 55 条规定:国家出资的企业,由国务院、地方人民政府依照法律、行政法规规定分别代表国家履行出资人职责,享有出资人权益。这条规定强调了国有资产虽然在法律上归属国务院,但由于国有资产分布广泛,因此地方政府同国务院分别代表国家作为国有资产的主体。按照孙宪忠的观点:国有资产的实际所有权分别掌握在各级政府为主的公法法人手里。因此各级政府在法律上是当然的公共财产所有者。

孙宪忠认为:国有资产的实际所有权分别掌握在各级政府为主的公法法人手里。因此国家所有权应当称为公法法人的所有权,各种公法法人,包括联邦政府、州政府、县区或镇政府及其各级政府机关都可以是财产所有权的主体,它们对自己的财产的权利都是所有权。① 笔者同意上述观点,国有资产可能称之为各级政府财产更为准确。当然,政府所有是类似"受托人对受托财产的所有"而不是原始意义上的所有。

二、关于国有资产所有权的性质

国有资产所有权的性质问题主要解决国有资产所有权属于私权还是公权,还是公私混合性权利?笔者认为"私"和"公"从政治逻辑学上讲,可能本不是两个绝对排斥的概念,"私"和"公"应当有区别也有联系,是否可以说是包含关系。"公"是由无数的"私"合成的。在一定意义上说,没有"私"也就没有"公"。中国有一句谚语"三人为公",是"私"、"公"关系的形象比喻。如果"私"和"公"是包含关系,那么国有资产所有权的性质就不能说或是私权或是公权,属于公私混合性权利更为恰当。国有资产所有权首先作为一种所有权,是一种民事权利,应受到民法的一般保护。但国有资产属于社会成员共有,与社会成员利益相关,因此属于"公权",还应当由经济法进行二次调整。

笔者认为,探讨国有资产所有权属于何种性质权利的意义在于确认对侵犯国有资产行为应采用何种救济方法或制裁手段,适用何种诉讼程序。如果是私权,应当适用私益诉讼;如果是公权则适用公益诉讼;如果属于公私混合性权利,则既可适用私益诉讼,也可适用公益诉讼。

---

① 孙宪忠:《德社会成员法对中国制定物权法的借鉴作用》,载《中外法学》1997 年第 2 期。

三、国有股权行使产生的法律关系属性

张培尧认为，整个国有企业改革思路的实质就是将政府由企业的所有者转变为公司的股东，进而通过行使股权方式实现企业国有资产的经营和管理。国有股权行使涉及的主体包括全民（国家）、中央政府与地方政府、各级国有资产监督管理委员会、国有资产投资运营主体、国家出资企业和国企经营管理者。国有股权行使产生的法律关系是：全民（国家）同中央政府与地方政府、各级国有资产监督管理委员会之间是代表与被代表的关系；各级国有资产监督管理委员会与国有资产投资运营主体、国家出资企业之间是信托投资关系；国家出资企业与国企经营管理者是特别代理关系。①

第一，在全民（国家）与政府、政府与国资监管机构之间是被代表人与代表人的关系。代表关系从内部看，被代表人与代表人是两个主体；从外部看，两者又外化为一个主体，代表人的意思当然是被代表人的意思。从立法角度，《企业国有资产法》第4条规定："国务院和地方人民政府依照法律、行政法规的规定，分别代表国家对国家出资企业履行出资人职责，享有出资人权益。"第11条规定："国务院国有资产监督管理机构和地方人民政府按照国务院的规定设立的国有资产监督管理机构，根据本级人民政府的授权，代表本级人民政府对国家出资企业履行出资人职责。"因此，立法事实上已经明确了上述主体间的代表关系，当无争议。

第二，国资监管机构与国资投资运营主体、国资投资运营主体与国有企业之间是信托人与受信托人的关系②，即投资信托法律关系。与代理不同的是，在此过程中，国有资产所有权必须发生转移，进而形成独立的信托财产。

第三，国有企业、国有股东和以董事、经理人为代表的企业经营者之间是特殊的代理法律关系，这种特殊性主要表现在代理人所要承担的法律义务为信义义务，③违反信义义务要承担比代理人责任更为严格的法律责任。代理人滥用代理权给国有企业的债权人造成利益损失，国有股东与其代理人要对该损失承担连带责

---

① 张培尧：《国有资产管理委托代理论思考》，载《政法论丛》2009年第3期。
② 作者为了与委托关系区分开，将信托关系基本主体称为信托人、受信托人和受益人。
③ 作者注：信义义务（fiduciary duty）这一术语源于英国衡平法，它是指当事人之间基于信义关系而产生的义务，信义关系从本质上看，它是指特定当事人之间的一种不对等（non-arm's length）的法律关系，即受信人处于一种优势地位，而受益人（beneficiary）或委托人（the principle）则处于弱势地位，受信人作为权力拥有者（the powerholder）具有以自己的行为改变他人法律地位的能力，而受益人或委托人则必须承受这种被改变的法律地位且无法对受信人实施直接控制。法律为了保护受益人或委托人的利益，防止受信人滥用其权力，以确保双方的信任关系，就要求受信人对受益人或委托人负有信义义务。转引自刘刚仿：《英国法中公司发起人对公司的信义义务》，载《中南财经大学学报》1999年第6期。

任。对诸如中航油案中造成 5.5 亿美元损失的直接责任人，就绝非适用"双开"、"责令辞职"，以及刑事处罚就了事，① 重要的是要求责任人或通过责任保险方式对国有股东的利益损失进行赔偿。只有这样，才能达到对国家所有权暨企业国有股权周全保护的目标。②

四、法人治理结构理论

根据社会契约理论和信托理论，政府对国有资产拥有所有权是毫无疑问的。国家所有权在本质上类似于法人所有权，而不是自然人所有权。所谓法人所有权是指：法人依法对法人内部成员（如公司的股东）投入的资产享有的支配权。法人所有权主体是法人，因为法人不能实施法律行为，只能通过管理机构实施，即通过组成管理机构的自然人成员实施法律行为。这些自然人成员一般会成立权力、执行、监督等法人治理机构。所以法人所有权的主体是法人，但实际是由法人治理机构支配。

法人所有权与自然人所有权的区别很明显。法人所有权要由法人的各机构分别行使，实行决策权、执行权、监督权三权分立，自然人所有权由特定的个人行使即可。国家所有权与法人所有权相同之处是，国家通过国家机关管理国有资产，分别需要权力、执行、监督等机构。因此，三个机构缺一不可。

五、质疑国务院代表国家统一行使对国家资产所有权

中国法律规定：由国务院代表国家统一行使对国家资产所有权，这样的规定存在下述问题。第一，行政机关的性质决定其不适宜成为国家所有资产命运的决定者。国务院是国家的行政机关，行政的本质是执行立法机关制定的法律、决定和管理公共事务，不是经营决策和经营管理机构。第二，行政机关的内部体制决定其不适宜成为国家所有资产命运的决定者。根据中国宪法规定，行政机关实行行政首长负责制。在政府职权范围的事，行政首长有权作出决定。学者呼吁：政府行使国家所有权，就会在地方形成省长、市长、县长可以随意处分全民所有资产的状况。这是很不公平并且十分危险的，一些地方一两个领导决定，或某个政府部门决定，就把大片的土地、资源转让、划拨给私人或私人企业，把国有企业给卖了，根本没有经过人民的代表机关讨论决定。这种情况不能再继续下去了！③ 第三，按照代议制的观点，社会成员的代表人应当是权力机关而不是执行机关。社会成员所有的资产

---

① 《关于中航油案及国资委对相关责任人的处理》，参阅 http://www.china.com.cn/economic/txt/2007-02/08/content_7781554.htm，2007 年 2 月 8 日访问。
② 张培尧：《国有资产管理委托代理理论思考》，载《政法论丛》2009 年第 3 期。
③ 蔡定剑：《谁代表国家所有权？》，载《南方周末》2003 年 2 月 27 日。

如果需要代理人进行管理，应当是权力机关而不是执行机关。因此，从应然角度讲，各级人民代表大会应当是国有资产管理的最高权力机关，享有国有资产的处分权，行使国有资产取得、处分有关问题的最高立法权、重大事项的决策权、人事任免权、预决算权等。

蔡定剑指出：政府可以代表国家行使国家所有的资产所有权吗？这是涉及民主宪政和经济民主的基本理论问题。必须从宪政理论的高度，依据民法所有权的理论，对这种长期以来普遍流行的观点加以澄清。它涉及民法典中将如何规定国家所有权的归属问题，涉及谁有权处分全民所有的资产问题。①

国有资产属于社会成员共同共有，因为社会成员是不特定的人，因此国有资产内部法律关系的特点是属于"不特定人的共有"，与民法的"特定人共有"有根本的不同，需要选出代表行使对国有资产的所有权。中国宪法关于"中华人民共和国的一切权力属于人民"、"人民行使国家权力的机关是全国人民代表大会和地方各级人民代表大会"的规定，确立了国家制度的核心内容和基本准则，体现了国家权力的归属问题。在中国，人民行使对国有资产的权利，途径和形式多种多样，最根本、最重要的就是通过人民代表大会。人民经过民主选举产生自己的代表，组成各级人民代表大会。各级人大代表人民行使国有资产权力，对人民负责，受人民监督，有力地保证了国有资产按照人民的意志进行使用。

笔者认为，在中国，之所以一直以来由国务院代表国家统一行使对国家资产所有权，是因为各级人民代表大会尚无能力承担起国有资产所有者的职责。中国的人大代表都是兼职，他们有自己的本职工作，其工资、待遇、晋升都是与本职工作紧密相连的，在这种情况下，他们往往把主要精力用于本职工作，而履行人大代表职责则成了"副业"，许多代表无法充分履行代表的职责。如果中国减少现有人大代表的数量，并实行专职的制度，人大代表有更多的时间履行代表职责，由各级人民代表大会代表社会成员统一行使对国家资产所有权就会成为可能。

---

① 蔡定剑：《谁代表国家所有权？》，载《南方周末》2003年2月27日。

第五章 市场规制权研究*

规制问题是法律与发展（Law and Development）的题中应有之义。在现代社会中，市场这只"看不见的手"理应是配置资源的基本机制。然而，市场缺陷/失灵的存在导致市场并不总能有效配置资源，这就为政府干预预留了空间。市场经济不是要不要政府干预，也不是政府干预多或者少，而是干预什么、如何干预、用什么方法干预和如何衡量干预绩效。伴随着"法治国家"（rule of law）的世界趋势，市场和政府双重缺陷及其相互弥补的互动关系产生了对经济法的需求①，其中包括反垄断法、反不正当竞争法、消费者权益保护法和产品质量法等市场规制法构成了经济法的主干，反垄断法甚至被视为"经济宪法"。市场规制权是经济法学科的一个"支撑性概念"或"关键词"②。在一个"规制型国家"（regulatory state）③的时代，探讨市场规制权的含义、性质、产生、类型化、法律确认和限制及其在时代背景下所面临的挑战和应对，为如何对规制者问责、将合规性成本（compliance cost）纳入规制政策考虑范畴、取得规制的程序化（formula-driven）和自由裁量（discretionary）方式间的合理平衡、分析规制机构的委员制（collegiate）与一长制（single-headed）权力结构的相对优劣、厘清规制者管辖权方面专门化与综合性的

---

* 此章的形成得到了天津师范大学韩志红、中央财经大学邢会强、深圳大学应飞虎、华中科技大学张东昌等诸位先生的帮助和指导，在此谨致谢意。

① 参见王全兴：《经济法基础理论专题研究》，中国检察出版社2002年版，第79—91页。

② "在跨文化沟通中，有些词语在各种语言中同时频繁出现，构成文化话语实践中'共同的'意义单位。这种'共同性'，往往既是理解的起点，又是误解的关键。因为它们从属于不同的'语言游戏'，受制于不同的'游戏规则'，而彼此间只有'家族类似'而无'共同本质'（维特根斯坦语）。它们以各自的方法创造世界和规范行为，同时又在跨文化沟通中被'重写'（翻译），形成一种以词语符号为外饰的多元文化'共生态'。这就涉及关键词这一概念。"参见乐黛云主编：《跨文化对话》（第1辑），上海文艺出版社1998年版，第150页。

③ 又译为"监管国家"或"监管型国家"。参见［英］克里斯托弗·胡德等：《监管政府：节俭、优质与廉政体制设置》，陈伟译，生活·读书·新知三联书店2009年版。这种说法意味着现代国家越来越多地运用受到约束的公共权力，通过制定规则和标准来干预经济社会事务，替代了政府无所作为的自由放任体制，也替代了那种政府无所不包、主导一切的全能模式。参见管斌：《混沌与秩序：市场化政府经济行为的中国式建构》，北京大学出版社2010年版，第106页。

对比关系等实践问题的解决构建理论平台,有助于科学处理法律、规制与市场的关系、构建经济法学的"专业槽①"。

市场规制的缺位或失灵被认为是 2008 年次贷危机发生的重要原因之一。理查德·波斯纳认为,危机的根源在于 20 世纪 70 年代的对于公用事业和公共承运人的监管以及其他形式的经济监管——包括银行业和投资的监管的广泛不满。它导致了美国金融业持续的反监管(Deregulation)运动,1999 年克林顿签署《金融服务现代化法案》便是其高潮。但是反监管运动走得太远了,在为金融创新提供宽松环境的同时,也成为道德风险滋生和繁殖的"温床",以至于夸大了自由放任资本主义的自我恢复和自我疗救的能力,由此导致了美国的监管困局。② 史蒂夫·福布斯也认为:"金融危机与经济衰退并不是正常的自由市场'创造性破坏'的后果。事实恰恰相反,历史上最严重的几次经济危机都不是因为自由市场的运行机制造成的,而是由于政府干预引发市场扭曲,使市场无法发挥其应有的作用而造成的,这才是灾难性的。"③ 总之,"就像 20 世纪 30 年代和第二次世界大战中实行的'管制资本主义'(Managed Capitalism),它试图将集体主义和个人主义结合在一起,而现在世界又进入到了一个拐点。……市场和国家的界限也都在以某种方式被重新界定"④。反思和检讨金融危机,也要求我们认真对待市场规制和市场规制权。

第一节 市场规制权的界定

一、市场规制权的含义和性质

Regulation,一般被译为监管、管制和规制。就学科而言,行政学家们(以及政府管理部门)多称之为"监管",意在强调政府的监督作用而非直接行政命令;

---

① 参见陈兴良:《刑法哲学》(修订版),中国政法大学出版社 1997 年版,第 704 页。陈兴良指出,学科的实用性不应当成为理论的浅露性的遁词。作为一门严谨的学科,刑法学应当具有自己的"专业槽"。非经严格的专业训练,不能随便伸进头来吃上一嘴。

② 参见〔美〕理查德·波斯纳:《资本主义的失败——〇八危机与经济萧条的降临》,沈明译,北京大学出版社 2009 年版,第 83 页。以下关于次贷危机爆发的原因分析,参见常健、管斌、饶常林:《金融法学专论》,对外经济贸易大学出版社 2010 年版,第 23—35 页。

③ 参见〔美〕史蒂夫·福布斯、伊丽莎白·艾姆斯:《福布斯说资本主义真相》,张锷译,中华工商联合出版社 2011 年版,第 19 页。

④ 参见〔英〕罗杰·布托:《市场的麻烦》,孙颖译,中国人民大学出版社 2011 年版,第 41—42 页。

第五章 市场规制权研究

自由派经济学家则偏爱"管制",突出 Regulation 对于自由市场经济运行的影响①;法学家们则称为"规制",他们更加注重 Regulation 必须以法律法规作为其正当性和合法性的来源②。就地区而言,我国港台地区倾向于使用"规管",一些台湾版的早期译著甚至将 Capitalist regulatory state 译为"资本主义纪律导向国家"③。这些不同的译法所表达的感情色彩和价值倾向虽有所差异,但基本内涵较为一致。笔者认为,管制在汉语中易使人联想到统制经济和命令经济形式,强调强制性管理规定;而规制更接近英文原义,强调通过立法,实施法律和规章制度对经济社会事务进行约束并付诸实施的整个过程。而且,相较于管制而言,规制和监管是更为接近的概念,更体现尊重市场规律前提下对市场主体的规范、激励或约束行为,本书统一处理为"规制"。事实上,市场监管是在一般的市场规制的基础上作出的特别市场规制,通常体现为对事关国计民生的特定行业、特定领域、特定市场的监管。信息、风险、安全、利益是市场监管区别于一般市场规制的最为重要的方面。④ 清楚地界定"规制"的内涵和外延,是科学构建回应型的市场规制权的基础。

市场规制与宏观调控是常常被捆绑在一起的一组概念。日本经济学家植草益将政府干预经济的"公的规制"政策分为 8 种:(1)以保证分配公平和经济增长、稳定为目的的财政、税收、金融政策;(2)提供公共物品的公共投资、公共服务和福利政策;(3)处理不完全竞争的反垄断法、商法和依据民法产生的规制企业

---

① 《新帕尔格雷夫经济学大辞典》中将 regulation 译作"管制"。"管制"有两种解释:一是罗伯特·博耶(Robert Boyer)的观点:"'管制'这个术语是指国家以经济管理的名义进行干预,而它的反义词'放松管制'(或称放松规章限制)使用得更为广泛。在经济政策领域,按照凯恩斯(Keynes)主义的概念,管制是指通过一些反周期的预算或货币干预手段对宏观经济活动进行调节。"二是斯蒂芬·布雷耶(Stephen Breyer)和保罗·W. 麦卡沃伊(Paul·W. MacAvoy)的解释:"管制,尤其在美国,指的是政府为控制企业的价格、销售和生产决策而采取的各种行动,政府公开宣布,这些行动是要努力制止不充分重视'社会利益'的私人决策。"参见[英]约翰·伊特韦尔,默里·米尔盖特,彼得·纽曼:《新帕尔格雷夫经济学大辞典》(第四卷),经济科学出版社 1996 年版,第 135—137 页。丹尼尔·F. 史普博(Daniel F. Spulber)认为,规制是行政机构制定并执行的直接干预市场机制或间接改变企业和消费者供需决策的一般规则和特殊行为。参见[美]史普博:《管制与市场》,余晖等译,上海三联书店 1999 年版,第 45 页。

② 《牛津法律大辞典》将 regulation 解释为"规范、规则、法规、条例。广义上指任何旨在规范行为的法律规定,而它通常指政府各部门按照法定权力所发布的各种从属性法律"。参见[英]戴维·M. 沃克:《牛津法律大辞典》,李双元等译,法律出版社 2003 年版,第 954 页。而 supervision 通常翻译为监督,强调更为具体、细节性的法律实施活动。

③ 参见[美]詹隼:《推动日本奇迹的手——通产省》,姜雪影等译,经济和生活出版事业股份有限公司 1985 年版。

④ 参见张守文:《经济法学》,中国人民大学出版社 2008 年版,第 39、386—390 页。

活动的政策；(4) 以处理自然垄断为目的，在公益事业领域的进入、退出、价格、投资等规制政策；(5) 处理非价值性物品和外部不经济为目的的政策，防止和缓解经济活动中产生的社会问题；(6) 以处理信息偏在为目的的政策，包括保护消费者权益、公开信息、对广告和说明的制约等；(7) 与多样化的市场失灵相关的政策，如产业政策、科学技术振兴政策等；(8) 其他政策，特别是劳动政策以及与土地、自然资源相关的政策。[1] 在植草益看来，其中 (1) 是与宏观经济有关的政策，(2)—(8) 是与微观经济有关的政策。但根据我国学界通说，典型的微观市场规制主要是 (3)—(6)，其余政策或者是宏观调控政策，或者存在宏观调控和市场规制的交叉。总体而言，市场规制侧重对微观市场主体及其行为进行直接的调节和控制，宏观调控侧重对宏观国民经济进行总体的间接调节和控制[2]；市场规制侧重在执行，宏观调控侧重在决策[3]。因此，市场规制可界定为规制主体以治理市场失灵为己任，依法对市场主体的市场进入和退出、价格、数量、质量、投资、财务会计等，进行限制性的控制。[4]

换言之，规制的实质是政府与市场、社会的界限问题，即政府何时干预市场，何时由市场和社会自行解决所出现的问题。一般认为，只有当市场出现失灵，如外部性的存在、公共产品、信息失灵问题、完全竞争的丧失[5]，政府为提高资源配置

---

[1] 参见［日］植草益：《微观规制经济学》，朱绍文等译，中国发展出版社1992年版，第19—20页。

[2] 所以，市场规制法的主要运作方式是限制或禁止，其规范的内容多是市场主体的义务性规定以及相应的法律责任，具体且明确。而在宏观调控法中，很多稳定性的、长期的国家经济政策往往直接被规定在法律之中，这些规范是典型的政策性规范，鼓励和促进色彩明显。而且大多情况下，宏观调控都着眼于整个宏观经济，调控必须考虑宏观经济的变易性，因而规范的抽象性比较明显。例如，我国《中小企业促进法》（2002年6月29日通过，自2003年1月1日起施行）第一条规定："为了改善中小企业经营环境，促进中小企业健康发展，扩大城乡就业，发挥中小企业在国民经济和社会发展中的重要作用，制定本法。"《清洁生产促进法》（2002年6月29日通过，自2003年1月1日起施行）第一条规定："为了促进清洁生产，提高资源利用效率，减少和避免污染物的产生，保护和改善环境，保障人体健康，促进经济与社会可持续发展，制定本法。"《循环经济促进法》（2008年8月29日通过，自2009年1月1日起施行）第一条规定："为了促进循环经济发展，提高资源利用效率，保护和改善环境，实现可持续发展，制定本法。"

[3] 参见邢会强：《宏观调控权运行的法律问题》，北京大学出版社2004年版，第17—20页。

[4] 参见王全兴、管斌：《市场规制法的若干基本理论研究》，载《中国法学》2001年特刊。

[5] 参见［英］斯蒂芬·芒迪：《市场与市场失灵》，方颖译，机械工业出版社2009年版，第41—60页。

效率、维护社会公平正义才出面干预。当然,市场失灵只是规制的必要条件,而非充分条件。面对市场失灵,社会有多种控制战略:私人秩序、法庭诉讼、行业自律、市场规制、国家所有制、宏观调控等,市场规制只是市场失灵解决机制中的一个环节或类型而已。孰优孰劣,取决于不同国家的制度生态(包括市场化程度、法治传统以及社会文化、历史传统等)与不同争端类型的特点。科斯认为,在竞争和私人秩序不能成功解决市场失灵的少数情况下,可以由公正的法院来强制执行合同和法律,制止侵权行为。① 詹科夫、施莱弗等学者指出,一套有效的制度设计,既要考虑自由市场和私人秩序可能带来的无序成本,也要考虑规制和国家所有制可能带来的专制成本;只有在无序的程度太高,令私人秩序甚至法院都不能加以有效控制的情况下,规制才是必需的。② 卡塔琳娜·皮斯托和许成钢则主要根据争端类型进行了研究。他们认为,在高度不完备的法律下,如果损害行为能加以标准化,并且该行为继续下去会产生大量的外部性,此时监管者优于法庭。③ 维斯卡西(Viscusi)认为,规制是政府通过法律的威慑限制个体和组织自由选择的一种措施;政府的主要资源是强制权,规制就是这一权力的体现,其目的在于限制经济行为人的决策。④ 这些研究成果表明,竞争机制、私人秩序、法庭诉讼和规制在解决市场失灵问题中都不可或缺。政府在采取规制措施前,首先必须弄清楚:发生了什么问题?问题产生的原因是什么?解决该问题的候选方案有哪些?政府是否有能力解决这样的问题?政府行为相对于其他替代性方案的优势何在?"体系中固有的缺陷和困难,使规制只不过是一种粗糙的政府干预手段。它是一把老式大口径短枪,而不是一把速射突击步枪。"⑤ 可以肯定,"应当始终将市场看做政

---

① See Ronald Coase, "The Problem of Social Cost", Journal of Law and Economics 3 (1960). 中译本载 [美] 罗纳德·哈里·科斯:《企业、市场与法律》,盛洪等译,上海三联书店1990年版,第75—129页。

② 参见 [美] 詹科夫、波塔、德-西拉内斯、安德烈·施莱弗:《新比较经济学》,郑江淮等译,载吴敬琏主编:《比较》(10),中信出版社2004年版,第9—36页;[美] 安德烈·施莱弗:《理解监管》,余江译,载吴敬琏主编:《比较》(16),中信出版社2005年版,第103—120页。

③ 参见卡塔琳娜·皮斯托、许成钢:《不完备法律(上)——一种概念性分析框架及其在金融市场监管发展中的应用》,汪辉敏译,载吴敬琏主编:《比较》(3),中信出版社2002年版,第111—136页。

④ See Viscusi, Economics of Regulation and Antitrust, Massachusetts: The MIT Press, 2000, p.295.

⑤ 参见 [美] 史蒂芬·布雷耶:《规制及其改革》,李洪雷等译,北京大学出版社2008年版,第271页。

府行为的一个替代性选择,还应当评估私营部门和个人在解决该问题上的能力。"① 笔者认为,只有在市场竞争、私人秩序、法庭诉讼都不能有效解决市场失灵问题,且可以充分肯定规制能够成功解决的情况下,政府才能依法介入。② 针对社会问题,在市场与政府之间存在着若干潜在的制度安排,从价格规制到信息和标准规制、从合同到许可和特许、从费到排污权交易和税、从民营化到公有和国有化……经济法学需要对它们在国家干预强度谱系表上所处位置、运用条件、服务于何种政策目标以及达成目标的能力、局限等,以及如何选择最相匹配的规制工具以达成政策目标,展开具体的情境化研究,从而使公共政策决策形成一种多中心的制度安排。③

诚如爱伦·斯密德所言,"规制通常体现为人们普遍享用的基本价值判断和公共选择。……表现出大多数人都认可的伦理取向,而这种取向又在一定程度上赋予了监管者权力来源的合法性基础。"④ 从这个角度讲,市场规制就是公共政策法律化,必须以维护国民经济的正当秩序为目的。而最能表现经济法规制目的的是德国1919年《魏玛宪法》第151条规定,国家有规制经济生活的责任,此种经济生活应与保障所有国民基本生活的正义原则相一致。⑤ 韩国《宪法》第111条规定,为了维护国民经济的均衡增长和稳定及维持适当的收入分配、防止市场支配和经济力的滥用、协调经济主体之间关系、实现经济民主化,国家可对经济加以规制和调整。⑥ 市场规制权是指市场规制主体依法享有和行使对市场主体的市场进入和退出、价格、数量、质量、投资和财务会计等微观市场行为进行限制性规范和

---

① 参见《OECD国家监管改革与监管治理原则》,载吴敬琏主编:《比较》(36),中信出版社2008年版。

② 厉以宁认为,市场好比一台搅拌机,政府就是搅拌机的管理者。各种生产要素进入市场这个搅拌机后,市场自发调节,最终实现资源的有效配置。在这里,政府作为市场这个搅拌机的管理者,主要起三个作用:(1)制定市场运作的法律、法规、规章制度,保证市场正常运作;(2)在市场运行发生故障和纠纷时,排除障碍,依法处理纠纷;(3)根据市场情况调整运作的速度,采取微调措施。搅拌机的管理者不能代替搅拌机的运作。"搅拌机理论"强调,政府不能代替市场;市场调节是基础性的,凡是市场能解决的问题就由市场调节,政府只从事市场所解决不了的问题。参见厉以宁:《转型发展理论》,同心出版社1996年版,第176—177页。

③ 参见管斌:《混沌与秩序》,北京大学出版社2010年版,第285页。

④ 参见[美]爱伦·斯密德:《财产、权力和公共选择》,黄祖辉等译,上海三联书店1999年版,第17页。

⑤ 《魏玛宪法》第151条规定:"经济生活的秩序应与保障所有国民基本生活的正义原则相一致,在此限度内保障个人经济活动的自由。"

⑥ 参见[韩]权五乘:《韩国经济法》(第六版),崔吉子译,北京大学出版社2009年版,第41页。

控制的权力,以维持市场机制的有效运转、促进国民经济可持续发展和社会和谐。

市场规制权有以下特征:(1)产生的法律确认性。市场规制权的产生需要法律的授权或确认,市场规制权的主体、对象、内容、行使等都需要法律加以规范。(2)行使的程序性。市场规制权的行使涉及政府、企业和消费者等多方主体的利益博弈和互动关系,因而需要符合法定的程序,保障市场主体的知情权和参与权,如听证制度的设置。(3)主体的公共性。金泽良雄将规制限定为"公的规制",即在以市场机制为基础的经济体制条件下,以矫正和改善市场机制内在的问题(广义的"市场失灵")为目的,政府干预经济主体(特别是企业)活动的行为。① 金泽良雄将市场规制的主体仅限定为政府,但随着社会经济的发展,大量非政府的社会中间层主体(如行业协会、消费者协会等)也成为了市场规制的主体。《关于制止低价倾销行为的试行规定》(1998年)赋予行业协会"加强对经营者成本核算的指导"、"规范经营行为"等职能。(4)规制对象的特定性。市场规制权的行使以其特定的规制对象和调整范围为边界,仅对市场主体的市场行为进行规制,并且侧重于市场准入和退出、竞争、价格、数量、质量、合同等微观市场行为;(5)目的的公共政策性。市场规制权设置和行使的目的是为了保护社会公共利益,维护市场经济秩序,进而促进国民经济可持续发展和社会和谐。(6)内容的多样性。市场规制权的内容涉及微观市场经济活动的各个环节和领域,如按照规制对象划分则包括市场准入和退出规制、价格规制、数量规制、质量规制、合同规制、财务规制等。(7)行使手段的多样性。市场规制权的行使,既可以是奖励手段(如促进措施),也可以是惩罚手段;既可以数量控制(如限购),也可以质量控制(如行政关闭);既可以采用行政命令,也可以采用合同或约谈②;既可以"备而不用"③,

---

① 转引自[日]植草益:《微观规制经济学》,朱绍文等译,中国发展出版社1992年版,第19页。

② 约谈,顾名思义,约好就某一问题进行商谈。约谈制度于2007年在土地监管领域悄然兴起之后,被迅速应用于各种行业监管。2010年12月22日,国家食品药品监督管理局发布《关于建立餐饮服务食品安全责任人约谈制度的通知》(国食药监食[2010]485号),在食品安全监管领域率先在国家层面建立起约谈制度。由于约谈后"向社会通报"实质上是通过社会舆论的影响力给企业以社会性制裁——这种制裁有时候比一般的行政处罚来得更为严厉,甚至可以让一个企业关门倒闭,监管效果斐然。2011年9月26日,国家食品药品监督管理局政策法规司还发布了《食品药品安全责任约谈办法(征求意见稿)》,希望在整个食品药品安全责任监管中实施约谈制度。

③ 由此推衍,经济法的"备用性"这一特性值得重视!"说到底,某些经济法规则已经不再付诸实施,但仍被'保留起来'……但是,在正常时期,这类措施很少付诸实施或不付诸实施,因为它们不是执行经济政策所必不可少的。"参见[法]阿莱克西·雅克曼、居伊·施朗斯:《经济法》,宇泉译,商务印书馆1997年版,第88页。

也可以"事必躬亲";等等。(8)权责统一性。经济法的"主体—行为—责任"研究框架①不仅适用于一般市场主体,也同样应当适用于政府主体和社会中间层主体,政府在怠于行使("不作为")或滥用市场规制权("乱作为")时需要承担相应责任。

关于市场规制权的性质,有学者认为,市场规制权是公共机关在特定情形下依法享有的一种直接限制市场化主体权利或增加其义务的公权力,应归属于行政权,但又并非纯粹的行政权,同时还蕴含一定范围的立法权和司法权。② 类似的观点认为,以美国各独立委员会为代表的规制机构是"无头的第四部门"(headless fourth branch),其市场规制权是集准立法权、行政权、准司法权为一体的混合权力。③ 另有学者主张,包括市场规制权在内的国家调节权是独立于传统的立法权、行政权和司法权之外的第四种权力形态,并由此产生了规制这种新型权力的新的法律部门——经济法。④ 笔者认为,市场规制权本质上应是一种公权力,权力的来源需要法律的授权或确认,权力的主体具有公共性(包括政府和非政府公共部门),权力的行使具有强制性效果。市场规制权的规定,应当严格贯彻"法律保留原则"和"议会保留原则",这在《立法法》第8条⑤上有所体现。不同于传统行政权的是,市场规制权不是"规制者的判断对商业判断或市场判断的必然取代"⑥,而是"自

---

① 参见王全兴、管斌:《经济法学研究框架初探》,载《中国法学》2001年第6期。
② 参见盛学军、陈开琦:《论市场规制权》,《现代法学》2007年第4期。
③ 作为一个具有全新经济管理职能的独立行政机构,1887年成立的州际商业委员会(ICC)是美国国家权力对经济领域开始实行较为直接管制的标志。因为通过立法,国会既赋予其颁布控制个人行为并对违法行为科以民事或刑事重罚的规则的权力,又赋予它调查潜在的违反规则或法规的行为并对违法者提起诉讼的执行权,以及裁决由此引起的争端的司法权。参见[美]欧内斯特·盖尔霍恩等:《行政法和行政程序法概念》,黄列译,中国社会科学出版社1996年版,第6—7页。这种做法开创了美国宪制史上同一机构同时行使立法、行政和司法三种权力的先河,改变了传统宪制权力分立机制。此后,美国州和联邦监管机构接管了竞争、反托拉斯政策、铁路定价、食品与药品安全、某些特殊行业(如金融业)等领域的社会控制权,监管执法或法律规则的规制性实施与普通法法庭和自由放任一起成为可替代性的执法策略。这个社会现实为学者对规则实施进行多元比较制度分析提供了经验依据。参见[美]格莱泽、施莱弗:《监管型政府的崛起》,杨松译,载吴敬琏主编:《比较》(2),中信出版社2002年版,第51—73页。
④ 参见陈云良:《国家调节权:第四种权力形态》,载《现代法学》2007年第6期。
⑤ 《立法法》第8条规定了类似国家主权等重要的事项只能由全国人民代表大会及其常务委员会制定法律调整,不能够通过行政机构制定法规规范。
⑥ See Gellhon E, R. J. Pierce, Regulate Industries, St. Paul Westing Publishing Co., 1982, p. 6-8.

由放任与政府控制之间的一个艰难妥协"①。非政府公共部门（社会中间层主体）成为市场规制权的主体，享有"政府之外的公共权力"②。这使得市场规制权在主体、来源、行使方式等方面得以扩展，其外延超越了传统行政权的范畴。另一方面，传统立法权专属于权力机构，但随着社会的发展，专业分工的细化，权力机构没有时间、精力和能力就每项社会事务进行立法，但又不能放任在某些邻域出现法律真空，于是各种授权立法应运而生，这在《立法法》第9、10、11条上有所体现。③ 中央层面的各规制机构经权力机构授权，根据总体的规制政策与目标，制定立法机关也无法制定的详细规则，从具体细节上补充授权性法律，行使类似于立法的权力。中央规制机构制定法对司法所具有的规范效应，与行政机关制定法一样受《行政诉讼法》第52、53条规定的保障，在审判中可以"参照"适用作为审判依据④。另外，由于规制机构可以行使"准立法权"，并通过监督与制裁来贯彻法律，市场规制权自然也包含准司法权的内容。准司法权一方面表现在规制机构对特殊案件的具体裁决过程上，另一方面表现在规制机构享有法院的某些职能。例如，规制机构可就某项诉讼主持听证会，并进行裁决；规制机构可以收集证据并且采用它认为需要采用的规则来起诉和处罚违规的企业，即建立起一种类似于法庭的机制使特殊权力得以实施。据此，市场规制权打破了传统权力体制"三权分立"的疆域，体现了行政、立法和司法权力之间既相互独立又相互渗透，有利于缩短过于冗长的立法、司法程序，从而提高治理效率。

二、市场规制权的产生及其类型化

（一）市场规制权的产生及其理论基础

市场规制权的产生需要一定的合法性基础，包括形式合法性和实质合法性。形式合法性指的是市场规制权的产生需要法律的授权或确认；实质合法性指的是市场

---

① See Martin Shapiro, The Supreme Court and Administrative Agencies, The Free Press, 1968, p. 260.

② 参见田屹：《政府之外的公共权力——非政府公共部门干预权研究》，载《兰州学刊》2009年第2期。

③ 全国人民代表大会及其常务委员会有权授权国务院根据实际需要，对属于《立法法》第8条规定的部分事项先制定行政法规。

④ 1984年美国法院在谢弗林诉自然资源保护委员会案中确立了"谢弗林尊重"（Chevron deference）：法院裁判时，当制定法暧昧不清时，行政机关的解释只要合乎理性，就对法院具有拘束效果，从而确立了行政机关制定法对司法具有规范效应。此后，在包括环境、福利、劳资关系、公民权利、能源、食品和药品、银行业在内的广袤行政领域里，谢弗林判例引起了现代行政国家下的权力位移，改变了行政机关和法院、立法机关之间权力的配置。See Cass R. Sunstein, Law and Administration after Chevron, 90 Colum. L. Rev. 2074-2075 (1990).

规制权产生的正当性或合理性基础,即市场规制权的现实背景和理论基础的支撑。市场规制权的形式合法性将在下一节中具体讨论,这里仅就其产生的现实和理论依据进行阐述。

首先,市场规制权的产生源自于市场缺陷(市场失灵)。市场缺陷是市场规制权产生的经济学理由。市场缺陷主要表现在以下方面:(1)不完全竞争。理想的市场环境是完全竞争市场,在完全竞争市场中价格机制会自动调节供求关系直至均衡状态,从而实现资源的最优配置。但是垄断(包括自然垄断、完全垄断和寡头垄断)的存在扭曲了价格机制,破坏了市场竞争秩序和资源的配置效率,因而需要政府对垄断行为加以规制,保障正常的市场竞争秩序。(2)信息不对称。市场主体的理性决策有赖于信息的及时、充分和真实,但由于市场主体地位的不平等性使得信息偏在成为常态,从而滋生道德风险和逆向选择。这不仅会使信息劣势主体利益易受到信息优势主体的侵害,而且不利于市场的健康发展,需要政府对信息披露进行规制。(3)外部性。外部性的存在会造成资源配置在私人边际成本和收益与社会边际成本和收益之间的差异,从而使资源在正外部效应和负外部效应之间得不到合理的配置,降低了资源的配置效率,因而需要政府运用财政、税收、金融和规制等手段,增加正外部效应行为的收益、增加负外部效应行为的成本。(4)公共产品供给失灵。公共产品具有非竞争性和非排他性的特点,即一个人对公共产品的消费不会导致其他人消费该产品数量和质量的减少/降低,且任何人无法将公共产品据为己有而将其他人排除在消费之外。公共产品的特性必然导致"搭便车"现象,亟需政府动用公共财政资金由自己生产和提供。但伴随着"命令行政"转向"合同行政"和公用事业民营化进程,政府经济社会职能的实现开始市场化转型,即由私人部门代替政府提供公共产品,该产品市场中的政府的身份则由生产者转变为规制者。历史发展的事实也一再表明,自由放任并不能自动实现个人利益与社会利益的和谐,所谓造物主决定的自然秩序中所包含的经济秩序并不能维持社会达到可能的最大的再生产。① 因应市场缺陷,市场规制及其规范化应运而生。

其次,在市场缺陷的基础上,诞生了一系列支持市场规制的理论,如公共利益理论和法律不完备理论。公共利益理论是以市场失灵和福利经济学为基础建立起来的。公共利益理论认为由于市场的唯利性以及市场机制内在的不完全竞争、信息不对称、外部性和公共产品等缺陷,致使市场无法保障公共利益、增进公共福利。而政府作为以维护社会公共利益为己任的机构可以担此重任,利用市场规制和宏观调

---

① 参见[法]魁奈:《魁奈经济著作选集》,吴梦丹等选译,商务印书馆1979年版,第245页。

控等经济管理手段实现其经济社会职能，促进社会整体利益的增长。由此可见，公共利益理论建基于市场失灵和政府善治两个前提，为市场规制权的正当性提供依据。但这一理论也招致了诸多批判，一是市场失灵并不必然预设政府干预，除此之外还可以通过市场机制、私人诉讼等方式应对。比如，制度经济学派鼻祖科斯坚持个体是其利益最好的"法官"，认为外部性问题是由于产权不清晰导致的，主张通过界定产权，发挥市场机制的作用，由当事人谈判协商和交易来达成各自利益的最大化安排，实现资源的最优配置。根据科斯定理，当交易成本为零时，无论产权的初始安排如何，市场机制都会实现资源的最优配置；当存在交易成本时，不同的产权初始安排，会导致不同的资源配置效率。① 二是针对公共利益理论中关于政府善治的假设，利益集团理论以及基于该理论提出的规制俘获理论②进行了反驳，利益集团理论认为政府的市场规制权设定和执行会面临利益集团的"寻租"行为，使政府被实力强大的利益集团所"俘获"，进而导致其市场规制脱离公共利益的轨道，成为为利益集团服务的工具。

一般认为，法律的不完备是市场规制权产生的法律原因。"法律的不完备性理论"③ 是由卡特琳娜·皮斯托和许成钢在哈特的"不完备合同"理论启发下提出的。法律的不完备性理论认为，过往的理论都隐含了一个基本假设，即法律是完备的。如贝克—斯蒂格勒模型认为法庭的执法能够让法律起到最优的阻吓作用，但前提是法律制定得足够清楚、明确，每个个人和法官对法律都有相同的认识；又如科斯定理关于"交易成本为零时，市场机制会实现资源的最优配置"的论断，"交易成本为零"也意味着合同是完备的，而法律作为一个大合同也应当是完备的。但日常生活中的法律都是不完备的，这是设置规制机构进行规制的根本原因。法律的不完备作为一种常态，会影响法律的实效，仅靠法院的被动式执法和事后立法只是一种次优选择；为了保证有效执法，应当对立法权和执法权进一步细分，即应赋予

---

① 参见［美］R·H·科斯：《社会成本问题》，载 R. 科斯，A. 阿尔钦，D. 诺斯等著：《财产权利与制度变迁——产权学派与新制度学派译文集》，刘守英等译，上海人民出版社 1994 年版，第 3—58 页。

② "俘获"理论，指规制机构在公益目标上的低效，很可能可以解释为是由于来自保护被管制者利益方面的压力、影响和贿赂。参见［美］斯图尔特：《美国行政法的重构》，沈岿译，商务印书馆 2002 年版，第 23 页。

③ 参见许成钢：《法律、执法与金融监管——介绍"法律的不完备性"理论》，载《经济社会体制比较》2001 年第 5 期；［美］卡特琳娜·皮斯托、许成钢：《不完备法律》，载吴敬琏主编：《比较》（3、4），中信出版社 2002 年版。

规制机构以持续立法和主动执法的权力，以应对法律不完备所导致的"阻吓失灵"。①

（二）市场规制权的类型化

类型化的研究方法上可追溯至古希腊，而社会科学的类型化研究则主要来源于马克斯·韦伯的"理想类型（ideal style）"。"理想类型"通过"片面强调一个或几个观点和由许多散在的、无联系的、多少存在的以及偶然又不出现的具体个别现象的综合，即可获得一个分析概念"；这一抽象性的概念具有逻辑上的明晰性、一致性，但它只是一种"观念中的"（ideal）"类型"（style）。② 理想类型具有以下特点：一方面，作为理智上构造的概念工具，它具有高度的概括性、抽象性，因而不同于经验事实；另一方面，作为考察现实的概念工具，它是对繁多的经验整理后，突出了经验事实中具有共性的或规律性的东西，使之成为典型形式。作为一种重要的、有效的社会科学研究方法，理想类型在法学研究中得到广泛应用。类型化研究可以将抽象的概念转化成对日常生活世界具体现实的描述，同时也有助于把握事物一般共性的同时发掘各不同类型的特性。

基于不同的角度，市场规制权可以作不同的类型化区分：（1）依规制主体不同，可分为政府规制权和非政府公共部门规制权；（2）依规制对象的基本类型，可分为竞争规制权、交易规制权和中介规制权等；（3）依规制对象的具体内容不同，可分为市场准入和退出规制权、合同规制权、价格规制权、数量规制权、质量规制权、广告规制权、财务会计规制权等；（4）依规制市场不同，可分为商品市场规制权、劳动力市场规制权、生产资料市场规制权、金融市场规制权和农业规制权等；（5）依规制的领域不同，可分为经济性规制权和社会性规制权。按照 Lester M. Salamon 的归纳，经济性规制与社会性规制的区别见表1③：

---

① 有学者认为，对损害行为的约束，责任规则（法庭执法）和直接规制两种不同制度安排何者更为可欲，在很大程度上与它们运行所需的条件，以及随着它们所调控的行为的性质而发生变化。无论是责任规则还是直接规制，哪一种都不可能成为控制损害风险的唯一选择。参见［美］史蒂芬·夏维尔：《损害赔偿责任抑或安全规制》，载［美］唐纳德·A. 威特曼编：《法律经济学文献精选》，苏力等译，法律出版社2006年版，第93—98页。一个完备的控制损害发生风险的制度，应当将责任与规制结合起来运用，在动态的规制实践中合理构建并适时调整二者的关系。

② 参见［德］马克斯·韦伯：《经济和社会》，林荣远译，商务印书馆1997年版，第52页。

③ See Lester M. Salamon eds. The Tools of Government: A Guide to the New Governance, New York: Oxford University Press, 2002, pp. 117-119.

第五章 市场规制权研究

表1　　　　　　　　　　经济性规制和社会性规制的区别

	经济性规制	社会性规制
理论基础	纠正市场失灵	克服法制过于机械的缺点、规避社会风险
政策目标	确保竞争性的市场条件	限制可能直接危害到公共健康、公共安全或社会福利的行为
政策工具	市场进入控制、价格控制、产量控制等	制度设置、确立标准、奖惩机制、执行系统等①
政策对象	公司企业行为	个人、公司企业以及低层级地方政府的行为
案例	电信、航空、邮政等网络型产业	药品食品安全、控制环境污染、生产安全等

人生而自由，却无不在风险之中。风险是现代人的宿命。值得反思和警惕的是，相比于经济性规制，我国法律对于社会风险的规制相对弱化。社会性规制的弱化使社会可持续发展失去了必要的激励。社会性规制的核心任务就是提供制度激励，而这是现代社会可持续发展的必要条件，以监督和分级制裁为内容的社会性规制目的就是实现一个相互依赖的社会中防止那些想破坏规则的人，同时使准自愿遵从者确信其他人遵从。②

从总体上看，市场规制权可主要类型化为：

1. 规则制定权。即规制机构制定在规制领域中具有普遍约束力的规范性文件的权力。这种规则制定权，不仅仅体现为银监会、保监会、证监会等监管机构的"准立法权"，还在相关的部门规章甚至相关部、委、局、署的一些"通知"、"批复"中有所体现。如美国证券交易委员会（Securities and Exchange Commission, SEC）的规则制定权包括两大类：一是授权立法，即根据法律的明确授权制定具有法律效力的规则，当然规则的范围不能超出创设制定规则行政权力根本法的允许范围。超出范围的规则是无效的。二是解释性规则，即为帮助市场参与者更好理解以

---

① 有学者将社会性规制划分为三种规制形式：（1）信息规制，强制要求提供方披露商品或服务的质量信息的细节；（2）"私的"规制，设定仅仅只能由从中受益的个人才能执行的义务；（3）经济工具，不是强迫性的，而是通过财政激励来引导合意的行为。而在谱系的另一端，我们将看到干预程度最强的事前批准，没有行政机关的许可或者授权，某一行为就是禁止的；在两个极端之间还存在着一项被广泛运用的规制工具——有时候被称为"指令与控制"的标准，它以刑事惩罚为后盾，被施加于产品提供者之上。参见［英］安东尼·奥格斯：《规制：法律形式与经济学理论》，骆梅英译，中国人民大学出版社2008年版，第5页。

② 参见［美］迈克尔·麦金尼斯：《多中心治道与发展》，毛寿龙译，上海三联书店2000年版，第98页。

及遵守法律要求，SEC 制定有大量解释性规则。这些规则不具有法律强制力，仅仅表示 SEC 根据法律授权作出的对法律的理解。除此之外，SEC 还通过指南、建议以及咨询意见等方式，对法律条款和规则进行解释。①

2. 许可权。即规制机构根据受规制方的申请，允许其从事某种行为、确认其某种权利、授予其某种资格的权力，如金融机构许可证的发放、证券发行的核准、电信运营牌照的发放。《行政许可法》(2004年) 对设定和实施行政许可应当遵循的条件和程序作了严格限定。并且规定，可以设定行政许可的事项限于：(1) 直接涉及国家安全、公共安全、经济宏观调控、生态环境保护以及直接关系人身健康、生命财产安全等特定活动，需要按照法定条件予以批准的事项；(2) 有限自然资源开发利用、公共资源配置以及直接关系公共利益的特定行业的市场准入等，需要赋予特定权利的事项；(3) 提供公共服务并且直接关系公共利益的职业、行业，需要确定具备特殊信誉、特殊条件或者特殊技能等资格、资质的事项；(4) 直接关系公共安全、人身健康、生命财产安全的重要设备、设施、产品、物品，需要按照技术标准、技术规范，通过检验、检测、检疫等方式进行审定的事项；(5) 企业或者其他组织的设立等，需要确定主体资格的事项；(6) 法律、行政法规规定可以设定行政许可的其他事项。

3. 调查权。其主要目的是获得信息，是行使其他规制权力的基础。各国法律一般规定有以下四种调查权：(1) 要求受规制方制作记录，包括文件和档案；(2) 要求受规制方定期提出报告；(3) 签发传票，要求被调查者出席作证，或提供账簿、文件和档案；(4) 对当事人的生活住宅和企业住所进行检查。我国目前对调查权的规定散见于单行法律、法规之中，对调查权的主体、范围、手段以及程序都没有全面规定。

4. 处理权。即规制机构就具体的事件作出处理的权力，依据具体的规制领域而有所不同，如反垄断中的分拆企业、网络行业中的互联互通、金融市场中的接管。处理权的范围极宽，既可以表现为禁止权（如责令改正、责令停止违法行为），也可以表现为奖励权(《产品质量法》第 6、10 条；《价格法》第 38 条)；既可以表现为事前的监督权和指导权、事中的组织协调权，也可以表现为事后的纠纷处理权(《反垄断法》第 53 条)、起诉权②；既可以表现为定期的日常管理权，如价格监测权(《价格法》第 28 条)，也可以表现为临时性的处理权，如采取价格干

---

① 参见 [美] 托马斯·李·哈森：《证券法》，张学安等译，中国政法大学出版社 2003 年版，第 13—14 页。

② 对于准司法模式的国家来说，一般赋予其反垄断执法机构以起诉权，包括是否提起诉讼、提起民事诉讼还是刑事诉讼的权力。美国司法部反托拉斯局和联邦贸易委员会、澳大利亚竞争与消费者委员会等，均依法拥有特定的起诉权。

预和价格紧急措施权(《价格法》第30、31、32条)。值得提及的是，国家进行宏观调控时常常会运用临时性的处理权。

5. 强制权。它是规制机构为预防、纠正违法和确保规制法上义务的履行而采取强制措施的权力，可分为强制决定权和强制执行权。西方国家对强制权性质的认识有很大的差异。在普通法系国家，行政机关原则上没有强制执行的最终决定权，这一权力归属于法院，以便该权力的运作得到更多的程序保障；而在大陆法系国家，基于效率的考虑，法律也把某些强制执行权赋予规制机关。我国现行做法是强制决定权归属行政机关，而强制执行权以申请人民法院强制执行为原则，以行政机关自行强制执行为例外。在实际执法中，最常涉及的强制权包括：第一，针对财物或者场所的强制权。如《商标法》(2001年)第55条规定工商部门对有证据证明是侵犯他人注册商标专用权的物品，可以查封或者扣押。查封主要是就地进行，加贴封条；扣押主要是易地进行，一般由实施机关直接控制被扣押的物品。第二，限制人身自由的强制权。主要由公安机关行使此项权利。如强制传唤与讯问，公安机关对无正当理由不接受传唤或逃避传唤的，可以强制传唤其到一定场所，并进行讯问(《治安管理处罚法》(2006年)第82条第2款)；强行约束，公安机关对那些对本人有危险或对他人有威胁的醉酒人，强行约束到酒醒。强行带离现场，如公安机关将违反规定进入体育场馆的人员强行带离现场(《治安管理处罚法》第24条第2款)；其他限制人身自由的行政强制措施还有如隔离治疗等（医疗、卫生、保健机构对患有严重传染性疾病的人予以隔离治疗）。第三，针对银行存款的强制权，主要包括冻结、划拨和暂停支付银行存款。强制权必须依照《行政强制法》(2011年6月30日通过，自2012年1月1日起施行)规定的权力和程序行使。

6. 处罚权。它是规制机构对违反规制法律规范者给予行政制裁的权力，如罚款、没收非法所得、限制行为能力、取缔或消灭某种法律资格。与处理权相比，处罚权具有制裁性，其行使将使受规制方处于不利地位。例如，同样是企业注销登记，处罚权侧重强制取缔或消灭，而处理权侧重协助企业自愿注销。在普通法系国家，规制机构的处罚权有限，对相对人违反规制法律规范的行为，规制机构要申请法院对违法者给予民事制裁或刑事制裁。而在大陆法系国家，处罚权则被认为是规制权的组成部分，主要由规制机构实施。我国《行政处罚法》(1996年)也承袭了大陆法系的这一传统。在所有国家中，规制的违反可能导致刑事惩罚，当然这仅仅是最后的手段，但大多数规制都是以刑罚为后盾的。① 这符合风险社会中安全刑法理念，强调刑法的目的不在于报应而在于对风险的有效控制。尽管如此，行政执法机关与刑事司法机关之间仍有必要建立起行之有效的案件衔接和移送制度，确保刑

---

① 参见［英］安东尼·奥格斯：《规制：法律形式与经济学理论》，骆梅英译，中国人民大学出版社2008年版，第4页。

事处罚权的执行。

近年来,许多国家大幅度提高处罚标准,特别是对经营者从事非法垄断的行为,有些国家和地区科处的罚款达到了前所未有的高度。例如,2011年3月,在洗发、护发产品领域占70%市场份额的宝洁、欧莱雅等8家化妆品制造商,在西班牙因结盟操纵价格而处以5000万欧元罚款。又如,2011年4月13日,欧盟委员会对宝洁和联合利华处以总额近3.152亿欧元(4.56亿美元)的反垄断罚款,以惩处这两家日用消费品巨头操纵欧盟8个国家的家用洗衣粉价格。在我国,国家发改委2011年5月6日公布:联合利华中国公司违反了《价格法》第14条、《价格违法行为行政处罚规定》第6条的规定,属于"散布涨价信息,扰乱市场价格秩序"的价格违法行为,情节较重,社会影响较大,上海市物价局对其作出200万元罚款的行政处罚。这是价格主管部门针对散布涨价信息扰乱市场秩序行为开出的首张高额罚单。事实上,我国市场规制法主要采取定额标准罚款,罚款数额上限最高为200万元,标准过低。建议我国处罚权的设置应大幅度提高罚款数额上限,并更多采用销售额标准。

三、市场规制权的法律确认和限制

(一)市场规制权的法律确认

权力合法性的依据在于人民通过法律授权。权利与权力的重要区别就在于权利/权力来源的不同,权利是"法不禁止即允许",而权力则是"法不授权即禁止"。因此,权力需要法律的确认以作为其形式合法性依据,市场规制权自不例外。

纵观世界,各主要市场经济国家都对市场规制权加以立法确认。美国的反垄断立法包括《谢尔曼法》(1890年)、《克莱顿法》(1914年)、《联邦贸易委员会法》(1914年)等,消费者保护方面的立法有《联邦食品、药物及化妆品法》(1938年)、《消费者食品安全法》(1972年)等。英国制定了《竞争法》(1998年)赋予了竞争委员会反垄断执法的权力;对于消费者保护,英国制定了《消费者安全法》(1978年)和《消费者保护法》(1987年)。德国在规制竞争方面的立法包括《反不正当竞争法》(1909年)和《反限制竞争法》(1958年)。日本于1934年制定了《不正当竞争防止法》,1947年制定了《禁止垄断法》,之后都历经多次修改和补充。《日本消费者保护基本法》(1968年)是日本消费者保护的基本法。

我国目前也建立了一套比较完善的市场规制法律体系,主要由三大部分构成:(1)市场规制一般法,主要有市场准入法,如企业登记法等;合同规制法;《反不正当竞争法》(1997年);反垄断法(2008年);《消费者权益保护法》(1994年);《产品质量法》(2000年);《食品安全法》(2009年);《标准化法》(1989年);《价格法》(1997年);《广告法》(1995年);《拍卖法》(2004年);等等。(2)市场规制特别法,主要有金融市场监管法,包括《中国人民银行法》(2003年)、《商业银行法》(2003年)、《银行业监督管理法》(2006年)、《证券法》(2006年)、《证券投资基金法》(2004年)、《保险法》(2009年)、《反洗钱法》(2007年)等;房地产市场监管法,包括《建筑法》(1998年)、《土地管理法》(2004年)、《城市房地产管理法》(1995年)等;电信市场监管法,包括《电信条例》(2000年);劳动力市场监管法;等等。(3)市场规制相关法,主要有公司法、侵权责任法、合同法、知识产权法中与市场规制相关的规定。

市场规制权的法律确认体现在多个方面:(1)权力主体由法律确认。市场规制权的主体有行政规制主体和非行政规制主体,中央规制主体和地方规制主体。如《反垄断法》第9条和第10条规定了国务院反垄断委员会负责组织、协调、指导反垄断工作,国务院规定的反垄断执法机构(国家工商行政管理总局、发改委、商务部)负责反垄断执法工作。又如《消费者权益保护法》第31条规定了消费者协会等消费者组织是依法成立的对商品和服务进行监督的保护消费者权益的社会团体。(2)对象和范围由法律确认。市场规制权的权限和范围是有限的,需要法律予以具体的划定。目前法律规定的市场规制权主要作用于市场主体的微观市场行为,如市场准入和退出、价格、数量、质量、合同、财务会计和投资等。此外,法律还对规制主体的职权范围作出规定,如《消费者权益保护法》第32条明确规定了消费者协会所享有的7项职能。(3)行使的手段由法律确认。以政府价格规制为例,《价格法》第三、四、五章分别规定了政府定价、价格总水平调控和价格监督检查等手段,第六章规定了责令改正、没收违法所得、罚款、责令停业整顿、吊销营业执照等行政处罚措施。(4)行使程序由法律确认。《价格法》第23条规定了价格听证制度,即"制定关系群众切身利益的公用事业价格、公益性服务价格、自然垄断经营的商品价格等政府指导价、政府定价,应当建立听证会制度,由政府价格主管部门主持,征求消费者、经营者和有关方面的意见,论证其必要性、可行性。"《反垄断法》第六章规定了对涉嫌垄断行为调查涉及的"调查—中止调查—终止/恢复调查"的完整程序。(5)不当行使的责任由法律确认。权责统一是市场规制权的重要特征和基本原则,规制主体怠于行使或者滥用市场规制权的要承担相应的法律责任。对此,各市场规制法都做了相应的规定,如《反不正当竞争法》第31条规定了"监督检查不正当竞争行为的国家机关工作人员滥用职权、玩忽职守,构成犯罪的,依法追究刑事责任;不构成犯罪的,给予行政处分"。《价格法》第45条也规定了"地方各级人民政府或者各级人民政府有关部门违反本法规定,超越定价权限和范围擅自制定、调整价格或者不执行法定的价格干预措施、紧急措施的,责令改正,并可以通报批评;对直接负责的主管人员和其他直接责任人员,依法给予行政处分。"

(二)市场规制权的法律限制

权力的本性就是放荡。一旦失去有效约束,权力就会冲破所有的樊笼,成为不受监督的"利维坦",吞噬人间残留的伦理。特权横行,权力机关愈发狰狞,准权力机关也会快速蜕变为权力机关,他们都要把自己变成掠食者,居于生物链的顶端。诚如孟德斯鸠所言:"一切有权力的人都容易滥用权力,这是万古不变的一条经验。有权力的人们使用权力一直到遇有界限的地方才休止……从事物的性质来说,要防止滥用权力,就必须以权力约束权力。"① 而在汉密尔顿看来,"如果人都是天使,就不需要任何政府了。如果天使统治人,就不需要对政府有任何外来的或内在的控制了……毫无疑问,依靠人民是对政府的主要控制;但是经验教导人们,必须有辅助性的预防措施"。② 无论是孟德斯鸠的"以权力制约权力",汉密尔顿的"以人民(权利)制约权力",抑或是托克维尔的"以社会制约权力",其落脚点都在于不同权力/权利主体的"对抗"和制衡。

政府/权力都是必要的"恶"。限制政府权力保障个人权利和自由是古典宪政主义的核心,而以哈耶克和布坎南为代表的新自由主义者对古典宪政理论进行了修正,新宪政理论认为宪政制度应当超越对权力消极限制的古典主张,需要从批判的怀疑主义转向现实的思考一个良好的社会如何得以维系,一种良好的政治体制如何增进社会福利,实现经济效率、民主管理以及其他有益的政治目标。③ "宪政政体必须不只是限制权力的政体,它还必须能有效地利用这些权力,制定政策,提高公民的福利。"④ 因此,随着政治、经济和社会结构的变化,政府职能在发生转变,对待政府权力的态度已不再拘囿于单纯的消极限制,而是通过合理安排政府权力以提高其运行效率,促进政府职能的有效实现,达致"善治"。

有学者对政府经济权力设定了两个边界,即政府经济权力的价值边界和事实边界,其中事实边界又包括实体边界和程序边界。⑤ 笔者认为,市场规制权也应以其价值边界和事实边界为限,但事实边界除实体边界和程序边界外,还应包含责任边界。具体而言,市场规制权的价值边界应与政府的经济社会职能相符,以社会公共利益作为根本的价值取向。政府规制的每一种使用都要经过严格的审视,并且在不至于导致个人专断的前提下尽可能地注意限制政府行动的边界,以实现社会公共利

---

① 参见[法]孟德斯鸠:《论法的精神》(上册),张雁深译,商务印书馆1995年版,第154页。

② 参见[美]汉密尔顿、杰伊、麦迪逊:《联邦党人文集》,程逢如等译,商务印书馆1995年版,第264页。

③ 参见马洪雨:《论政府证券监管权》,西南政法大学2008届博士学位论文,第48页。

④ 参见[美]斯蒂芬·L·埃尔金、卡罗尔·爱德华·索乌坦:《新宪政论——为美好的社会设计政治制度》,周叶谦译,生活·读书·新知三联书店1997年版,第156页。

⑤ 参见张莉莉:《政府经济权力的边界:基于经济法视角的思考》,《甘肃政法学院学报》2008年第5期。

益的维护、实现和延续。① 我国《反垄断法》、《反不正当竞争法》、《消费者权益保护法》、《价格法》和《食品安全法》等市场规制法的立法宗旨都含有维护社会公共利益的价值追求,这也是经济法的本质要求。如《反垄断法》第 1 条将"维护消费者利益和社会公共利益"作为立法宗旨之一。一个国家有尊严,首先在于这个国家的穷人能体面生活,享受普遍服务②。"活着,且活得有面子",是社会公共利益的世俗表现。市场规制权的行使,不得危及普通公民的基本生存权。

市场规制权的实体边界主要是对市场规制权主体、范围、内容、手段等实体内容作出的限制性规定,防止越权。诚如波兰尼所言,"就近百年而言,现代社会由一种双向运动支配着:市场的不断扩张以及它所遭遇的反向运动(即把市场的扩张控制在某种确定方向上)。市场体系快速地发展着,它吞没了空间和时间。与此同时,同步的反向运动也在进行中。它不只是社会面临的一般防御行为;更是对损害社会组织的那种混乱的反抗"。③ 现代社会的规制治理正是在这两种运动的张力中展开的:对于规制主体而言,其依据市场规制法所享有的权力或职权,可以统称为市场规制权;对于受制主体而言,其依据市场规制权所享有的权利,依据主体的不同,可以分别称为市场竞争权和消费者权,其中市场竞争权主要由经营者依法享有,而消费者权只能由消费者依法享有。权力只有来自权利,权力才会真正代表权利;权力必须回归权利,权力才能真正属于权利!市场规制权的存在,要求从事市场竞争的主体不得从事违法的垄断或不正当竞争等市场障碍行为;而市场竞争权的存在,在要求相关市场不得从事违法的垄断或不正当竞争等市场障碍行为的同时,也要求规制主体的规制行为必须合法、适度;消费者权的存在,则更是对从事经营活动的市场主体的一种限定,它特别强调要禁止损害消费者权益的行为。梳理市场规制法律体系各法中对市场规制权的相关规定,市场规制权的主体包括政府主体和非政府公共部门;其范围主要是市场主体的微观市场行为;其内容主要有市场准入和退出规制、价格规制、数量规制、质量规制、财务会计规制等;其手段包括行政手段、市场手段和社会监督手段等。

市场规制权的程序边界是指市场规制权的行使应当符合法定程序,并由此形成了经济法上突出的实体法与程序法熔于一炉的特点。对于市场规制权,各国在立法上不仅从实体法角度作出规定,同样也规定行使市场规制权的具体程序,这有利于保障市场规制权的有效行使,以确保市场规制法目标的有效实现。例如,日本

---

① 参见[美]米尔顿·弗里德曼、罗斯·弗里德曼:《自由选择》,胡骑等译,商务印书馆 1982 年版,第 76 页。
② 参见管斌:《混沌与秩序》,北京大学出版社 2010 年版,第 225—229 页。
③ 参见[英]卡尔·波兰尼:《大转型:我们时代的政治与经济起源》,冯钢等译,浙江人民出版社 2007 年版,第 112 页。

《禁止私人垄断及确保公正交易法》（1996 年）不仅对作为规制主体的公正交易委员会的组织与权限作出规定，强调该委员会有权行使对私人垄断的规制权、对不正当交易限制的规制权、对不正当交易方法的规制权，以及对垄断状态等的规制权①，而且对该委员会的执法程序②等问题作出专门规定。而该法调整的主要目标，则是促进公平的、自由的竞争，确保一般消费者的利益，促进国民经济民主、健康地发展③。在我国，市场规制权不得恣意行使，现行法律主要强调保障公众的知情权和参与权。如《价格法》第 23 条规定了价格听证制度，《反垄断法》第 6 章对涉嫌垄断行为调查的程序作了规定。

市场规制权的责任边界是市场规制权的最后一道防线，当市场规制主体违反法律对其权力的实体性和程序性规定，怠于行使职权或滥用职权，造成权力"缺位"或"越位"时，需要对有关主体课以法律责任。由于市场规制权的重心在执行权上，通常会对当事人造成一定的侵害，法律责任通常包括金钱上的赔付。我国现行各市场规制法在"法律责任"一章中都较多规定了相关部门及其主管人员和直接责任人在不履行职责或滥用职权时所要承担的行政处分或刑事责任，极少规定政府滥用职权侵害市场主体利益的民事责任。值得提出的是，针对每一种不法市场规制行为及对当事人造成的实际侵害，英国法规定了相应的救济方法，包括人身保护令（habeas corpus）、调卷令（certiorari）、强制令（mandatory order, mandamus）、禁止令（prohibiting order）、禁制令（injunction）、宣告令（declaration）和损害赔偿（damages）等；这些方法混合了传统的私法救济方法和纯粹的公法救济方法，由法院实施，伴随着司法审查。④"英国行政法提供的救济出名的有效"。⑤ 鉴于规制机构"可能受制于腐败、法律缺失、问责缺失、不完美信息、物质和金融设施匮乏、设计和执行必要规制的人身和金融资源短缺以及为基本公共服务融资的高成本"⑥，身处当下这个不同法律文化和法律制度广泛交流、碰撞和渗透的时代，我们不能无

---

① 参见日本《禁止私人垄断及确保公正交易法》第八章　公正交易委员会　第一节　组织及权限（第二十七条至第四十四条）。

② 参见日本《禁止私人垄断及确保公正交易法》第八章　公正交易委员会　第二节　程序（第四十五条至第七十条之三）。

③ 参见日本《禁止私人垄断及确保公正交易法》第 1 条。

④ 参见 [英] Alex carrol. Constitutional and Administrative Law（朗文·培生法学基础系列·影印本），法律出版社 2003 年版，第 327—332 页。

⑤ 参见 [英] 威廉·韦德：《行政法》，徐炳等译，中国大百科全书出版社 1988 年版，第 235 页。值得一提的是，英国竞争法由于可诉性较弱，主要依赖于行政机关执行，所以英国竞争法的司法案例相当少。参见李国海：《英国竞争法研究》，法律出版社 2008 年版，第 1—2 页。

⑥ 参见 [法] 让—雅克·拉丰：《规制与发展》，聂辉华译，中国人民大学出版社 2009 年版，前言二之第 1 页。

视英国法上这些救济方法的独特性和有效性。

第二节 市场规制权的实证研究

一、市场规制权的实证研究（一）：权力的视角

市场规制权的各个类型在我国市场规制法及其相关法律规定中都有所体现，这也是市场规制权法定化的内在要求。笔者通过对我国目前常见的市场规制法及其相关法律文本进行梳理，发掘法律规定中所体现的市场规制权类型（见表2 我国规定市场规制权的法律概况）。

表2　　　　　　　　　我国规定市场规制权的法律概况

类型	法律规定
规则制定权	《消费者权益保护法》第26条；《食品安全法》第21、24、70条；《广告法》第33条；《药品管理法》第9、29—32条；《反垄断法》第9条；《标准化法》第6条；《银行业监督管理法》第15条等
许可权	《药品管理法》第7、14、23条；《食品安全法》第31、44、63条；《拍卖法》第8、11条；《商业银行法》第16、21条；《电信条例》第7条等
调查权	《产品质量法》第15、18条；《广告法》第34条；《食品安全法》第72—75、77条；《价格法》第34条；《反不正当竞争法》第17条；《反垄断法》第38、39条；《银行业监督管理法》第34、42条等
处理权（含组织协调权、监督权、指导权、认证权、纠纷处理权、命令禁止权、奖励权等）	《产品质量法》第6、8、10、17、47条；《药品管理法》第5、9、16、60条；《食品安全法》第4、5、53、57条、第七章、第80、87、88、91条；《标准化法》第15条；《价格法》第34、37、38条；《反不正当竞争法》第3、16、23条；《反垄断法》第9、28、29、53条；《招投标法》第7条；《消费者权益保护法》第27、34条；《广告法》第37—43条；《会计法》第32条；《商业银行法》第62、64条；《银行业监督管理法》第29、36、37条；《保险法》第145条；《证券法》第176条（五）；《电信条例》第3条等

续表

类型	法律规定
强制权	《食品安全法》第72条（二）（三）、第77条（四）（五）；《反不正当竞争法》第17条（三）；《反垄断法》第39条（四）；《标准化法》第7、14条；《银行业监督管理法》第41条；《证券法》第180条（六）；《保险法》第155条（七）等
处罚权	《消费者权益保护法》第29、50条；《产品质量法》第五章；《价格法》第六章；《食品安全法》第九章；《反不正当竞争法》第21—30条；《反垄断法》第七章；《商业银行法》第74—77、83条；《银行业监督管理法》第五章等

据此，可以对我国目前市场规制权的法律规定作简要的评述：

1. 我国基本建立了"事前—事中—事后"的市场规制权体系，如事前的规则制定权、监督权和许可权等，事中的调查权、组织协调权和强制权等，事后的纠纷处理权和处罚权等。除此之外，同一主体在享有市场规制权的同时，还享有宏观调控权。例如，依《价格法》规定，发改委有权规范具体的市场价格行为，即对微观的市场价格有市场规制权，同时，又要进行价格总水平的调控，从而具有了对价格的宏观调控权。又如，依《反倾销法》等法律规定，原国家经贸委既在市场流通秩序、反倾销等方面有市场规制权，又在产业政策方面有宏观调控权。当然，我国市场规制权的界定和划分尚存在一些值得注意的问题：（1）市场规制权究竟配置给哪些主体，法律并没有从总体上作出系统的说明。（2）对市场规制权的规定过于原则和简单，缺乏可操作性。（3）一些规制机构的市场规制权缺乏法律的明确规定，且相互之间分工不明。具体而言，除中国人民银行等少数规制机构的市场规制权由相关法律作了规定外，其他大部分规制机构的市场规制权都由国务院的行政文件（如"三定方案"）加以确定，缺乏稳定性、规范性和权威性。而且这些文件的透明度差，相对人很难判别其是否拥有相应市场规制权。如根据《国务院关于机构设置的通知》的规定，国务院产品质量监督管理部门是指国家质量技术监督局。此外，规制过程中出现的重复执法、相互推诿或扯皮现象，固然与部门利益作怪相牵连，也与市场规制权分配不明不无关系。

2. 我国的市场规制权法律体系不仅包括一般的市场规制法，如《产品质量法》、《消费者权益保护法》和《反垄断法》等，还包括特殊的市场规制法，如《商业银行法》、《会计法》、《证券法》和《保险法》中有关各特殊市场规制的法律规定。由此衍生出一般市场规制权和特殊市场规制权。特殊市场规制权，是随着一些特殊市场（行业）对国计民生的重要性的提高，而逐渐在制度中加以确立的。当然，它同一般市场规制权在总体上是一致的，但也有一些特殊之处，即不仅与特殊市场、特别授权等相关，而且还与一定的宏观调控权的行使联系密切。① 毕竟，市场规制权主要是执行权，而宏观调控权主要是决策权。比如，规则制定权、监督权、调查权和处罚权等具有普遍性，在所有的市场规制领域都有体现。而许可权和认证权则不具有普遍性，是基于国家对特定行业、特定领域、特定市场（如金融行业、食品药品生产和检验检疫等）规定的许可制度和认证制度而产生的，客观上却具有宏观调控的效果。此外，特殊市场（行业）规制权的行使，过多地关注产业发展和行业利益保护，而忽视了竞争秩序的构建。例如，《电信条例》第1条规定："为了规范电信市场秩序，维护电信用户和电信业务经营者的合法权益，保障电信网络和信息的安全，促进电信业的健康发展，制定本条例。"

3. 某些市场规制权在不同的市场规制领域有不同的表现形式。例如，临时性的处理权在食品安全领域表现为事故发生后各部门相互协同开展救援、检验检疫、信息发布、封存有毒食品、调查处理等。而在金融市场则表现为金融风险发生后金融监管部门对金融机构采取的救助、接管、重组和资金冻结等措施。

4. 某些市场规制权由特定主体行使。例如，依照《消费者权益保护法》第50条、《价格法》第40条、《产品质量法》第70条等法律规定，吊销营业执照的行政处罚由工商行政管理部门决定，其他行政处罚由产品质量监督部门或者工商行政管理部门按照国务院规定的职权范围决定。法律、行政法规对行使行政处罚权的机关另有规定的，依照有关法律、行政法规的规定执行。又如，特殊（行业）规制机构往往拥有准司法权。《证券法》（2005）第180条规定，证券监管机构依法履行职责，有权冻结、查封涉案当事人的违法资金、证券等涉案财产或者重要证据。《银行业监督管理法》（2006）第41条也有类似规定。再如，特殊（行业）规制机构往往不拥有价格监管权。目前电监会并不具备电价监管权，这一权限掌握在国家发改委手中。但国家发改委不参与市场准入、需求管理及运行成本的监控，其与被规制企业间存在严重的信息不对称，有关价格形成的许多因素都无法得到控制，制定、调整电价的科学性较差。电监会电价监管权的缺失正是导致其监管乏力的主要症结。

5. 一些市场规制权之间存在交叉，在法律规定和具体适用中往往呈现混同和融合的特征。例如，监督权和调查权，由于监督过程中常常需要以现场检查作为实现途径，因此法律规定和理论研究中又称为监督检查权，这就使得监督权和调查权间界限存在模糊。笔者认为，监督权是事前的权力，而且是一种常态化的权力；调查权则是贯穿于"事前—事中—事后"的全过程，且往往是在一定风险或事件发

---

① 参见张守文：《经济法学》，中国人民大学出版社2008年版，第107页。

生后实施的权力。又如,调查权、处理权和强制权,在事故处理过程中往往离不开对事故发生原因和责任的调查,而在调查过程中又常常会涉及对人身和财产的强制措施,如扣押、冻结资金、财物和证据等。再如,命令禁止权和处罚权,命令禁止权是规制主体要求被规制的相对人作为或不作为的权力,表现为责令改正、责令停止违法行为等,而处罚权则是规制主体对被规制的相对人作出的警告、罚款、没收违法所得、责令停产停业、吊销营业执照等处罚的权力。二者常常体现在同一法律规定中,在现实世界中也往往同时适用。根据《行政处罚法》第23条:"行政机关实施行政处罚时,应当责令当事人改正或者限期改正违法行为。"但二者存在本质区别,命令禁止权并未课以新的义务,仅是要求相对人履行原有义务,而处罚权则是对相对人课以了新的义务负担。

二、市场规制权的实证研究(二):主体的视角

在对市场规制权的类型化进行整体的实证研究后,笔者试图从市场规制主体的视角,梳理各市场规制主体所具体享有的市场规制权,发现其中的共性和特性,以及何以如此?为此,笔者选取食品安全、竞争和金融市场三大领域的市场规制法律作为实证对象,分析各领域市场规制主体享有的市场规制权类型、共性和特性、原因,并对三个领域作横向的比较研究。

表3   我国食品安全的规制主体

主体	市场规制权类型
国务院	规则制定权;处理权(组织协调权、监督权)
地方政府	规则制定权;处理权(组织协调权、监督权)
食品安全委员会	规则制定权;处理权(组织协调权、监督权)
工商行政管理部门	规则制定权;许可权;调查权;处理权(监督权、命令禁止权);强制权;处罚权
质量监督部门	规则制定权;许可权;调查权;处理权(监督权、命令禁止权);强制权;处罚权
食品药品监督管理部门	规则制定权;许可权;调查权;处理权(监督权、命令禁止权);强制权;处罚权
卫生行政部门	规则制定权;许可权;调查权;处理权(组织协调权、监督权、认证权、命令禁止权);强制权;处罚权
农业行政部门	规则制定权;调查权;处理权(监督权、命令禁止权);强制权;处罚权

根据表3,笔者认为至少可以得出如下结论:

1. 依《食品安全法》规定，我国食品安全领域的市场规制涉及多主体、多部门的协调与合作，国务院、地方政府、食品安全委员会、工商、质检、食品药品监督管理、卫生行政、农业行政等规制机构都拥有各自的规制权。从纵向来看，国务院、地方政府和食品安全委员会主要享有规则制定权、组织协调权和监督权。国务院和地方政府负责制定食品安全相关的法规规章和政策，并对全国和各地方的食品安全工作进行组织、协调、领导和监督。国务院组织设立食品安全委员会，部署、统筹指导食品安全工作，提出食品安全监管的重大政策措施，监督落实食品安全监管责任。三者并不对具体的市场规制享有调查权、处理权、处罚权等，而是将这些具体权力下放给食品安全监管的各职能部门行使。从横向来看，工商、质检、食品药品监管、卫生行政、农业行政等机构都在各自领域行使对食品安全的市场规制权。其中，规则制定权、调查权、处理权（监督权、命令禁止权）、强制权和处罚权是各机构所共同享有的规制权。这些权力是市场规制领域普遍存在的、涵盖市场规制全过程的权力类型，也是保证市场规制主体履行其职责所必需的。此外，《食品安全法》也规定了某些规制机构根据其职责行使特别的市场规制权。比如，赋予国务院卫生行政部门以组织协调权，《食品安全法》第 4 条规定了国务院卫生行政部门承担食品安全综合协调职责，组织查处食品安全重大事故。又如，工商行政、质检、食品药品监管和卫生行政部门根据《食品安全法》第 31、44、63 条的规定享有许可权，而农业行政部门则缺失在食品安全领域的许可权。这是由于我国对食品生产经营实行许可制度，从事食品生产、食品流通、餐饮服务，应当依法取得食品生产许可、食品流通许可、餐饮服务许可。加之我国对食品安全采取的是多头分段的监管模式，各机构在不同环节行使其权力。而农业行政部门主要负责对农业投入品使用管理和指导，并不对具体的食品生产经营负责，因而不享有许可权。再如，卫生行政部门享有认证权。这是因为我国对食品检验机构的资质实行认证制度，根据《食品安全法》第 57 条，具体的资质认证条件和规范由国务院卫生行政部门制定。一如《药品管理法》第 9、16 条赋予药品监督管理部门对药品生产和经营企业认证权。

2. 多头监管模式下产生严重的权力分散、重叠和冲突。如赋予食品安全委员会和国务院卫生行政部门都享有组织协调权，造成二者权力界限不清。一方面《食品安全法》并未明确食品安全委员会的权力，而是在第 4 条规定其职责由国务院规定。国务院于 2010 年 2 月 6 日成立国务院食品安全委员会，并将其定位为食品安全工作的高层次议事协调机构，其职责之一便是部署、统筹指导食品安全工作。另一方面，《食品安全法》第 4 条第 2 款又规定国务院卫生行政部门承担食品安全综合协调职责，组织查处食品安全重大事故。这就造成二者间的权力重叠和冲突，不利于食品安全监管工作的组织协调。笔者主张，应将食品安全监管的组织协调权交由食品安全委员会统一行使，卫生行政部门仅在其规制领域内行使具体的市

经济法权研究

场规制权。除了食品安全委员会和卫生行政部门在组织协调权上的冲突外，工商行政、质检、食品药品监管、卫生行政和农业行政等规制机构间也存在严重的权力重合。这些规制机构拥有几乎相同的规制权，如规则制定权、监督权、调查权、处理权、命令禁止权、处罚权等，但是各机构权力间的界限和分工却不甚清晰，权力定位的不清也带来了责任归咎的不明，由此导致食品安全领域市场规制的缺位、错位和越位，这也是近年来食品安全问题层出不穷、屡禁不止的重要原因。

如表4所示，由于我国法律、行政法规规定的"其他部门"众多，包括卫生、物价、银行、保险、电力、电信、邮政等，不一而足，从而导致实践中多头执法，争相立案或均不立案，各执法机关职能交叉，执法中相互形成内耗与摩擦。更为严重的是，一些行业、部门利用这一规定，在制定行业或部门监管法时专门通过立法摆脱《反不正当竞争法》对其的调整，在事实上形成对《反不正当竞争法》的肢解，使该法作为规范竞争行为、维护市场竞争秩序的基本法律地位受到动摇或名不符实，《反不正当竞争法》所确立的一般市场规制权被其他法律、行政法规所确定的特殊市场规制权所"架空"。

表4　　　　　　　　　我国反不正当竞争的规制主体

主体	法律规定
工商行政管理部门	《反不正当竞争法》第3条第2款规定："县级以上人民政府工商行政管理部门对不正当竞争行为进行监督检查；法律、行政法规规定由其他部门监督检查的，依照其规定。"
价格行政主管部门	《价格法》第14条将"相互串通，操作市场价格"、"实行价格歧视"、"为排挤竞争对手或者独占市场，以低于成本的价格倾销"等规定为不正当价格行为。根据《价格法》第5条的规定，不正当价格行为的执法机关是价格行政主管部门。
财政部、国家发改委等	《招标投标法》(2000)第7条第2款规定："有关行政监督部门依法对招标投标活动实施监督，依法查处招标投标活动中的违法行为。"第3款规定："对招标投标活动的行政监督及有关部门的具体职权划分，由国务院规定。"
保监会	《保险法》第9条规定："国务院保险监督管理机构依法对保险业实施监督管理。"
银监会	《商业银行法》第9条规定："商业银行开展业务，应当遵守公平竞争的原则，不得从事不正当竞争"，第10条规定："商业银行依法接受国务院银行业监督管理机构的监督管理。"

续表

主体	法律规定
建设行政主管部门	《建筑法》第6条规定,建筑工程中的不正当竞争行为由建设行政主管部门监督检查。
信息产业主管部门	《电信条例》第3条规定,电信行业的不正当竞争行为由信息产业主管部门监督检查。

如表5所示,根据《反垄断法》第9条,"国务院设立反垄断委员会,负责组织、协调、指导反垄断工作。"并赋予反垄断委员会规则制定权和组织协调权,拟定竞争政策、评估市场竞争状况、制定和发布反垄断指南、协调反垄断执法机构的行政执法工作。而具体的反垄断执法权则由商务部、发改委和国家工商行政管理总局行使,具体有规则制定权、调查权、处理权(监督权、命令禁止权)、强制权和处罚权,必要时可以授权省级政府相对应的机构行使。虽然三个机构间拥有的规制权相同,但其权力界限清晰、分工明确。具体而言,国家工商行政管理总局负责垄断协议、滥用市场支配地位、滥用行政权力排除限制竞争等行为的反垄断执法,发改委负责对价格垄断的反垄断执法,商务部负责对经营者集中的审查。

表5　　　　　　　　　　我国反垄断的规制主体

主体	市场规制权类型
反垄断委员会	规则制定权;处理权(组织协调权)
商务部	规则制定权;调查权;处理权(监督权、命令禁止权);强制权;处罚权
发改委	规则制定权;调查权;处理权(监督权、命令禁止权);强制权;处罚权
工商行政管理总局	规则制定权;调查权;处理权(监督权、命令禁止权);强制权;处罚权

从表6中可看出,我国目前金融市场监管实行的是"一行三会"的监管体制。中国人民银行、银监会、证监会和保监会基本享有同样的市场规制权,如规则制定权;许可权;调查权;处理权(监督权、命令禁止权);强制权;处罚权等。比较而言,中国人民银行不享有金融机构设立的许可权,而是由银监会、证监会和保监会对各自领域的金融机构设立进行审核批准。因为,相对于银监会等专门的监管机

构,中国人民银行的主要职责是制定和执行货币政策,实施金融市场宏观调控,其市场规制权相对次要。

表6　　　　　　　　　　我国金融市场的规制主体

主体	市场规制权类型
中国人民银行	规则制定权；调查权；处理权（监督权、命令禁止权）；处罚权
银监会	规则制定权；许可权；调查权；处理权（监督权、命令禁止权）；强制权；处罚权
证监会	规则制定权；许可权；调查权；处理权（监督权、命令禁止权）；强制权；处罚权
保监会	规则制定权；许可权；调查权；处理权（监督权、命令禁止权）；强制权；处罚权

虽然实践中,2004年银监会、证监会、保监会签署了《在金融监管方面分工合作的备忘录》,建立"监管联席会议机制"和"经常联系机制",必要时"可邀请中国人民银行、财政部或其他部委参加",向合作监管迈出了一大步。但是,"一行三会"中任何一个机构都不享有组织协调权,也缺乏类似于食品安全委员会和反垄断委员会的专门机构对金融市场监管进行组织协调,不利于监管机构间的沟通与合作。

需要指出的是,由于金融领域的特殊性,监管机构对金融市场和金融机构风险事件或危机处理权的表现形式有其特别之处。如《商业银行法》第64~68条、《银行业监督管理法》第38条都规定了银行业监督管理机构对商业银行的接管,这是金融领域特有的针对问题金融机构采取的处理措施。原因在于,商业银行等金融机构往往具有很强的外部性,一旦产生危机,不仅对其客户利益、而且会对整个金融市场乃至实体经济造成巨大的冲击。因而,有必要由监管机构对其实施接管,帮助其恢复正常的经营能力。

最后,通过对食品安全、竞争和金融市场三个领域的规制主体所享有的市场规制权进行立法上的横向比较,笔者总结出以下结论:

1. "多头监管"是我国市场规制权配置的重要特征。食品安全、竞争和金融市场都涉及数个机构间联合规制,这种权力配置方式和监管体制固然有其一定的合理性。比如,有利于实现分权和制衡,避免权力集中和滥用;有利于专业性分工、合作,充分发挥各机构间的专业比较优势。但是,多头监管也可能会产生部门间的利益冲突,互相争夺权力和推诿责任,进而导致监管重叠和监管空白。此外,权力的分散化也会提高权力运行的成本,降低效率。长期以来,我国工商行政管理部门与质量监督部门在"假"与"伪"、"流通领域"与"生产领域"的区别上较劲,农业部门与林业部门在"干果"和"鲜果"的管辖上较真,水利部门与矿产部门就河沙采用的管辖权争论不休,如此等等,不一而足。

2. 鉴于"多头监管"存在的问题,立法在规定"多头监管"模式的同时要解决两个问题:一是,多头监管模式下的组织协调问题。为了防止规制机构间各行其是,必须设置一个组织协调机构。目前来看,设立专门的委员会似乎成为大势所趋,《食品安全法》和《反垄断法》分别规定了食品安全委员会和反垄断委员会行使组织协调权。但是,《食品安全法》同时又赋予卫生行政部门组织协调权,则造成了权力的冲突,有必要统一由食品安全委员会行使。而在金融市场监管方面,我国目前"一行三会"监管体制中的任何一方都不具有明确的组织协调权,这导致我国的金融监管机构间缺乏沟通和协调的平台。实践中,2003年建立的监管联席会议早已名存实亡。因此,需要在我国的金融监管领域建立一个组织协调机构。对此,目前主要有两种路径,一是赋予中国人民银行组织协调权;二是参照美国2010年《多德—弗兰克华尔街改革与消费者保护法》(Dodd—Frank Wall Street Reform and Consumer Protection Act)① 设立的金融稳定监管委员会(Financial Stability Oversight Council,FSOC),在我国的"一行三会"上成立专门的金融监管委员会。在组织协调之外,第二个需要解决的问题是权力分工。权力分工是为了实现职责明晰,既要职权界限清晰,又要保证责任追究明确。比较而言,反垄断法中的商务部、发改委、工商行政管理总局,以及金融监管中的银监会、证监会和保监会的权力分工相对明确,各机构在其领域分别行使职权。但是,食品安全领域各机构的权力界限则相对模糊,虽有对食品安全的各环节分别规定,但同一环节常常又涉及多个部门。此外,在食品安全事故处置中各规制机构间的权力尤其不明,呈现混同状态,有必要加以规范。

3. 通过对不同领域规制主体享有的市场规制权进行类型化并作横向比较可以发现,规制权的配置与规制对象具有关联性。同一主体在不同规制领域享有不同的市场规制权,而同一市场规制权在不同的规制领域也有不同的表现形式。例如,工商行政管理部门在反垄断执法中的权力范围与食品安全监管相比就显得狭窄,缺失了许可权和某些处理权,因为在反垄断执法中工商行政管理总局的职责主要是对垄断协议、滥用市场支配地位和行政垄断等行为进行调查、责令改正和处罚,而不涉及具体的行政许可和事故处置。又如,同样是处理权,在食品安全事故处置和金融

---

① 参见《多德—弗兰克华尔街改革与消费者保护法案》,董裕平等译,中国金融出版社2010年版;又载张路:《从金融危机审视华尔街改革与消费者保护法》,法律出版社2011年版,第142—980页。

风险处置中也表现为不同的形式，前文已有介绍、后文还有个案深化，此处不再赘述。

三、市场规制权的实证研究（三）：个案的视角

【案例】2005年现代沃尔公司诉财政部行政不作为案

2003年"非典"之后，国家决定采购114亿元医疗救治项目，对我国薄弱的公共卫生救治体系进行规划和建设。采购人国家发展和改革委员会（以下简称发改委）、卫生部分别委托社会中介机构进行代理。2004年10月29日、2004年11月19日先后开标合计586台的血气分析仪采购项目中，现代沃尔公司在两次投标报价中均为最低，却都落标。该公司认为招标过程存在"暗箱操作"，先向采购人、招标公司提出质疑，未果。2004年12月21日，该公司针对卫生部在政府采购过程中存在的问题向财政部提出投诉，但财政部在法定30天时间内未能作出处理决定，也没有给予答复。2005年3月23日，该公司以财政部行政不作为为由，向北京第一中级人民法院提起行政诉讼。2005年3月28日，法院受理了这件后来被媒体称为"政府采购第一案"的案件。此案同时涉及发改委、卫生部等国家部委，采购项目总额又高达114亿元，其诉讼当事人的级别和规格之高，标的额之大，在我国行政诉讼史上属于"空前"。

2006年12月8日，北京市第一中级人民法院作出一审判决，财政部被认为行政不作为，一审败诉。2006年12月22日，财政部向北京市高级人民法院提出上诉，要求撤销一审判决。此案进入二审之后，于2007年6月7日开庭审理，此后就如石沉大海再无下文。

本案诉讼过程中，争议最大的是工程建设项目的招投标由谁来主管？由谁来监督？我国有两部规范政府采购行为的法律，一部是由发改委牵头制定的《招标投标法》(1999)，另一部是由财政部牵头制定的《政府采购法》(2002)。《政府采购法》第13条明确规定，财政机关是政府采购的监管部门；而按照《招标投标法》第3条和国务院有关部门之间分工、重大建设项目监督的有关规定，发改委负责受理对国家重大建设项目投诉。因此，财政部上诉请求的法律依据是《政府采购法》中对工程类政府采购的规定，也就是"工程类政府采购适用《招标投标法》"；依据《招标投标法》，发改委承担着制定细则、审核代理机构等大部分职责。诉讼中涉及的采购项目是国家医疗救助体系项目的一个组成部分，属于国家重大建设项目，按照国务院有关规定应该由发改委来处理有关投诉。

我们认为，在国家重大工程的采购中，发改委是采购人；如果依据《招标投标法》和有关规定，发改委也是监督管理部门。但是《政府采购法》明确规定，采购人和监督管理部门应该分开，监督管理部门不得参与采购活动。发改委在重大工程的采购中既充当裁判员又充当运动员，显然与《政府采购法》的规定相违背。

依据《立法法》的规定,必须遵循新法优于旧法、后法优于前法的原则来确定建设项目招投标的主管问题。既然《政府采购法》已明确规定政府采购对象包括工程建设项目,也明确规定了主管机关,财政部门享有的法定权力就不能转让、出让,或者怠于行使。就本案而言,发改委、卫生部等采购人将114亿元人民币的工程建设项目的采购权力严严实实地控制在自己的手中,始终舍不得放弃,财政部作为法定监督人竟然被排斥在政府采购活动之外;但问题出来后,发改委、卫生部等采购人又将矛盾一推了之,财政部享有法定职权却不愿意承接采购人丢下的烂摊子。不难看出,该案之所以纠缠至今,是因为此案触及了如何划分政府部门权力和利益的难题。这种体制强调相关国家机关之间的分权,彰显着经济法的宪政维度。部门权益的划分在一定程度上造成法律的分裂、制度的分裂、市场的分裂,极易诱发行为的失范。我们建议取消现行的《招标投标法》,将其相关内容并入到《政府采购法》中,用一部统一的法律来规范政府采购行为。

通过上述实证分析,我们不难看出,现阶段的中国,从中央到地方政府的所有部门几乎都拥有市场规制权,而且对同一相对方的市场规制往往涉及多个规制机构。不同属性的市场规制之间缺乏协调,不同时期的市场规制之间缺乏连续性,不同环节的市场规制之间缺乏合作性,以及市场规制机构之间缺乏必要的独立性。要有效运用市场规制权、实现规制治理(regulatory governance)所涉及的任务,不仅涉及各类市场规制权的设计和实施以及各类市场规制权之间的协调配合,还包括那些内在民主治理的更广泛问题,如透明度、可问责性、效率、适应性和一致性。规制治理涉及的领域也更宽泛,包括与其他规制主体"角色"(如立法机关、司法机关、国家内部以及超国家层面的政府行动)之间复杂的相互影响。换言之,规制治理理念深深地植根于更宽泛的民主治理(democratic governance)思想。①

第三节 挑战与回应:市场规制权向何处去

一、经济全球化与市场规制权

全球化是这个时代的标志,就是指"现在'外来'的观念、物事和人群——越来越明显地——比过往任何其他时代都显得更为在场"②。经济全球化是全球化最重要的表现和推动力,主要表现为生产活动的全球化、资源配置的全球化、市场

---

① 参见经济合作与发展组织编:《OECD国家的监管政策:从干预主义到监管治理》,陈伟译,法律出版社2006年版,第2页。
② 参见[美]萨森:《全球化及其不满》,李纯一译,上海书店出版社2011年版,第2页。

经济体制的全球化和风险的全球化。经济全球化对市场规制权的有效运用产生了巨大的挑战,主要表现在三方面:(1)经济全球化对市场开放、贸易自由和放松管制有着内在需求。"全球化就是为了满足商业精英的利益而放松对全球市场的监管。全球化削弱了政治解决方案,因为全球化削弱了国家政府征税的能力,削弱了政府监管资本和劳动力的职能,而且全球化加强了国内社会对放任自流的资本主义的支持力度。"① 加入WTO后,我国宽泛、严苛的市场规制权曾与WTO要求存在冲突。如WTO《与贸易有关的投资措施协议》(TRIMs)根据关贸总协定的基本精神,将国民待遇原则和取消数量限制原则作为其核心内容,并将当地成分限制、贸易(外汇)平衡要求、国内销售限制、进口用汇限制这四项限制性要求列入禁止清单。(2)经济全球化对一国市场规制权的行使和管辖产生影响。"国家规制经济首先力图对国内匮乏情况遵循经济政策的宗旨以及所附加的经济法按照公正的理念加以重新分配。特别是在大国当中,国家规制经济措施通常不会产生跨国的域外效力。经济联系越紧密和国家越小,国家规制经济的域外效力越是经常不速而至。""越是小的国家,一般也会形成通常增长在国家和企业之间的利益共同体。反过来,国家越大,越是倾向于以反托拉斯法的手段和其他法律武器以抵抗政策驱动型经济。"② 这是因为,"全球化的奇特之处在于并且与这种经济战略所作出的承诺直接对立的地方在于,那些积极的效果主要都出现在发达国家,那是全球化的正极,而消极的效果则大部分集中于欠发达国家,那是全球化的负极。"③ 所以,"大多数国家在争取得益于全球化的同时,相当广泛地采取和顽强地坚持旨在限制和抵制全球化负面影响的政策,用根本的政治经济学哲理来说,在市场对国家这一关系中,与市场削弱国家的某些权能相对,国家会倾向于抵抗,并且谋求新的权能。"④ 由于跨国公司的存在对发达国家和发展中国家有着迥然不同的意义,对跨国公司的不正当竞争和垄断行为的规制存在困局。此外,本次金融危机的爆发,昭示着对高度流动的金融资本加以规制的必要性,从而给金融全球化背景下的金融监管提出了新课题。(3)经济全球化要求监管标准的统一。⑤ 监管标准主要包括会计、审计、统计和司法标准等,各国监管标准的差异会导致对待同一行为采取不同的市场规制态度,造成市场主体的无所适从和市场规制权行使的困难。以

---

① 参见[美]库特纳:《大国的陷落》,曾贤明译,中信出版社2009年版,第55页。
② 参见[德]费肯杰:《经济法》(第一卷),张世明等译,中国民主法制出版社2010年版,第320页。
③ 参见[波兰]卡齐米耶日等:《全球化的负面影响》,佟宪国译,经济管理出版社2004年版,第255页。
④ 参见[美]Manfred B. Steger:《全球化面面观》,丁兆国译,译林出版社2009年版,序言。
⑤ 参见吴弘、胡伟:《市场监管法论》,北京大学出版社2006年版,第36页。

会计标准为例，除了国际会计准则（IAS），一些国家有其国别的会计准则，如美国的 GAPP 准则。统一监管标准，对于经济全球化背景下的监管全球化具有重要意义。

以反垄断执法为例，经济全球化背景下跨国公司的跨境投资和交易会导致竞争行为的全球化，从而不可避免地会涉及垄断问题。而对跨国界的反垄断执法，各国大多赋予了本国执法机构的域外管辖权，如我国《反垄断法》第 2 条规定："中华人民共和国境内经济活动中的垄断行为，适用本法；中华人民共和国境外的垄断行为，对境内市场竞争产生排除、限制影响的，适用本法。"但是，反垄断域外管辖权的实施会面临管辖权冲突、域外取证、判决的域外承认和执行等诸多困境，从而影响反垄断市场规制权的实施效果。因而需要各国反垄断执法机构间在自愿、平等、礼让、公平和效率原则的基础上，制定反垄断执法机构间的合作协议。

此外，这次肇始于美国次贷危机，而后席卷全球主要金融市场的金融危机，也暴露了金融全球化浪潮下金融活动全球化和风险全球化对金融监管权行使造成的冲击。以金融全球化的视角反思全球金融危机发生的原因，主要有两点：一是金融全球化的客观现实导致国家之间的金融业务的相关联系日益加深，一国国内发生的金融危机必然演化为全球性金融危机；二是缺乏有效的金融监管的国内机制与国际机制。而当前的金融监管国际合作架构缺乏强制约束力和相互间的沟通、协调与合作，在面对离岸金融、对冲基金和日新月异、纷繁复杂的金融创新产品时显得难以招架。金融危机发生后，各国痛定思痛，开始着手加强金融监管和国际合作。2008年 11 月 G20 华盛顿峰会宣言明确提出在金融市场全球化的今天，各监管当局要加强国际合作，强化国际行为准则。2009 年 4 月 G20 伦敦峰会各国达成共识，将对冲基金纳入金融监管，严厉取缔"避税港"，成立专门的金融稳定委员会（Financial Stability Board，FSB）并赋予其取代"金融稳定论坛"的权力，该委员会将与 IMF 合作"识别并报告宏观经济和金融风险以及应对这些风险所需的措施"。2009 年 9 月 G20 匹兹堡峰会定下时间表，实施更严厉的银行监管条例，到了2010 年，各国将就改善银行资本体制的"质与量"达成协议，以抑制冒险的投资活动；各国也同意定下金融机构高层人员薪金与奖金的新标准。

在经济全球化的背景下，"在规制经济法领域的比较法可以提供许多引人入胜的结果：几乎没有任何一个法律领域能够像规制经济法那样包括特定心理事实、思维方式、历史形成的强势和弱势和其他民族特性"。[①] 但是，政治对于法律的影响是巨大的：主政者跟谁走得近，谁的影响就大；谁在当时的世界起主导作用，谁的

---

① 参见［德］费肯杰：《经济法》（第一卷），张世明等译，中国民主法制出版社 2010 年版，第 321 页。

影响就大。① 全球化的趋势已不可阻挡,而全球化在很大程度上又是美国化的同义词。当代中国人对于"法律之治"(rule of law)的理解、对于法治秩序的想象,大多数来自于美国的学术、现实乃至于影视。在今天这个"制定法的时代"②,我国市场规制法的完善和市场规制权的有效行使,借鉴美国等发达国家的经济法治经验极为必要。

二、科学技术发展与市场规制权

科学技术发展是一柄双刃剑:一方面,科学技术发展是人获得自由的重要推动力。首先,科学技术发展增强人改造自然的能力,推动人从自然力量的束缚下获得解放。威廉·莱斯指出,人类持续不断地对自然的技术运作使人类为逐渐摆脱自然的束缚、改变自身对自然的不利关系,为人类最终"从形成人与自然关系的基本状态的生存逆境中解脱出来提供了可能"。③ 其次,科学技术发展推动社会变革,使人们逐渐从社会力量的束缚下获得解放。最重要的是,科学技术发展推动人的思想进步,使人从旧思想束缚下获得解放。另一方面,作为"知识异化"④ 的重要表现,科学技术发展容易导致科技异化,使得科学技术这种人的创造物不但不是"为我"的,反而是"反我"的,变成了统治人、压抑人的一种异己性力量。科学技术本身的中性特征被科学技术应用的非中性所破坏,科学技术的误用和滥用使得科学技术的发展对经济社会发展带来了很多负效应。当我们为每一次的科技进步而欢呼时,又不得不为其中"潜伏"的风险而感到担忧。

科技异化也使得市场规制权在科学技术发展中面临巨大的挑战:一方面,科学技术创新的日新月异凸显了市场规制法律的滞后性,一些创新产品和市场交易方式超出了市场规制法规定的范畴,造成监管空白。如次贷危机暴露的对拍卖利率证券等大量金融衍生产品的监管真空;另一方面,科学技术的发展尤其是网络信息技术

---

① 参见何美欢:《论当代中国的普通法教育》,中国政法大学出版社 2005 年版,第 1—25 页。关于金融实践上"美国标准"的"唯美主义"的论述,参见常健、管斌、饶常林:《金融法学专论》,对外经济贸易大学出版社 2010 年版,第 136 页。

② 卡拉布雷西紧扣时代,指出当下所处的这个时代"已经从一个由法院所宣示的普通法主导的法律制度,进入到一个由立法者所制定的制定法成为首要法律渊源的法律制度中"。参见[美]盖多·卡拉布雷西:《制定法时代的普通法》,周林刚等译,北京大学出版社 2006 年版,第 1 页。

③ 参见[加拿大]威廉·莱斯:《自然的控制》,岳长龄等译,重庆出版社 1993 年版,第 50 页。

④ "知识异化"指的是知识的负力量在知识的使用过程中分裂出来,反过来又影响和制约知识的正力量发挥的现象。参见王全兴:《经济法基础理论专题研究》,中国检察出版社 2002 年版,第 384 页。

的发展,对市场规制权的有效行使产生了影响。如网络交易对消费者权益保护和规范市场竞争秩序等都提出了挑战。

以网络交易为例。网络交易的产生和流行创造了全新的市场概念,在突破了传统的实体场所和面对面交易的同时,也打破了市场规制主体、经营者和消费者间传统的均势格局。经营者和消费者在中间服务商提供的虚拟平台上进行交易活动,而政府机构和消费者协会等社会团体则在很大程度上被排除在"游戏圈"外。网络交易的虚拟性对信用和信息提出了更高的要求,网络交易中的欺诈、信息泄露、支付风险、救济困难等现象屡见不鲜,这不仅对消费者权益造成巨大的损害,同时也破坏了安全健康的网络交易市场环境。但是,由于我国对网络交易立法和制度规范的滞后以及相应市场规制手段的缺失,导致市场规制权在面对网络交易消费者权益保护时无所适从。

又以金融衍生产品创新为例。金融衍生产品创新充分发挥了计算机技术和信息技术的优势,将真实的或是虚拟的基础资产进行打包和结构化重组,进而创造出名目繁多而又难以理解的金融衍生产品。这在活跃市场、扩大市场规模、分散风险的同时也制造了更为隐蔽、更加难以管理的风险,这种风险主要体现为:一是使相关市场体系的稳定性下降,从而面临更大的风险;二是使监管的有效性被削弱,每一轮创新的必然结果都是使原有的监管体系相对滞后。比如,由雷曼兄弟(Lehman Brothers)于1984年创造的"拍卖利率证券"(Auction Rate Securities,ARS),其机制如下:个人将资金长期出借给借款机构,这笔钱可能在30年内不得要求偿还。但是,借款机构往往每周举办一场小规模拍卖会,将想退出投资者的债权转让给新投资者,利率通过每场拍卖会确定。一旦出现流拍,借款机构就必须接受惩罚性利率,比如15%。① 可见,其与传统商业银行的吸收存款业务并无本质区别,然而二者受到的监管却大相径庭。对经营"拍卖利率证券"的机构没有准备金的要求,没有资本充足率的要求,没有存贷款比例的要求,当然也没有存款保险的要求,没有银行风险防范网的保护。2008年,伴随着一场场拍卖会的失败,鼎盛时期曾承载4000亿美元的拍卖利率证券体系轰然倒塌,给投资者和整个金融市场造成了巨大的冲击。更为讽刺的是,直到拍卖利率证券市场被关闭,美国监管当局也没有能够对其行使任何监管权。

三、经济民主与市场规制权

作为一个完整概念,民主至少应包含经济民主和政治民主。从发生学意义上讲,政治民主先于经济民主而存在,经济民主是政治民主在经济领域的延伸,是对

---

① 参见[美]保罗·克鲁格曼:《萧条经济学的回归和2008年经济危机》,刘波译,中信出版社2009年版,第149页。

政治民主的理念和制度框架的继承。经济民主是一个"无以捉摸的概念",人们很难给出一个简要的定义。美国学者乔·萨托利认为,"经济民主所关心或反映的便是财富的平等","它的政策目标是重新分配财富并使经济机会与条件平等化","是政治民主的一个补充,也可以是政治民主的简单扩大"。有时经济民主也指"劳动者对经济的控制","是由经济生产过程控制权的平等构成的"。① 科恩认为,"经济民主"的概念本身带有暧昧性质。因为"经济民主不是某种特殊的经济体制,而是社会选择它所需体制时的能力"。它并不构成"任何真正民主的必要条件"。如果说,"经济民主"只是指经济生活领域内的民主,那么,它就不能够成为与"政治民主"或"社会民主"比肩而立的另一种民主制度,而只能是"政治民主"的一个特殊组成部分。"因此,经济领域内的民主应该只是'政治民主'的一部分,虽然是很重要的部分",但"'经济民主'既不是一种民主,也不是民主条件本身。如果正确使用这个词,'经济民主'是指经济领域内的民主。当社会成员有权力选择他们所要追求的经济目标及达到这些目标的经济手段时,就算有了经济民主"。② 继 1956 年出版《民主理论序论》(A Preface to Democratic Theory)之后,罗伯特·达尔在 1985 年推出的《经济民主序论》(A Preface to Economic Democracy)中指出,一个政治民主的社会必须以经济上的平等和经济上的民主为基础;经济民主是指一个经济体内的所有利益相关者都应该享有平等参与其决策的权利。③ 日本学者金泽良雄认为,经济民主"是谋求在构成市场的事业者之间实现经济机会均等和经济平等"。④ 我国学者王慎之认为,"所谓经济民主,不过是人们在一定的经济关系中享有的某种自主的权利,是人处于主人的地位分享经济利益。"⑤ 王保树认为,经济民主"是发生在经济领域的民主","是相对经济集中(包括经济管理的集中和市场上的集中)而言的,它所强调的是企业法人和自然人的合法权利的保护"。⑥ 笔者认为,民主的本质在于人民作主,绝不是为民作主——如果民主需要谁来恩赐,那只能是民主的异化。经济民主是市场经济的基础,是社会基础设施(Social Infrastructure)的核心内涵。经济民主是作为经济高度集中的对立物而存在的,其基本含义是指在充分尊重经济自由的基础上,通过公众平等参与、多数

---

① 参见[美]萨托利:《民主新论》,冯克利等译,东方出版社 1998 年版,第 10—11 页。
② 参见[美]科恩:《论民主》,聂崇信等译,商务印书馆 1988 年版,第 114—118 页。
③ 转引自王绍光:《民主四讲》,生活·读书·新知三联书店 2008 年版,第 252—253 页。
④ 参见[日]金泽良雄:《经济法概论》,满达人译,甘肃人民出版社 1985 年版,第 182 页。
⑤ 参见王慎之:《经济民主论》,载《新华文摘》1987 年第 12 期,第 46—47 页。
⑥ 参见王保树:《市场经济与经济民主》,载《中国法学》1994 年第 2 期。

决定、保护少数的机制,在共同体内实现财富、机会、权利(力)的平衡。基于民主的自由、平等和共生理念,经济民主至少应包括市场主体自主、利益共享、合作参与和结构均衡等内涵,其实质是多元经济利益的协调、多元发展机会的均等、多元控制机制的并存。

在 1997 年,经济合作与发展组织(OECD)宣称:"本世纪规制国家的出现是建立现代工业化民主(industrialized democracy)的必要步骤……在保护各种各样的经济价值和社会价值方面,规制帮助政府取得了斐然的成绩。"① 从政府治道变革的角度看,经济民主内涵政府决策民主与决策实施民主。它要求通过多元平等参与的机制来确保市场规制的公平与效率,建立有限政府与有效政府。具体而言②,(1)经济管理体制上坚持集权/分权的平衡。中央和地方关系上,在保持中央控制力的前提下向地方适度分权,发挥地方政府的能动性和创造力。但是经济权力的集与分应当作结构性处理,对宏观调控权和市场规制权需根据不同的权力特性分别看待。市场规制权主要是规制市场主体的微观市场行为,基于有效规制的要求,市场规制权可以主要由地方政府及其有关部门行使,而中央政府及其部门的市场规制权一般是制定市场规制的政策、法规和标准,监督、协调和指导地方市场规制权的行使。宏观调控权则主要由中央政府及其部门行使,对国民经济进行总量调整,地方政府一般仅有本地区的经济调节权,且是对中央宏观调控政策的执行。另外,中央向地方的分权应当本着财权、事权和责任相统一的原则。除中央和地方关系外,在政府和非政府公共部门的关系上也要适度的权力外移。政府可以通过法律授权、行政授权和项目委托等特定形式,将那些本由政府承担的具体琐碎的有关落实政策的职能、行业管理的职能及社会监督的职能逐步委托于各类非政府公共部门。(2)公共决策上强调多元参与。政府的公共决策涉及多方主体的利益分配,保障多元利益主体的参与权是实现公共决策公平、公正的重要前提。多元利益主体对公共决策的参与,其实质是通过参与来表达利益诉求,影响公共决策,将自身利益问题转化为决策问题。(3)管理过程重视正当程序。程序公正是实现结果公正的前提,正当程序要求政府职权的行使遵守法定程序,保障社会公众的知情权和参与权。典型的如《价格法》第 22 条和第 23 条对政府定价和政府指导价制定规定了"调查—听证—公布"程序。(4)管理手段的非强制性和市场化。经济民主要求政府实现经济社会职能的方式由命令行政向合同行政、由行政手段向市场手段转变,引入储备品销售、政府投资、政府间资源权交易、政府采购、特许权经营、公开市场操作

---

① 转引自经济合作与发展组织编:《OECD 国家的监管政策:从干预主义到监管治理》,陈伟译,法律出版社 2006 年版,第 4 页。

② 参见王全兴、管斌:《经济法与经济民主》,载《中外法学》2002 年第 6 期。

等"市场化政府经济行为"①。

由是可见，市场规制权的行使必然受到经济民主理念下政府治道变革的影响，其主体、范围、内容、程序和手段等都要顺应这一趋势作出回应。

四、构建回应型的市场规制权

（一）夯实市场规制权的理论基础

市场经济就是法治经济，"现代市场经济作为一种体制的根本游戏规则就是基于法治的规则"②，"完善现代监管体系、监管型政府是建立在这样一系列社会制度因子的基础上的：市场经济体制、民主宪政、市民社会和法治基础。"③ 市场规制作为市场经济条件下弥补市场缺陷、规范市场行为的重要手段，相应权力的产生和运行也必须符合法治原则。面对经济全球化、科学技术发展和经济民主等挑战，构建回应型的市场规制权，首先就要夯实其理论基础，巩固市场规制权自身的合法性依据。笔者认为，市场规制权的构建和夯实必须以市场经济为前提，以宪政为基础，以法治为核心。

首先，市场经济是市场规制权最根本的前提条件。市场经济为市场规制权产生和运行提供了必要的"土壤"，正是在市场经济环境下市场的不完全竞争、信息不对称、外部性、公共产品等缺陷，导致市场配置资源时出现的低效率以及市场自发调节机制的失灵，由此才产生了对政府和其他非政府公共部门市场规制的需求。正如哈耶克所说，"鉴于各种原因，自生自发的发展过程有可能会陷入一种困境，而这种困境则是它仅凭自身的力量所不能摆脱的，或者说，至少不是它能够很快加以克服的"。④ 传统计划经济体制下，国家垄断了全部资源，政府代表国家通过指令性计划，以行政手段直接配置社会资源，物资供应完全由政府按照计划集中分配。

---

① 市场化政府经济行为是政府主体运用市场行为的形式以实现其经济社会职能的行为。它是在政府与市场的互动和博弈中，为弥补政府缺陷而将市场机制引入政府干预的过程。它是以实现政府经济社会职能为目的和内容，以市场行为为形式的政府经济行为。其特征在于目的的公共政策性、功能的财产供给性、手段的市场性、主体结构的特定性、意思表示的政府主导性、适用范围的限定性以及法律适用的综合性。市场化政府经济行为是政府动用市场机制行使其干预职能的具体表现，是政府行为与市场机制的结合。而从其特征中也可发掘市场化政府经济行为存在政府行为和市场行为、政府主体和市场主体、公益和私益、公平和效率、公法和私法等相互交织和适度平衡的现象。参见管斌：《混沌与秩序：市场化政府经济行为的中国式构建》，北京大学出版社2010年版。

② 参见钱颖一：《市场与法治》，载《经济社会体制比较》2000年第3期。

③ 参见许石惠：《论监管型政府的法治构造》，载《安徽大学学报（哲学社会科学版）》2006年第6期。

④ 参见[英]哈耶克：《法律、立法与自由》，邓正来译，中国大百科全书出版社2000年版，第135页。

因此，在计划经济体制下，政府是唯一从事生产经营活动的主体，政府对资源配置的结果并非是"有差别的丰富"，而是"无差别的贫乏"。既然计划经济下没有微观市场主体的市场交易行为，自然也不会存在对微观市场规制的需求，市场规制权也就没有其扎根的"土壤"。市场经济要求，规制主体必须把握好市场规制权的"度"，保持行政自制①、克服"傲慢与偏见"、尊重市场机制，"增进"② 而不是扭曲市场，谦抑行使市场规制权，以体现经济自由与市场规制的辩证法。计划经济向市场经济转变的过程，实质上就是政府向市场放权的过程。"在这个不稳定性日益加剧的世界上，我们没有选择，只能置身于全球化的市场之中，巧妙地引导并利用它，尽可能地做到趋利而避害。"③ 国家正当性的基础在于确保经济的自由运转。④ 在政府与市场的互动和博弈过程中，仍然要体现市场在资源配置中的根本性作用，这是市场规制权的"底线"。

其次，必须构建市场规制权的宪政基础。宪政是一个综合性概念，可区分为相互关联又有一定区别的三个层面：一是制度层面上的宪政，其对应的英文词是 Constitutional government，译为立宪政体或立宪政府，指受到常规性法律和政治约束，并对公民负责的政体。在立宪政体下，公共权力和公民一样，都必须服从法律与宪法。二是思想和观念层面上的宪政，其对应的英文词是 Constitutionalism，译为立宪主义，就是以宪法或一系列法律（超出政府任意修改能力之外的）来有效约束政府强制性权力、保障人权这种观念。三是实践层面上的宪政，其对应的英文词是 Constitutional politics，译为立宪政治。它与专制政治相对，表示一种宪政的实施状态，侧重于立宪过程和立宪运动。如前文所述，古典宪政理论主要侧重于限制政府权力，保障个人权利和自由；而新宪政理论已经超越了单纯限制权力的古典主张，转向如何有效地利用政府权力，通过"积极国家"增进社会福利。随着市场

---

① 参见刘福元：《行政自制：探索政府自我控制的理论与实践》，法律出版社 2011 年版。行政自制是晚近逐渐兴起的行政法控权理论，主要指向行政主体自发地约束其所实施的行政行为，使其行政权在合法合理的范围内运行的一种行政过程，强调行政主体对自身违法或不当行为的自我控制。

② "市场增进论"由日本学者青木昌彦倡导，强调政府的职能并非旨在直接引入一种解决市场失灵的替代机制，而是以增强民间部门解决市场失灵的能力为目标：运用各种政策工具如相机性租金（contigent rents）、金融约束（financial repression）、协商委员会（deliberation penals，指一种政府官员和民间部门代表间举行的论坛）以及延缓市场准入（staggered entry）策略，引导、促进或补充民间部门的协调（coordination）与合作。参见 [日] 青木昌彦等：《东亚经济发展中政府作用的新诠解释：市场增进论》，载《经济社会体制比较》1996 年第 5、6 期。

③ 参见 [美] 戴维·斯密克：《世界是弯的》，陈勇译，中信出版社 2009 年版，第 15 页。

④ 参见 [法] 米歇尔·福柯：《生命政治的诞生》，莫伟民等译，上海人民出版社 2011 年版，第 69 页。

机会主义的愈演愈烈以及社会矛盾的日益尖锐，即便在不存在形式意义的经济法的英美法系国家，理论界多认为"积极国家"对社会经济生活的干预是国家责任的题中应有之事。英国学者霍布豪斯将国家干预经济的权力称为国家的"经济主权"。① 密尔认为："一切政府的活动，只要不是妨碍而是帮助和鼓舞个人的努力与发展，都是不厌其多的。"② 罗素着眼于通过合作主义限制私有制在经济上的绝对自由，强调"按照合作主义的观点，政府的支配能力已经提高，这就使它能够为经济和政治事务搭建一个框架"，以维护社会正义和经济民主。而美国学者罗尔斯、德沃金都强调政府应承担解决社会分配危机的责任。③ 应对1929年大萧条的罗斯福更是再三阐述了立宪政府解决社会分配危机的必要性，通过"限制少数人集团滥用权力和特权"和维护"民主政治的道德"④，试图营造一个"开明的福利行政国家"，以实现复兴、管制和变革（Recovery, Regulation, and Reform）的"3R"目标。由于新政中的诸多经济规制计划被最高法院否决，罗斯福曾于1937年3月9日向全国发表广播讲话，对美国联邦最高法院发起一次出人意料的攻击："作为一个国家，我们……已经到了必须采取行动，将宪法从法院解救出来，将法院从法院自身解救出来的时候了。我们必须找到一种方法，从诉诸联邦最高法院转变到诉诸美国联邦宪法本身。我们要的是根据宪法来行使司法权的最高法院——而不是凌驾于宪法之上的最高法院。"⑤ 自此之后，最高法院在很长一段时间内没有宣布新政法令违宪，使罗斯福政府获得了较为广阔的行政空间。"更重要的是，判断管理性法规所依据的经济理论是否正确，不是法院的职能"。⑥ 新政被视为"一

---

① 参见［英］霍布豪斯：《社会进化与政治学说》，廖凯声译，商务印书馆1935年版，第223页。

② 参见［英］约翰·密尔：《论自由》，程崇华译，商务印书馆1959年版，第125页。

③ 参见［美］罗尔斯：《正义论》，谢延光译，上海译文出版社1991年版，第11节；［美］德沃金：《自由的法》，刘丽君译，上海人民出版社2001年版，第50页。

④ 参见［美］罗斯福：《罗斯福选集》，关在汉编译，商务印书馆1982年版，第126、128页。比尔德在研究同时期美国政府与政治过程后也指出，"在国会的创造性效率下降的同时，行政的权力却有了几乎革命性的增强"，特别是在"1933年到1943年间，国会制定的一切影响生命、自由和财产的重要法律不是行政部门发起，就是在行政压力下，在参众两院通过的。"参见［美］比尔德：《美国政府与政治》(上册)，朱曾汶译，商务印书馆1987年版，第241—242页。在现代行政国家情况下，行政权实际上已吞并了立法权，成了国政的中枢。参见［日］杉原泰雄：《宪法的历史》，肖贤富译，社会科学文献出版社2000年版，第130页。

⑤ 转引自［美］约翰·V.奥尔特：《正当法律程序简史》，杨明成等译，商务印书馆2006年版，第49—50页。

⑥ 参见［美］施瓦茨：《美国法律史》，王军等译，中国政法大学出版社1990年版，第184页。

场不流血的宪法革命",它在一定程度上改变了美国宪法上的权力分立结构。① 至于后发国家,由于希望较快的经济增长以及维护民族国家利益的愿望,政府之手就伸得更长②,甚至成为"闲不住的手"。为解决现代政府的管理能力和行动效率问题,宪政制度安排重心发生了变化,将市场规制权纳入宪法和法律的调整范畴成为可能,试图"把支离破碎的道德环境,重新组合成一个结构严密的社会统一体"③。

构建市场规制权的宪政基础,就是使市场规制权在宪政框架内运行,以保证其有效实施,维护社会公共利益和市场经济秩序。具体而言,制度层面上,要将政府规制主体引入到有限政府、服务政府、责任政府、法治政府和透明政府轨道,以实现有效政府的目标;思想层面上,要实现对市场规制权的有效制约,具体包括权力制约权力、权利制约权力和社会制约权力。权利/社会制约权力主要是保障个人和社会对市场规制权行使的监督和制约,防止市场规制权的滥用。而权力制约权力,则是要完成对市场规制权的横向划分和纵向划分,前者是对立法、司法和行政三权的划分,后者是中央和地方权限的划分;实践层面上,当前中国的宪政调整只需在经济分权和政治集权的框架下引入更多的更有效的政治竞争和权力制衡,让更多民众参与政策决定过程,改进各级地方政府的治理和责任制,以及削弱地方政府直接干预经济(特别是投资)的能力。在中央和地方财政分权的前提下,实现财权、事权和责任三者的统一。地方政府及其部门应根据市场规制法律法规的规定,在中央的政策和协调、指导下行使对本地区的市场规制权,维护社会公共利益和区域经济秩序的健康稳定。

最后,法治是构建市场规制权法理基础的核心。"撇开所有的技术细节不论,

---

① See Gary Lawson, The Rise and Rise of the Administrative State, 107 Harvard Law Review 1231 (1994);[美]内森·米勒:《罗斯福正传》,祥里等译,新华出版社 1985 年版,第 517 页。桑斯坦经典地将此过程概括为"新政的立宪主义"。参见[美]桑斯坦:《权利革命之后——重塑规制国》,钟瑞华译,中国人民大学出版社 2008 年版,第 13—35 页。

② 参见[意]奇波拉:《欧洲经济史》(第 3 卷),吴良健等译,商务印书馆 1989 年版,第 262 页。

③ 参见[英]罗杰·科特威尔:《法律社会学》,潘大松等译,华夏出版社 1989 年版,第 111 页。昂格尔生动表达了这一宪政变迁:"其一,政府公开干预从前被认为是国家行为之外的领域。由于国家日益卷入公开的重新分配、规定及任务之中,它变成了一个福利国家。其二,国家与社会逐步近似,公法与私法逐步混同,一方面,国家不再伪装为社会秩序的监护人了,另一方面,私人组织日益被承认,成为享有一定权力的主体,而传统理论认为这些权力属于政府。"参见[美]昂格尔:《现代社会中的法律》,吴玉章等译,中国政法大学出版社 1994 年版,第 180—181 页。

法治的意思就是指政府在一切行动中都受到事前规定并宣布的规则的约束——这种规制使得一个人有可能十分肯定地预见到当局在某一情况中会怎样使用它的强制力,和根据对此的了解计划他自己的个人事务。"① 市场规制作为市场经济的一种外在补充手段,其对于法治的需求和依赖自是顺理成章。市场规制的这一基本定位和属性,决定了市场规制必然只能以对市场机制本身并当然也连带地对市场机制赖以生存的精神土壤——法治的充分尊重与服从为前提。舍此,市场规制必然滑向对于市场经济的破坏甚至背叛的境地。如此,市场规制的功能目标必然是无法实现,甚至其存在的必要性与价值也大打问号了。② 市场规制权和市场规制法,必须解释为对财产法、民法、契约法等普通法的一种补充。③ 换言之,"一个功效显著的市场经济,乃是以国家采取某些行动为前提的;有一些政府行动对于增进市场经济的作用而言,极有助益;而且市场经济还能容忍更多的政府行动,只要它们是符合有效市场的行动。但是对于那些与自由制度赖以为基础的原则相冲突的政府行动,必须加以完全排除,否则自由制度将无从运行。"④ 诚如博登海默所说,任何值得被称之为法律制度的制度,必须关注诸如自由、安全和平等某些超越特定社会结构和经济结构相对性的基本价值。⑤ 比如,"法与自由相关,是对人最神圣可贵的东西,如果要对人产生拘束力,人本身就必须知道它"。⑥ 美国1890年《谢尔曼法》的出台,固然基于规制市场秩序、规范竞争环境的经济学考虑,更直接的则是基于消除垄断对经济自由、经济民主的背叛及其进而对社会自由、社会民主构成的威胁、破坏等法哲学与政治学方面的考虑。⑦ 规制机构所需要做的,就像对待温室里的鲜

---

① 参见[英]哈耶克:《通往奴役之路》,王明毅等译,中国社会科学出版社1997年版,第73页。
② 参见于雷:《市场规制法律问题研究》,北京大学出版社2003年版,第24页。
③ 参见[美]丹尼尔·F.史普博:《管制与市场》,余晖等译,上海人民出版社1999年版,第2页。
④ 参见[英]哈耶克:《自由秩序原理》(上),邓正来译,生活·读书·新知三联书店1997年版,第281页。
⑤ 参见[美]博登海默:《法理学:法律哲学与法律方法》,邓正来译,中国政法大学出版社1998年版,作者致中文版前言。延至现代社会,"回应型法的一个独特特征是探求规则和政策内含的价值。"参见[美]诺内特、塞尔兹尼克:《转变中的法律与社会》,张志铭译,中国政法大学出版社1994年版,第88页。
⑥ 参见[德]黑格尔:《法哲学原理》,范扬等译,商务印书馆1961年版,第224—225页。
⑦ 参见[美]马歇尔·C.霍华德:《美国反托拉斯法与贸易法规》,孙南申译,中国社会科学出版社1991年版,第3页。

花一样，需要对公平的、正当的竞争秩序予以适当的呵护和维护。① 所以，市场主体才是市场的主权者，是经济自由的最可靠守护者②；国家或政府究其身份而言，首先只不过是市场的"守夜人"，其次才是市场运动的裁判员兼调节器，它们存在的唯一必要，就是市场出于维护自身安全及正常运转的需要，对它们存在着一定程度的需要。市场规制法表面上意味着规制机构在一定程度上对市场的干预和对经济自由的限制，实质上仍是扩大市场主体整体在市场上的经济自由。从某种意义上讲，衡量一个社会的市场规制质量的基本标尺和试金石，就是对以自由竞争为内涵的市场机制的保障与支持程度，以及对以意思自治、经济自由、社会权利乃至权力限制为基本内涵的法治理念的尊重与实践程度。

首先法治原则要求市场规制权力法定，即建立一套完善的市场规制法律体系，一般包括反垄断法、反不正当竞争法、消费者权益保护法、价格法、产品质量法、食品安全法等法律在内。这些法律对市场规制权的主体、范围、内容、手段、程序和责任等作出必要规定，保证市场规制权的创设和行使能够有法可依，防止权力真空和权力滥用。一方面，在现代行政国家（administrative state）的语境下，权力分立结构发生了静悄悄的位移。面对日趋复杂化的高度技术性的规制事项，面对日益加大的各种不确定性的风险，法律往往只是规定规制框架和蓝图，而赋予了规制机构去填补法律罅隙、自主塑造和选择公共政策的广袤裁量空间的权力。规制机构不再扮演传统行政机关的"传送带"角色，其职责限定为在特定的案件中执行立法指令的传统模式随着社会背景的变化和制度安排的变迁变得一去不复返了，对立法机关萧规曹随和亦步亦趋皆已烟消云散。③ 另一方面，市场主体对市场失灵的恐慌，容易导致市场主体对规制机构的无限依赖与过度期盼，进而衍生出对市场规制能力的无限信任，认为规制机构无所不能、无所不为。殊不知，在特别的情况中，规制机构不可避免的弊端都可能比市场主体的缺点显得更加糟糕。我们仍需牢记的是，市场规制权力存在的合理限度，就是市场需求或允许的程度与范围。舍此，它们就是多余的甚至有害的。强调市场规制权力法定，既有助于准确界定市场规制权

---

① 参见［德］何梦笔主编：《德国秩序政策理论与实践》，庞健等译，上海人民出版社2000年版，序言之第4页。当然，"竞争秩序的目的是使竞争起作用，而所谓的'有秩序的竞争'的目的几乎总是限制竞争的效力。"参见［英］哈耶克：《个人主义与经济秩序》，贾湛等译，北京经济学院出版社1989年版，第103页。

② 参见熊培云：《重新发现社会》，新星出版社2010年版；［法］米歇尔·福柯：《必须保卫社会》，钱翰译，上海人民出版社1999年版。

③ 参见［美］斯图尔特：《美国行政法的重构》，沈岿译，商务印书馆2002年版，第10—11页。在这种背景下，"行政法的功能不再是保障私人自主权，而是代之以提供一个政治过程，从而确保在行政程序中广大受影响的利益得到公平代表的模式。"（参见［美］斯图尔特：《美国行政法的重构》，沈岿译，商务印书馆2002年版，第21—24页）

的合理限度,也使市场主体和社会团体对市场规制权行使的监督存在合法性基础,避免规制失灵。其次,法治原则要求已经制定的市场规制法律得到认真的执行。"徒法不足以自行"(《孟子·离娄上》)。法律如果得不到有效地执行则无异于一纸空文。规制机构行使市场规制权时,如果漠视法律对权力范围、行使方式、行使程序的规定,则会造成权力滥用,违背市场规制权的创设初衷,其合法性基础也就不复存在。因此,反垄断法等市场规制法在规定政府市场规制权的同时,也对政府怠于行使职权或滥用职权所要承担的法律责任作了规定。另一方面,在专家统治论(technocratic)的理路下,法院不能也没有能力去对大量的高度专业性的规制决定进行审查,转而只能尊重规制机构的政策判断和个案决定。规制机构在辨识法律原则和确定变动不居的法律地形图(legal topography)的要求时,比其他机构更适合一些。

(二)确立市场规制权的配置原则

权力的合理配置是权力有效行使和权力目标得以实现的前提,市场规制权的配置应当坚持法治原则、集/分平衡原则、比例原则、绩效原则和权责统一原则。

1. 法治原则

市场规制权的法治原则要求权力法定,包括权力配置法定、权力运行法定和权力行使后果的法定。市场规制权配置的法治原则指的是市场规制权归谁享有必须由法律加以规定,市场规制权的配置也要符合法治精神。前者针对的是不同类型的市场规制,如市场准入和退出规制、价格规制、质量规制、合同规制、财务会计规制等,或是金融市场规制、劳动力市场规制、生产资料市场规制、商品市场规制、农业规制等,不同的规制权主体应当由法律授权或确认。如《反垄断法》第9条和第10条规定了国务院反垄断委员会和国务院反垄断执法机构享有反垄断执法权;《食品安全法》第4~6条规定了国务院食品安全委员会和国务院卫生行政、质量监督、工商行政管理和食品药品监督管理部门负责食品安全监督管理工作,在纵向配置上由县级以上人民政府及其卫生行政、质量监督、工商行政管理、食品药品监督管理部门负责本地区的食品安全监督管理工作;而在金融市场的监管方面,《证券法》、《保险法》、《中国人民银行法》、《商业银行法》、《银行业监督管理法》等规定了"一行三会"的多头、分业监管模式,由人民银行、银监会、证监会、保监会共同对金融市场实施监管。所谓市场规制权的配置符合法治精神,指的是法律在配置市场规制权时,要有对权力的限制和制约,保障社会公众和其他社会团体的知情权和参与权,防止权力滥用。如《反垄断法》第38条规定单位和个人有权对涉嫌垄断行为举报,第43条规定了被调查的经营者和利害关系人有陈述意见权;《价格法》第三章"政府定价"中对政府定价权作了程序限制,包括调查、价格听证、价格公布和价格调整,各环节都体现了对相关利益主体知情权和参与权的保障。

2. 集/分平衡原则

市场规制权配置的集/分平衡原则是指在市场规制权的配置过程中把握集权和分权的适度平衡，这既包括政府间的集/分平衡，亦包括政府外的集/分平衡。

政府间的市场规制权配置既有横向配置，又有纵向配置。横向配置体现在我国市场规制权限划分中的"多头监管"现象，即由多部门共同负责某一类型市场行为的规制。如反垄断规制中的反垄断委员会、工商行政管理总局、国家发改委和商务部；食品安全规制中的食品安全委员会、卫生行政、质量监督、工商行政管理和食品药品监督管理部门；金融市场监管中的"一行三会"。纵向配置指的是市场规制权配置中的中央和地方关系，我国规定了食品安全、不正当竞争、产品质量和价格等规制中，地方政府及其相关部门都有权对本地区市场主体的市场行为加以规制；但是反垄断执法权则主要归中央所有，国务院反垄断执法机构根据需要可以授权省级政府的相应机构负责反垄断执法工作。笔者认为，"我们大部分政府和商业组织建立的原则是劳动分工、专业化、标准化、明确的等级制度、个人责任、可互换的零部件和员工，这些原则产生了以隔离为特征的高度分散的组织：部门之间的隔离，部门和职员的隔离，机构和顾客的隔离，机构和供应商以及卖主的隔离"。① 在法治国家，"一个发达的法律制度经常会试图阻止压制性权力结构的出现，而它所依赖的一个重要手段便是通过在个人和群体中广泛分配权力以达到权力的分散和平衡。当这样一种权利结构建立起来时，法律就会努力保护它，使其免受严重的干扰和破坏"。② 对政府间市场规制权的配置应坚持集/分平衡原则，在把握市场规制权的一般共性和类型化特性的基础上，对横向配置和纵向配置区别处理。在横向配置上，我国目前的"多头监管"造成监管权分散，极易产生监管重叠和监管空白，影响监管的有效性。以食品安全监管为例，从"田间"到"餐桌"、从养殖加工到市场流通的每个环节都有不同部门监管……可"苏丹红"、"注水猪"的阴影还未完全消除，三鹿奶粉的风波再次让人们对政府市场监管质疑，其根源在于监管主体的多元化造成"谁都能管、谁都不管、容易的就管、难度大的就推"的现象，导致重兵把守的领域屡屡成为悲剧的发源地。因此，在食品安全监管领域应整合各部门权限，保证各部门都有完整的食品安全监管权，而不是分割后仅对各自环节的食品安全问题有监管权限。

值得一提的是，2008年金融危机也暴露出美国金融市场多头监管、分业监管的缺陷。这种多头监管体制在银行业表现尤为明显（参见表7 美国主要的银行监

---

① 参见 [美] 拉塞尔·M. 林登：《无缝隙政府》，汪大海等译，中国人民大学出版社2002年版，第18页。

② 参见 [美] E. 博登海默：《法理学：法律哲学与法律方法》，邓正来译，中国政法大学出版社1999年版，第361页。

管机构及其职责①)。在此之前，对于金融领域的监管机构设置，美联储（The Board of Governors of The Federal Reserve System, Fed）前主席格林斯潘在其2007年《动荡时代》（The Age of Turbulence）中强调"多个监管者比一个好"。"政府是一个感染力极强的以身示教的教师，不论教好教坏，它总在以自己的楷模行为教育整个民族"。② 格林斯潘相信，多个监管机构同时存在，既可以保证金融市场享有金融创新所必备的充分的民主与自由，也可以使得每一个监管者形成专业化的比较优势，它们之间的竞争可以形成权力的制衡。③ 美国"多头双线"的监管模式符合美国政治传统中的分权和制约理念。"分权原则赋予国会（通过众议院银行金融委员会和参议院银行委员会）修正这些机构中的任何机构的法定权力的权力。同时，政府的联邦本质意味着银行业实际上既由联邦管制机构也由州立机构来进行管理——纽约州银行管理当局尤其重要。"④ 财政部（Treasury）也曾认为监管机构的多元性有助于解决政策问题时探索创新方法，存在进行制度试验的机会。由于单一的监管机构不受其他监管机构的挑战，容易陷入僵化、保守和短视。⑤ "普遍存在的竞争将会扬弃那些不好的制度，而那些有益的制度则会幸存下来，它们将被用于更好地解决人类所面临的问题。"⑥ 不过，面对金融业混业经营的趋势以及次贷危机的重压，财政部2008年3月31日发布了《金融监管制度现代化蓝图》（Blueprint for a Modern Financial Regulatory Framework，简称《监图》），正式开启金融监管体

---

① 参见［美］彼得 S. 罗斯、西尔维娅 C. 赫金斯：《商业银行管理》（第8版），刘园译，机械工业出版社2011年版，第26页；[美] 约翰·卡西迪：《市场是怎么失败的》，刘晓锋等译，机械工业出版社2011年版，第189—190页。事实上，美国还拥有许多政府批准设立的民间监管机构，如美国财务会计准则委员会（FASB），以及穆迪（Moody's）、标准普尔（Standard & Poor's）和惠誉（Fitch）三大评级公司，它们负责向政府谏言，为金融机构设立规则，甚至直接管制它们的会员机构。

② 参见［美］道格拉斯等：《越轨社会学概论》，张宁等译，河北人民出版社1987年版，第387—388页。

③ See Alan Greenspan, "No Single Regulator for Banks", Wall Street Journal, December 15, 1993. 监管竞争，请参见吉尔万尼·德尔·阿瑞西亚、罗伯特·玛奎斯：《监管者之间的竞争》，载刘仁伍、吴竞择编译：《国际金融监管前沿问题》，中国金融出版社2002年版，第39—63页。

④ 参见［英］苏珊·斯特兰奇：《赌场资本主义》，李红梅译，社会科学文献出版社2000年版，第58页。

⑤ See U. S. Department of the Treasury, Modernizing the Financial System, February 1991, page XIX-6.

⑥ 参见［美］道格拉斯·诺斯：《制度、制度变迁与经济绩效》，刘守英等译，上海三联书店1994年版，第8页。

制改革之门①。《监图》的短期建议包括提高总统金融市场工作小组（President's Working Group on Financial Markets，PWG）作为金融监管协调者的效率；成立抵押贷款委员会（Mortgage Origination Commission，MOC），并明确其执法权限，解决抵押贷款的监管问题。中期建议包括合并储蓄管理局（Office of Thrift Supervision，OTS）和货币监理署（Office of the Comptroller of the Currency，OCC），通过减少重合来强化监管；合并 SEC 和商品期货交易委员会（Commodity Futures Trading Commission，CFTC），由证券交易委员会对证券期货业统一监管。长期建议有扩大美联储金融监管权，赋予其对非银行金融机构监管权限。金融危机之后，《多德—弗兰克华尔街改革与消费者保护法》对金融监管组织架构进行了大规模调整，试图克服多头监管机构利益争夺下对维护金融系统稳定的负面影响，以提高宏观审慎监管的效率：(1) 新设金融稳定监管委员会，负责监控、评估与处置危及整个金融体系稳定的风险。(2) 在财政部下新设联邦保险办公室，负责对整个保险业进行监督。(3) 赋予美联储更为全面的监管职能，使其监管势力范围不限于银行领域，还扩大到证券、保险等领域，以增强其在整个金融体系宏观审慎监管的中心地位。(4) 撤销储蓄管理局，其监管职能按照国家银行、州立成员银行、州立非成员银行三类，分别转移给货币监理署、联邦存款保险公司和美联储，以减少监管机构重置、避免监管重叠和提高监管效率。(5) 明确对冲基金、信用评级机构的监管，加强对银行的监管，规范多种金融衍生品的监管。

在纵向配置上，总体而言，根据经济民主理念和宪政理念对于中央向地方适度分权的要求，市场规制权作为对微观市场主体市场行为的规制，地方政府及其部门比中央政府有着天然的信息优势，能够提高市场规制效率、降低规制成本。但另一方面，这种适度分权又必须以中央保持集中控制、协调、指导为前提，防止地方政府的政企不分和地方保护主义。而在反垄断、食品安全和金融市场等领域的市场规制权应尽量收归中央行使，这主要是基于这些领域的特殊性作出的特别调整。

---

① 在此之前，美国政府问责办公室（Government Accountability Office，GAO）曾在 2004 年 10 月发表了题为《行业发展促使再思美国监管结构》(Financial Regulation：Industry Changes Prompt Need to reconsider U. S. Regulatory Structure) 的报告，提出在 1999 年和 2001 年的银行倒闭潮中，存贷机构监管局、货币监理署与联邦存款保险公司之间的问题阻碍了监管协调，应考虑在维持现有监管架构不变的前提下，进行监管整合，成立一个新的机构专门负责监管复杂的、国际活跃的金融机构。美国金融服务圆桌组织（Financial Services Roundtable）曾在 2007 年 11 月发布了《提升美国金融竞争力蓝图》(The Blueprint for U. S. Financial Competitiveness)，建议美国监管机构采用原则监管（Principles-based Regulation）方法。美国商会也于 2008 年 3 月发布《增强美国资本市场地位：对美国各行业的一个挑战》，指出美国的金融监管必须适应商业环境的变化，否则将减弱它在全球资本市场的长期竞争力和影响力。但是，次贷危机成为触发美国金融监管体系改革的"最后一根稻草"，它生动表明了市场规制体制改革的危机驱动型特征。

表7　　　　　　　　美国主要的银行监管机构及其职责

监管机构	职　责
联邦储备系统	● 监督和定期稽核所有由州授权成立的成员银行及在美国营业的银行控股公司，并作为金融控股公司的"伞形监管者"。 ● 强制提取存款准备金。 ● 必须批准所有的成员银行的兼并、设立分支机构和经营信托业务的申请。 ● 授权国际银行机构在美国开业，并对其进行监督和稽核。
货币监理署①	● 授权成立新的国民银行。 ● 对所有的国民银行进行监督和定期稽核。 ● 必须批准所有的国民银行设立新的分支行、经营信托业务和并购的申请。
联邦存款保险公司	● 按其法规为银行存款给予保险。 ● 必须允许投保银行设立分支行、兼并和经营信托业务的所有申请。 ● 要求所有的投保银行递交它们的财务报告。
司法部	● 根据公平竞争原则，审阅和批准银行提出的兼并和控股公司提出的收购意向。如果这些银行和控股公司的并购严重破坏了公平竞争，则对它们提出诉讼。
证券交易委员会	● 必须批准由银行或银行控股公司发行公债和股票，并监督银行证券分支机构的活动。
州委员会	● 授权成立新的银行。 ● 监督和定期稽核所有的州立银行。

"公共行政的中心问题被看成是提供公共利益和服务时，除了扩充和完善官僚机构外，其他的组织形式也许可以提供所有这些功能。"② 制度化的公众参与机制的建设，从根本上有助于构筑符合当代社会发展要求的开放式行政系统的需要。政

---

① 对银行业来说，美国最有权势的金融监管机构当数美国货币监理署（OCC）。以是否批准设立一家银行的申请为例，"只要监理官不以武断或者多变的方式行事，他就有权决定同意或者否决一份办理执照的申请，这一点现在已经是毫无争议的了。"参见［美］杰克逊、西蒙斯：《金融监管》，吴志攀等译，中国政法大学出版社2003年版，第49页。

② 参见［美］埃莉诺·奥斯特罗姆：《公共事务的治理之道》，余逊达等译，上海三联书店2000年版，译丛总序之第3页。

第五章 市场规制权研究

府外的市场规制权配置是指政府与非政府公共部门间的权力配置。作为非政府公共部门，具有服务、干预和协调功能且以实现和维护社会公共利益为宗旨的社会中间层主体的崛起，在政府和市场互动和博弈过程中起到平衡作用，打破了"政府—市场"的二元结构。以行业协会为典型代表的社会中间层主体理论的兴起与实践的发展，对经济法的政府中心主义范式提出了挑战和反思，出现了规制主体多元化趋向和经济民主的价值取向。因此，法律确认和保障社会中间层主体的市场规制权，既可以让规制相对方在制度和程序中的社会化与政府规制的合法化保持一致方向，使政府规制能够获得社会支持；也可以通过这种机制来检验政府规制自身的合法化能力，以及对社会治理能力培养和尊重的责任。与全球行政改革的潮流相一致，建议我国规制引入政府之外的力量，比如行业协会、消费者保护组织以及其他一些社会规制机构，建立起所谓的"火警"机制①。社会规制机构是指除政府部门和行业协会以外，以中介机构和新闻媒体等为代表的承担规制职能的机构。可以肯定，在全球化的背景下，政府已并非唯一权力中心，各种公共和私人的机构只要其行使的权力得到了公众认可，都可成为各层面上的权力中心。有必要通过相应的激励机制和责任追究机制，促使社会机构直接或间接参与到规制中来，构建"民有政府"（Government is us）②，从而实现规制（甚至治理）的网络化和社会化，有机衔接常态治理与非常态治理。

例如，针对 2008 年次贷危机，麻省理工学院的 Andy Lo 教授在 2008 年 11 月美国国会听证会上建议借鉴誉全球的美国国家运输安全委员会（NTSB, National Transportation Safety Board）运行机制，成立一家全国金融安全委员会进行体制性应对，通过调查和分析次贷危机爆发的前因后果，以总结金融危机的经验教训。成立于 1967 年的 NTSB 是一家独立的联邦机构，负责调查美国飞行事故和其他交通领域的重大事故，如铁路、公路、航海和管道运输等，并发布旨在避免未来发生事故的安全建议。它不监管航空公司或零部件制造商，不对玩忽职守加以惩罚，也不向监管机构发布指令。它的主要任务是潜心关注纯技术层面问题，对事故起因进行事后评估，其职能仅限于提供知识：对事故原因的公平（正）评估和透彻分析，为

---

① 政治委托人监督官僚机构的机制有两种：警察巡逻和火警。前者是指具体的、经常性的巡视、探查和回报等直接监督方式，其监督成本非常高昂；后者是指当选民和利益集团感到他们的利益被官僚机构伤害时，他们就会向政治委托人大声呼吁，此时，委托人就很容易地获得关于官僚机构行为的信息。"火警"机制是一种将道德风险引起的交易成本最小化的重要机制。See M. McCubbins, R. Noll & Barry Weingast, 1987, "Administrative Procedures as Instruments of Political Control", Journal of Law Economics and Organization, Vol. 3：243-277. 此处喻指充分调动社会各方力量参与，以期减少由政府主导的规制体制的成本。

② 参见 [美] 谢里尔·西姆拉尔·金、卡米拉·斯蒂福斯主编：《民有政府：反政府时代的公共管理》，李学译，中央编译出版社 2010 年版。

经济法权研究

改善安全监管提供素材。从某种意义上讲,金融稳定委员会朝着这样的创意方向被赋予使命并采取行动。但金融稳定委员会主要由在其他大型金融机构和监管机构中担任要职的知名人士组成,由它们调查一项危机事件,部分也是在调查它们自己可能产生潜在的利益冲突,不能明确划分对以往事件的分析以及当前和未来责任。①

又如,针对2011年"7·23"甬温线特别重大铁路交通事故,北京大学贺卫方教授认为铁道部自家调查难以服众,呼吁依据我国《宪法》第71条规定,由全国人大常委会启动特别调查委员会,对这起重大事故进行调查;依据有关法律规定,\这个委员会应由立法机关成员和特聘专家组成,对事故原因进行勘察和鉴定,通过传唤相关人员出席作证,包括不同意见的专家之间对质(类似法庭质证和辩论的方式),对事件本身作出结论。为取得公信力,除非涉及国家机密,听证过程照例要设置自由的旁听席,同时要进行电视和广播的直播。这样做不仅将真相置于公众的眼前,本身就是接受公众监督的重要途径,同时也有助于人们包括受到责任追究的人接受委员会最终的结论。不仅如此,委员会还可以对更广泛的事项作出调查。以本次事故为例,除上述事项外,委员会还可以就高铁的发展状况、其中隐患(如轨道质量等)、铁路管理制度缺陷等作出评估甚至决策,从而让悲剧真正成为矫正不合理决策的契机。② 事实上,继被誉为"睡美人条款"的《宪法》第71条确立特定问题调查制度后,《全国人民代表大会组织法》、《全国人民代表大会议事规则》及《全国人民代表大会和地方各级人民代表大会代表法》对这种监督方式都做了规定。

随着专家(以及知识分子③)、中介机构、新闻媒体等社会规制机构的角色定位,各国社会就会形成全方位、多层次、网络化的轴式规制体制。除围绕"轴心"运作之外,轴式规制体制最突出的特点就是轴心外规制机构的多层次结构。即在协调机构之外,有政府规制机构,这是第一个层次;第二个层次是行业协会、证券交易所等自律规制机构;第三个层次是新闻媒体、中介机构等社会规制机构,由此形

---

① 参见增长与发展委员会:《危机后发展中国家的增长》,中国人民银行国际司译,中国金融出版社2010年版,第10—11页。毕竟,规制上的核心问题在于,规制者是否会执行那些损害行业利益的法规,或者他们是否会被该行业"俘虏"。俘虏并不是说规制者受贿或腐败,也不是说规制者的行为出于个人利益。相比之下,当规制者的世界观以及偏好与他们所监督的行业相同时,规制俘虏变得更为有效。参见[美]西蒙·约翰逊、郭庚信:《13个银行家》,丁莹译,中信出版社2010年版,第91页。

② 参见贺卫方:《事故调查能否启动宪法第七十一条》,载《南方周末》2011年7月28日。

③ 福柯指出,知识分子本身就是权力制度的一部分。参见[法]福柯:《福柯集》,杜小真编选,上海远东出版社2003年版,第206页。

成一个全方位、多层次、网络化的围绕综合性规制机构这个轴心参与规制,实现实时互动与协调配合的规制体制。

在政府和非政府公共部门的市场规制权配置上,我们必须强化政府规制的合法化,通过强调"政府是市场规制权最主要的主体"来体现市场规制权的政府主导性。当然,政府应谦卑地行使市场规制权,不仅应受到社会监督,而且应充分放权。这意味着,我们要重新发现社会和保卫社会①,通过法律授权、行政授权和项目委托等特定形式将市场规制权向非政府公共部门适度外移,防止政府与社会之间进行零和博弈,进而为政府规制的限度和政府行动的有效性提供边界和支持。由此,规制的选择就可以被认为反映了所有受影响利益的适当考虑,解决行政自由裁量权问题提供了可行又令人信服的方案。②

3. 比例原则

比例原则在理论和实践上最早肇始于 19 世纪德国的警察法制。基本含义是指警察只有在必要时才能行使行政权力限制人民的权利。比例原则产生后对行政法学具有深远影响,德国行政法学鼻祖奥托·麦耶曾将比例原则誉为行政法中的"皇冠原则",在其《德国行政法学》一书中指出"比例原则"强调行政权力对人民的侵权必须符合目的性,采行最小侵害以及追求公益应有凌越私益的优越性。台湾学者陈新民据此认为:"比例原则是拘束行政权力违法最有效的原则,其在行政法学中所扮演的角色,可比拟'诚信原则'在民法中居于'帝王条款'之地位,所以,吾人称比例原则是行政法中之'帝王条例',当不为过。"在内涵上,它包括:(1)适应性原则,又称适当性原则,即国家所采取的手段,包括普遍的或个别的,都要适应于它所追求的法律所规定的目的,不得有所偏离;(2)必要性原则,即如果以国家措施干预公民自由为实现公共利益所不可缺少,那么这种干预必须是最低限度的,也就是说,国家在其职权范围内已经没有侵害更小的措施可以采取;(3)比例性原则,又称狭义比例原则,即国家措施的采取对当事人来说是不过分的,对国家的目标来说又是适当的。③ 总之,比例原则至少包含两个意思,一是公权力行使的手段和目的间要保持相当比例;二是公权力的设定必须保持最低限度,即以实现公共利益之必要为限。换言之,比例原则从总体上引导公权力的行使:它既要赋予公权力一定的优越性以实现社会公共利益,又要防止公权力过分介入私领域而

---

① 参见熊培云:《重新发现社会》,新星出版社 2010 年版;[法] 福柯:《必须保卫社会》,钱瀚译,上海人民出版社 1999 年版。

② 参见 [美] 斯图尔特:《美国行政法的重构》,沈岿译,商务印书馆 2002 年版,第 68 页。

③ 参见陈新民:《德国行政法学的先驱者——谈德国 19 世纪行政法学的发展》,载《行政法学研究》1998 年第 1 期。

干涉公民权利，在公权力和公民权利之间找到最佳结合点以迎合现代法治的理念追求。

市场规制权配置的比例原则，首先，要求市场规制权设定的手段与目的相适应。市场规制权的目的是为了弥补市场缺陷，促进资源的有效配置，维护社会公共利益，保障市场经济秩序的健康稳定。基于社会公益的目的出发，法律对市场规制权行使的手段和方式的规定必须与目的相符，保证有限干预和最低侵害。不得以维护公共利益之名，行侵犯个人权利之实。其次，市场规制权的比例原则要求对权力范围加以必要的限定，即保证微观市场行为之合法、维护社会公共利益之必要为限度，不得对权力主体和权力范围预留过大的弹性空间。换言之，市场规制权的行使必须适度，必须真正有利于市场机制（特别是竞争机制）充分恢复动力并发挥其作用（形成基本的竞争秩序），而不能因规制而对市场主体的竞争行为产生不符合经济规律的扭曲，也不应影响市场机制的功能的发挥，甚至非法侵害市场主体的利益。

例如，依照《价格法》第 30 条规定，当重要商品和服务价格显著上涨或者有可能显著上涨，国务院和省级人民政府可以对部分价格采取限定差价率或者利润率、规定限价、实行提价申报制度和调价备案制度等干预措施。省级人民政府采取价格干预措施，应当报国务院备案。市县乡镇政府都不能采取价格干预措施。依照《价格法》第 31 条规定，当市场价格总水平出现剧烈波动等异常状态时，国务院可以在全国范围内或者部分区域内采取临时集中定价权限、部分或者全面冻结价格的紧急措施。省市县乡镇任何一级政府都不能采取价格紧急措施。又如，依照《食品安全法》第 82 条规定，根据食品安全信息的内容，及其重要程度、影响范围的不同，公布信息的部门主要有：一是国务院卫生行政部门，即现行体制下的卫生部。它负责公布国家食品安全总体情况、食品安全风险评估信息和食品安全风险警示信息、重大食品安全事故及其处理信息，以及其他重要的食品安全信息和国务院确定的需要统一公布的信息。这些信息与公众日常生活以及食品生产经营关系紧密，且影响范围大、力度强、涉及面广，为保证食品安全信息公布的规范性、严肃性，必须由卫生部统一公布。二是省级人民政府卫生行政部门，即现行体制下的省卫生厅、直辖市卫生局。它负责统一公布影响限于特定区域的食品安全风险评估信息和食品安全风险警示信息，以及重大食品安全事故及其处理信息。这些信息的特点是影响力限于特定区域。三是农业行政、质量监督、工商行政管理、食品药品监督管理部门。它们依照各自职责，按照规定的程序和形式公布本部门的食品安全日常监督管理信息，如批准、变更、吊销有关食品生产经营行政许可的情况，对食品生产经营者进行现场检查、抽样检验的结果，对违法生产经营者的查处情况等。同时还应当将公布的食品安全信息向所在地同级卫生行政部门和其他有关部门进行通报。

4. 绩效原则

绩效原则是指任何组织的管理都是为了获得某种业绩与效益,因而一切管理必须遵循降低管理成本,讲求管理实效的理念与要求。从绩效原则的角度说,市场规制权的配置和行使,必须重视规制影响分析(regulatory impact analysis)制度①,要求对所有涉及重大规制行为的法律法规草案进行"成本—收益分析"② 评估。成本—收益分析包括对成本和收益的识别与分类,将风险转换为成本、对成本收益量化和以适用的形式总结和提交成本收益信息。③ 只有当潜在收益大于潜在成本的情况下,规制才可实施。我国《全面推进依法行政实施纲要》(2004 年)第 17 条提出,要"积极探索对政府项目尤其是经济立法项目的成本效益分析制度。政府立法不仅要考虑立法过程成本,还要研究其实施后的执法成本和社会成本"。市场规制权的依法行使如不能提高市场绩效、维护市场秩序和增进社会福利,其创设的合理性和合法性就值得怀疑。

我国迫切需要借鉴美国等发达国家的规制影响分析制度,以竞争法为突破口推动成本—收益分析的系统运用④,将其作为分析市场规制权配置的基础性框架,改善规制机构的效率、回应性和有效性。在美国,规制影响分析制度,是指运用经济分析的方法对法律法规草案的经济影响评估、对小企业和其他小型实体的影响评估、对遵守信息质量法和文牍削减法情况的评估、对无经费却需要强制实施的法规的影响评估、对能源影响的评估及其他方面进行评价的制度。20 世

---

① 国外规制影响分析制度,详见吴浩、李向东编:《国外规制影响分析制度》,中国法制出版社 2010 年版。

② 成本和收益被理解为包括可量化的测量(在这些可被有效估计的最大程度上),以及量化有困难但又必须考虑的成本与收益的定性测量。另外,在对不同规制方法作出选择的过程中,行政机构应选择那些使净收益最大化(包括潜在的经济、环境、公共健康和安全以及其他优势,对分配的影响以及公平)的方法。参见张千帆等:《宪政、法治与经济发展》,北京大学出版社 2004 年版,第 119 页。

③ 参见[美]约瑟夫·托梅因、理查德·卡达希:《美国能源法》,万少廷译,法律出版社 2008 年版,第 119 页。

④ 竞争法的部分目的是修补市场失灵,而宏观经济学可以用来分析市场失灵的原因及代价,在保护市场主体时还可以依靠微观经济学。如果试图回避经济学的难题,就可能导致恶法。See Mark Furse, Competition Law of the UK and EC, Blackstone Press Limited, 1999, p.6。史普博也非常强调成本—收益分析机制在政府规制中的价值。参见[美]史普博:《管制与市场》,余晖等译,上海人民出版社 1999 年版,第 64 页。从某种意义上讲,笔者认为,经济法学是经济学的"消费者",而不是"生产者"。

纪90年代中期以后,美国国会开始重视对法律法规制定进行成本效益分析。《国会审查联邦机构法规制定法》、《无经费强制实施改革法》、《规制灵活性法》、《诚实规制法》等重要的国会立法,就可能对健康、安全和自然环境产生影响、对小企业产生重大经济影响的法规进行成本效益分析的问题作了规定。在联邦政府层面,1981年里根发布了12291号行政命令,第一次在总统行政命令中要求行政部门对潜在经济影响超过1亿美元的"主要法规"进行成本效益分析。1993年,克林顿发布了12866号行政命令(《规制计划与审查》),对成本效益分析问题作了更加明确的规定,要求行政部门在法规制定过程中着重考虑规制过程的公平、公正性,并说明相对制定该法规可能获得的效益而言其付出的成本是合理的。此外,该行政命令还把独立机构的规制计划(其中也包括成本效益分析的内容)纳入了联邦政府年度规制计划。2003年,联邦管理和预算办公室为了执行12866号行政命令,又发布了《规制分析》(又称《A4号通告》)。12866号行政命令和《A4号通告》的规定,共同形成了美国政府进行市场化规制的基本框架。在法院层面,为解决成文法对成本效益分析的规定比较模糊的问题,法院通过判例确立了五种"不履行原则",对制定涉及实质性健康风险或者经济技术可行性等方面的法规,授予行政部门更多的自由裁量权,从而尽可能实现法规制定收益最大化、成本最小化。①

5. 权责统一原则

市场规制权配置的权责统一原则是经济法"主体—行为—责任"这一研究框架在市场规制领域的具体落实,体现了市场规制的"职、权、责"统一和"财权、事权、责任"统一的原则。对权力设定责任是防止权力主体"缺位"和"越位"的最后一道防线,试想如果市场规制主体的权责不清,那么权力的约束则无异于空谈,市场规制权在行使过程中很可能走向权力初始目标的反面。市场规制权既是市场主体权力的保护神,又是市场主体权利的最大最危险的侵害者。法律在规定市场规制权的同时,要对急于行使权力或滥用权力的责任加以明晰。可问责性既是市场规制权行使的目标,也是其手段。

从责任的角度反思2008年金融危机可以发现,危机过后呈现的是责任的集体性缺失。包括投机者、投资银行高管、中介服务商、信用评级机构、监管机构等在

---

① 在著名的"苯污染判决"(Industrial Union Department v. American Petroleum Institute, 448 U.S. 607, 1981)中,法院以职业安全与健康管理局(OSHA)没有论证其所制定的苯污染标准的成本与它的收益之间的合理关系为由判决OSHA的决定不具备合法性与合理性。参见〔美〕R.W. 芳德利、D.A. 法贝尔:《美国环境法简论》,程正康等译,中国环境科学出版社1986年版,第127页。

内的主体对于危机发生都负有不可推卸的责任,正是这些主体的集体失位促使了危机的爆发,然而结果却是"有组织不负责任"。巴塞尔委员会《有效银行监管核心原则》提出给予监管机构法定的保护,给予其责任豁免,以保证其有效地履行监管职能。也有学者从保持监管机构独立性的角度主张给予监管机构责任豁免。然而,监管机构的独立性和履行监管职能并不是以其责任豁免为前提的;相反,监管机构的独立性是相对的,且责任追究也不等于对监管机构的干预和控制,而责任机制恰恰是监管机构认真履行监管职能的保障。对监管机构的问责不但是对其事后的责任追究,更重要的是对其进行事前、事中的持续监督。目前对于监管机构责任的关注主要在于监管机构的行政责任和刑事责任,鲜有对监管机构"预期责任"①、民事侵权责任②的探讨,立法上对监管机构民事责任的规定也处于缺失状态。笔者主张,当监管机构滥用职权侵犯他人合法权益时应承担侵权责任。监管机构责任体系应当包括行政责任、刑事责任和民事责任。

就我国而言,《反垄断法》、《食品安全法》、《价格法》、《消费者权益保护法》等市场规制法在"法律责任"一章都有对市场规制主体责任的规定。但是,主要存在三大问题:一是"多头监管"模式下责任主体不明晰。如前述的食品安全监督管理的相关部门包括食品安全委员会、农业行政、卫生行政、质量监督、工商行政和食品药品监督管理部门等,这就为各部门相互推卸责任提供了条件。如,2011年9月特大地沟油制售食用油案显示,依据现行法律,地沟油在生产环节属质量监督管理部门管理;进入餐馆则由食品药品监督管理部门查处,因其有吊销餐饮服务许可证权力;流通环节属工商部门管辖;餐厨垃圾回收归口市政部门;只有最后形成公共安全威胁才涉及公安部门。相关部门的责任推诿容易导致地沟油处理"搁浅",这一本应涉及多个环节的多头监管对象,反而实际成为监管的"盲区"。二是市场规制主体民事责任缺失。"责任"的本义不是"引起"或"产生",而是"承担"或"回应"(respond)。这个根本的问题是:谁必须对事物发展的道路承担责任?有义务为事物发展承担责任的人将和事物发展有某些实际的或潜在的因果联系,但并非每个这样的人都有义务为事物如何发展承担责任。③ 责任最终关涉主体

---

① 皮特·凯恩提出的"预期责任"与"过去责任"相对,指由责任主体基于其社会角色及其功能所决定的、面向未来的或朝前看的、"分内应做之事"的责任。"过去责任"指对过去的行为和事件所作的交代和回应。其中对预期责任的重视是社会责任范式的特性之一。参见[澳]皮特·凯恩:《法律与道德中的责任》,罗李华译,商务印书馆2008年版,第49页。

② 参见苏洁澈:《论银行监管机构的侵权责任》,载《法学家》2011年第1期。

③ 参见[美]赫伯特·芬格莱特:《孔子:即凡而圣》,彭国翔等译,江苏人民出版社2002年版,第22页。

的权益和风险的配置。与近年兴起的问责制（accountability）① 相应，现代法（尤其是经济法）应更多地考虑法律责任的积极功能——作为和不作为的义务，乃至角色的设置及其担当。哈特将责任首先表述为角色责任（responsibility），这是责任制的起点。在角色定位清晰、权义明确、激励机制充分且适当的前提下，尚需对责任承担者不拘一格地问责并要求其不时地解释和回应（answerability），以最大程度地防止角色懈怠、错位或越位，否则行为人就应承担法律及社会的不利后果（liability），即传统意义上的责任和相应的救济、制裁。② 三是市场规制主体"预期责任"被漠视。我国法学界对法律责任问题的研究着重于传统意义上的责任和相应的救济、制裁。这种责任是向后看的，是一种对过去的行为或事件后果的担当，即是"过去责任"，它主要关注对坏的结果的分担。它忽视了一个事实，即现代法律责任实践的主要目的是打消人们实施造成将来损害的行为动机，不仅在我们没有完成我们的责任时判定我们有责任并制裁我们，同时还告诉我们对什么负有责任（预期责任），并激励我们积极负责。对某些可能实施的损害行为，在市场主体日益庞大、其行为影响日益巨大的"公司帝国"③ 里，预防比治理更好。因而，使人们知道对什么负责，并激励其完成预期法律责任比法律课责（liability responsibility）未完成或修补其后果更好。正是在此意义上，有学者指出："在一个运作良好且成功的法律制度里，不遵守预期责任并且因而施加过去责任的机会被降低到最低点。过去责任只有在未完成预期责任时才能找到他的角色和意义，在这个意义上它是从属的和寄生的。当然施加过去责任有助于最大限度地遵守预期责任。"④ 我国市场规制立法较多规定了有关部门及主管人员、直接责任人的行政责任和刑事责任（处罚力度有待提高），但缺乏促进竞争的不对称监管和对反竞争行为的事前监管，应强化预期责任的规定，侵权损害赔偿责任也不可或缺。

（三）完善市场规制权的实施机制

1. 加强市场规制主体间的沟通、协调与合作

---

① 关于问责，可参见世界银行专家组：《公共部门的社会问责：理念探讨及模式分析》，宋涛译，中国人民大学出版社 2007 年版。
② 参见史际春、邓峰：《经济法总论》（第二版），法律出版社 2008 年版，第 199—200 页。
③ 参见管斌：《论消费者权利的人权维度》，载《法商研究》2008 年第 5 期。具体论述，可详见 [美] 查尔斯·德伯：《公司帝国：公司对政府和个人权利的威胁》，闫正茂译，中信出版社 2004 年版。
④ 参见 [澳] 皮特·凯恩：《法律与道德中的责任》，罗李华译，商务印书馆 2008 年版，第 55 页。

第五章 市场规制权研究

现代社会是一个相互依存、合作、交流沟通的有机社会①,现代法律也起着人们相互合作的桥梁作用。正如施瓦茨所言:"我们似乎正从个人突出的理想移向彼此合作的理想。在法律中如同在社会里,竞争正变为相互依赖。"② 市场规制主体间的合作包含多个层面:既包括政府规制机构间的合作,也包括政府规制机构与非政府公共部门(包括社会规制机构和自律规制机构)间的合作;既包括政府各部门间横向的合作,也包括中央和地方政府及其部门间纵向的合作;既包括国内市场规制主体间的合作,也包括市场规制的国际合作。"我们的市场已经全球化了,可是我们的民主机构还没有全球化。经济已经全球化了,然而政坛却还在沿袭两个世纪诞生的以民族国家为基础运行的旧制。这种失衡现在骤然凸现于我们面前。"③ 但是,"如果全球公司仍然通常处于民族国家的控制之下,那么其要比旧的资本主义形式拥有更多规避管制的办法;而唯一有效的管制方法需要跨国行动"。④ 在一个民族国家内部,政府和非政府公共部门间的市场规制权划分,以及政府间市场规制权的横向和纵向划分,形成了一个多元规制主体并存的、网络化⑤和社会化的轴式规制模式。

当然,每一个官僚组织领域的最重要特征之一,就是其界限模糊。这种模糊来自现代社会复杂的相互依赖性。⑥ "当组织面对着一个要求参与合作的指令时,它们会处于一个矛盾的境地。一方面,为了保持其'组织空间'的完整性,它们倾向于保持其独立性,避免过深参与到合作过程当中去。另一方面,为了避免丧失合

---

① 有机社会意味着作为有机体的整体与其构成要素——个体之间处于相互依存的有机关系中:个体是整体不可分割的一部分,不能脱离整体而存在;同时,整体也在某种程度上依赖每一个个体,因为每个个体都给整体贡献了不可替代的一部分。参见[美]库利:《人类本性与社会秩序》,包凡一等译,华夏出版社 1999 年版,第 26—27 页。即使最崇尚个人主义的美国,其最高法院在 1984 年也承认"现代社会是有机社会:表达一个人心声的自由,不只是公民自由权的一个方面(从而对其自身有益),而且对于人们共同追求的真理、对于社会作为整体的活力,也至关重要。"[Bose Corp. v. Consumers Union of the United States, 466 U. S. 485 (1984)]。转引自刘水林:《反垄断法的观念基础和解释方法》,法律出版社 2011 年版,第 42 页。

② 参见[美]伯纳德·施瓦茨:《美国法律史》,王军等译,中国政法大学出版社 1989 年版,第 315 页。

③ 参见[比利时]居伊·伏思达:《欧洲如何走出危机》,关呈远等译,新星出版社 2009 年版,第 2 页。

④ 参见[美]萨斯基亚·萨森:《全球化及其不满》,李纯一译,上海书店出版社 2011 年版,序言第 3 页。

⑤ 网络化治理,可参见[美]斯蒂芬·戈德史密斯、威廉·D. 埃格斯:《网络化治理:公共部门的新形态》,孙迎春译,北京大学出版社 2008 年版。

⑥ 参见[美]安东尼·唐斯:《官僚制内幕》,郭小聪等译,中国人民大学出版社 2006 年版,第 225—237 页。

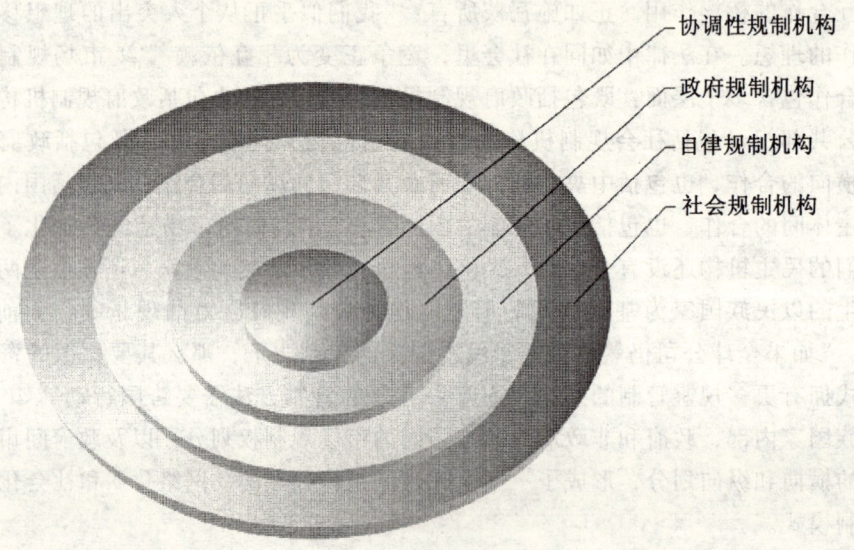

图 1 轴式规制多层次结构示意图

法性,它们又必须参与到命令式的合作过程中去。于是便在力争独立性和力争合法性之间产生了一种紧张状态。"① 上述轴式规制模式可能存在如下可能性:一旦各部门职权划分不清晰,而又缺乏沟通、协调与合作机制,则易出现规制重叠或规制真空,从而影响市场规制的有效性。对此,可行的做法是设立一个上位的协调性规制机构(比如,食品安全委员会)对各执行机构进行协调和指导;另外,各机构间建立定期的通报制度和会议制度,形成稳定的信息共享与监管合作通道(比如,肉类蔬菜流通追溯体系②);中央和地方的协调与合作,可建立地方向中央的定期和紧急报告制度,以利于中央对地方的指导。

在一个真正相互依存的全球化世界,更多的平等意识、更积极的全球合作,都将可能成为全人类的福祉。如前所述,经济全球化背景下生产、资源配置、市场经济体制和风险的全球化客观上导致了市场规制的全球化。然而,各国域外管辖权的行使又面临管辖权冲突、域外取证和执行的困难。这就要求各国的市场规制执法机构订立合作协议,在自愿、平等、礼让、公平和效率原则的基础上加强相互间的协

---

① 参见[美]拉塞尔·M. 林登:《无缝隙政府》,汪大海等译,中国人民大学出版社 2002 年版,第 168—169 页。
② 为搞好分段监管衔接,商务部 2010 年会同财政部在上海、大连等 10 个城市启动了肉类蔬菜流通追溯体系建设试点。该体系是为了使各流通节点的信息互联互通,形成来源可追溯、去向可查证、责任可追究的质量安全追溯链条,实现肉菜质量安全的全过程无缝隙监管。

调与合作，共同应对经济全球化的挑战。

2. 完善市场规制权行使的程序性规则

相对于一般的民事权利和行政权力，市场规制权有着十分明显的特殊性，它必然要求与之相适应的程序性规则予以保障。但是，由于长期以来受"重实体轻程序"观念的影响，"学者们在讨论如'给每个人仅属于他的东西'或'同等情况同等对待'等命题时，往往对通过什么样的方式、程序来给人们属于他的或同等的东西不感兴趣"。在当下经济法研究中，较为普遍的现象是注重实体权利的设计与论证，对程序则很少关注。在注重实体观念的影响下，一般认为"只要结果正确，无论过程、方法或者程序怎样都无所谓"。事实上，程序在新的历史条件下获得了独立的价值与功能，即产生了与"实体正义"相对应的"程序正义"。① 换言之，"法律程序提供了通过磋商方式极好地调节利益的方式。除此以外，在我们的法律传统中，法律程序总是作为通过管理交易并经官方程序使之完善的方式合法地促进了社会关系的秩序化"。② 程序正义是判断市场规制权正当行使的重要根据。首先，将市场规制权的行使纳入法定程序的轨道，是为了防止市场规制权在运行过程中出现异化，沦为损害社会公共利益和公民个人权利的工具。其次，如何通过程序性规则的运行，使蒙受了不利结果的当事人接受该结果，并对社会整体产生正当化效果。

完善市场规制权的程序性规则，主要在于三个方面：一是信息公开，保障社会公众的知情权，这是公众参与的前提。规制机构行使市场规制权，进行信息公开亟需充分收集信息。如《多德—弗兰克华尔街改革与消费者保护法》第 912 条规定"为保护投资者权利及公共利益，美国证券交易委员会可通过民意测验和投资者调查等方式从投资者或其他公众处收集信息"。这既保证了公众及时充分地获知有效信息，建立稳定预期以作出理性选择维护自身权益；也可以保证公众及社会团体对规制机构的监督，避免权力寻租造成规制俘获，充分体现"阳光是最好的防腐剂，灯光是最好的警察"；更可以增进公众对规制机构的信任，"没有它，社会成员就不能签订并执行协议，就不能从事制度化的合作，而这种合作正是社会生活的要素

---

① 参见［日］谷口安平：《程序的正义与诉讼》，王亚新、刘荣军译，中国政法大学出版社 1996 年版，第 1 页。程序（无论是司法程序还是行政程序）具有两个重要作用：第一，由于程序本身具有超越个人意思和具体案件的处理，在制度层次上得到结构化、一般化的性质，使因程序进行蒙受不利结果、却已被赋予表达自己的观点和提出证据的充分机会的当事人，不得不接受该结果的作用。第二，对社会整体产生的正当化效果。如果法院（行政机关）在制度的正当程序方面得到了公众的信赖，自己的决定也就获得了极大的权威。（第 9—11 页）

② 参见［美］詹姆斯·威拉德·赫斯特：《美国史上的市场与法律》，郑达轩等译，法律出版社 2006 年版，第 6 页。

之一"①。更重要的是,信息公开制度的建设可以增强相对方维护个体权利和参与公共生活所必需的知识或话语基础。因为一个民主政府是不能通过愚民的方式来治理社会公共事务的,一个现代公民是不能通过无知的方式来主张其权利的。② 我国的市场规制各法都有对信息公开的规定,但实践中政府常常会向公众隐瞒相关信息。可喜的是,大众传媒充分发挥其"扒粪"功能——近年来一系列的食品安全问题及其他市场违法行为都是由大众传媒率先曝光,在督促规制机构方面发挥了重要作用。二是公众参与,即保障公众和社会组织对市场规制的参与权。在一个民主社会,越多的人表达自己的利益,参与利益分配的博弈,所产生的"游戏规则"就越公正。③ 市场规制权行使是一个多元利益主体博弈的过程,是对多元利益主体相互冲突的主张进行协调的过程。保障公众和社会组织的参与权就是保障这些利益主体陈述主张、争取各自利益的机会。在这个博弈过程中,规制机构也可以获得更多的信息,从而更好地创设和行使市场规制权。因为只有社会中行使公权力的主体,自己根据相对方的要求,达到服从法律规定的程度,互惠的过程才能扩大到各

---

① 参见[英]米尔恩:《人的权利与人的多样性——人权哲学》,夏勇等译,中国大百科全书出版社1995年版,第8页。

② 华盛顿曾以朴素的语言揭示出这样一个深刻的道理:"在任何国家,知识都是公众幸福的最可靠的基础。在我们这样的国家,社会舆论可以直接对政府的措施作出反应。因为,有相应的知识水平是必不可少的。知识可以多种方式来维护自由宪法:它可以使那些受委托担任政府职务的人懂得,政府的每一重要目的都会得到民众通情达理的信任;它可以使民众理解并珍视他们的权利;使他们能预见到并预防这些权利可能遭受侵犯;使他们懂得什么是压迫,什么是必须行使的合法权威;使他们懂得,什么是由于不顾他们的困难而加给他们的负担,什么是不可避免的社会需要带来的负担;使他们分清:什么是自由精神,什么是无法无天;使他们懂得珍视前者,避免后者,联合起来,尊重法律的不可违犯性;并保持警惕,防止人们犯法。"参见[美]华盛顿:《华盛顿选集》,聂崇信等译,商务印书馆1983年版,第261页。从理论上讲,这是因为任何关于真理的知识都带着权力的烙印:"权力和知识是直接相互连带的;不相应地建构一种知识领域就不可能有权力关系,不同时预设和建构权力关系就不会有任何知识。"参见[法]米歇尔·福柯:《规训与惩罚》,刘北成等译,北京三联书店1999年版,第29页。当然,"话语产生交往权力,并不取代管理权力,只是对其施加影响。影响局限于创造和取缔合法性。交往权力不能取缔公共官僚体系的独特性,而是以'围攻的方式'对其施加影响。"参见[德]哈贝马斯:《公共领域的结构转型》,曹卫东等译,学林出版社1999年版,第28页。我们相信,"只有当任何一个可能制度和可能生活都获得话语权利,并且不同话语之间能够形成对话关系,我们才能拥有充分的知识背景"。参见赵汀阳:《没有世界观的世界》,中国人民大学出版社2003年版,第203页。

③ 参见薛涌:《学而时习之:〈论语〉研究之一》,新星出版社2007年版,第108—109页。

种形式的社会发展以及各种利益的增长。① 受经济全球化、科学技术发展以及经济民主的影响，我们不得不面对一个更为混沌的未来和越来越复杂的世界。而复杂性的日益增强意味着出现一种信息不对称型的参与模式的可能性的增加。我国规定了保障公众和社会组织参与的价格听证制度，实践中却很少得到执行，或者根本不召开价格听证，或者参与者只有"听"的权利，没有"证"的机会。三是框定期限，在确保公众参与时间的同时，防范规制主体的任意性和武断性，提升规制的妥当性和经济性。一般说来，规制主体的行为如果前后不一，多重标准，缺乏中性立场（即具有歧视性），可被认为具有任意性。而据以作出规制行动的事实不清、证据不充分、程序混乱等，往往被认定为具有武断性。在规定时间内，规制主体与受规制主体的反复博弈和互动，可使规制主体行使市场规制权的主动性和权威性得到进一步明确和巩固。鉴于我国《行政处罚法》对处罚程序的法定期限缺乏统一规定，笔者建议修法时明确规定行政处罚一般程序时效期间为自立案之日起60日内作出处罚决定，有特殊情况需要延长期限经批准后最多可以延长30日。

3. 引入多元的市场规制手段

为了实现特定的规制目标，在规制过程的每一个节点，我们需要引入多元的市场规制手段，可以选择此种或者彼种市场规制手段，既包括信息披露、标准制定、许可等事前的"命令控制型"的传统规制形式，也包括私的规制、自我规制、归责原则的变化、反垄断等非传统的规制形式，实现同样的规制目标。我们需要关注的是，如何针对不同的规制领域、不同的规制事项、不同的产业结构，来选择不同结构的规制组合形式，选择时应考虑哪些相关的因素，如何真正做到规制手段与目的相匹配，从而确保"不可用大炮打小鸟"。

在经济全球化的大背景下，当下市场规制手段的多元化，主要是指市场规制权的实施可以突破传统的强制性、命令性的行政手段，侧重引入市场机制。政府规制并非多多益善，更多并非更好（more is not better），最多并非最强。"我们需要的并不是一股脑儿地放松监管，而应该有的放矢，有所为有所不为"。② 对某些特定领域进行市场规制时，政府采用市场化手段可实现政府和市场间对各自缺陷的互补，建立起二者良性的"共生"状态：在实现市场规制目标的同时，保证市场对资源配置的高效率。当然，在这一过程中，必须坚持政府意志的主导性，坚持目的的公共政策性。以排污权交易为例，传统上环保部门对企业排放污染物的规制主要采用行政命令、排污收费等手段予以限制，而排污权交易则是充分利用市场机制实

---

① 参见［美］文森特·奥斯特罗姆等：《制度分析与发展的反思》，王诚等译，商务印书馆1992年版，第108—121页。

② 参见［美］斯蒂格利茨：《自由市场的坠落》，李俊青等译，机械工业出版社2011年版，第181页。

经济法权研究

现对排污权的优化配置,以达到减排的效果。具言之,排污权交易是指在环境保护行政主管部门总量控制的前提下,权利人从环境行政主管部门处以排污权许可证的形式获得排污权配额,进而在主管部门的监管和指导下依法对富余排污权配额进行交易的活动。排污权交易中环境行政部门负责对排污权进行初始的分配,可以采用无偿分配、公开拍卖和固定价格出售等方式;在交易中对市场参与者的交易行为进行监督管理。可见,在排污权交易中,政府部门并未采用严格的行政命令的方式规范企业的排污行为,而是发挥市场在资源配置中的作用。排污企业根据成本—收益分析作出排污决策,如果减排成本小于出售排污权的收益,则会积极地减少产品生产或改进减排技术以获得更多的富余排污权;反之,则会在排污权交易市场上购买更多的指标满足其需要。这既实现了减排的目标,又提高了经济效益,同时也减少了政府的规制成本,与单纯的行政规制相比有明显的优势。

　　经过三十多年的改革,中国的国家治理转型已进入一个非常时期:如果说国家转型前三十年的重点是经济改革,那么未来二三十年的关键任务就是制度建设。中国作为世界上最大的发展中国家,在她漫长的"礼失求诸野"的过程中,"中国政府提倡的法治、政府问责制和日益广泛的政治参与绝不仅仅是随口说出的官话,而是已经成了一个矢志不渝的目标,成了其价值观和意图的外在表现。当然,在有些方面可以说:中国政府在推进它选择的国际一体化模式时成了自己话语的囚徒。但更有意思的是,我们还可以这样说:中国政府成了自己话语的信仰者和实践者。"① 无论是社会公共利益的目标选择,还是"以人为本,执政为民"的思想意识,经济法视野下的中国市场规制权在践行民生政治、提供普遍服务的同时,处处彰显着控权、分权以及公众参与的诉求。法律发达史说明,法律不仅仅是消极被动地防止纷争,维护既有秩序的工具;还承担着积极促成理想秩序实现的使命,即能动地建构着理想社会(秩序状态)。② 随着改革的进一步深入,为确保我国"来自竞争的繁荣",市场规制权的未来将呈现经济性规制向社会性规制、行政手段向市场手段转型的趋势,即逐步放宽对市场主体的市场准入和退出、竞争等经济领域的规制,强化对食品安全、公共卫生和环境保护等社会领域的规制;逐步减少强制性、命令性的行政手段,增加弹性化、合同性的市场化手段。研究市场规制权,廓清其产生机制和运行机理,有助于理论上印证经济法学的"政府—社会中间层主体—市场"、"主体—行为—责任"等研究框架,并因应经济全球化、科学技术发展和经

---

① 参见〔美〕谢德华:《中国的逻辑》,曹槟等译,中信出版社 2011 年版,第 245 页。
② 参见〔美〕欧文·费斯:《如法所能》,师帅译,中国政法大学出版社 2008 年版,第 20—60 页。

济民主等各种环境①的挑战,采取一种以激励为基础、确保规制"质量保证"(而不是被动的"质量管理")②的规制体制。

经济运行的力量,本质上就有超出人为法律框架的潜能。"所有通向制度选择的简单途径——诸如目标选择、思想意识、原始意图、简单映像以及单一制度主义——都注定是行不通的。"③笔者近乎宗教般执着坚信,经济法学不曾有着体系建构的雄心,因其天生就是"法律体系对上述经济体系的挑战所作的回应"④,自然对日常生活世界的规制过程有着超强解释力。大胆放飞经济法学想象力!"一个社会制度,就是为事实而想的办法,故必事实到了那一步之后,才能产生那新的制度。"⑤从这个意义上讲,包括市场规制权理论在内的经济法学理论,本质上是一种问题导向的公共政策过程理论⑥,它是法学、经济学、公共政策学等诸多学科的整合:经济法学不仅仅是行政法(经济行政法⑦)学,甚至也不仅仅是公法(经济公法⑧)学,而是"问题取向"下运用各种经济手段、法律机制和社会思想的有机综合和协同动作的复杂性理论。

---

① 我们必须将规制与当时的客观环境相联系。不论环境如何,规制的有效性都是以环境为基础的,在一定意义上说,是环境而不是规制本身必定成为约束力的根源。参见[英]边沁:《政府片论》,沈书平等译,商务印书馆1996年版,第157页。有效的制度结果不一定来自唯一的制度设计。哪种制度能够行之有效,取决于当地、当时的约束条件和各种机遇。选择合适的制度至关重要。参见[美]罗德里克:《相同的经济学,不同的政策处方》,张军扩等译,中信出版社2009年版,第179、173页。

② 参见经济合作与发展组织编:《OECD国家的监管政策:从干预主义到监管治理》,陈伟译,法律出版社2006年版,第2页。OECD理事会1995年3月9日通过了《提高政府规制质量建议书》。

③ 参见[美]考默萨:《法律的限度》,申卫星等译,商务印书馆2007年版,第201页。

④ 参见苏永钦:《经济法——已开发国家的任务与难题》,载史际春主编:《经济法总论(教学参考书)》,法律出版社2000年版,第141页。

⑤ 参见梁漱溟:《人生的省悟》,百花文艺出版社2005年版,第90页。

⑥ 波斯纳曾强调,未来的法学将是一种政策科学。参见[美]波斯纳:《超越法律》,苏力译,中国政法大学出版社2001年版,序言部分。

⑦ 参见[德]斯特博:《德国经济行政法》,苏颖霞等译,中国政法大学出版社1999年版。

⑧ 参见[德]乌茨·施利斯基:《经济公法》,喻文光译,法律出版社2006年版。

第六章 宏观调控权研究

第一节 宏观调控权的含义与主体

一、宏观调控、宏观调控权、宏观调控行为的含义

"宏观调控权",是"宏观经济调控权"的简称,本不是一个法学词汇,在传统的法学辞典中是没有这个词条的。它是在中国实行市场经济体制,实施宏观调控的背景下创造出来的一个词汇。它在官方文本中最早出现于 1993 年 11 月 14 日,党的第十四届中央委员会第三次全体会议通过的《关于建立社会主义市场经济体制若干问题的决定》中。该决定指出:"宏观经济调控权,包括货币的发行、基准利率的确定、汇率的调节和重要简易税种税率的调整等,必须集中在中央。这是保证经济总量平衡、经济结构优化和全国市场统一的需要。"[①]

欲研究"宏观调控权",应该首先研究"宏观调控"这一概念。"宏观调控"是在中国实行经济体制过程中创造出来的一个词汇。在计划经济条件下,宏观管理与微观管理大一统,一竿子到底,无所谓宏观,无所谓微观。[②] 因为计划指标层层分解,一直到企业,宏观的管理也就变成微观的了。

"宏观调控"一词最早出现于 1984 年《中共中央关于经济体制改革的决定》之中。随着我国市场取向改革的进行,"宏观调控"使用的频率越来越高。1993 年《中共中央关于建立社会主义市场经济体制若干问题的决定》则指出:"建立社会主义市场经济体制,就是要使市场在国家宏观调控下对资源配置起基础性作用。为实现这个目标,必须……转变政府管理经济的职能,建立以间接手段为主的完善的

[①] 《中共中央关于建立社会主义市场经济体制若干问题的决定》,载《人民日报》1993 年 11 月 17 日。

[②] 吴敬琏、刘吉瑞:《论竞争性市场体制》,中国大百科全书出版社 2009 年版,第 110 页。

宏观调控体系，保证国民经济的健康运行。"① 由此可见，宏观调控是相对于计划管理而言的，是在市场经济条件下国家管理经济的新方式。

关于宏观调控的必要性，"十四大报告"是这样论述的："市场有其自身的弱点和消极方面，必须加强和改善国家对经济的宏观调控。"② 经官方审定的高中一年级政治课教科书对此的叙述是："市场调节存在自发性、盲目性、滞后性等弱点和缺陷，所以必须加强国家宏观调控。市场经济健康、有序地发展，一方面需要充分发挥市场的作用，另一方面需要加强国家宏观调控，把'无形的手'与'有形的手'结合起来。"③

1993年宪法修正案通过之前，原《宪法》第15条规定："国家在社会主义公有制基础上实行计划经济。国家通过经济计划的综合平衡和市场调节的辅助作用，保证国民经济按比例地协调发展。""禁止任何组织或者个人扰乱社会经济秩序，破坏国家经济计划。"1993年宪法修正案将该条修改为："国家实行社会主义市场经济。""国家加强经济立法，完善宏观调控。""国家依法禁止任何组织或者个人扰乱社会经济秩序。"

但《宪法》并没有对"宏观调控"的内涵做出规定，而是将宪法解释权留给了全国人大常委会。因此，我们只能从1993年《宪法》修正时有关的背景资料，尤其是党的有关文件中去寻找答案。

1993年《中共中央关于建立社会主义市场经济体制若干问题的决定》指出："社会主义市场经济必须有健全的宏观调控体系。宏观调控的主要任务是：保持经济总量的基本平衡，促进经济结构的优化，引导国民经济持续、快速、健康发展，推动社会全面进步。……宏观调控主要采取经济办法，近期要在财税、金融、投资和计划体制的改革方面迈出重大步伐，建立计划、金融、财政之间相互配合和制约的机制，加强对经济运行的综合协调。计划提出国民经济和社会发展的目标、任务，以及需要配套实施的经济政策；中央银行以稳定币值为首要目标，调节货币供应总量，并保持国际收支平衡；财政运用预算和税收手段，着重调节经济结构和社会分配。运用货币政策与财政政策，调节社会总需求与总供给的基本平衡，并与产业政策相配合，促进国民经济和社会的协调发展。……合理划分中央与地方经济管理权限，发挥中央和地方两个积极性。宏观经济调控权，包括货币的发行、基准利

---

① 《中共中央关于建立社会主义市场经济体制若干问题的决定》，《人民日报》1993年11月17日。

② 《加快改革开放和现代化建设步伐，夺取有中国特色社会主义事业的更大胜利——江泽民在中国共产党第十四次全国代表大会上的报告》（1992年10月12日）http://news.xinhuanet.com/ziliao/2003-01/20/content_697148.htm，2006年7月9日访问。

③ http://www.jxxyyz.cn/xkpd/ShowArticle.asp?ArticleID=355，2009年10月20日访问。

率的确定、汇率的调节和重要税种税率的调整等，必须集中在中央。这是保证经济总量平衡、经济结构优化和全国市场统一的需要。我国国家大，人口多，必须赋予省、自治区和直辖市必要的权力，使其能够按照国家法律、法规和宏观政策，制订地区性的法规、政策和规划；通过地方税收和预算，调节本地区的经济活动；充分运用地方资源，促进本地区的经济和社会发展。"

从以上界定可见，宏观调控是国家干预、调节、协调或调制（以下统称干预）① 经济运行的方式之一，它与我国经济法学者所提炼的市场监管或市场规制等一起，共同构成国家对经济的干预。不过，《宪法》第15条并没有提到"市场监管"或"市场规制"（以下简称"市场规制"），似乎将"宏观调控"视同于所有的国家干预。我国经济法学者将国家对竞争的保护和对消费者的保护提炼为"市场规制"，并将其与"宏观调控"一道作为国家干预经济的基本形式，这是我国经济法学界的一大贡献。因为，市场不仅仅要在国家宏观调控之下，还应在国家的市场规制下，对资源配置起基础性作用。市场是亚当·斯密所说的"无形之手"，而国家的市场规制和宏观调控都是"有形之手"。

关于"宏观调控"的含义，从以上界定可见，它是指国家主要通过国家计划（现已改为规划）、货币政策、财税政策等，影响和诱导企业的经营活动的行为，而是不直接干预企业的经营活动的行为，从而保持经济总量的基本平衡，促进经济结构的优化，引导国民经济持续、快速、健康发展，推动社会全面进步。

江泽民提写书名、曾培炎主编的《领导干部宏观经济管理知识读本》认为，宏观经济管理与宏观经济调控含义基本上是一致的，是一个国家中央政府遵循自然规律和经济规律，运用经济、法律和必要的行政手段，从系统、综合和全局的角度对于现代市场经济的运行和发展的总体指导和调控。宏观调控既不同于政府对特殊行业和特定产品的具体管制，也不同于部门和地方政府对行业性或地区性的经济管理，更不同于居民、企业等微观经济主体内部的经济管理。②

上述定义揭示了：（1）宏观调控的主体是一个国家的中央政府，地方政府无宏观调控权。1993年《中共中央关于建立社会主义市场经济体制若干问题的决定》中指出："宏观经济调控权……必须集中在中央"，但"我国国家大，人口多，必须赋予省、自治区和直辖市必要的权力，使其能够按照国家法律、法规和宏观政策，制订地区性的法规、政策和规划；通过地方税收和预算，调节本地区的经济活动；充分运用地方资源，促进本地区的经济和社会发展。"这里"赋予省、自治区和直辖市必要的权力"中的"权力"没用"宏观经济调控权"的字样，因为

---

① 这里对李昌麒教授定义的"国家干预"、杨紫烜教授定义的"国家协调"、漆多俊教授定义的"国家调节"、张守文教授定义的"调制"等概念不加区分，在概念等同的意义上使用。
② 曾培炎主编：《领导干部宏观经济管理知识读本》，人民出版社2002年版，第2—3页。

"省、自治区和直辖市必要的权力"不是宏观调控权,而是"中观调控权"。(2)宏观调控不同于行业监管、行业管制或市场规制。(3)宏观调控的经济基础是现代市场经济,在近代市场经济、古代的自然经济中不存在现代意义上的宏观调控。

但上述定义也存在着不足之处,关于宏观调控的手段,提出要"运用经济、法律和必要的行政手段",有欠妥当。原因在于:其一,这三种手段不能并列,无论经济手段还是法律手段,都必须在法律的框架下运行,都是法律手段。其二,这种提法将法律看成是一种工具,有法律工具主义之嫌。法律不仅仅是工具,其本身就是目的。其三,"手段"的提法不是书面、规范语言,而是口语。因此,本书不采用这一定义,而是在借鉴以上定义的基础上确定如下:

宏观调控是在现代市场经济条件下,国家为了影响长期经济发展、熨平经济周期、平衡总供给与总需求的关系、调节国家产业经济结构,主要通过国家规划、货币政策、财税政策等,对经济运行和发展的总体指导和调控。

宏观调控权是国家进行宏观经济调控的权力,其定义为:

宏观调控权是在现代市场经济条件下,国家为了影响长期经济发展、熨平经济周期、平衡总供给与总需求的关系、调节国家产业经济结构,主要通过国家规划、货币政策、财税政策等,对经济运行和发展进行总体指导和调控的权力。

宏观调控权的运用是宏观调控行为。宏观调控行为是借鉴奥图·梅叶尔(Otto Mayer)对行政行为的抽象和定义以及关于行政行为的"行政权说",① 对国家干预宏观经济的一系列行为进行提炼、抽象和概括,而得出的一个经济法学的特有范畴。

宏观调控行为和宏观调控权是紧密而不可分开的。宏观调控权是一个静态的概念,而宏观调控行为是一个动态的概念,是宏观调控权运动的表现形式,二者是内容与形式的关系;宏观调控权是前提,而宏观调控行为是后果。

宏观调控行为是指在现代市场经济条件下,宏观调控机关为了影响长期经济发展、熨平经济周期、平衡总供给与总需求的关系、调节国家产业经济结构,主要通过国家规划、货币政策、财税政策等,对经济运行和发展进行总体战略决策。

宏观调控行为主要包括:(1)国家规划,即国民经济和社会发展规划及其他国家战略规划;(2)国家预算安排及国家财税政策的制定;(3)货币政策的制定;

---

① 行政行为如今已成为一个超越国界的通用法学术语,但它最初是由德国行政法学鼻祖奥图·梅叶尔(Otto Mayer)运用概念法学的方法而提炼、概括出来的。奥图·梅叶尔认为,行政行为是行政机关运用公共权力、对具体行政事务适用法律而作出的单方行为。翁岳生:《行政法与现代法治国家》,台湾详新印刷公司1979年版,第3页。然而,对于行政行为的定义,学术界仍有不同看法,其中的"行政权说"认为,只有行使行政权的行为,即运用行政权所作的行为才是行政行为。见姜明安主编:《行政法和行政诉讼法》,北京大学出版社、高等教育出版社1999年版,第140—143页。

(4) 价格总水平的调控等。

相应地，宏观调控权包括：(1) 规划调控权；(2) 财税调控权；(3) 金融调控权；(4) 价格调控权等。

二、宏观调控权的种类

(一) 规划调控权

规划调控权即通过制定国家规划，实施宏观调控的权力。国家规划按时段分为年度国家规划、中期国家规划和长期国家规划。中期国家规划的期限一般为5年，长期国家规划的期限一般为10年以上。中长期国家规划的主要内容是：分析中长期发展所面临的国际国内环境和阶段性特征，以及需要集中力量解决的关系全局的重大问题；确定规划期国民经济和社会发展的总体战略、指导方针、主要任务，宏观调控目标和宏观经济政策的基本方向；提出对重大生产力布局、经济结构调整和科技、教育及社会发展重点领域的政策措施。年度国家规划则是中长期规划在各个年度的实施规划。国家规划还可以按范围分为综合规划和专项规划。综合规划是完整的全面的国民经济与社会发展规划，覆盖国民经济和社会发展的主要领域，既照顾各个方面，又突出重点，当然是粗线条的。专项国家规划在年度国家规划中称为专业国家计划，在中长期国家规划中称为专项国家规划或专题国家规划。年度规划中的专业计划是按产业或经济活动（如投资）分类的规划。随着市场化程度的提高和计划职能的转变，这种专业计划已经减少，且今后还将进一步减少。中长期规划中的专项（专题）国家规划是针对国民经济和社会发展中的重点领域或薄弱环节、关系全局的重大问题编制的规划，如产业结构调整规划、基础设施发展建设规划、西部地区开发规划等。专项国家规划是综合国家规划在若干主要方面、重点领域的展开和深化，必须符合综合国家规划的总体要求，并与综合国家规划相衔接。

(二) 财税调控权

财税调控权，即通过制定国家的财税政策，实施宏观调控的权力。财税调控权又分为预算调控权、税收调控权、国债调控权、转移支付调控权、政府采购调控权等。

1. 预算调控权是指通过制定国家预算，实施宏观调控的权力。国家预算，是指国家对会计年度内的收入和支出的预先计划。预算是政府的财政收支计划，是其他宏观调控手段的集中反映。其他宏观调控手段，如税收、国债、转移支付、政府采购等手段，既要完成各自的调控目标，又要服从国家预算的总任务。因此，在财政各种调控手段中，国家预算起主导作用，它在很大程度上导向和制约着其他财政调控手段。

2. 税收调控权，是指通过国家税收立法与制定国家税收政策，实施宏观调控的权力。税收是国家宏观调控的一个重要杠杆。宏观调控是税收的重要职能之一。

税收的宏观调控职能主要体现在以下两方面：（1）税收具有调节经济的功能。国家可以通过税种的设置、征税范围的调节、税率的高低以及税收优惠政策的调整来影响投资和储蓄，影响资产结构和产业结构，影响各类资源的配置。国家还可以通过采取增税和减税措施来平衡经济过热或过冷，控制经济波动。（2）税收具有保障社会经济稳定的功能。当代的税收制度，因其实行累进制结构，即使不依赖减税或增税的积极措施，在一定程度上也具有自动调整经济的功能，即所谓的"内在稳定器"功能，再加之各种税收手段的综合运用，使税收具有明显的"反周期"作用，在很大程度上促进经济的稳定。此外，由于税收是调节各类主体收入再分配的重要工具，加之累进税制的实行和所得税、社会保障税、遗产税与赠与税的综合开征，从而使税收能够在一定程度上解决社会分配不公的问题，促进社会分配公平，保障社会稳定。

3. 国债调控权，是指通过制定国债政策，实施宏观调控的权力。国债是宏观调控的重要措施之一。首先，国债的发行，能筹集建设资金，调节积累和消费的比例关系，将社会上的消费资金、临时闲散资金等，引导到国家重点建设事业上来，有助于调节投资结构和产业结构，促进宏观经济协调发展。其次，国债还是财政政策与货币政策之间的桥梁和衔接点。财政部发行国债，中央银行开展公开市场业务吞吐国债，调节流通中的货币量，从而影响总供给和总需求，以实现国家宏观调控的目标。因此，财政政策与货币政策的相互协调配合，离不开适量的国债的发行。

4. 转移支付调控权，是指通过制定转移支付政策，实施宏观调控的权力。转移支付，是指各级政府之间为了解决财政失衡而通过一定的形式和途径转移财政资金的活动，是用以补充公共物品而提供的一种无偿支出。由于国家的各个地区发展不平衡，从而会出现财政失衡，包括财政的纵向失衡和横向失衡。由于过度的财政失衡会在很大程度上影响经济与社会的良性运行与协调发展，因此，必须通过转移支付制度来解决财政失衡的问题。中央政府通过转移支付，对地方政府的预算支出进行控制和调节，可以实现中央政府的宏观调控目标。

5. 政府采购调控权，是指通过制定政府采购政策，实施宏观调控的权力。政府采购制度是加强财政支出管理的一项制度，同时，也是在市场经济条件下政府运用财政支出实施宏观调控的一项手段。发挥政府采购的宏观调控作用，是国际上的通行做法。在国际上，利用政府采购实施的经济和社会政策目标很多。主要有：（1）购买国货，支持本国企业发展。（2）促进就业，要求拿到一定规模采购合同的企业，必须安排一定数量的失业人员。（3）保护环境。如我国的香港特区鼓励采购再生纸张。（4）支持中小企业发展。如美国的中小企业法规定，10万美元以下的政府采购合同，要优先考虑中小企业，通过价格优惠方式对中小企业给予照顾。中型企业的价格优惠幅度为6%，小企业为12%。大多数国家的政府采购法律中都有类似规定。（5）保护妇女权益，对妇女经营的企业给予支持，对歧视妇女就业的企业给予禁止准入政府采购市场的处分。(6) 保护残疾人兴办的企业等。国外经验表明,政府采购制度越完善,其宏观调控作用也越明显。这也是各国重视政府采购制度的原因所在。为强化政府采购的宏观调控,我国中央政府采购管理机构应当根据国家在相应时期的社会经济政策目标,制定相应的政府采购政策:在经济过热、通货膨胀时,可以通过压缩或推迟政府采购,减少社会总需求,抑制厂商的积极性,从而减少社会总供给;在经济偏冷、商品过剩、失业增加时,可以通过加大或提前政府采购,刺激厂商的积极性,从而增加社会总需求。同时,还应当制定相应的政府采购政策,在政府采购目录中安排一定比例的不发达地区和少数民族地区的产品。

(三) 金融调控权

金融调控权即通过制定货币政策,实施宏观调控的权力。货币政策是中央银行运用货币政策工具,调节货币供求以实现宏观经济调控目标的方针和策略的总称。货币政策的要素包括货币政策最终目标、货币政策中介目标、货币政策工具和货币政策传导机制等内容。货币政策的最终目标是货币政策的制定者通过实施货币政策所希望达到的最终结果。在不同的国家,货币政策的最终目标是不同的。有的国家的货币政策为多目标,它包括经济增长、充分就业、物价稳定和国际收支平衡等四大目标;有的则为单一目标,根据国情不同,在具体选择上又有区别,有的以稳定物价或稳定币值为目标,而有的则以稳定汇率为目标。

借鉴国外经验并结合我国实际情况,1995年颁布的《中国人民银行法》明确规定,我国货币政策的目标是:保持货币币值稳定,并以此促进经济增长。币值稳定包括货币对内币值(物价)和对外币值(汇率)稳定两个方面。我国是一个发展中国家,发展经济是长期的任务。在发展中稳定币值与促进经济增长是统一的,稳定币值是经济发展的前提,经济发展是币值稳定的基础和必然结果。货币政策中介目标是中央银行为实现货币政策最终目标而选择作为调节对象的目标。同时,它也是中央银行用于监测货币政策效果的重要指标。我国中央银行现阶段货币政策的中介目标是货币供应量。但以新西兰、英国等为代表的少数发达国家中央银行先后放弃了中介目标,改为以直接监控通货膨胀为目标。货币政策工具是中央银行为实施货币政策所采取的各项措施、手段和方法。中央银行通过运用货币政策工具调控中介目标来实现最终目标。我国现行的货币政策工具有存款准备金、利率、再贴现、中央银行再贷款、公开市场操作和指导性信贷政策等。①

(四) 价格调控权

价格调控权即通过价格总水平的调控政策,实施宏观调控的权力。我国《价

---

① 参见戴相龙主编:《领导干部金融知识读本(修订版)》,中国金融出版社2001年版,第117—122页。

格法》第 26 条规定，稳定市场价格总水平是国家重要的宏观经济政策目标。国家根据国民经济发展的需要和社会承受能力，确定市场价格总水平调控目标，列入国民经济和社会发展计划，并综合运用货币、财政、投资、进出口等方面的政策和措施，予以实现。例如，2011 年 3 月"两会"期间，总理《政府工作报告》把"保持物价总水平基本稳定"放在当年工作重点的首要位置，提出当年居民消费价格总水平（CPI）涨幅控制在 4% 左右的预期目标。这就是一项价格总水平调控政策。

三、宏观调控权的主体

宏观调控权的主体涉及宏观调控权的配置问题。宏观调控权的配置分为纵向配置和横向配置两个方面。

（一）宏观调控权纵向的配置

宏观调控权纵向的配置，就是宏观调控权在中央和地方之间的划分。目前有两种观点，一种认为中央和地方均享有宏观调控权，一种认为只有中央才享有宏观调控权，地方不享有宏观调控权。

之所以出现这样的差异，概而言之，是因为对宏观调控权的理解出现分歧。当把宏观调控权理解为包括宏观调控的执行权在内的权力束的话，地方政府当然享有这种所谓的"宏观调控权"。但如果将地方税收调节权、地方财政投资和支出的决策权，以及地方产业政策的决策权也理解为宏观调控权的话，① 就实在值得商榷了。

从宏观经济的角度来讲，宏观经济只能是一国范围内的宏观经济，宏观调控中的宏观，只能是一个国家的"宏观"。只有宏观调控权的享有主体是中央级次的国家机关，才能从国家的高度，从"全国一盘棋"的大局出发，保证宏观调控目标的实现。而地方税收调节权、地方财政投资和支出的决策权，以及地方产业政策的决策权实际上是一种"中观调控"。

从公共物品的角度来看，宏观调控是公共物品，而公共物品是分级次的。不同级次的公共物品从提供的效率来看，是不尽相同的。一般说来，中央级次的物品应当由中央政权来提供，而具有地方特色的物品，应由地方来提供。这是财政联邦主义的基本精神。……具体到宏观调控这类公共物品，究竟应当如何来提供，由谁来提供，谁有权来提供，则是一个重要的问题。……宏观调控的主体应当是国家，应当是国家的最高政权机构，而不是基层的政权机构，否则就不能说是"宏观"调控。因此，对于宏观调控权的配置应当有一个合理的界定：实施宏观调控的主体，不能是地方政权，而只能是国家的最高政权。也就是说，尽管宏观调控同微观市场

---

① 持此观点的有李力等，参见李力：《宏观调控领域中的国家、国家权力及其构造》，载北京市法学会经济法学研究会编：《宏观经济法制文集》。

主体的活动和利益相关，但它是一种中央级次的公共物品，只能由中央政权来提供。①

（二）宏观调控权的横向配置

宏观调控权的横向配置，就是宏观调控权在中央级次的立法机关、行政机关以及司法机关之间的配置。同时，由于在某些国家，像中央银行这种"准自治非政府组织（quasi autonomous non-governmental organisations）"② 或"独立控制机构"、"独立管制机构"的出现，传统的"三权"划分已经受到挑战。因为独立控制机构混合立法、行政、司法三种权力，它所行使的权力已经不再是传统意义上的行政权，而是一种"混合权力"，因此有人称其为"无头的第四部门"。③ 所以，宏观调控权的横向配置，还涉及宏观调控权是否对独立管制机构进行配置的问题。

中央立法机关应享有宏观调控权。因为在国家的宏观调控中，调控法定原则是一项重要原则，④ 它包括预算法定、国债法定、税收法定、规划法定等。预算的审批权、国债发行的决定权、税收的立法权、规划批准权等原则上应由立法机关来行使。

特定的中央行政机关应享有宏观调控权。首先，国务院有宏观调控权，这是没有争议的。其次，国务院的特定部、委员会，以及有关直属机构拥有宏观调控权。但是，哪些具体的部门、委员会、直属机构拥有宏观调控权，则是有争议的。我国1998年政府机构改革以后，曾明确与计划、财政、金融三大调控手段有关的国家计委（现国家发展与改革委员会）、国家经贸委、财政部、中国人民银行四机关为宏观调控部门。但这是否意味着只有这四个部门拥有宏观调控权呢？国家没有予以明确。而实际上，其他部门也握有宏观调控权，比如国家税务总局就拥有税收宏观调控权，商务部也有一定的宏观调控权。⑤ 根据"宏观调控法定原则"，这些都是首先应当明确的，也恰恰是我国比较缺乏的。

法院没有宏观调控权。因为宏观调控是相关机关审时度势对宏观经济加以干预

---

① 张守文：《宏观调控权的法律解析》，载《北京大学学报》（哲学社会科学版）2001年第3期。

② 潘攀：《中央银行的独立性：赞成或反对》，载《金融法苑》2000年第6期。

③ 王名扬：《美国行政法》，中国法制出版社1995年版，第178、181页。

④ 张守文：《宏观调控权的法律解析》，载《北京大学学报》（哲学社会科学版）2001年第3期。

⑤ 为扩大内需，1999年，财政部、国家税务总局、国家发展计划委员会曾联合下发通知，决定固定资产投资方向调节税目前暂停征收。具体见《财政部、国家税务总局、国家发展计划委员会关于暂停征收固定资产投资方向调节税的通知》（财税字〔1999〕299号）。这说明国家税务总局拥有宏观调控权。经国务院批准，国家计委、国家经贸委、外经贸部发布的《指导外商投资方向暂行规定》（1995年6月28日）就是外经贸部拥有宏观调控权的例证。

的权力,是一种无需相对人申请就于事前、事中、事后主动性地提供公共物品,主动地保护国民,主动地维护社会公共利益。此与具有被动性的司法权大异其趣。司法权被动性的最典型表现是"不告不理","不主动地保护权益,不主动地追究违法,即使是某些合法权益在司法机关的眼皮底下受到损害"。① 因此,法院不享有宏观调控权。尽管有学者研究表明,"以最高法院为代表的司法机关实际上是可能发挥宏观调控作用的"。② 但"法院权力越大,它就越倾向于政治化。一旦法院作为国家政策制定者的身份出现,政治斗争的焦点就从立法机构部分转移到司法机构"。③ 其中立性也就大打折扣了。因此,法院不应追求宏观调控权。

中介机构不具有宏观调控权。根据民主原则,地方政府、有关公民虽然可以参与特定的宏观调控决策,如国家规划的制定、转移支付数额的确定,但这并不意味着地方政府、有关公民享有宏观调控权,正如人民代表有表决立法的权力,但并不等于他具有立法权一样。

第二节 宏观调控权的性质与特征

一、宏观调控行为是一种决策行为

宏观调控权界定为一种决策权,而不包括其执行。事实上,宏观调控的执行,可以是行政行为,可以是民事行为,也可以是事实行为,并且执行是宏观调控权(行为)的四种效力——公定力、确定力、拘束力、执行力的组成部分之一。④

宏观调控主要有规划、金融和财政三大手段,下面对这三大手段在实践中的具体运作一一解析,以说明上述观点。

1. 国民经济和社会发展规划

国民经济和社会发展规划的制定一般分为确定规划的初步方案、协调制定规划草案和审议通过三个阶段。规划的初步方案由国家发展与改革委员会提出,报国务院批准。各级人民政府及其发展与改革部门,根据国家确定的规划方针、目标和政策,起草本地区的规划,并报国家发展与改革委员会,由国家发展与改革委员会综合平衡后报国务院,形成国家的正式规划草案。国务院将国家的正式规划草案提交全国人大,由全国人大审议通过。在规划的制定的上述阶段,是宏观调控权的具体

---

① 林莉红:《行政权与司法权关系定位之我见》,载《依法治国、司法公正——诉讼法理论与实践》,上海社会科学院出版社 2000 年版,第 763 页。
② 鲁篱:《论最高法院在宏观调控中的角色定位》,载《现代法学》2006 年第 6 期。
③ 张千帆:《美国联邦法院》,法律出版社 2011 年版,第 35 页。
④ 邢会强:《宏观调控权运行的法律问题》,北京大学出版社 2004 年版,第 30—31 页。

运用，是一种决策行为。

国民经济和社会发展规划批准以后，就进入了规划的实施阶段，也就是规划的执行阶段。政府可通过相关经济信息的发布，国家的未来走向的告知，国家订货或称政府采购制度，税率、利率、汇率、保护价等经济杆杆的调节，来使规划得到更加完满的实现。① 由此可见，国家规划的实施，有事实行为，如相关经济信息的发布，国家的未来走向的告知等；有民事行为，如政府采购；也有行政行为，如税率调整后税法的执行——征税。当然，税率、利率、汇率、保护价等经济杆杆的调节还涉及其他立法、决策行为，它们是另一类型的宏观调控行为，但对于以规划为手段来实施的宏观调控而言，是实施、执行。在国家规划的这一阶段，笔者认为，它已不再是规划宏观调控权的具体运用了。也就是说，规划宏观调控权，不包括规划的执行。规划宏观调控权，仅仅包括国家规划的决策，即国家规划的制定。

2. 金融

金融宏观调控主要是制定货币政策。根据《中国人民银行法》和《中国人民银行货币政策委员会条例》，货币政策制定的具体程序是：货币政策委员会委员在综合分析宏观经济形势的基础上，依据国家的宏观经济调控目标，就货币政策的制定、调整，定时期内的货币政策控制目标，货币政策工具的运用，有关货币政策的重要措施，货币政策与其他宏观经济政策的协调等事项，提出货币政策议案，经出席会议的2/3以上委员表决通过，形成货币政策委员会建议书。在此基础上，中国人民银行形成货币政策。但是，中国人民银行就年度货币供应量、利率、汇率和国务院规定的其他重要事项作出的决定，须报国务院批准，但应当将货币政策委员会建议书或者会议纪要作为附件，一并报送。中国人民银行就其他有关货币政策事项作出决定后，即予执行，并报国务院备案，但应当将货币政策委员建议书或者会议纪要，一并备案。

上述货币政策的制定，无疑是金融宏观调控权的具体运用，它是一种决策行为。

《中国人民银行法》第23条规定："中国人民银行为执行货币政策，可以运用下列货币政策工具：（一）要求银行业金融机构按照规定的比例交存存款准备金；（二）确定中央银行基准利率；（三）为在中国人民银行开立账户的银行业金融机构办理再贴现；（四）向商业银行提供贷款；（五）在公开市场上买卖国债、其他政府债券和金融债券及外汇；（六）国务院确定的其他货币政策工具。"这涉及货币政策的执行，其中有民事行为，如再贴现、再贷款、公开市场业务，有行政行为，如要求金融机构按照规定的比例交存存款准备金、确定中央银行基准利率。这种对货币政策的具体执行行为，笔者同样认为，这已经不是宏观调控权的运用了。

---

① 杨紫烜主编：《经济法》，北京大学出版社、高等教育出版社1999年版，第275页。

（尽管目前无论是在理论上还是在实践中大多数人还认为是宏观调控行为）也就是说，金融宏观调控权，不包括货币政策的执行。金融宏观调控权，仅仅包括货币政策的决策，即货币政策的制定。

3. 财政

财政宏观调控主要是制定财政政策，具体包括税收政策、国债政策、转移支付政策和政府采购政策。

依据严格的"税收法定主义"，对税收政策的决策，即对税率、税基等的调整，要通过税收立法。这一决策，是宏观调控权的运用。税收立法后，在实践中的具体执行，往往表现为行政行为，即税务机关对纳税人进行征税。但在税收是"公法上的债权债务"观念的支配下，税务机关为实现这一债务，有时也通过税收担保和代位权等手段。这些手段的运用，实际上是民事行为。一如笔者前面的观点，对于税收决策中税法的执行，不是宏观调控权，税收宏观调控权，仅仅包括税收政策的决策即税法的制定和修改，不包括对税法的具体执行。

国债政策的决策程序是：中央政府每年的发行额须经全国人民代表大会审查批准。如因需要增加年度公债发行额，也要经全国人民代表大会常务委员会批准方可实施。比如2000年8月25日第九届全国人民代表大会常务委员会第十七次会议就审议和批准了国务院提请审议的增发长期建设国债和调整中央财政预算的议案。这是宏观调控权的运用。

对于国债政策的实施，即国债具体如何发，发什么种类、什么期限的国债，如何偿还，发行对象有哪些，发行方式是什么，这完全是国债政策的实施和执行。它在国债发行中形成的法律关系，则是民事法律关系性质的。因此，国债宏观调控权，仅仅包括国债政策的决策，不包括其执行。

政府采购也是一种决策权。《政府采购法》第9条规定："政府采购应当有助于实现国家的经济和社会发展政策目标，包括保护环境，扶持不发达地区和少数民族地区，促进中小企业发展等。"《政府采购法》是全国人大常委会制定的，其第9条的规定本身就是一个宏观调控决策。《政府采购法》第10条规定："政府采购应当采购本国货物、工程和服务。但有下列情形之一的除外：（一）需要采购的货物、工程或者服务在中国境内无法获取或者无法以合理的商业条件获取的；（二）为在中国境外使用而进行采购的；（三）其他法律、行政法规另有规定的。前款所称本国货物、工程和服务的界定，依照国务院有关规定执行。"这实际上表明了政府采购宏观调控决策权在全国人大及其常委会和国务院。《国务院办公厅转发财政部关于全面推进政府采购制度改革意见的通知》指出："政府采购监督管理部门要切实做好政府采购的政策制定、预算编制……等监督管理工作。"这实际上是对财政部在政府采购的宏观调控权方面的肯定。《财政部关于进一步做好中央单位2003年政府采购工作有关问题的通知》（财库［2003］19号）指出："要发挥政府采购的宏观调控作用。中央单位的政府采购工作，除法律另有规定外，必须采购本国货物工程和服务采购合同必须授予本国供应商。同时，要有助于实现国家的经济和社会发展政策目标，包括环境保护、扶持不发达地区和少数民族地区、促进中小企业发展等。"这是财政部的政府采购宏观调控权的具体运用，是一种决策权。《政府采购法》开创了决策与执行分离的典型尝试。《国务院办公厅转发财政部关于全面推进政府采购制度改革意见的通知》（国办发［2003］74号）指出："集中采购机构要接受委托，认真组织实施政府集中采购目录中的项目采购，制订集中采购操作规程，负责集中采购业务人员的培训。""管理机构不得进入采购市场参与商业交易活动；集中采购机构作为执行机构，要严格执行有关政策，确保政府采购活动公开、公平、公正、高效。要按照法律规定和工作需要，独立设置与行政部门没有隶属关系和利益关系的集中采购机构。"由此可见，政府采购管理机构（即各级财政部门）负责决策，集中采购机构负责执行。《政府采购法》第四章"政府采购程序"实际上规定的是政府采购的执行程序，而不是政府采购宏观调控的决策程序。①

至于转移支付也是如此，即转移支付宏观调控权，仅仅包括转移支付政策的决策，不包括其执行。具体就不再说明。

基于以上分析，享有宏观调控权的主体包含了中央立法机关，具体体现在中央立法机关的审批权、立法权。享有宏观调控权的主体也包含了中央行政机关，但不包括司法机关。

1993年《中共中央关于建立社会主义市场经济体制若干问题的决定》指出："宏观经济调控权，包括货币的发行、基准利率的确定、汇率的调节和重要简易税种税率的调整等，必须集中在中央。这是保证经济总量平衡、经济结构优化和全国市场统一的需要。"这个论述很有见地，首先，在级次上，它认为宏观调控权的享有主体只能是中央级次的国家机关，这是学术界都承认的。其次，在阶段上，它已

---

① 如《政府采购法》第38条规定："采用竞争性谈判方式采购的，应当遵循下列程序：（一）成立谈判小组。谈判小组由采购人的代表和有关专家共三人以上的单数组成，其中专家的人数不得少于成员总数的三分之二。（二）制定谈判文件。谈判文件应当明确谈判程序、谈判内容、合同草案的条款以及评定成交的标准等事项。（三）确定邀请参加谈判的供应商名单。谈判小组从符合相应资格条件的供应商名单中确定不少于三家的供应商参加谈判，并向其提供谈判文件。（四）谈判。谈判小组所有成员集中与单一供应商分别进行谈判。在谈判中，谈判的任何一方不得透露与谈判有关的其他供应商的技术资料、价格和其他信息。谈判文件有实质性变动的，谈判小组应当以书面形式通知所有参加谈判的供应商。（五）确定成交供应商。谈判结束后，谈判小组应当要求所有参加谈判的供应商在规定时间内进行最后报价，采购人从谈判小组提出的成交候选人中根据符合采购需求、质量和服务相等且报价最低的原则确定成交供应商，并将结果通知所有参加谈判的未成交的供应商。"

经认识到宏观调控权是一种决策行为,不包括其执行。宏观调控权的执行所涉及的机关不仅包括中央级次的国家机关,还包括地方国家机关,甚至其他有关社会中间层。把宏观调控权定位在决策权上,使决策与执行分离,才能使拥有宏观调控权的主体定位在中央级次的国家机关上,并把宏观调控权的执行看做一个系统,系统地加以研究。①

为什么将宏观调控行为仅仅界定为决策行为呢?这是因为,如果将宏观调控行为界定为"既包括宏观调控决策行为,也包括宏观调控执行行为,还包括宏观调控监督行为"的话,那么,"宏观调控行为"的主体将会非常广泛,以至于"宏观调控行为"无法成为一个内涵和外延相对清晰的法律概念。即使可以成为一个所谓的"法律概念",该概念的意义也会大打折扣。正如"定义法律经济学的唯一可能准则是它的实用性——而不是准确性"② 一样,对"宏观调控行为"的定义也应如此,更何况何谓准确性尚缺乏明确的标准。将宏观调控行为定义为决策行为之所以引起了一些学者的异议,可能是这一界定违背了其"直觉",觉得笔者的定义"不准确"。但对定义的把握不能仅依赖直觉,更需要理性的条分缕析。例如,2011 年 6 月 30 日,为了缩小贫富差距,国家修改了《个人所得税法》,将免征额提高到了 3500 元。修改《个人所得税法》这一行为显然属于宏观调控行为,这是一个决策行为,没有包括其执行、监督,因为执行权在各级税务机关以及代扣代缴人,监督权在于全国人大、检察机关、审计机关、社会公众等。

如果宏观调控行为还包括执行行为,那么,各级税务机关、各机关、各企事业单位、检察机关、审计机关、社会公众等都成了"宏观调控机关"了,其征税行为以及相应的监督行为都成了"宏观调控行为"了。试问,"宏观调控机关"的范围能这么界定吗?杨三正显然是意识到了这一问题,因此,进行了折中,将宏观调控执行机关仅仅界定为中央政府和省级政府,将宏观调控监督权的主体仅仅界定为全国人大和国务院,③ 但为什么这样界定?某县税务机关对《个人所得税法》的执行为什么不是"宏观调控执行行为"而属于"宏观调控行为"?纳税人对《个人所得税法》的监督行为什么不是"宏观调控监督行为"而属于"宏观调控行为"?杨三正是不能予以自圆其说的。李刚、颜运秋、胡光志等人认为,宏观调控行为不

---

① 笔者所界定的宏观调控行为,比起其他的有关界定,在范围上是比较窄的。许多人误解这一界定,在可诉性问题上引起了广泛的纷争。

② [美]理查德·A·波斯纳:《法律的经济分析》,蒋兆康译,中国大百科全书出版社 1997 年版,第 905 页。

③ 参见杨三正:《宏观调控权论》,厦门大学出版社 2007 年版,第 97—99 页。

能割裂为决策行为和执行行为,否则,就没有研究的必要。① 这一看法也是偏颇的。立法行为就是一个决策行为,而其执行则授予了行政机关、司法机关,甚至是社会公众等,② 难道对立法的程序就没有研究的必要了吗?显然不是。正如立法的过程是一个决策过程,该决策行为是立法行为,对立法的执行和监督是另外的行为一样,宏观调控行为也是一个决策过程,该决策行为就是宏观调控行为,对宏观调控决策的执行和监督也是另外的行为。③ 将宏观调控行为界定为决策行为,表面上看起来上虽然怪异,但实际上是有其道理的。该界定的意义恰恰在于割裂地而非合一地进行研究才能透彻地洞见其本质,并在制度上作出相应的安排。

二、宏观调控行为是一种新型的国家行为

宏观调控行为界定为一种新型的国家行为。所谓国家行为,各国称谓不一,内涵与外延各异,如在英国称为"国家行为"(act of state),法国和日本称为"统治行为"(acte de gouvernement),美国称为"政治行为"或"政治问题"(political question)。但一般认为,国家行为特指涉及重大国家利益,具有很强的政治性,因而被排除在司法审查之外的统治行为。由此可见,涉及重大国家利益和具有很强的政治性是国家行为的构成要件,而被排除在司法审查之外则是国家行为的结果,而

---

① 参见李刚:《宏观调控行为的可诉性初探》,载漆多俊主编:《经济法论丛》第7卷,方正出版社2003年版,第401页;颜运秋、李大伟:《宏观调控行为的可诉性分析》,载《中国社会科学院研究生院学报》2005年第1期;胡光志:《论宏观调控行为的可诉性》,载《现代法学》2008年第2期。

② 司法其实也是对法律的执行,这里的执行是一个广义的执行。其实,公民对法律的遵守也是对法律的执行,即私人执行(private enforcement of law),或称私人执法。贝克尔、斯蒂格勒、波斯纳、兰代斯、Stephenson、David Friedman 等均有专门而深入的研究。李波从经济分析的角度全面比较了公共执法与私人执法;在反垄断法领域,国内外学者都正在研究反垄断法的私人执行。参见波斯纳:《法律的经济分析》,中国大百科全书出版社1997年版;李波:《公共执法与私人执法的比较经济研究》,北京大学出版社2008年版;徐昕:《法律的私人执行》,载《法学研究》2004年第1期;王健:《反垄断法的私人执行——基本原理与外国法制》,法律出版社2008年版。William Landes & Richard Posner, *The Private Enforcement of Law*, NBER Working Paper 62, 1974. Polinsky, A. Mitchell, *Private Versus Public Enforcement of Fines*, Journal of Legal Studies 9 (1980). David Friedman, *Efficient Institutions for the Private Enforcement of Law*, Journal of Legal Studies 13 (1984). Jonathan R. Hay & Andrei Shleifer, *Private Enforcement of Public Laws: A Theory of Legal Reform*, Government in Transition, Vol. 88, No. 2 (1998). Gow & Swinnen, *Private Enforcement Capital and Contract Enforcement in Transition Economies*, Amer. J. Agr. Econ. 83 (3), 2001.

③ 张德峰也指出,宏观调控监督权不等同于宏观调控权。参见张德峰:《宏观调控法律责任研究》,中国方正出版社2009年版,第70页。

不是它的构成要件。

宏观调控行为完全满足这两个构成要件：首先，宏观调控行为涉及国家重大公益。宏观调控行为是中央级次的国家机关向社会提供的一种公共物品，涉及整个国家的利益，并且这种利益是一种公共的利益，不容争议地具有重大性。其次，宏观调控行为具有很强的政治性。其实，"国家机关的任何行为都具有法律性和政治性，在一个具体行为中，法律性和政治性会有强弱不同的表现，或者是法律性强于政治性，或者是政治性强于法律性，抑或是两者相当。"① 但是在宏观调控行为中，政治性则强于法律性。因宏观调控失败而导致政府垮台的实例并不鲜见，俄罗斯在叶利钦时代频繁更换总理就是一个例证。当我国 1993 年反通货膨胀时，1998 年"保 8"和抵御亚洲金融危机宣布"人民币不贬值"时，实际上已经把宏观调控当成一件十分重要的政治任务来完成。亨廷顿也曾指出：广大第三世界国家因统治者难以作出选民所期望的政绩，这种不断衰落的经济表现因素（如经济不景气、失业、食物短缺、饥荒）会导致政治权力失去合法性，使统治者陷入"政绩困境"。②

由此可见，宏观调控行为是一种国家行为。而传统一般认为，国家行为的主要内容有国防行为、军事行为、外交行为、紧急行政行为（如戒严）、重大国家公益行为（如国家计划的重大调整、重大建设项目的调整）和其他国家行为,③ 但我们完全可以根据经济法现象的新特点，将宏观调控行为这一传统部门法没有的新内容纳入到国家行为这一老的范畴和分析框架之中去。

需要说明的是，国家行为并不是一律"对外"的，"对内"的行为有的也是国家行为。④ 例如戒严等紧急行政行为、国家计划的重大调整、重大建设项目的调整等重大国家公益行为。又如我国《香港基本法》中规定的"其他国家行为"中所包括的全国人大常委会对香港基本法附件三的法律作出增删、全国人大常委会宣布香港原有法律同香港基本法抵触等行为。⑤

---

① 胡锦光、刘飞宇：《论国家行为的判断标准及范围》，载《中国人民大学学报》2000 年第 1 期，第 84 页。

② 参见亨廷顿：《第三波：20 世纪后期民主化浪潮》，刘军宁译，上海三联书店 1998 年版，第 59 页。

③ 参见胡建淼：《行政法学》，法律出版社 1998 年版，第 409—410 页。马怀德：《国家赔偿法的理论与实务》，中国法制出版社 1994 年版，第 136 页。

④ 方世荣先生也认为，国家行为实际上是在两种意义上来理解的，一种是国际法上的概念，是用于处理国家间关系的对外国家行为；一种是国家机构运用国家权力对内实施的统治行为。对内国家行为具有全局性、应急性和政治性三个明显的特征。参见方世荣：《论具体行政行为》，武汉大学出版社 1996 年版，第 106—113 页。

⑤ 肖蔚云主编：《一国两制与香港基本法制度》，北京大学出版社 1990 年版，第 325 页。

将宏观调控行为在性质上定位为国家行为，其意义主要有二：一是在程序上，宏观调控程序不能简单套用行政程序，宏观调控要有自己独特的一套程序；二是可以进一步深入研讨经济法的可诉性问题。

很多学者不赞同宏观调控行为是国家行为这一观点，因为传统上的国家行为不包括宏观调控行为。① 殊不知，对于国家行为、统治行为、政治行为的界定，各国在实践中以及各个学者的界定以及其称谓并不完全相同。对于国家行为的"重叠共识"最多的是国防行为、军事行为、外交行为、紧急行政行为（如戒严）等，但在胡建淼、马怀德等行政法学者看来，重大国家公益行为（如国家计划的重大调整）也属于国家行为。② 最狭义、最传统的国家行为固然不包括"宏观调控行为"，因为后者是中国经济法学者的一个抽象，对此，外国的法学者和中国的宪法学者当然不可能将其明确涵盖进国家行为、统治行为、政治行为的外延中的，但这并不意味着我们一定不可以将宏观调控行为界定为新型的国家行为。

笔者之所以大胆地将宏观调控行为界定为国家行为，就是受胡建淼、马怀德等学者的启发。因此，笔者将宏观调控行为这一新酒转进了国家行为这个旧瓶中，并认为新酒也是酒，它可以装入这个瓶子中，新酒和旧酒的特征都是 A（即不可诉）。但反驳者说，在国家行为这个旧瓶中以前装的旧酒，没有新酒，因此，新酒不能装入这个瓶子中，因此，新酒的特征不是 A。显然，后者的逻辑是不能成立的。反驳者还认为，宏观调控行为具有经济性，不具有政治性，在他们的眼中，政治性的"参照系"是经济性。但笔者的观点是宏观调控行为的政治性强于法律性，政治性的"参照系"是法律性。正因为政治性强于法律性，所以它属于国家行为。笔者并未将宏观调控行为的经济性与政治性进行比较，宏观调控行为是否具有经济性与其是否具有政治性是没有关系的。胡光志还认为，"宏观调控行为作为调节和控制一国经济总体的机制和手段，一般情况下和国家主权无涉，更不会引起政治纷争……"③ 但宏观调控行为可能不引起政治纷争，但对宏观调控行为的司法审查却会引起政治纷争。当最高法院放任自己行使违宪审查权时，往往就是美国面临宪法危机的时刻。④ 而法院应避免政治纷争。

---

① 参见胡光志：《论宏观调控行为的可诉性》，载《现代法学》2008 年第 2 期；陈承堂：《宏观调控的合法性研究——以房地产市场宏观调控为视角》，载《法商研究》2006 年第 5 期。

② 参见胡建淼：《行政法学》，法律出版社 1998 年版，第 409—410 页。马怀德：《国家赔偿法的理论与实务》，中国法制出版社 1994 年版，第 136 页。

③ 参见胡光志：《论宏观调控行为的可诉性》，载《现代法学》2008 年第 2 期。

④ Stephen R. Alton, *From Marbury v. Madison to Bush v. Gore: 200 Years of Judicial Review in the United States*, 8 tax. Wesleyan L. Rew. 7 (2001).

三、宏观调控权与行政权的区别

宏观调控权较传统的行政权而言,是一个独立的、新型的权力,不能简单地认为是行政权膨胀的结果。① 然而,在有的学者尤其是行政法学者看来,宏观调控权仍是行政权的一部分。其实,宏观调控权与传统行政权存在着诸多区别,这些区别使宏观调控权成为一种新型的权力的基础,这些区别主要有:

首先,二者的主体不同。宏观调控权的享有主体只能是中央级次的国家机关,包括国家最高权力机关、最高行政机关和某些国家的中央银行这种"准自治非政府组织"或"独立控制机构"、"独立管制机构"。而传统的行政权的享有主体则显然没有如此高的级次或曰层阶,也不包括这些立法机关、"独立管制机构"。

其次,宏观调控权是一种决策权,而传统行政权则主要是一种执行权,所以行政机构又称执行机构。

再次,二者行使的目标亦有所不同。宏观调控权行使的目标在于影响长期经济发展、熨平经济周期、平衡总供给与总需求的关系、调节国家产业经济结构。而行政权行使的目标在于保证法律的实施,维护法律的尊严。

最后,法律关系不同。行政权的行使过程中,一般形成行政机关与相对人之间的行政法律关系。在宏观调控权行使的过程中,宏观调控机关不与相对人直接发生法律关系,而是通过国家规划、货币政策、财政政策等影响和诱导市场主体的行为。这种影响是间接的,针对的对象是不特定的。同时需要指出的是,行政权有时也以抽象行政行为的形式出现,针对的对象也是不特定的,此时,宏观调控行为与抽象行政行为是重合的,例如国务院制定了某一"税收暂行条例"。但尽管如此,宏观调控权仍有别于传统行政权,传统行政权研究的目的在于程序合法性,而基本上不研究其实质内容的合理性,但宏观调控权既要研究其程序合法性,也要研究其实质合理性。

宏观调控权是经济法中的一个特有的范畴。如果认为宏观调控权是传统行政权的发展,"则可能会与传统行政法的理论存在不相一致的地方,从而可能损害行政法既存理论内在逻辑的严密性"。② 正因为此,宏观调控权也不应仅仅理解为抽象行政行为的子集或交集。

---

① 张守文:《宏观调控权的法律解析》,载《北京大学学报》(哲学社会科学版)2001 年第 3 期。

② 张守文:《宏观调控权的法律解析》,载《北京大学学报》(哲学社会科学版)2001 年第 3 期。

四、宏观调控行为的实证辨析

经济学界所谓的"宏观调控行为"以法学的眼光视之,都不能称之为"宏观调控行为"。宏观调控行为很容易与具体行政行为、执法行为、监督检查行为、布置工作的行为、事实行为等相混淆。在目前经济法学界,对"宏观调控行为"的界定也是非常混乱的。在一些文本中它指涉一切政府经济行为,而在另一些文本中它指涉一切宏观调控法上的政府行为(且学界对宏观调控法的界定也未尽一致),但在笔者看来,"宏观调控行为"指涉范围是非常小的,仅指宏观调控机关(全国人大、国务院、中央银行、财政部、税务总局、发改委等)对长期经济发展、经济周期、总供给与总需求、国家的产业经济结构等所做的以下战略决策:(1)国家规划,即国民经济和社会发展规划及其他国家战略规划;(2)国家预算安排及其他国家财税政策的制定;(3)货币政策的制定;(4)国家产业政策的制定;(5)价格总水平的调控①,等等。很多文本中的所谓"宏观调控行为"在笔者看来都不是"宏观调控行为",例如具体商品的政府指导价、政府定价的制定行为②、非国家规划之外的其他行政规划。

以2003年至2007年五年间国家的宏观调控为例,我们可以对宏观调控行为有更深的认识。这五年来的宏观调控,大体可以分为两个阶段:第一阶段是前三年(2003—2005年);第二阶段是后两年(2006—2007年)。第一阶段的宏观调控,主要针对部分行业固定资产投资增长过猛以及粮食供求关系趋紧。第二阶段的宏观调控,主要针对"三过"问题,即固定资产投资增长过快、货币信贷投放过多、外贸顺差过大等问题。③ 主要措施有:

2003年7月,以土地管理为切入点,出台了暂停审批和清理整顿各类开发区、加强建设用地管理的措施。——这些都不是宏观调控行为,尽管其有宏观调控的效果。暂停审批各类开发区属于市场准入措施的暂停,是具体行政行为中的不作为。况且,执法部门是否有暂停审批权也值得存疑。清理整顿各类开发区、加强建设用地管理的措施属于具体执法行为。

2003年11月,出台了制止钢铁、电解铝、水泥行业盲目投资的措施,即《关于防止水泥行业盲目投资加快结构调整的若干意见》(发展改革委 财政部 国土

---

① 详见《价格法》第四章。
② 这些政府定价行为不是价格总水平的调控,因此《价格法》将其列为第三章,而将价格总水平的调控列为第四章。政府定价考虑各方面的因素,如社会平均成本、市场供求状况、国民经济与社会发展要求以及社会承受能力等,并非仅仅出于宏观调控的需要。
③ 刘树成:《五年来宏观调控的历程和经验》,载《人民日报》2008年4月2日。

资源部　建设部　环保总局　质检总局2003年11月21日）① ——其内容属于工作部署，不涉及与"相对人"②的关系，只有当地方政府或有关机关执行这些工作，与相对人发生关系时，才属于具体的法律行为，因此，它不是宏观调控行为。

2004年4月，集中出台了一批措施，如上调存款准备金率；调整部分行业固定资产投资项目资本金比例；查处江苏铁本钢铁有限公司违规建设钢铁项目；深入开展土地市场治理整顿，严格土地管理；加强产业政策和信贷政策协调配合，控制信贷风险；出台了减免农业税、取消除烟叶外的农业特产税等一系列重要措施。——这里的很多行为都是宏观调控行为，如上调存款准备金率、调整部分行业固定资产投资项目资本金比例、出台了减免农业税、取消除烟叶外的农业特产税等一系列重要措施等。查处江苏铁本钢铁有限公司违规建设钢铁项目尽管具有"杀一儆百"的效果，被经济学家和媒体都称为宏观调控，但这个具体的执法行为涉及具体的企业，不是宏观调控行为。"深入开展土地市场治理整顿，严格土地管理"也是具体的执法行为，不是宏观调控行为。

"加强产业政策和信贷政策协调配合，控制信贷风险的具体措施"很多，具体包括：

一是2004年4月初银监会发出《关于组织检查组赴部分地区对钢铁等行业贷款情况进行抽查的通知》，并组成5个检查组，分赴七省重点检查部分银行业金融机构对钢铁等行业的贷款情况；

二是4月29日，银监会根据国家宏观调控政策的要求，对当前商业银行的贷款管理做过一些窗口指导；

三是5月银监会与国家发改委、中国人民银行联合下发了《关于进一步加强产业政策和信贷政策协调配合，控制信贷风险有关问题的通知》。首先，银监会组织检查组赴部分地区对钢铁等行业贷款情况进行抽查实际上是"现场检查"，属于银行监管行为，而非宏观调控行为。其次，银监会根据国家宏观调控政策的要求对当前商业银行的贷款管理做窗口指导的行为，其中一部分涉及信贷政策的具体制定，好像是宏观调控行为，如要求"商业银行在'五一'长假前不要突击发放五

---

① 为防止水泥工业盲目投资和低水平重复建设，该通知提出以下意见：（1）完善产业政策：支持加快发展新型干法水泥，重点支持在有资源的地方建设日产4000吨及以上规模新型干法熟料基地项目，鼓励地方和企业以淘汰落后生产能力的方式，发展新型干法水泥。（2）科学规划布局：各地应遵循"控制总量、调整结构、提高质量、保护环境"原则，统筹考虑本地资源、能源、市场需求等情况，做好水泥工业规划和布局。（3）严格市场准入：国土资源行政主管部门要严格新建、扩建水泥项目建设用地管理。（4）强化环境监督：环境保护行政主管部门对新、改、扩建水泥生产项目要严格执行环境影响评价、"三同时"和污染物排放总量控制制度。（5）加强资源管理：加强石灰石矿产资源管理，确保石灰石及配料采矿权布局合理。

② 相对人并非是行政法上独有的概念。行政行为有相对人，合同行为中也有相对人。

月份的贷款"，"对于符合国家产业政策和市场准入条件的项目，要继续给予大力支持；对于煤炭、电力、石油、运输、供水等公共设施、基础设施项目，要给予重点倾斜"。只不过，这些"窗口指导"，没有法律约束力，不能称之为正式的"宏观调控行为"，不具备正式的宏观调控的效力：公定力、确定力、拘束力和执行力。最后，《关于进一步加强产业政策和信贷政策协调配合，控制信贷风险有关问题的通知》要求银监会各监管局要及时将本通知转发至辖区内各城市商业银行等有关金融机构，采取措施加强对当地商业银行信贷投向的监督检查，促使商业银行贯彻产业政策和信贷政策，着力调整信贷结构，防范信贷风险。这实际上涉及宏观调控政策的执行。宏观调控政策的执行不同于宏观调控政策的决策。宏观调控政策的决策是宏观调控行为，而宏观调控政策的执行则不是。因此，在这里，银监会的行为不是宏观调控行为。因此，在银监会的上述三项措施中，只有第二项是宏观调控行为。①

2005年，针对房地产投资规模过大、住房价格上涨过快、供应结构不合理、房地产市场秩序混乱问题，集中出台了一批新措施，包括加强房地产市场调控、调整商业银行住房信贷政策，提高住房贷款的利率和首付比例等，从需求和供给两方面调控房地产市场。——在这里调整商业银行住房信贷政策，提高住房贷款的利率和首付比例属于宏观调控行为。

2006年6月，出台了从严控制新开工项目的有关措施。2007年11月，为加强和规范新开工项目管理，建立了新开工项目管理联动机制。——这些行为都属于执法行为，不是宏观调控行为。

2006—2007年，提高金融机构存款准备金率13次，其中2007年就有10次；提高存贷款基准利率8次，其中2007年就有6次。2007年6月，执行了近十年的"稳健"货币政策转换为"稳中适度从紧"，12月又转换为"从紧"。与此同时，继续完善人民币汇率形成机制，增强汇率弹性，深化外汇管理体制改革，拓展外汇储备使用渠道和方式。综合使用出口退税政策（取消或降低高耗能、高排放和资源性产品的出口退税）、关税政策（对资源性商品开征或提高出口关税）、加工贸易政策（扩大加工贸易禁止类和限制类商品范围）、进口税收优惠政策，以抑制出口、扩大进口，缓解外贸顺差过大问题。——提高金融机构存款准备金率、提高存贷款基准利率、出口退税政策、关税政策、加工贸易政策、进口税收优惠政策等，都是宏观调控行为，"加工贸易政策"属于产业政策，但"拓展外汇储备使用渠道和方式"是一种事实行为。

2007年5月之后，及时采取一系列发展生产，保障肉类、食用油、粮食等重要农产品供给的政策，并实行对低收入群众的相关补贴政策，保证其基本生活水平

---

① 邢会强：《宏观调控权运行的法律问题》，北京大学出版社2004年版，第216—217页。

不因物价上涨而下降。2008年1月，经国务院批准，国家发改委启动了临时价格干预措施。——重要农产品供给的政策、对低收入群众的相关补贴政策和临时价格干预措施都是宏观调控行为。

第三节 宏观调控权的程序保障

权力需要控制，程序为控制手段之一，宏观调控权也不例外。本书所指的宏观调控程序，是指宏观调控权运行应遵循的程序。

需要指出的是，由于宏观调控权是一种决策权，而不包括宏观调控的实施，所以，宏观调控在实施过程中，并不遵循宏观调控程序。宏观调控的执行，可能是行政行为，可能是民事行为，也可能是事实行为。这些行为，须分别遵循行政法和民法等部门法，当然包括行政程序和民事行为的程序。比如，中央银行要求金融机构交存存款准备金的行为，以及税务机构执行税法的行为，是行政行为，所遵循的是行政程序；中央银行进行公开市场业务的操作，财政部发行国债的行为，以及税务机关要求纳税人提供税务担保和行使代位权的行为，是民事行为，应遵循相应的民事行为程序。

一、宏观调控程序的分类

1. 内部程序与外部程序

内部程序与外部程序是以相对人/受控主体是否参与行政/宏观调控程序为标准而对行政/宏观调控程序所做的一种分类。所谓内部行政/宏观调控程序是行政机关/宏观调控机关内部的工作程序，不直接涉及相对人/受控主体，如内部的请示和报告程序。外部行政/宏观调控程序直接涉及相对人/受控主体，如听证。宏观调控程序既有内部程序，又有外部程序，且以内部程序居多。在很多情况下，它涉及国家最高权力机关、国务院对有关机关宏观调控行为的批准、备案等监督程序。从这个意义上来讲，宏观调控程序法以内部程序为主。

联邦德国《经济稳定与增长促进法》也有相当数量的内部程序性规范。如该法第9条规定："（财政）计划由联邦政府通过后提交联邦议院与联邦参议院。"第10条（1）规定："联邦各部部长应提出在该部业务范围内的多年的投资规划作为财政计划的说明材料，连同其他必要的估算资料，于财政部长规定的期间送交财政部长。"

《中国人民银行货币政策委员会条例》第20条规定"货币政策委员会实行例会制度，在每季度的第一个月份中旬召开例会。货币政策委员会主席或者1/3以上委员联名，可以提议召开临时会议"。第21条规定："货币政策委员会秘书处应当在货币政策委员会例会召开的10日前，将会议议题及有关资料送达全部委员；在会议召开时，向全部委员提供最新统计数据及有关技术分析资料。"此即内部程序，受控主体不参与其中。

2. 法定程序与自定程序

"程序法定"是程序法中的一个重要原则。这里的"法"从广义，包括法律、行政法规和规章。因此，所谓法定程序就是法律、行政法规和规章规定的程序。与此相反的是自定程序，或称意定程序，它是指由法律、行政法规和规章以外的规范性文件规定的，或者由宏观调控机关及其工作人员自己制定的程序。

在处理将哪些程序规则确立为法定程序，哪些程序规则设定为任意程序这一问题时，应当考虑以下因素：(1) 内部程序与外部程序之区分。调整调控主体内部管理活动的程序规则，如果并不涉及受控主体一方的权益，可以由调控主体根据其内部管理的需要而自行规定，无须以法定形式规定。(2) 程序对实体权益可能产生的影响。如果程序可能对实体权益——不论是受控主体一方的权益还是公共利益——可能产生较大影响，该程序规则应以法定形式予以明确。(3) 程序可能影响的实体权益的重要性。如果程序所影响的实体权益很重要，如公民的人身自由权、重大财产权等，该程序规则应以法定形式明确。(4) 程序自身的重要性。如果某程序规则体现了促使调控主体依法调控的最基本的程序要求，或蕴含了程序公正的最低要求，该程序要求应当法定化。

宏观调控程序既有外部程序，又有内部程序。而这些内部程序对受控主体影响较大、涉及公共利益，关系国家发展的前途大计。并且，这些程序体现了促使宏观调控主体依法行使宏观调控权的最基本的程序要求，所以，宏观调控程序应当法定化，重要的事项和程序由最高权力机关制定法律，次要事项和程序由行政法规或规章加以规定，而不能以法律、行政法规、规章以外的规范性文件加以规定，更不能以内部管理规则的形式"内部掌握"。实际上，在现实中我国的许多"规定"是违反这一点的。

二、行政程序不适用于宏观调控权的运作

各国行政程序法规范的对象并不统一。但德国、日本法中的"行政处分"(相当于我国的具体行政行为) 则是各国行政程序法共同规范的对象。行政立法、行政计划、行政指导等由于各国歧见甚多而规定各异。如行政立法，美国的《联邦行政程序法》作了规定，西班牙则把它作为"特别程序"加以规定，奥地利、意大利、瑞士、德国、日本则未作规定。行政计划更是如此，甚至有的认为它既不是行政立法，又不是行政处分，大多数国家的行政程序法对它都不加规定。唯一例外的是德国，但也仅仅作为"特种程序"予以规定。"行政计划不是行政法学之范畴，而仅是行政学之概念。故不宜作为行政程序法的内容。各国或地区行政程序法

对行政计划的态度,也许会比行政指导还要冷漠。"①

宏观调控行为中有大量的立法行为、规划行为,即使这些行为由行政机关来进行,这些行为也不是宏观调控行为。必须明确,行政机关的行为并不一定都是行政行为。行政机关的行为,有的是民事行为,有的是司法行为(如公安机关的侦查行为),有的则是国家行为。

如前所述,宏观调控行为,是国家行为,不是行政行为,因而宏观调控权的运作不能由行政程序法来调整。此外,宏观调控行为不能由行政程序法来调整,还因为行政程序法规范的主体与宏观调控主体不一致。最后,宏观调控权是决策权的特点决定了宏观调控权不适用于行政程序。

宏观调控行为不是行政行为,但并不意味着它可以不遵守法律,不遵守一定的程序,恰恰相反,宏观调控权的运作需要有新的、不同于行政程序的、独立的程序。

三、我国宏观调控程序的现状、缺失及立法弥补

(一)宏观调控程序的现状

我国少量的、已有的宏观调控程序散见于单行的法律法规之中。还有一些宏观调控程序处于"惯例"阶段。

1. 宏观调控重大政策措施的程序

在我国,按照党的领导原则和长期形成的管理,国务院全体会议或国务院常务委员会会议在讨论决定关于国民经济和社会发展计划(规划)及国家预算,宏观调控的重大政策措施,国家和社会管理的重大事务,法律议案和行政法规之前,需报中共中央政治局讨论并原则同意。这个惯例形成于1953年。②

2. 通过正式会议作出集体决策制度

我国改变了过去决策权力集中于个人的现象,健全了集体决策制度。凡属事关国家和社会发展全局的重大决策,视其重要程度,分别由中央政治局常委会议、中央政治局会议、中央工作会议、中央委员会全体会议、党的全国代表大会讨论决定;国务院中的重大事项,必须经国务院全体会议或国务院常务会议讨论决定。③

例如,2010年10月15日至18日,中国共产党第十七届五中全会审议通过了《中共中央关于制定国民经济和社会发展第十二个五年规划的建议》。温家宝就

---

① 参见胡建淼:《行政法学》,法律出版社1998年版,第408—420页。
② 参见周光辉:《当代中国决策体制的形成与变革》,载《中国社会科学》2011年第3期。
③ 参见周光辉:《当代中国决策体制的形成与变革》,载《中国社会科学》2011年第3期。

经济法权研究

《建议（讨论稿）》向全会作了说明。这是中央委员会全体会议作出决策的一个例证。

再如，2009年11月27日，中共中央政治局召开会议，分析研究2010年经济工作。中共中央总书记胡锦涛主持会议。会议强调，2010年要保持宏观经济政策的连续性和稳定性，继续实施积极的财政政策和适度宽松的货币政策，根据新形势新情况着力提高政策的针对性和灵活性，特别是要更加注重提高经济增长质量和效益，更加注重推动经济发展方式转变和经济结构调整，更加注重推进改革开放和自主创新、增强经济增长活力和动力，更加注重改善民生、保持社会和谐稳定，更加注重统筹国内国际两个大局，努力实现经济平稳较快发展。会议提出，2010年要继续加强和改善宏观调控，保持宏观政策的基本取向，把握好政策实施的力度、节奏、重点，落实和丰富完善应对国际金融危机冲击的一揽子计划，提高经济发展的稳定性、协调性、可持续性。这是中共中央政治局作出决策的一个例证。

又如，2008年11月8日，国务院召开常务会议，研究部署并正式公布了进一步扩大内需促进经济平稳较快增长的措施，也称为"四万亿投资计划"。这是国务院常务会议作出决策的一个例证。

每年12月初前后在北京举行的中央经济工作会议是中共中央、国务院召开的规格最高的经济会议。它的任务是：总结一年来的经济工作成绩；应对当前国际国内经济情况的变化；制定宏观经济发展规划；部署明年的经济工作。中央经济工作会议是判断当前经济形势和定调第二年宏观经济政策最权威的风向标。

2001年以来中央经济工作会议与下一年宏观经济政策

年度中央经济工作会议	定调的下一年宏观经济政策
2010年中央经济工作会议	稳经济、调结构、控通胀
2009年中央经济工作会议	保持经济平稳较快发展
2008年中央经济工作会议	保增长，促发展
2007年中央经济工作会议	实施从紧货币政策
2006年中央经济工作会议	继续稳健财政政策
2005年中央经济工作会议	继续搞好宏观调控
2004年中央经济工作会议	巩固宏观调控成果
2003年中央经济工作会议	保持宏观政策连续性
2002年中央经济工作会议	积极财政和稳健货币政策
2001年中央经济工作会议	扩大内需
2000年中央经济工作会议	加强和改善宏观调控

3. 立法宏观调控的程序

全国人大及其常委会有宏观调控权,其宏观调控权主要表现为立法权。因此,全国人大及其常委会的宏观调控权适用的程序主要是立法程序。法律的立法程序分为全国人民代表大会立法程序和全国人民代表大会常务委员会立法程序。根据《立法法》,法律的修改和废止程序,适用立法的基本程序。

根据《立法法》,全国人民代表大会及常委会的立法程序是:法律案的提出;法律案的审议;表决;签署和公布。

4. 国民经济和社会发展规划

(1) 国家年度规划

国家年度规划,即我国一年一度的国民经济和社会发展规划,其制定程序和步骤是:

提出规划建议。国家发展和改革委员会在总结本年度规划执行情况、广泛听取各方面意见的基础上,会同有关部门,提出下一年度经济工作思路的建议,包括对下一年度国际国内经济环境等方面的分析,下一年度经济工作总体要求、宏观调控的主要预期目标、实现这些预期目标和促进长远发展需要采取的政策措施等。并向党中央、国务院汇报,最终成为中央确定下一年度经济工作思路的重要依据。与此同时,国家发展和改革委员会向各地区、各有关部门及计划单列市、计划单列企业集团发出编制年度规划的通知,提出编制规划的具体要求。

编制规划草案。根据中央确定的下一年度经济工作的总体要求、政策取向和工作重点,国家发展和改革委员会会同有关部门在汇总分析各地和各部门报送的规划(草案)的基础上,对全国规划涉及的各个方面、各项指标,反复进行平衡衔接,并听取各方面的意见,最终拟订下一年度国民经济和社会发展规划(草案)。

规划修改完善。在每年全国人民代表大会会议召开之前,根据全国人大常委会关于加强对经济工作监督的有关规定,国家发展和改革委员会将拟提交全国人大审议的规划草案报告送全国人大财政经济委员会进行初步审查,进一步修改完善后,报国务院审定。

审查批准规划。全国人民代表大会在每年第一季度的会议期间,听取国家发展和改革委员会受国务院委托向大会会议所作的关于上年度规划执行情况和本年度规划草案的报告。经大会审议通过作出决议,规划草案成为正式规划,并由国家发展和改革委员会会同有关部门组织实施。

审查批准国民经济和社会发展规划,既是民主决策的过程,也是科学决策的过程。多年来,全国人大及其常委会在这方面做了大量工作,积累了经验,取得了成效。审查批准国民经济和社会发展规划的程序更加规范,方法更加科学。规划的审查批准权在全国人民代表大会。全国人大常委会和全国人大财经委员会,在全国人民代表大会会议召开前,要开展大量的调查研究工作,请有关部门和专家学者共同讨论论证，使规划更加具有科学性和可操作性。在全国人民代表大会会议期间，通过代表对国民经济和社会发展规划的认真审查，可以广泛吸纳民意，听取代表真知灼见，提高规划效率，减少规划失误。

审查批准国民经济和社会发展规划分为规划初步审查和规划审查批准两个阶段。

第一阶段，规划初步审查。分为：

1) 全国人大财经委的前期调研。在每年的第四季度，全国人民代表大会财政经济委员会组成人员或办事机构工作人员参加国务院有关部门召开的与编制国民经济和社会发展年度规划有关的会议，参加国务院有关综合经济部门召开的年度会议，了解当年经济和社会发展情况和下一年度国民经济和社会发展的规划和安排，并将有关情况通过简报等形式及时向财经委全体组成人员通报。财经委根据需要组织委员进行专题调研。

全国人大财经委还要召开若干座谈会，邀请国务院有关部门、研究机构和专家学者参加，分析研究全年经济运行和社会发展情况，整理会议简报和其他分析报告，为财经委组成人员研究分析国民经济和社会发展规划执行情况提供参考。

2) 规划编制情况汇报。根据全国人大议事规则第31条的规定，全国人民代表大会会议举行的一个月前，国务院有关主管部门就国民经济和社会发展规划执行情况与国民经济和社会发展规划草案的主要内容，向财经委和有关的专门委员会汇报，由财经委进行初步审查。根据经济和社会发展中的重点热点问题，财经委邀请国务院其他部门一并参加会议，进行专题汇报。如有必要，会后财经委对有关问题进行专题研究。

国务院有关主管部门在汇报时向财经委提交以下初步审查材料：关于国民经济和社会发展规划执行情况与国民经济和社会发展规划草案的报告；国民经济和社会发展规划主要指标（草案）；固定资产投资项目安排（草案）；初步审查所需要的其他材料。参加会议的国务院有关部门派人听取会议讨论情况，解答会议提出的问题。

3) 规划初步审查。全国人大财经委对规划进行初步审查，根据初步审查情况，整理初步审查意见。初步审查意见经财经委主任委员办公会议审定后报全国人大常委会委员长、副委员长和秘书长，并送国务院有关部门。财经委和有关专门委员会组成人员在初步审查会议上的发言，整理印发会议纪要。

国务院有关部门将对财经委初步审查意见的反馈意见及时向财经委组成人员通报，必要时报告全国人大常委会委员长、副委员长和秘书长。

财经委规划小组根据初步审查情况，起草关于国民经济和社会发展规划执行情况与国民经济和社会发展规划草案的审查结果报告初稿，提请财经委全体会议讨论。有关专门委员会派人参加财经委全体会议。根据财经委全体会议的讨论情况，对审查结果报告初稿进行修改。审查结果报告初稿经财经委主任委员审定后,报全国人大常委会有关副委员长和秘书长审阅,并送国务院有关部门征求意见。财经委根据常委会负责同志和有关部门的意见,对审查结果报告初稿进行修改。

第二阶段,规划审查批准。分为:

1)提出规划报告。根据法律的规定,全国人民代表大会每年召开会议时,国务院向会议提出关于国民经济和社会发展规划及规划执行情况的报告,并将国民经济和社会发展规划主要指标(草案)一并印发会议,由各代表团进行审查,并由财经委和有关的专门委员会审查。各代表团进行审查时,财经委组成人员听取所在代表团的意见和建议。财经委办事机构工作人员到若干代表团听会,并向财经委反映代表们在审查中提出的意见和建议。

2)规划报告审查。在全国人民代表大会会议召开期间,根据大会秘书处的安排,财经委召开若干次全体会议,根据各代表团和有关专门委员会的审查意见,对国民经济和社会发展规划及规划执行情况的报告进行审查,并对审查结果报告初稿进行修改。

财经委为全国人民代表大会主席团(以下简称大会主席团)代拟关于国民经济和社会发展规划执行情况与国民经济和社会发展规划的决议(草案)。决议(草案)应当包括是否批准国民经济和社会发展规划草案和报告的内容。决议代拟稿(草案)在财经委全体会议上一并审议。

财经委关于国民经济和社会发展规划执行情况与国民经济和社会发展规划草案的审查结果报告一般包括以下内容:对上一年国民经济和社会发展规划执行情况的评价,对当年国民经济和社会发展规划草案和报告的评价以及是否批准的建议,对完成当年国民经济和社会发展规划情况提出的意见和建议。审查结果报告应当反映有关专门委员会和代表的审议意见。

财经委关于国民经济和社会发展规划执行情况与国民经济和社会发展规划草案的审查结果报告和为大会主席团代拟的关于国民经济和社会发展规划执行情况与国民经济和社会发展规划的决议(草案)经全体会议审议通过后,报送大会秘书处。大会秘书处对财经委代拟的关于国民经济和社会发展规划执行情况与国民经济和社会发展规划的决议(草案)进行讨论修改。然后报请大会主席团常务主席会议讨论修改。

3)审查批准规划

财经委主任委员代表财经委向大会主席团作关于国民经济和社会发展规划执行情况与国民经济和社会发展规划草案的审查结果报告,经大会主席团审议通过后,印发会议。关于国民经济和社会发展规划执行情况与国民经济和社会发展规划的决议(草案)经大会主席团表决后,交各代表团审议。有关专门委员会的审查意见应当及时印发会议。

各代表团审议后,由大会主席团提请全国人民代表大会全体会议表决关于国民经济和社会发展规划执行情况与国民经济和社会发展规划的决议(草案)。

关于规划调整。根据宪法和有关法律规定,国民经济和社会发展规划经全国人民代表大会批准后,在执行过程中必须作部分调整的,国务院应当将调整方案提请全国人大常委会审查批准。除特殊情况外,国务院应当在全国人大常委会举行会议一个月前,将调整方案的议案报送全国人大常委会。

(2)国家中长期规划

国家中长期规划的编制程序和步骤与全国年度规划编制程序和步骤基本相同。首先要认真做好中长期规划的重大问题研究,包括对上一个中长期规划执行情况的总结和下一个中长期规划期间面临形势的分析研究、需要采取的重大战略措施等。党中央在充分听取方方面面的有关意见和建议的基础上,提出并经中央全会讨论通过关于制定中长期规划的建议。根据党中央建议的精神,国务院拟订中长期规划纲要(草案),提请全国人民代表大会审查批准。中长期规划体系中的专项规划、区域规划,可由国务院审定。

对国民经济和社会发展五年规划以及长远规划审查批准的程序,法律没有具体规定,一般参照年度规划的有关程序执行。《全国人大常委会关于加强经济工作监督的决定》(2000年3月1日九届全国人大常委会第14次会议通过)规定,国务院编制的国民经济和社会发展五年计划草案以及长远规划草案,应当在全国人民代表大会的一个月前,报送全国人大常委会。

迄今为止,我国已经制定了十二个五年计划(规划)。每一个五年计划(规划)的基本程序相同,但我国的五年计划(规划)的程序还是不断发展的,具体程序还是略有不同的。现在是"国民经济和社会发展第十二个五年规划"(以下简称"十二五"规划)实施阶段(2011年至2015年),现以"十二五"规划为例说明一下五年规划的制定程序。

专题:"十二五"规划的编制程序

"十二五"规划的制定过程,大体可以分为以下十大步骤:

第一步骤为中期评估(2008年3月至2008年12月)。

2008年3月,国家发展和改革委员会组织开展"十一五"规划中期评估。中期评估是《国家"十一五"规划纲要》第48章首次明文规定的重要程序,是一个充分民主的过程。

评估过程首先包括三类主体的评估:各部委组织对本部门的"十一五"专项规划实施情况进行评估;地方各级(主要是省级)政府也都对本级政府的"十一五"规划实施情况评估;第三方独立评估。

在充分民主的基础上,由国家发展和改革委员会集中各方意见,起草《"十一五"规划实施情况中期评估报告》，并于 2008 年 12 月 24 日由国家发展和改革委员会主任张平向十一届全国人民代表大会常务委员会第六次会议报告，同时附上三家独立评估报告摘要。

第二步骤为前期研究（2008 年底至 2009 年底）。

这包括进行基础调查、信息搜集、课题研究以及纳入规划重大项目的论证等前期工作。

在中期评估的基础上，2008 年底至 2009 年初，国家发改委提出了包含 8 大领域 39 个题目的"十二五"规划前期重大问题，向全社会公开招标，其中有 60 个单位的选题入选，加上直接委托研究，发改委系统内部研究，选题有数百个之多，参与专家数千人、研究人员达上万人，形成几百万字的研究报告。上述研究成果直接为起草《"十二五"规划纲要》服务。

在此基础上，国家发改委吸收各方研究成果起草"十二五"规划基本思路，在形成基本思路初稿以后，国家发展和改革委员会开始征求专家意见、各部门意见。根据各方的修改意见，国家发展和改革委员会对基本思路进行修改完善。

第三步骤为形成"十二五"规划的《基本思路》(2009 年 12 月至 2010 年 2 月)。

根据前期研究成果，国家发改委起草了基本思路意见稿，在征求各方面（指各地区、各部门及专家）意见之后，向党中央、国务院汇报。中央政治局常委们详细讨论基本思路，达成政治共识后，向各方通报，以统一认识，进行政治动员。一旦形成基本思路，就为尔后的调查研究、广泛听取各方意见、起草党中央建议提供了基础。

第四步骤为党中央《建议》起草阶段（2010 年 2 月至 2010 年 10 月）。

《中共中央关于制定国民经济和社会发展第十二个五年规划的建议（草案）》，是在中央政治局常委会直接领导下制定的。

2010 年 2 月，中央成立由李克强担任组长的"十二五"规划《建议》起草小组，起草小组主要由国务院研究室、国家发展改革委以及各部门人员参与。起草小组工作方式大体是先集中学习，主要是集中学习有关材料；随后组成专题调研组分赴各地调研；在此基础上起草送审《提纲》。根据中央领导人对于送审《提纲》的指示，以及各方面的意见，起草小组开始集中写作，起草《建议》。中央政治局常委多次听取汇报，中央政治局对《建议》进行多次讨论。

从 3 月全国人民代表大会闭幕之后，中央政治局九位常委和其他委员分赴各地进行专题调研。这是中央领导人与地方负责人直接信息沟通的最好形式，一方面"百闻不如一见"，中央领导人直接获得第一手信息，了解第一手材料，另一方面，地方负责人可以直接反映他们的实际要求和具体建议，就重大政策交换意见，达成共识。

形成《建议》的过程就是民主决策的过程。一是广泛听取各地方、各部门党委（党组）、党内老同志和党内精英意见，以集中全党的智慧；二是广泛征求各民主党派与全国工商联负责人、无党派人士等的党外精英意见，以吸收社会的智慧，对《建议》不断修改、充实、完善。还要在中央政治局常委会、中央政治局会议多次讨论，形成《建议》的讨论稿正式提交中共十七届五中全会。

第五步骤为通过中央《建议》。

2010年10月正式召开中共十七届五中全会，由国务院总理代表中央政治局作《关于制定国民经济和社会发展第十二个五年规划建议的说明》，全会审议和通过《中共中央关于制定国民经济和社会发展第十二个五年规划的建议》，并正式对外公布。党中央的《建议》分析了国内外形势，根据中国基本国情和发展阶段，提出了规划的经济社会主要目标、指导方针、重要原则、重点战略和主要任务，为制定"十二五"规划纲要奠定基础。这是再次从民主到集中的过程，主要是党内范围民主到集中的过程。

第六步骤为制定《中华人民共和国国民经济和社会发展第十二个五年规划纲要》（以下简称《纲要》）文本（2010年10月至2011年2月）。

由于在《建议》起草期间，一方面，国家发展和改革委员会参与党中央《建议》起草工作，另一方面，国家发展和改革委员会也同步起草《纲要》草案。在党中央《建议》正式公布之后，形成《纲要》文本初稿。并于2010年12月在全国改革发展工作会议上，与各地方、各部门、各行业协会进行信息沟通，直接听取意见，与此同时进行不同规划之间的衔接和协调。

第七步骤为国家规划专家委员会论证（2010年10月至2011年1月）。

2005年10月，国务院明文规定，实行编制规划的专家论证制度，正式成立国家规划专家委员会，由37位经济界、科技界、企业界和其他知名专家组成。五年规划草案形成后，国家发展和改革委员会多次组织国家发展规划专家委员会专家进行详细讨论、专业咨询和专题论证，并正式向国务院提交论证报告，并随同《纲要》一起报送全国人民代表大会，作为审议《纲要》的重要参考。

第八步骤为广泛争取内外部意见。

在制定"十一五"规划时，国务院就提出了建立健全规划编制的公众参与制度。规定除涉及国家秘密内容外，规划编制部门应当公布规划草案或者举行听证会，听取公众意见。为此，在国家发展和改革委员会门户网站开辟建言献策专栏，公开征集公民意见。这是充分反映人民群众意见，集中人民群众智慧的"信息平台"。

在此基础上，《纲要》提交国务院常务会议和国务院全体会议审议；提交中央政治局常委会和中央政治局会议审定，形成《纲要（草案）》，正式提交第十一届全国人民代表大会第四次会议审议。这是又一次从民主到集中的过程。

第九步骤为全国人大审议并批准《纲要（草案）》(2011年3月)。

国务院审议通过的《纲要（草案）》提交全国人大审议，首先由全国人大专门委员会对"十二五"规划提前进行审议；在召开全国人民代表大会之前，全国人大常委会组织全国人民代表提前审议；召开第十一届全国人民代表大会第四次会议，由国务院总理向大会提交的《政府工作报告》中对《纲要（草案）》做说明，全国人民代表和全国政协委员进行分组讨论、提出重要修改意见，在此基础上由大会审议并正式批准《纲要》。这是再次民主，再次集中，使公共政策合法化、法律化。

第十步骤为正式公布《中华人民共和国国民经济和社会发展第十二个五年规划纲要》。

摘编自胡鞍钢：《"十二五"规划出台过程：民主集中制的典范》，《新华月报》2010年第21期。

5. 行政法规制定程序

国务院拥有宏观调控权。根据《国务院组织法》，国务院工作中的重大问题，必须经国务院常务会议或者国务院全体会议讨论决定。国务院全体会议由国务院全体成员，即总理、副总理、国务委员、各部部长、各委员会主任、审计长、秘书长组成。国务院常务会议由总理、副总理、国务委员、秘书长组成。宏观调控一般属于"国务院工作中的重大问题"，一般都需要经国务院常务会议或者国务院全体会议讨论决定。

行政法规是国务院的宏观调控权的主要表现形式之一。根据《行政法规制定程序条例》，行政法规的名称一般称"条例"，也可以称"规定"、"办法"等。国务院根据全国人民代表大会及其常务委员会的授权决定制定的行政法规，称"暂行条例"或者"暂行规定"。

根据《行政法规制定程序条例》，行政法规的制定程序是：①立项。②起草。③审查。④决定与公布。

6. 货币政策的制定程序

根据《中国人民银行法》和《中国人民银行货币政策委员会条例》，货币政策制定的具体程序是：货币政策委员会委员在综合分析宏观经济形势的基础上，依据国家的宏观经济调控目标，就货币政策的制定、调整，一定时期内的货币政策控制目标，货币政策工具的运用，有关货币政策的重要措施，货币政策与其他宏观经济政策的协调等事项，提出货币政策议案，经出席会议的2/3以上委员表决通过，形成货币政策委员会建议书。在此基础上，中国人民银行形成货币政策。但是，中国人民银行就年度货币供应量、利率、汇率和国务院规定的其他重要事项作出的决定，须报国务院批准，但应当将货币政策委员会建议书或者会议纪要作为附件，一并报送。中国人民银行就其他有关货币政策事项作出决定后,即予执行,并报国务院备案,但应当将货币政策委员会建议书或者会议纪要,一并备案。

7. 财政政策的制定程序

财政政策包括税收政策、国债政策、转移支付政策和政府采购政策。由于国家对转移支付政策和政府采购政策的制定程序规定较少,因此,这里主要介绍税收政策和国债政策的制定程序。

依据严格的"税收法定主义",对税收政策的决策,即对税率、税基等的调整,要通过税收立法。税收立法的程序与其他立法的程序相同,对此,前面已有详细论述。

然而,在现实情况下,由于"授权立法"的广泛存在,税收体现为"暂行条例","暂行条例"又将各种税收要素的变动权转授给财政部和税务总局,因此,税收政策的决策权也就实质性地由国务院、财政部和税务总局享有,其决策程序也就相应地表现为行政法规、国务院的决定、财政部和税务总局的规章、通知等制定程序。

根据《国务院组织法》第10条,各部、各委员会工作中的方针、政策、计划和重大行政措施,应向国务院请示报告,由国务院决定。根据法律和国务院的决定,主管部、委员会可以在本部门的权限内发布命令、指示和规章。如2007年5月份的证券交易印花税调整即遵循这一程序,由国务院决定,以财政部和税务总局通知的形式公布。

根据《规章制定程序条例》,规章的名称一般称"规定"、"办法",但不得称"条例"。规章的制定程序为:①立项。②起草。③审查。④决定和公布。为细化《规章制定程序条例》,国家税务总局制定了《税务部门规章制定实施办法》(2002年国家税务总局第1次局务会议审议通过,自2002年3月1日起施行)。

国债政策的决策程序是:中央政府每年的发行额须经全国人民代表大会审查批准。如因需要增加年度公债发行额,也要经全国人民代表大会常务委员会批准方可实施。

(二) 现行宏观调控程序的不足

由于宏观调控权有时以立法的程序表现出来,因此,该种形式的宏观调控权运作的程序已经由《立法法》来规定。然而,《立法法》的规定又远远不够。该法第8条规定:"下列事项只能制定法律:……(八)基本经济制度以及财政、税收、海关、金融和外贸的基本制度;……"然后在第二章第二节和第三节规定了法律的立法程序。这似乎是对我国宪法中未体现"税收法定主义原则"的补救,但它又是一个不明确的补救。现实中我国虽开征了众多税种,但税收法律仅有3部,即《税收征收管理法》、《企业所得税法》和《个人所得税法》,而包括增值税、营业税在内的一些十分重要的税种,却以各种"暂行条例"的面目出现,这就使得相应的宏观调控权的运作程序出现了混乱,本应该是法律的立法程序却变成了行政法规的制定程序。因此,依据"税收法定主义"将这些"暂行条例"提升为法律十分必要。

在规划宏观调控方面,尽管我国有较长时间的规划实践,但仍然缺少相应的规划程序法。现行规范规划制定程序的是《关于各部负责综合平衡和编制各该管生产、事业、基建和劳动计划的规定》(1957)、《关于改进计划管理体制的规定》(1958)、《关于加强综合财政计划工作的决定》(1960)、《国务院关于拟订长期计划的通知》(1980)、《全国人大常委会关于加强经济工作监督的决定》(2000),并且大都是计划经济体制时期的法规、规章和命令。从法律渊源和效力等级上来说,仅有一部是法律。从时间上来讲,我国已经进入了市场经济体制时期,计划也相应地由指令性计划转变为指导性规划,这些法规、规章和命令已不适合或不完全适合现实的需要了。因此,制定一部《规划法》并确立相应的规划制定程序也是保证以规划手段来行使宏观调控权的"正当性"或"合法性"的前提条件。在一定意义上说,以国民经济和社会发展规划来实施宏观调控也是一种"立法"手段,因为其制定程序基本上与一般法律的制定程序相同。正是在这个意义上,以"计划化市场经济"为特色的法国干脆将国家计划定位为法律。① 这对我国是一个很好的经验借鉴。

在金融宏观调控方面,《中国人民银行法》和《中国人民银行货币政策委员会条例》规定了货币政策制定的程序。应当说,这是比较完善的。但并非十全十美,还缺少公告等程序。

国债宏观调控方面,世界各国国债发行总额一般由立法机构批准,以此来限制政府任意扩大财政支出,控制国债的发行规模。② 如韩国首先要向财政部门递交建议书,向经济计划委员会递交结算申请书,向政府内阁递交建议书,建议书的内容包括发行条件、资金运用计划、偿还本金和利息的方式。内阁阅后转呈总统批准,经国民大会讨论通过方可批准发行。美国国会每年要对财政部发行公债的数量规定一个上限,财政部的发行数量不能超过这一上限,如需要增大发行规模,财政部要向国会提出申请,经国会批准后才能增发。在我国实践中的做法是:中央政府每年

---

① 法国的国家计划本身就是法律,这在法国宪法中有明确规定。《法兰西共和国宪法》(1958)第34条规定:"一切法律皆由议会通过。……有关国家计划的法律确定国家的经济和社会活动的目标。"这在1982年《计划改革法》中也有体现,如该法第一章将国家计划分为"第一计划法"和"第二计划法"即为一例。参见邢会强:《法国的〈计划化改革法〉》,载《法国研究》2001年第2期,或人大复印报刊资料《经济法学、劳动法学》2002年第5期。

② 但也有例外,如法国的《预算组织法》允许从国库资金运营的角度来发行国债,《预算法》只就国债发行权作一限定,至于国债的发行额、发行条件等,则完全由财政局来决定。这是"无限国债伦"的体现,而世界各国一般遵循"有限国债论"。

经济法权研究

发行国债的额度须经全国人民代表大会审查批准。如因需要增加年度公债发行额，也要经全国人民代表大会常务委员会批准方可实施。但除了我国《预算法》第27条规定的"中央政府公共预算不列赤字。中央预算中必需的建设投资的部分资金，可以通过举借国内和国外债务等方式筹措，但是借债应当有合理的规模和结构"之外，对于国债发行决策缺少具体的法律规定。我国在财政领域的宏观调控立法的空白使我国的国债发行这一宏观调控行为的"合法性"严重欠缺。

在转移支付方面，我国目前唯一的有关规范转移支付的规范性文件是财政部1996年初发布的《过渡时期转移支付办法》。该办法对转移支付的数额采取了公式化的计算方法，迈出了制度化的第一步，但该办法过于简单，层级不高，缺乏公法、强行法应有的刚性，相应的程序性规范也比较少，亟需进一步完善。而世界各国对转移支付制度一般都有严格的立法和详细的条文约束，实行管理的法制化。因为建立转移支付不能随心所欲、朝令夕改，必须有可靠而完善的立法依据，否则转移支付会失去稳定性、连贯性、严肃性和可预测性。实践中，我国某些转移支付实际上是由全国人民代表大会行使着审批权，比如三峡工程、西部大开发等，但我国需要制定一部《转移支付法》，将已有的制度用法律的形式规定下来，将相应的决策程序加以法律化。而国外转移支付比较成功的国家，如德国、澳大利亚，其经验可以借鉴。如德国的《基本法》、《联邦与州财政平衡法》中对转移支付的确定程序等就有比较明确的规定。而澳大利亚1933年的《联邦拨款委员会法案》尤其令人称道。该法规定了转移支付的咨询机构——联邦拨款委员会，并具体规定了该委员会的工作步骤、数额确定方法。在转移支付的确定程序上也比较完备，如专项拨款的分配程序是：由联邦总理、国库部长、财政部长和其他几个主要部长组成的支出审查委员会，对各部的预算支出进行审查，然后与有关部部长进行商讨，确定政策框架。支出审查委员会将确定的对各部门专项拨款交议会审议后，由联邦国库部拨给有关部门，除医疗保健专项拨款由拨款委员会提出分配建议方案外，其他各种专项拨款均由联邦有关部与州、地方政府有关部对口讨论分配。

在价格宏观调控方面，1997年我国制定的《价格法》第四章规定了"价格总水平调控"。该法第30条规定："当重要商品和服务价格显著上涨或者有可能显著上涨，国务院和省、自治区、直辖市人民政府可以对部分价格采取限定差价率或者利润率、规定限价、实行提价申报制度和调价备案制度等干预措施。省、自治区、直辖市人民政府采取前款规定的干预措施，应当报国务院备案。"该条只是简略地规定了省、自治区、直辖市人民政府"中观调控"的有关程序，而没有规定国务院以及国务院相关的职能部门价格宏观调控的程序。

在财政宏观调控的其他方面，如政府采购方面，尚缺乏《政府采购法》等。进而言之，我国缺乏一部处于宏观调控基本法地位的《宏观调控法》，从总体上对宏观调控的程序加以归纳、概括和综合规定。

四、宏观调控程序的整合——宏观调控程序综合立法

鉴于行政程序法对宏观调控权运作的不适应性,我国有必要对宏观调控权运作的程序另立"规矩"。

上两个世纪,西方曾经出现过两次行政程序法典化的浪潮。第一次出现在19世纪末期,以西班牙、奥地利等国制定行政程序法典为标志迅速蔓延至欧洲大陆。第二次以美国1946年《联邦行政程序法》为标志而蔓延至世界,至今仍方兴未艾。这得益于行政法立法和研究的进步,实践经验和理论建构的成熟。然而,相比之下,经济法学的研究和理论的建构却是非常不足的。行政法学界对此的研究更是匮乏。这就使得宏观调控程序立法综合化的理论准备显得极为不足。而尽管经济法的实践在各国都在进行,一些国家如德国、美国甚至制定了《经济稳定与增长促进法》、《充分就业和国民经济平衡增长法》等经典性的宏观调控法,但这些法律对宏观调控的程序性法律规范规定得也很有限。我们必须环顾中外,立足国内,利用已有的制度和实践经验资源,探寻适合于实践需要的新的制度设计。

我国已有的宏观调控程序性规范极为零散和混乱,彼此缺乏协调,不能形成统一有机的体系,这影响了人们对宏观调控权及其程序的认识,影响了宏观调控的实效。因此,需要由宏观调控程序综合立法加以综合、概括、抽象、整合和协调,以提高宏观调控程序立法的科学性,提高宏观调控权的公正性和正当性。当然,这些单行的宏观调控程序是进行宏观调控程序整合的基础。此外,决策学的一些基本原理也极具借鉴意义。综合性的宏观调控程序规范可以规定在《宏观调控法》中。当然,散见于各个单行法律之中的宏观调控程序性规范仍应有保留的必要。

著名的决策学、管理学家赫伯特·A·西蒙将决策过程主要分为四个阶段:"即找出制定决策的理由;找出可能的行动方案;在诸行动中进行抉择;对已进行的抉择进行评价。"① 这四个阶段可以分别称为情报活动阶段、设计方案阶段、抉择阶段和通过实施的效果来审查、评价方案的阶段。这四个阶段的划分是很有意义的。笔者根据这样的四阶段划分,将宏观调控决策所适用的程序进行归类、整合和提炼,划分为五个阶段、五大类程序,即情报活动阶段的程序、设计方案阶段的程序、抉择阶段的程序、公告阶段的程序和公告后阶段的程序。在这五个阶段上,法律应分别确定决策主体的程序权利和义务,同时根据宏观调控决策复杂性的特点,赋予决策主体以自由裁量权,以充分发挥其创造性思维能力,设计不同的方案,并对不同的方案在经济上、政治上、法律上、社会上,甚至生态、心理方面作综合评价和抉择。

---

① 孙秀君:《决策法学》,人民法院出版社2000年版,第322页。

在情报活动阶段的程序由宏观调控机关自己确定，因此是"自定程序"（容后详述）。设计方案阶段的程序主要是公众参与程序。抉择阶段的程序主要有启动与应急程序、投票表决程序。公告阶段的程序有通知、公布程序、说明理由程序。公告后阶段的程序主要有宏观调控行为的生效、补正、撤销、变更与废止程序、信息反馈、检查总结程序等。下面对一些主要的程序加以介绍。

1. 启动与应急程序

经济的均衡状态是非常态的，而经济的非均衡则是常态。宏观调控权何时介入经济生活，也就是说什么时候启动宏观调控，这也需要相关的法律予以规定。程序的遵行需要时间，在一般情况下，要遵循民主法治秩序，这是毋庸置疑的；而在特殊的情况下，如危机发生时要求一国政府在48小时内迅速做出反应，就需要有应急程序，就需要对相关的宏观调控机关进行授权。

联邦德国《经济稳定与增长促进法》作为宏观调控法的典范，就有很多启动与应急程序性的规定。如第16条（1）规定："为防止对整体国民经济平衡的破坏，联邦政府经联邦参议院批准后可以发布法律性的命令，指示联邦和各州为它们各自的经济协调储备金提供资金。"第19条规定："为了防止整体国民经济平衡遭到破坏，联邦政府经联邦参议院批准，可以发布法律性命令，对于联邦、各州、乡镇和县以及特别公共财产和县际临时组合在《财政法》和《财政规程》规定的借款权限内以信贷方式筹集货币资金的行为加以限制。"这就是在一般情况下的宏观调控的启动程序。

而该法所规定的应急程序有：第5条（3）规定："全国普遍的经济衰退危及到第1条规定的目的时，即应从经济协调储备金中首先抽出补充资金。"第11条规定："在发生危及第1条规定的目的的一般经济活动的衰退时，可以将适当的投资行为提前，使其在短时期内实施。"

这些程序性的法律规定对我们有很大的借鉴价值。但该法毕竟是三十多年前制定的，三十年来各国的经济形势和社会形势都发生了巨大的变化，经济全球化的浪潮已经波及全球，金融安全和财政安全等经济安全问题日益重要，如何在新的情况下制定出既符合民主法治要求又符合临时性的应急的宏观调控程序，是摆在我们面前的一个非常迫切的现实问题。

2. 公众参与程序

在可能的情况下，尤其是在一般情况下的"常态调控"时，尽量吸收公众参与宏观调控决策应该说是"决策科学化、民主化"的应有之意。

听证程序是典型的公众参与程序，它通过其本身的公正性遏制调控机关的恣意，通过扩大参与者范围，广泛收集信息，加强理性思考，并通过外在的监督来促进实体法规范的公正性，实现经济公平。

我国在价格法、立法法、行政法规制定程序条例、规章制定程序条例中已经对听证程序有所规定，应继续推广到货币政策决策、转移支付决策、国债发行决策等宏观调控决策之中去。

3. 通知、公布程序与信息反馈、检查总结程序

公开性的宏观调控行为，必须通过一定的形式进行通知与公布，让社会公众知晓才能实现宏观调控的预期目标。

宏观调控实施的效果如何，市场主体有何需求等，都需要有信息的反馈，效果的检查，并总结经验教训，优化宏观调控，提高宏观调控的水平。而这些，就需要一个信息反馈、检查总结的程序。

4. 说明理由程序

宏观调控权的行使也需要说明理由，但这种说明理由应体现在国家宏观调控时的通知与公布中。

联邦德国《经济稳定与增长促进法》就有很多这方面的规定，如该法第4条（2）规定："联邦经济部长在利害关系人要求时应对指导方针作出解释。"第2条规定："（年度经济报告）对本年内计划中的经济政策和财政政策加以说明。……联邦政府如要采取本法第6条第2～3款以及第15～19条所规定的各种措施，《所得税法》第51条第3款以及《法人所得税法》第190条所规定的各种措施，必须是为了防止危及第1条规定的各种情况。"

5. 宏观调控行为的生效、补正、撤销、变更与废止程序

宏观调控是一项重大而严肃的行为，因此，它应当是一种要式行为，即必须采取法定的方式才能生效。对受控主体而言，它一般应该是自通知或公告之日起生效，或者是自通知或公告所截止的日期之日起生效。

宏观调控行为的无效，是指宏观调控行为因具有明显重大瑕疵或具备法定无效情形而自始不发生效力。对于无效的宏观调控行为，任何受控主体原则上都不受其约束。笔者认为，宏观调控的主体没有权限，违反宪法、公共秩序、善良风俗，或在形式上具有明显重大瑕疵等情形均会导致宏观调控行为的无效。如地方性国家机关制定与实施所谓的"宏观调控政策"越权调控就会导致该行为的无效。

宏观调控行为的补正，是指对欠缺合法要件的宏观调控行为进行事后补救，从而使违法的宏观调控行为因补足要件而成为合法的宏观调控行为，继续维持其效力。这种制度基于效率和信赖保护原则而设。当然，补正仅限于宏观调控行为程序违法且轻微的情形，对于实体违法或严重违反程序的，则不能补正。

宏观调控行为的撤销，是指宏观调控行政机关依职权或者依有关受控主体的申请，对违法的宏观调控行为予以撤销，使其不发生效力，或消灭已发生的法律效力。根据调控法定原则，凡是违法的宏观调控行为，宏观调控机关都应予以撤销。但由于这种撤销将会影响到法律关系的稳定，因此，应对宏观调控机关的撤销权进行一定的限制。如撤销对公共利益有重大危害时不能撤销。

宏观调控行为的变更与废止,是指宏观调控机关对于合法的宏观调控行为,因事后形势的变迁,而调整、改变宏观调控行为的内容或者消灭其效力的行为。这是宏观调控权行使的情势变更原则在宏观调控程序法中的延伸。"当遇有重大的情势变更时,国家应对原来的调控预期作出调整,即对国家与国民之间的'调控契约'作出调整,以真正在实质上保护相关主体的利益。例如,在遇到重大的国际或国内事变,或者发生了重大不可抗力的事件,致使经济不振的情势下,就需要实施减税、扩大支出等手段来解决相关问题。"① 因此,规定宏观调控行为的变更与废止制度,具有十分重要的意义。②

第四节 宏观调控权的监督机制

一、宏观调控权的可诉性问题

目前,我国经济法学界的同感是,经济法的可诉性不强。"经济法作为现代法,与传统法律部门一个重要的不同点,在于不可诉性的规范较多"。③ 在研究经济法的不可诉性规范时应关注经济法不可诉性的现状及成因。"在分析其现状时,应注意有的法律规范理论上本可诉但因法律没有规定可诉而不可诉;有的确实既不具备可诉的理论条件也不具有可诉的法定条件。"④ 应该说,这些见解是很深刻的。但究竟哪些法律规范"既不具备可诉的理论条件也不具有可诉的法定条件"呢?换言之,经济法中的哪些行为在理论上本不可诉呢?这还有待于进一步的研讨,这对于加深对经济法现象的认识,进一步深化和完善经济法学基础理论,以及指导相关的经济法实践具有重大的理论意义和实践意义。

笔者认为,在宏观调控法领域中的宏观调控行为属于在理论上本不可诉的行为。

1. 宏观调控行为不可诉的具体分析

一种行为能不能通过诉讼途径实行监督、制约,也即这种行为是否具有可诉性,取决于一系列相互联系的诸多因素的影响。也就是说,某种行为的可诉性需要具备一系列条件。

---

① 张守文:《宏观调控权的法律解析》,载《北京大学学报》(哲学社会科学版)2001年第3期。
② 值得说明的是,进行宣告无效、补正、撤销、变更与废止的机构,不能是法院,只能是做出该行为的宏观调控机关自己。
③ 王全兴、管斌:《经济法学研究框架初探》,载《中国法学》2001年第6期。
④ 王全兴、管斌:《经济法学研究框架初探》,载《中国法学》2001年第6期。

首先，一种行为是否可诉，取决于是否具有适格的原告和被告，以及当事人是否有诉讼的愿望。

适格的原告要求原告须是权利受到损害的本案当事人，并且这种损害应该是个人的、特定的损害，而不能是全社会的、公共的损害。适格的被告要求被告须是实施侵害行为的人，并且被告是具体和明确的。当事人有诉讼的愿望，则是顺应司法权被动性的特点："不告不理"，"不主动地追究违法，即使是某些合法权益在司法机关的眼皮底下受到损害"，它要求须有诉讼的提起，并且当事人没有将纠纷的裁决权赋予仲裁机构的合议。

上述条件也不是绝对的，特别是在"公益之诉"方面，已经突破了"适格的原告"的限制，允许一切人都可以对损害公共利益的行为，提起诉讼。这就是当事人适格理论的扩张。但是，除了"适格的原告"这一条件之外，其他的几项条件，无论是在"公益之诉"方面，还是在"私益之诉"方面，均是适用的。

宏观调控行为是决策行为，主要考虑的是宏观经济中出现的问题以及相应的对策，不以特定的行为人为对象，因此，宏观调控行为涉及国家重大公益。而宏观调控行为一旦损害受控主体的利益，则这种损害就将是普遍的、不特定的。对宏观调控行为的起诉，无疑属于"公益之诉"。此"公益之诉"，即使是当事人适格理论已经扩张，在现实中还是被排除在司法审查之外。王名扬先生在《美国行政法》中说："由于在起诉的资格中，损害须具有特定性。因为能够起诉的损害必须是特定的损害，只是一个人或一部分人受到的损害。如果损害的范围很广，包括全体公民在内，没有一个人比其他人受到更多的损害，大家在损害面前平等，这是一种不可分化的抽象的损害。抽象的损害不对任何人产生起诉资格，例如美国在越南进行战争，行政当局不采取措施制止通货膨胀，全体美国人民受到损失，任何人不能因此取得起诉资格。"①

而当宏观调控行为由抽象变为具体，即在宏观调控决策的具体执行中，出现了纠纷，如果该执行行为是立法（决策）行为或事实行为，则这种行为同样是不可诉的。如果该执行行为是民事行为或行政行为，则这种行为一般是可诉的。如对税率调整后税法的执行——征税——损害了具体纳税人的权利，则该纳税人可以提起行政诉讼，但纳税人起诉的对象仅仅是征税这一对宏观调控决策的执行行为，而不是征税行为背后的依据——税收宏观调控决策。又如，在国债发行中，损害了国债认购人的权利，则认购人可以提起民事诉讼。

其次，一种行为是否可诉，还取决于法院是否有能力解决此类纠纷，以及此类纠纷是否适合由法院来解决。法院有能力解决此类纠纷，则要求法官能够根据职业

---

① 王名扬：《美国行政法》，中国法制出版社 1995 年版，第 631 页。

判断，主要是否合乎法律方面的判断，来定纷止争。此类纠纷适合由法院来解决，则要求法院对此类纠纷裁决后，不会出现严重的、法院自身不能负责的后果。笔者认为，在法院能力方面，对于宏观调控行为，法院其实根本就没有能力进行司法审查。

不可否认，司法机关和行政机关、立法机关各有禀赋。"历史表明，无论在古代、近代还是现代，行政权或者行政权结合立法权，管辖国家重大事务的决断或战略决策，司法权管辖国家微末争端或战术性问题，这是一般规律。司法权可以裁断微观宏观调控行为，却难以消化宏观事务。不管司法权的法律地位如何，也不管你是宪法法院，还是普通法院或行政法院，这条规律都有效。"① 宏观调控行为涉及的事务太大，司法审查宏观调控行为将耗费太大的成本，而且很可能得不偿失或者白费力气。许多宏观调控行为须仔细、认真谋划，有时，对于后果，宏观调控机关本身也没有十分的把握，宏观调控不仅仅是一种技术，更是须根据主观经验判断抉择的一门艺术，它的风险很大，后果是不确定的。对于这类事务，需要知识、信息、经验、毅力、魄力和果断，需要决策者承担比法律责任更大的责任——政治责任，而法院既没有这种能力，又负不起这种责任，故不适宜对宏观调控行为进行司法审查。

公民不服宏观调控行为的纠纷，也不适合由法院来解决。法院把握不住司法审查的后果，弄不好将和行政机关正面冲突。例如，当法院裁决一违法程序的外汇调整决定违法并予以撤销，则可能会带来整个国家外汇收支、外贸进出口比例的严重失衡，进而导致经济状况的极度恶化。

2. 宏观调控行为不可诉的法律经济学解释

在法律经济学看来，诉讼活动也是一项经济行为，诉讼与否取决于成本与收益的关系。对于诉讼当事人来讲，"只要诉讼成本小于从中得到的收益，一方当事人一般会投资于这种诉讼"。② 无论是私益诉讼还是公益诉讼，诉讼当事人都在计算诉讼成本与诉讼收益。只不过，在公益诉讼中，原告计算的诉讼收益不仅仅是个人通过诉讼所获得的赔偿（金钱收益），还包括其他个人收益和社会收益，如个人知名度得以提升的收益、声誉收益、公共利益得到维护的收益等。对于社会来讲，需要在私人欲求的诉讼和社会欲求的诉讼之间求得一致和平衡，"提起诉讼的私人激励与社会最优激励基本上不一致，它们之间的偏离可能导致要么过多要么过少的诉

---

① 刘善春：《行政诉讼价值论》，法律出版社1998年版，第158页。
② ［美］斯蒂文·萨维尔：《法律的经济分析》，柯华庆译，中国政法大学出版社2009年版，第133页。

讼。"① 在美国法律经济学者萨维尔看来，诉讼水平是可以调节的："如果存在过量的诉讼，国家能够对提起的诉讼强加一个适当的选择费用，或者以其他使起诉更加昂贵的方法来控制诉讼。**国家也可以将某类不必要的诉讼排斥在外**。如果诉讼不足，国家可以通过补贴或者其他方式鼓励诉讼。"②（黑体字为笔者所加）由是观之，国家对某种行为是否赋予起诉权，个人是否行使该等起诉权，在传统法学上是一个公平、正义话题，但以法律经济学的观点视之，它是和成本、效率问题相关联的。在传统法学的"法治"视角下，似乎一切行为都是可诉的，尤其是涉及公共利益、民众权利的行为更应该可诉，但在法律经济学看来，不能仅以"法治"之类的宏大叙事、政治口号一概而论，需要具体问题具体分析。③

正义是有成本的。在波斯纳看来，正义的另一种解释就是效率，"对正义的要求绝不能独立于这种要求所应付出的代价"。④ 不能为了正义（无论是实体正义还是程序正义）而不计一切成本。以体育为例，我们知道体育裁判纠纷是不可以提起诉讼的。例如，在足球比赛中，裁判员的当场裁判与比赛结果都具有不可逆转性，这形成了足球界必须接受比赛过程中可能发生的错误，并且不可事后更改的通行做法。在此种情形下，司法介入一般是被严格排斥的。⑤ 这即是基于成本效率的考虑。假设在某次足球世界杯上，A 球队正在与 B 球队争夺 4 强，此时，媒体揭露出了 A 球队此前在与 C 球队争夺 16 强的比赛中裁判有"黑哨"，如果不是"黑哨"，A 球队根本进不了 16 强。如果允许诉讼，则 C 球队得知"黑哨"消息后，向法院起诉"黑哨裁判"和 A 球队，要求判令那场比赛的结果无效。法院经查实，"黑哨"证据确凿，事实清楚，对此，法院该怎么办？16 强、8 强、4 强的比赛重

---

① ［美］斯蒂文·萨维尔：《法律的经济分析》，柯华庆译，中国政法大学出版社 2009 年版，第 112 页。

② ［美］斯蒂文·萨维尔：《法律的经济分析》，柯华庆译，中国政法大学出版社 2009 年版，第 120 页。

③ 笔者也承认，一般来讲，一个社会"无诉讼即无法治"，以及"法治化程度比较高的国家，能够进入法院通过司法解决的纠纷范围比较广"（颜运秋、李大伟：《宏观调控行为的可诉性分析》，载《中国社会科学院研究生院学报》2005 年第 1 期），但这并不能推论出：（1）所有的行为都是可诉的；（2）宏观调控行为一定是可诉的；（3）某一领域的行为的不可诉必然会导致整个社会都不是法治而是人治。事实上，即使是在大家公认的"法治国家"，也有不少行为是不可诉的。因此，有学者认为宏观调控行为不可诉的理论将会导致人治，这完全是一种误解。其实，准确理解笔者的理论是不会导致人治的，反而会促进法治。只有错误理解笔者的理论时才有可能导致人治。因此，适用这一理论需特别小心。

④ ［美］理查德·A. 波斯纳：《法律的经济分析》，蒋兆康译，中国大百科全书出版社 1997 年版，第 32 页。

⑤ 参见郭树理：《论司法对体育行会内部纠纷的干预》，载《北京市政法管理干部学院学报》2003 年第 3 期。但其他体育争议则是可以接受司法审查的。

新踢?这似有不妥吧。如果法院作出了判决,给不给当事人上诉的权利?如果给,假设一方当事人提起了上诉,一审、二审的审理期间以及送达、上诉期间加起来至少也得两个月吧?在此期间,各支球队怎么办?先飞回国等待法院判决还是住在举办地的豪华宾馆中等待程序公正和实体正义的到来?这都不妥。我们不能为了程序公正和实体正义而不惜一切代价,而只能在成本的约束条件下求得相对的公平,诉讼的权利不能配置给体育比赛中的当事人,至多,我们只能通过"体育仲裁"或其他申诉机制、惩戒机制予以救济。①

宏观调控行为之不可诉性亦有其经济学根据。在诉讼资格方面,一种行为若可诉,则要有适格的原告,即"原告须是权利受到损害的本案当事人,并且这种损害应该是个人的、特定的损害,而不能是全社会的、公共的损害。"② 之所以如此,是因为法院对全社会的、公共的、不可分化的抽象的损害进行救济是不经济的。即使我们允许"原告"进行代表诉讼,并假设法院有能力审理此类案件,且经审查发现宏观调控机关的作为或不作为确有不当甚至违法之处,则法院如何判决?是否要判决进行赔偿?如果判决进行赔偿,是宏观调控机关进行赔偿还是有关领导人、责任人赔偿?如果判决宏观调控机关进行赔偿,我们知道,宏观调控机关的资金来源于全体纳税人,以全体纳税人的钱赔偿全体纳税人是多此一举,因此,判决宏观调控机关进行赔偿是不经济的、没有意义的。如果判决有关领导人、责任人进行赔偿,那么,有关领导人、责任人显然没有足够的赔偿金,即使有关领导人、责任人是亿万富翁(若仅有合法收入,这基本上是不可能的),分摊到全体国民身上也是微乎其微的,更何况分配这些赔偿金的成本之高昂,远远超过了赔偿金本身。因此,判决有关领导人、责任人进行赔偿也是不经济的、没有意义的。因此,对此类损害,不应当是一般的行政赔偿或司法赔偿,而应当是"立法赔偿",或国家承担

---

① 《奥林匹克宪章》第74条规定,"在奥林匹克运动会举办时发生的或与奥林匹克运动会有关的任何争议,须按照国际体育仲裁院《体育仲裁规则》提请国际体育仲裁院独家仲裁。"运动员为了参加某体育协会或联合会主办的比赛,必须遵守包括强制性仲裁条款在内的协会章程。而且为了参加国际单项体育联合会主办的比赛,运动员必须签署此类注册许可合同,因此合同中的仲裁条款为强制执行针对某个运动员所做出的裁决提供了基础。目前所有的奥林匹克运动范围内的国际单项体育联合会的成员都在其章程中规定了此类条款。根据《体育仲裁规则》第R47条的规定,当事人可以根据这些条款对有关体育联合会的裁定的质疑上诉到国际体育仲裁院裁决。参加奥林匹克运动的运动员不仅仅有将国际奥委会或者某国际单项体育联合会的裁决上诉到国际体育仲裁院进行仲裁的权利,而且该运动员就该争议放弃向法院提起诉讼而将其申请仲裁是强制性的规定。参见黄世席:《国际体育仲裁院上诉仲裁制度浅析》,载《体育与科学》2005年第7期。

② 邢会强:《宏观调控行为的不可诉性探析》,载《法商研究》2002年第5期。

一种"实际履行"的责任。① 而此类责任的承担，显然是不能通过司法程序来确定的，而只能通过政治程序来确定。

如果法院不判决赔偿，而是判决有关领导人、责任人失去行政权力资格，则这显然是政治责任的变相行使，且对宏观调控、经济形势的影响极大，对此，法院也是无力承担这一后果的。以法律经济学的术语言之，维护"正义"的社会成本或代价巨大，极有可能超过"正义"本身的价格。因此，在有关司法审查的判决中，法院至多宣告有关立法无效，而不会越俎代庖判令有关领导人、责任人（如总统、议长、议员等）失去行政权力资格。如果有关领导人、责任人在行使宏观调控权的过程中有渎职、贪污等行为，则无疑法院可以追究其刑事责任，甚至剥夺其行权资格，但此时法院审查的标的其实已经不再是作为抽象行为的宏观调控行为了，而是具体的渎职、贪污等犯罪行为。

如果法院不判决赔偿，也不判决有关领导人、责任人失去行权资格，而是判决有关宏观调控行为无效或撤销，其社会成本或代价也是巨大的，也有可能超过"正义"本身的价格。又如 2007 年 5 月 29 日晚间财政部、国家税务总局联合发布的调整证券交易印花税以调控股市的行为，在程序上也是有瑕疵的。但如果法院对此进行司法审查并予以撤销的话，则已经过热的股市极有可能更加过热，那一波上证综指的最高点有可能不是 6124 点而是 8000 点甚至是 10000 点、12000 点，如此高的股指、热气与 2008 年全球经济危机的寒流相遇，必定雷声滚滚，雨电交加，造成一场飓风般的灾难。又如，我国的四万亿元经济刺激计划在程序上也是过于仓促和不够严谨的，但如果法院对此进行司法审查并予以撤销的话，则必定会打击我国政府、企业、民众甚至全球渡过经济危机难关的信心。因此，对此类法律瑕疵和遗憾，只能通过学术的研究、政治的呼吁、立法的完善等其他途径（如宏观调控复决或复议制度，司法建议制度、向全国人大"上书"等）予以补救，或者引以为鉴，下不为例。

以上实际上也是从司法审查的后果角度来论述的。从分工的角度来看，法院也不宜对宏观调控行为进行司法审查。具体言之，"司法权可以裁断微观行政行为，却难以消化宏观事务。"② 法院依靠法律训练，擅长于通过司法过程解决法律问题，尤其是微观的法律问题，却不擅长于解决宏观经济问题、重大政治问题。"立法机关、行政机关和司法机关，以有序的方式相互关联，各有不同的职能和实现该等职能的手段、措施和方式，对社会整体共同发挥着功能。立法机关和行政机关具有主动性，相互配合发挥着管理宏观事务的职能，司法机关具有被动性，主要处理微观

---

① 参见张守文：《经济法责任理论之拓补》，载《中国法学》2003 年第 4 期。
② 刘善春：《行政诉讼价值论》，法律出版社 1998 年版，第 158 页。

事务。主动与被动相结合,宏观与微观相结合,共同发挥着调节社会经济运行的功能。"①

二、宏观调控行为的责任

宏观调控行为的不可诉性并不意味着对宏观调控行为不可以实行监督。宏观调控行为的不可诉性也不意味着宏观调控行为可以不负责任。宏观调控行为关乎国计民生,其影响之广、力量之巨,非一般行政行为、市场规制行为所能比拟。那么,宏观调控行为的不可诉性是否意味着受控主体的权利一概不能救济呢?答案是否定的。因为"法的可诉性不同于权利的可救济性。有权利必有救济,没有救济的权利不是真正的权利。但救济的途径除了诉讼、仲裁外,还有其他方式。"②

有权力就有责任,违反法定义务就要承担法律责任。宏观调控机关违反法律行使宏观调控权理所当然要承担法律责任。我国《宪法》等法律中对此已有确认。

比如,我国《宪法》中的质询与询问,对行政机关的规范性文件的审查,罢免和撤职,以及《宪法》和《立法法》中规定的"全国人民代表大会有权改变或者撤销它的常务委员会制定的不适当的法律"、全国人民代表大会常务委员会有权"撤销国务院制定的同宪法、法律相抵触的行政法规、决定和命令",国务院有权"改变或者撤销各部、各委员会发布的不适当的命令、指示和规章",这些责任也是宏观调控机关违反法律行使宏观调控权应承担的法律责任。又如,行政机关内部的行政处分,对于违法行使宏观调控权的有关人员也是适用的。

但是仅有法律责任还不够,我国应该引进、借鉴西方责任政府下的政治责任,建立我国的以引咎辞职、弹劾为主要内容的政治责任。

所谓政治责任,就是要求官员(我国称领导干部)的行为必须合理、合目的性,其政策必须符合人民的意志与利益。如果决策失误或领导无方,造成严重后果,虽然官员本人并没有违法,也不受法律追究,却要承担政治责任,要受到选出它的机关——国会(在我国是全国与地方各级人民代表大会)的质询、弹劾或通过"不信任"案。在实行"责任内阁"制的国家,政府组成人员对其所主管的部门的失误要负单独责任,而对政府的共同决策失误则要负"连带责任"。前者可能引起引咎辞职或被撤职,后者可引起内阁全体成员的总辞职。可见,政治责任是要对选出它的民意负责,这种责任是宽泛的、不特定的,在某种程度上,较法律责任更能对官员产生压力和制约,使之尽职尽责。③

---

① 邢会强:《宏观调控权运行的法律问题》,北京大学出版社 2004 年版,第 27 页。
② 王全兴、管斌:《经济法学研究框架初探》,载《中国法学》2001 年第 6 期。
③ 杨悦新:《让承担政治责任成为制度》,下载自 http://china-judge.com/fnsx3/fnsx2598.htm,2002 年 6 月 26 日访问。

政治责任作为政治官员制定符合民意的公共政策并推动其实施的职责以及没有履行好职责时所应受的制裁和谴责，它与法律责任存在许多区别：①

1. 法律责任必须有法律的明文规定，而政治责任不可能由法律明文精确地规定。政治责任不仅仅是对政治责任主体政治行为是否符合法律程序即形式正义的评价，更是对其政治性决策及其后果是否合理正当即实质正义的考察，强调它们的区别可以防止借口符合法律程序而推卸政治责任。当然，法律可能对某些政治责任有所规定，但是，法律能明确地以明文规定的，主要是程序意义上的政治责任，实体上的政治责任特别是积极意义的政治责任难以用实在法精确地界定，即使界定也是原则性的、抽象的。

2. 政治责任的追究相对于法律责任具有优先性。这在弹劾制中表现得最为典型和明显。尽管弹劾是追究法律责任的方式，但这种方式却具有很强的政治色彩。美国宪法第3条规定："参议院享有审理一切弹劾案的全权。……弹劾案的判决，应以免职和剥夺其担任和享有合众国荣誉职位、信任职位或高收益职位的资格为限；但被定罪者仍应依法接受起诉、审讯、判决和惩罚。"这说明，对责任主体政治责任的追究优先于对刑事责任的追究。

3. 法律责任有专门的认定机关，而政治责任不能仅以专门机关来认定。我国台湾学者萨孟武先生认为，就政治上的责任而言，行政是否合理法律上没有任何标准，在民主制度下以公意为衡量标准，公意认为是就是，公意认为非就非，而表示公意的，直接为人民，间接为议会，所以政府对人民或议会负政治责任，换言之，政治责任是由人民或议会来判断的。就法律上的责任而言，行政是否合法，法律上有一定的标准，在民主制度下，是由法院来判断的。②

4. 政治责任与法律责任的承担方式不一样。政治责任主体的角色是多重的，可能承担的责任也是多重的。作为法律责任的主体，其法律责任的承担方式主要可以分为三种：民事责任、刑事责任、行政责任。政治责任的基本承担方式是政治上受信任的程度降低，具体方式随失去信任程度的不同而不一样，最严厉的形式就是失去行使政治权力的资格。

5. 在公法中，法律责任不具有连带性而政治责任具有。政治责任的连带性，就其典型意义而言，是就内阁制政府而言的。在内阁制下，政府是在下院中产生的并向下院负责，只有得到下院的信任政府才能维护下去。因此，内阁的所有成员要对整个内阁的政策和行动共同承担责任，一旦内阁的基本政策不能获得议会的赞同就必须全体辞职，内阁首相或总理如果辞职则意味着其他全体阁员随之辞职。与此同时，政府中的个别成员尤其是内阁成员如果不同意内阁政策，就必须放弃自己的

---

① 参见张贤明：《政治责任与法律责任的比较分析》，载《政治学研究》2000年第1期。
② 萨孟武：《政治学》，台湾三民书局1986年版，第160页。

经济法权研究

意见，至少得保持沉默，否则就应辞职。在引申意义上，政治责任的连带性体现在，政治责任主体不仅要对自己的行为负政治责任，而且可能因为其下属的机构和人员的行为而承担政治责任。但是，在公法中的法律责任是个别的，任何人违法犯罪，其法律责任只能由其个人承担而不能累及他人。（私法中的连带责任另当别论）

当然，两者之间也有联系：政治责任的追究必须符合法律程序，而且两者之间在范围上也存在交叉。当法律规定了辞职、弹劾制度时，即使规定得不够详尽，仍可以看作法律责任。

宏观调控权是一种决策权，是宏观调控机关为维护社会公共利益、调控宏观经济运行的一种职权，其作用之巨，影响之深，为一般行政行为所不能企及。如不建立政治责任，则可能造成责任的缺位，进而对宏观调控越权、滥权以及怠于行使等不法、不当行为软弱无力，以至于无法制约。政治责任的追究主体是权力机关或者全体公民，这既符合宏观调控权一旦违法行使，受害人众多，损害不特定的特点，又符合国家行为由全体公民自己监督的国家行为"内在制约说"。

我国已有实行政治责任的法理基础、实践基础和政治基础。我国《宪法》第2条规定，"中华人民共和国的一切权力属于人民。"第3条规定："中华人民共和国的国家机构实行民主集中制的原则。全国人民代表大会和地方各级人民代表大会都由民主选举产生，对人民负责，受人民监督。国家行政机关、审判机关、检察机关都由人民代表大会产生，对它负责，受它监督。"此外，《法院组织法》《全国人民代表大会议事规则》等也有类似的内容。我国法院系统和检察院系统已经开始推行引咎辞职制度。某些地方也开始推行这一制度。从政治学的观点看，政治社会是有组织的社会，政治组织将公职人员的责任紧密地结合在一起。任何政治组织都有领导。我国政府实行行政首长责任制，政府内部的组织管理也都采用首长责任制。在实行首长责任制的组织中，首长对组织的行为有总的政治责任，组织的行为不管由谁所为，组织首长就要对其负一定的政治责任。

尽管有上述基础，但我国还不能说已经建立起了政治责任制度。由于政治责任与其说是一种法律制度，毋宁说是一种政治制度，因此，政治责任制度的建立和完善，离不开法治国家的政治实践，它和一国的民主政治进程紧密相伴随。我国应随着建设法治国家和完善民主政治的进程，逐步建立和完善政治责任制度。这固然需要法律的推动，但更需要政治的自觉。法律的建构代替不了政治体系的自我演进。

需要指出的是，政治责任是官员的责任而不是按照民主程序参与其中的一般公民的责任。宏观调控政策在政治学意义上也是一项公共政策。任何公共决策都要受到多方面的制约和影响，而且现代民主政治也要求广泛的政治参与，并把政治参与的广度和深度作为衡量民主的重要尺度，但公共政策法定的最终决定人和总负责人仍然是政治官员。从某种意义上来讲,对公共政策决策过程的参与,对政治官员以外的参与者而言是其权利,其参与行为是其意志、利益、要求的表达,政治官员对公共政策的制定过程就是对各种不同的意志、利益、要求的综合与协调的过程,综合和协调的结果,就是公共政策。在民主政治条件下,对政治官员而言,寻求各种冲突着的意志、利益和要求的最佳平衡值,制定符合民意的公共政策,并推动这些公共政策能够得到贯彻执行,是其分内之事。①

三、对宏观调控权的监督

对权力必须进行监督,由于宏观调控权的不可诉性,司法监督是缺位的,但其他形式的监督还是适用的。以主体为标准,这些监督主要有:

1. 最高权力机关的监督。由于特定行政机关、独立管制机构握有宏观调控权,国家最高权力机关的监督就是非常必要的。尽管尚需完善,我国现有的体制还是已经包含有这样的监督,如《宪法》规定,全国人民代表大会有权改变或者撤销它的常务委员会制定的不适当的法律、全国人民代表大会常务委员会有权撤销国务院制定的同宪法、法律相抵触的行政法规、决定和命令。

2. 行政机关内部的层级监督。主要是国务院对中国人民银行、财政部、国家发展计划委员会、国家经贸委、国家税务总局等宏观调控机关的监督。我国现有的体制也已经包含了这种监督。如《宪法》规定,国务院有权改变或者撤销各部、各委员会发布的不适当的命令、指示和规章。

3. 人民自己的监督。日本学者中对于国家行为的"内在制约说"就认为,在三权分立的原则下,国民把国家权力分别委托给这三种权力,但还有一些不属于三权而由国民自己保留的,由公民自己直接做出判断及监督运作的事项。哪些是国民保留的事项呢?在宪法有明确规定的情况下,依照宪法的规定。在宪法没有明确规定的情况下,属于三权中的重合事项。简言之,在解释上,只要不属于三权中的任何一权,就属于国民自己保留的事项,而统治行为就属其中。② 据此理论,国家行为由公民自己直接做出判断及监督运作,而不通过司法机关的监督,是理所当然的。

我国《宪法》第 35 条规定,中华人民共和国公民有言论、出版、集会、结社、游行、示威的自由,以及第 41 条规定,中华人民共和国公民对于任何国家机关和国家工作人员,有提出批评和建议的权利,这些可以作为人民对宏观调控权的监督。而前述引咎辞职、弹劾为核心的政治责任制度也是人民自己的监督。当然引

---

① 张贤明:《政治责任与法律责任的比较分析》,载《政治学研究》2000 年第 1 期。
② 胡锦光:《论国家行为》,载《诉讼法论丛》第 2 卷,法律出版社 1998 年版,第 478 页。

咎辞职带有领导人自我监督的味道。

此外，还需要建立宏观调控复议制度。这一制度类似于，但不同于行政复议制度。受控主体对于宏观调控机关（包括最高权力机关、国务院、中国人民银行、财政部、国家发展计划委员会、国家经贸委、国家税务总局等）的宏观调控决策违法或不当时，可以请求做出该宏观调控决策的机关再行决策。宏观调控复议机关可以根据情势，对因具有明显重大瑕疵或具备法定无效情形的宏观调控行为宣布无效；对欠缺合法要件的宏观调控行为进行事后补救，从而使违法的宏观调控行为因补足要件而成为合法的宏观调控行为，继续维持其效力；对违法的宏观调控行为予以撤销，使其不发生效力，或消灭已发生的法律效力；对合法的宏观调控行为，因事后形势的变迁，而调整、改变宏观调控行为的内容或者消灭其效力。至于宏观调控机关是否进行宣告无效、补正、撤销、变更或废止，完全是宏观调控复议机关的自由裁量权。对宏观调控复议不服的，不能向人民法院起诉。这是由宏观调控决策的重大性、专业性等特征决定了的。只有建立宏观调控复议制度，才能和上述宏观调控权运作的程序相互配合，前后呼应。这也能够为受控主体多一些监督与救济的途径。当然，具体制度设计可以再行研究，其效果如何，必待实践的检验。